图书在版编目 (CIP) 数据

传承、弘扬、创新：中华优秀传统文化在山东 / 成积春等著 . —北京：
中国社会科学出版社，2017.10
ISBN 978 – 7 – 5161 – 9346 – 4

Ⅰ. ①传…　Ⅱ. ①成…　Ⅲ. ①传统文化 – 研究 – 山东　Ⅳ. ①K295. 2

中国版本图书馆 CIP 数据核字 (2016) 第 280718 号

出 版 人	赵剑英
责任编辑	梁剑琴
责任校对	周　昊
责任印制	李寡寡

出　　版	中国社会科学出版社
社　　址	北京鼓楼西大街甲 158 号
邮　　编	100720
网　　址	http：//www. csspw. cn
发 行 部	010 – 84083685
门 市 部	010 – 84029450
经　　销	新华书店及其他书店

印刷装订	北京君升印刷有限公司
版　　次	2017 年 10 月第 1 版
印　　次	2017 年 10 月第 1 次印刷

开　　本	710 × 1000　1/16
印　　张	24. 5
插　　页	2
字　　数	454 千字
定　　价	90. 00 元

凡购买中国社会科学出版社图书，如有质量问题请与本社营销中心联系调换
电话：010 – 84083683

课题组在曲阜市尼山镇西白村调研（2015 年 4 月 29 日）

课题组在聊城市郊区与村民座谈（2015 年 6 月 11 日）

课题组在济南市济阳县调研（2015 年 7 月 22 日）

课题组在青岛市调研（2015 年 7 月 29 日）

课题组在临沂市罗庄区现场考察（2015 年 8 月 4 日）

课题组在济宁市调研（2015 年 8 月 7 日）

主 要 著 作 者：成积春　李先明　姜修宪　韩晓燕
　　　　　　　　王京传

课题研究主要参与者：徐　峰　樊存常　张金丹　孟晓霞
　　　　　　　　　　刘　鹏　王海月　尚　倩　韩　港
　　　　　　　　　　张　美　胡安娜　兰　菲　杨　浔
　　　　　　　　　　张若旭　苏宝凤　刘　芊

目　录

第一部分　总报告

一　课题概述

优秀传统文化凝聚着中华民族自强不息的精神追求和历久弥新的精神财富，是中华民族文化生命延续、发展的根砥，是发展社会主义先进文化的深厚基础，是中华民族走向复兴无法割断的文化命脉。继承和发扬优秀传统文化，对于扎实推进社会主义核心价值体系建设，振奋民族精神，建构和谐社会，实现中华民族伟大复兴的中国梦无疑具有十分重要的意义。值得注意的是，在我们越来越重视传统文化的价值和作用之际，中华本土优秀传统文化却在西方强势文化的多层面冲击之下，正日渐沉沦、消解和失去"活性"，处于被外来文化吞噬的危险境地之中。中国共产党审时度势，高屋建瓴，在党的十八大报告中战略性地提出了"建设优秀传统文化传承体系，弘扬中华优秀传统文化"的重大任务。继之，以习近平为总书记的新一届中央领导集体，从实现民族复兴中国梦、培育和弘扬社会主义核心价值观、推进国家治理体系和治理能力现代化、提升国家文化软实力、坚持和发展中国特色社会主义等方面对中华优秀传统文化的当代价值作了一系列重要阐释。由此，如何构建中华优秀传统文化的传承体系，处理好继承和创造性发展的关系，进而做好优秀传统文化的创造性转化和创新性发展，成为时下人们最为关注的一个重大理论问题和现实问题。

山东是圣人孔子的故乡，儒家思想的发祥地，后来将儒学传承发展的重要人物孟子和荀子的主要学术活动也在山东，可以说，在中国历史的长河中，以孔子儒学为主干的传统文化与山东结下了不解之缘。与此相应，这里的人们受传统文化的影响至深，对中华优秀文化传统的没落与传承也最为敏感和显著。而事实上，步入近代，特别是民国肇始以来，国家（政府）层面文化政策的实施、文化转型与重构的期许莫不把目光放在山东，借以达到影响其他地区的目的。因之，研究当下优秀传统文化传承体系的构建及其构建的效度问题，山东作为中国传统文化中一个极其重要而独特的地理文化单元，其典型性和示范意义不言而喻。

基于上述背景、需求和目的，山东省文化厅于 2015 年度专门设立一项特别委托课题——"'十三五'期间山东构建中华优秀传统文化传承体系研究"。笔者作为曲阜师范大学教师，得遇"地利"之助，有幸主持该课题研究而颇感欣慰。本课题组由成积春教授任组长，李先明、姜修宪、韩晓燕、王京传、徐峰等五位同志为副组长，李先明教授为常务副组长，具体负责项目的组织实施。本课题组还特别选拔了曲阜师范大学历史文化学院的部分研究生和本科生参与课题研究，他们分别是：张金丹、孟晓霞、杨浔、刘鹏、王海月、尚倩、韩港、张美、胡安娜、兰菲、苏宝凤、张若旭、白金阳、王天等。此外，刘芊、房惠、初琛、邵剑书、王伟、张茜、丛岩、房晓、谭越、曲吉瑞等同学参与了本课题的前期调研工作。

在本课题立项暨调研过程中，我们得到了许多单位和个人的关心和帮助。山东省文化厅给予了资金、资料的大力支持，并先后召开两次座谈会予以学术上的指导，此间办公室主任王炳春同志提出了一系列建设性意见，使我们受益匪浅；尤其感谢刘艳同志，她不厌其烦地接听课题组的无数个电话，一次又一次地联系各地市文化广电新闻出版局（以下简称文广新局）的领导同志，给予调查以极大的方便，使前期的调研活动得以顺利完成。另外，在调研过程中，各个地方的相关领导和普通群众都积极配合座谈，提供了大量的资料，他们是：济宁市运河文化研究会会长杜庆生、济宁市政协文史委主任孙兴旺、济宁市文物局副局长杜维海、济宁市博物馆原馆长朱承山、济宁日报社文教部主任刘利民、济宁市文广新局文化科科长刘凤来；曲阜市市委宣传部副部长、国家级文化产业园管委会党政办主任孔鹏、曲阜市委宣传部副部长、文广新局局长岳耀方、曲阜市儒源董事长姬长文、曲阜市尼山镇科技文化站站长吴景伟、尼山镇西白村支部书记刘承彪、尼山镇西白村西白村小学老师王娟、尼山镇周庄村会计冯长玉等；兖州市文广新局副局长刘国峰；邹城市习儒馆馆长苏艳芝；聊城市文广新局、文物局副局长王庆友、莘县文广新局局长夏振华、莘县县委宣传部副部长孔祥水；济南市政协副主席、文广新局副局长崔大庸、济南市文广新局副局长鲍立军、办公室主任张新来、发展规划处处长蔡志华、社会文化处副处长曲晓妮等；济南市济阳县人社局局长傅忠、人社局秘书杨光路、科协主席张明源、文联主席齐建水、文广新局副局长任业明、县委县直机关工委书记艾明义等；淄博市文广新局党委书记、局长李贡平、齐文化博物院院长马国庆、五音戏剧院院长朱雷声、文物局文物科科长徐学琳、周村区文广新局局长杭永；青岛市文广新局办公室主任窦文辉、博物馆处刘红燕、非遗保护中心张萍、即墨市文广新局工会主席隋美玲等；临沂市政府秘书长安丰和、市委讲师团团长刘凯、文广新局副局长王兰峰、文联副主席李凤军、文物局局长闫光星、文物局党组书记岳伟、文化馆馆长王志选、临沂大学副教授张守参等；

日照市文广新局副局长赵庆江等。

七个月的点点滴滴，已经深深地印在心底。调研报告生成的足迹里记录着省文化厅领导的关切、课题组老师的无私、青年学子的热情，无论快乐与忧伤、无论欣喜与沮丧，一切都如山林间清新和煦的春风，潺潺流逝的溪水在此刻过滤，只留下美丽而晶莹的瞬间……经过近一年的努力，本课题组已按预定计划完成调研与写作任务。课题主要由如下几个部分组成：

第一部分为"总报告"，介绍了本课题立项及开展调研的情况，概述了课题研究方法与研究理路，对十一个子课题的主要内容作了提要性的概括，为"十三五"时期山东如何更好地构建中华优秀传统文化传承体系，提出了一份简明的"决策咨询意见"。

第二部分为"分报告"，是本课题的主题部分，由按主题划分的十一个子课题构成。这些子课题涉及研究的缘起、中华优秀传统文化传承的理论探讨、山东传承中华优秀传统文化的相关政策向度、中华优秀传统文化传承的六个实证研究、中华优秀传统文化在山东传承的绩效以及海外传承优秀传统文化的成功经验等。具体来说，这十一个子课题分别是：

1. 绪论
2. 文化、文化传承机制：相关概念和命题的阐释
3. 文化繁荣和创新：优秀传统文化传承的政策向度
4. 传承个案之一：优秀传统文化在济南
5. 传承个案之二：优秀传统文化在青岛
6. 传承个案之三：优秀传统文化在济宁
7. 传承个案之四：优秀传统文化在临沂
8. 传承个案之五：优秀传统文化在聊城
9. 传承个案之六：优秀传统文化在淄博
10. 我国台湾地区及其他国家传承传统文化的经验
11. 优秀传统文化传承的绩效评估

第三部分为"访谈实录（节录）"。课题组先后对济南、青岛、济宁、聊城、淄博、临沂等十几个市县进行了访谈，并形成了数十万字的口述史料。基于研究要求和篇幅所限，本课题组节录了与研究相关的 13 处访谈实录。为保证真实性，访谈实录尽量"原汁原味"，但囿于个别文字不通顺，极小部分做了改动。

二　各子课题主要内容

（一）绪论

1. 研究背景和意义

中华文明自诞生以来，长期位于世界文明发展的前列。在漫长的历史进程中，形成了具有强大生命力的优秀传统文化。西方列强的大炮强行把中国拖入了近代，在西方文化的强势压迫下，在中国现代化的"急行军"中，传统文化作为一个整体，逐渐被负面化，被视为前进中必须舍弃的包袱。

中国现在正逐渐恢复其历来的大国地位。真正的大国，不仅仅体现在经济军事力量的强盛，它必然是一个文化大国，必须为世界提供有足够吸引力的文化模式。做到这一点，要依靠社会主义制度的优越性，同时在文化上要正本清源，肯定传统文化的正面价值，真正树立起中国人的文化自信，传承和弘扬中华优秀传统文化。

中国共产党人始终是中国优秀传统文化的忠实继承者和弘扬者。十八大以来，以习近平同志为总书记的新一届中央领导集体，从实现民族复兴中国梦、培育和弘扬社会主义核心价值观、推进国家治理体系和治理能力现代化、提升国家文化软实力、坚持和发展中国特色社会主义等方面对中华优秀传统文化的当代价值作了一系列重要阐释。可以说，随着中国国力的不断增强，随着中国人文化自信心的恢复，乘着中央号召传承优秀传统文化的东风，中华文化凤凰涅槃、再塑辉煌，为世界提供一个不同于西方文化的新模式的契机已经到来。

山东是中华优秀传统文化底蕴极其深厚的地区。儒家成为传统中国的主流思想后，山东作为孔孟之乡的特殊背景，始终是国内文化的重镇。山东的民众受传统文化影响至深，对中华优秀传统文化的没落与传承也最为敏感和显著。而事实上，步入近代，特别是民国以来，政府层面文化政策的实施，文化转型与重构的期许莫不把目光放在山东，以山东作为试验、示范，借以达到影响其他地区的目的。因此，研究当下传统文化传承体系的构建及其构建的效度问题，山东的典型性和示范意义不言而喻。

2. 研究现状

学术界对传统文化传承的研究已有一定积累，相关研究成果，一是从宏观角度探讨传统文化传承的本质、机制等基本理论问题，如赵世林的《论民族文化传承的本质》（《北京大学学报》（哲学社会科学版），2002 年第 3 期），李飚刚的《浅析重构文化传承机制的现实必要性》（《改革与开放》2013 年第 10 期），解丽霞的《制度化传承·精英化传承·民间化传承——中国优秀传统文化传承体系的历史经验与当代建构》（《社会科学战线》2013 年第 10 期）等；二是讨论具体的传承方式和案例研究，如少数民族文化传承、非物质文化遗产发展、保护、借助新媒体、文化产业等创新传统文化传承方式、教育与文化传承的关系等，较有代表性的研究有和力民的《试论东巴文化的传承》（《云南社会科学》2004 年第 1 期），王军、董艳的《民族文化传承与教育》（中央民族大学出版社，2007 年版），蔡丰明的《上海城市民俗文化遗产的传承机制及主要形式》（《徐州工程学院学报》（社会科学版），2009 年第 5 期），王彬的《从台湾霹雳布袋戏看中国传统文化的传承和发展》（《北京电影学院学报》2014 年第 2 期），晏青的《泛娱乐时代的传统文化传播：困境、方法与走向》（《广西师范学院学报》（哲学社会科学版），2015 年第 3 期）等。

总体而言，相比中华优秀传统文化传承所受到的高度重视，研究进展不容乐观。主要缺陷有以下几点：一是理论性不足，缺乏真正辨析入微的理论研究，对文化传承的内涵和外延，对文化传承的内在机制和特点等没有深入的探讨，大多从理论到理论，浮在云端，不接地气；二是实证性不足，虽然实证案例研究数量不少，但是大多停留在一般性的探讨，认真扎实的研究成果实不多见；三是系统性不足，优秀传统文化传承是一个系统工程，已有研究多是侧重于非遗、教育、民俗等某个层面，对如何真正从全局把握、思考，可借鉴的研究较少，研究方法也较单一，缺少社会学、文化学、历史学等多学科理论和方法的综合。

基于以上研究的不足，本课题拟以山东为例，对文化部门的相关官员和普通民众开展大规模的深度访谈、问卷分析，充分关注政府层面在传承传统文化中的作为、普通民众的认知与反应，然后结合已有的理论分析，科学借用多学科的研究方法，对中华优秀传统文化传承体系构建进行理论与实践相结合的全面、系统的考察。

3. 研究思路和方法

首先从分析文献开始，提出理论框架概念、本研究的主题和确定研究对象；同时，进行理论分析与调查研究，对相关主题进行实证分析；最后得出结论与提出建议。

研究方法包括以下几个方面：

（1）田野调查法。深入山东各地，进行实地调查、访谈，以获取第一手的口述史料，使本研究立足于坚实的资料基础上。

（2）多学科研究方法。运用政治学、社会学、文化学、心理学等学科的相关理论，分析山东优秀传统文化传承体系的构建。

（3）历史文献分析方法。广泛收集传统文化传承研究和文化建设方面的相关著作和论文资料，力求做到研究的准确性和规范性。

4. 研究个案

本研究以"十二五"时期为重点，选择济南、青岛、济宁、临沂、聊城、淄博六市进行深入个案研究。济南是山东的省会，全省的政治文化中心，经济比较发达，传统文化积累深厚，其传承体系的构建在全省有突出的示范意义；青岛地处沿海，经济发展水平处于山东的第一方阵，同时因其特殊的历史渊源受现代社会生活方式影响较深；济宁是孔孟之乡，儒家文化影响深远；临沂经济发展较快，有着丰厚的红色文化资源，在传承体系建设上锐意创新；聊城地处内陆，经济发展正急起直追，运河文化等特色鲜明；淄博是齐文化的核心地区。六市各有突出特点，深入研究其在建设中华优秀传统文化传承体系中的认知、举措、成效、问题等，总结经验、分析不足，能够为"十三五"期间把构建中华优秀传统文化传承体系工作真正引向深入，取得切实成效，提供借鉴。

（二）文化、文化传承机制：相关概念和命题的阐释

何谓文化，何谓中国传统文化，传统与现代的关系如何，优秀传统文化的评判标准是什么，这些是系统地阐释中华优秀传统文化的首要问题。

何谓文化？定义可谓繁复多样，有学者研究了文化的各种定义，归纳了现象描述法、社会反推法、价值认定法、结构分析法、行为取义法、历史探源法、主体立意法和意识解读法八种方法。综合学术界已有的研究，我们可将文化定义为：文化是人类为维持有序生存和持续发展，所进行的实践过程中，被不断创造、创新的人与自然、人与社会、人与人等各种关系的有形的、无形的成果。文化的特征包括：多样性、民族性、继承和发展性、共有性、可传播性、可融合性、渗透性、持久性、人类所独有性。

何谓中国传统文化？传统的特性包括历史性、传承性、稳定性以及民族性。结合传统的特性与文化的定义及其特征，可将中国传统文化定义为：中国传统文化是中华民族在社会历史的实践中所创造的，具有鲜明的民族特色，并被中华民族世代传承，不断发展的，渗透于中国人民生活、生产、思维方式等

方方面面的关于人与自然、人与社会、人与人等各种关系的有形的、无形的成果。中国传统文化的特征包括：源远流长，海纳百川；刚健不息，厚德载物；重义轻利，尚德利群；仁和为贵，忠孝为先；邦国和睦，世界大同。提到传统文化，易使人将之与现代对立。因之，明确传统与现代的关系并非二元对立，尤为必要。传统文化并不是一个囫囵的整体，它以体、用、文三种形式存在。体，即这一文化的核心信仰和价值、道德观念；用，即这一信仰、价值体系在形式上的一些行为要求；文，即这些价值行为在一定社会经济条件下的具体展开或具象的范畴要求。这三种形式会在社会历史发展过程中发生不同程度的演变。是以，传统不代表没有生命力的过去，弘扬传统文化，并非传统的复活，而应是传统的复兴。就复兴传统文化而言，其关键在于"优秀"二字。这就需要一个与时俱进的评判中国传统文化优秀与否的标准，在当代中国，毫无疑问，社会主义核心价值体系是不二之选。

传承机制之于优秀传统文化传承的重要作用毋庸置疑。因而，对于文化传承机制的内涵，中国传统文化的主要传承机制，以及传统文化传承所面临的问题的认识，不可或缺。文化传承机制是个热门词汇，然而却鲜少有人对这一概念做出理论解读。综合现有的对于文化传承以及文化传承机制的解释，简要而言，文化传承即文化的传播、继承和创新。关于文化传承机制，可以理解为：人类在为满足生存和发展的需要的实践过程中创造出了文化，并形成了独特的适应于其生存环境的文化氛围和文化背景，文化的传承过程因受这种文化背景的影响，逐渐形成了一种较为稳定、延续、系统的模式，并最终形成文化的传承机制。在现代中国，优秀传统文化的主要传承机制包括：与政治相融合的制度保障机制，精英主导机制，教育传承机制，民间、家庭传承机制，文化产业化的利益导向机制，信息化、数字化的传承机制。在现代社会，中国传统文化面临着传承困境，传承机制的不完善与西方文化的冲击是造成这种困境的主要原因。其中，传承机制的缺陷主要体现在政府的政策措施未能落实到位，反馈机制欠缺；民间传承组织零散，尚未形成完整的系统；教育系统对传统文化的重视程度不高；有关部门对文化产业的监管力度不够；社会对于传统文化的重视程度不高，民众缺少对优秀传统文化的深层认识和文化认同。需要特别指出的是文化认同的问题，它是传统文化走出传承困境，实现民族文化复兴须解决的基本问题。实现文化认同的步骤有三：一是了解掌握传统文化知识；二是形成对中华民族命运共同体的深厚情感；三是参与塑造现代中国人的价值观。

（三）　文化繁荣和创新：优秀传统文化传承的政策向度

山东作为具有文化资源富集优势的文化大省，一直大力推进文化建设，并

取得了显著成效。"十二五"以来，特别是习近平总书记视察曲阜并发表重要
讲话之后，省委省政府围绕优秀传统文化的传承开展了大量工作，制定、印发
相关政策法规和通知，并以此为指导而实行了诸多重大举措。

其一，加强齐鲁文化资源的保护与利用。开展文化资源普查，调查本土文
化资源保护利用现状，进一步提高人们对文化资源的重视程度。在对本省文化
资源做到心中有数的同时，建立文化遗产保护传承体系，从而确保对文物及非
物质文化遗产进行系统的保护，物质遗产方面包括实施文化遗产保护片区工
程、建设中华标志城、实施"山东古籍保护工程"等重要措施，非遗方面则
包含了对非遗项目、传承人、保护研究基地和生产性保护示范基地等内容，积
极制定《山东省非物质文化遗产条例（草案征求意见稿）》，此外，还着重加
强对地方戏和京剧的扶持。秉承"既要保护更要利用、在利用中保护"的原
则，进一步加强对文化资源的生产性开发和创新性利用，通过与相关产业有机
结合，有力地推动文化产业创新发展；2015 年 1 月印发《山东省文化厅传承
弘扬优秀传统文化十大行动》，积极推进县级博物馆建设，结合"乡村记忆工
程"和县及县以下历史文化展示工程，通过陈列、展示等形式为城镇化进程
中历史文化遗产保护利用打造重要平台，利用传统节日和大型节庆活动，进行
文化遗产保护宣传和知识普及，使文化资源真正融入民众生活。

其二，拓展优秀传统文化传承阵地。发挥山东"四馆"（山东省图书馆、
博物馆、艺术馆、美术馆）人才优势，挖掘整理齐鲁文化资源，提升学术研
究、文化交流、人才培养和文化宣传水平，使"四馆"成为继承优秀传统文
化、弘扬时代精神的文化重镇，为全省树立典型示范；结合文化惠民工程，在
"五馆一站"（博物馆、纪念馆、图书馆、文化馆（站）和美术馆）、农村文
化大院（综合文化中心）和文化广场等文化设施中，开展特色活动，宣传、
普及传统文化；2014 年制定下发《关于推进全省高校中华优秀传统文化教育
工作的意见》，利用学校这个重要阵地，组织艺术家进校园，进课堂，让传统
文化融入师生生活中；建设尼山书院，创新"图书馆＋书院"模式，真正让古
籍里的文字"活起来"，进入百姓生活；开展各类文化讲（学）堂，如"孔子
学堂""齐鲁非遗大讲堂"等，增长民众文化知识；推进传统文化研究机构建
设，增强传统文化的研究与阐释，从而提升传统文化研究水平。

其三，创新优秀传统文化传承方式。推进优秀传统文化传承创新融入现代
公共文化服务体系，充分利用"五馆一站"、文化广场等设施实施"一村一年
一场戏"等文化惠民工程，建立文化展示场所，开展历史文化展示工作，使
百姓感受到传统文化就在身边；借助"十艺节"（第十届中国艺术节）等大型
节会载体，深入挖掘传统文化的内涵，使文化实现由抽象到具象的转化，以更

加直观的形式出现在群众的视野之中；借力"互联网＋"平台，利用数字化手段，探索公共文化服务新模式，让普通民众尤其是特殊群体可以更加便捷地享受传统文化，某些地市不断摸索文化创造性转化和创新性发展的新途径，并取得了一定成效，如潍坊运行"公共文化云平台"，将文化资源打包上"云"，实现群众共享；推动产业创新性融合，加快"曲阜文化经济特区"建设，并于 2015 年筹备启动《曲阜优秀传统文化传承发展示范区发展规划》编制工作，使其成为传统文化发展的典型示范。

其四，涵养民众美德，建设道德文化高地。山东注重挖掘中华优秀传统文化蕴含的时代价值，结合时代条件继承和发扬传统文化中适合于调理社会关系和鼓励人们向上向善的内容，培育和践行社会主义核心价值观，使其能贴近群众、融入生活。开展以文明山东、美德山东、诚信山东为引领的道德领域突出问题专项教育和治理活动，全面加强"四德"教育，文化系统率先开展道德经典诵读、文明有礼培育、志愿服务和道德模范评选活动，举办道德讲堂，邀请知名艺术家作先进事迹报告，教育引导广大文艺工作者既要演好戏、又要做好人，争做德艺双馨的艺术家和道德操守、君子人格的示范者。推进"四德工程"建设，为善行义举立榜，凝聚道德力量，形成推动文化传承的思想保障和精神支撑；举办"好媳妇""好婆婆"和"山东美德少年"评选活动，促进全社会形成知荣辱、树正气、促和谐的良好道德风尚；开展"山东好家风"系列公益活动，发扬传统家风、家训文化，促进新时期和谐家庭健康发展，推动好家风的实践养成和自觉传承；建设首善之区，以文载道、以文化人，让民众从传统文化中汲取营养，汇聚向上向善的社会正能量。

其五，搭建交流平台，推动齐鲁文化走出去。积极研究制定《山东省对外文化交流整体规划》，逐步建立完善的交流机制，在充分挖掘齐鲁文化资源的基础之上，策划实施富有山东特色的对外文化交流项目，扩大对外文化贸易规模。举办大型节会，如尼山世界文明论坛，组织学术演讲和文化对话交流活动，在高端对话中让世界听到来自中国的声音，感知齐鲁文化的存在，感悟齐鲁文化的内涵，让传统文化在思想价值层面走出去；借力"一带一路"，根据自身实际，积极制定实施方案，通过文化资源的对接，形成独特文化优势，从而打造"一带一路"文化中心，促进文化交流沟通；着力打好对外文化交流"孔子牌"，全力推进"山东周""东方圣地"等文化品牌的塑造，进一步提升齐鲁文化的影响力；扶植外向型文化企业，进一步加快对外文化贸易的步伐，以其为突破口，大力推动齐鲁文化对外交流；扩大涉侨文化交流合作，完善对侨政策，使海外侨胞成为推动齐鲁文化走出去的重要力量。

（四）传承个案之一：优秀传统文化在济南

济南位于山东省中西部，北依大明湖，南邻千佛山，是有着"泉城"美誉的国家历史文化名城。在两千多年的历史发展中，源远流长的龙山文化、高雅卓绝的名士文化、灿烂夺目的民俗文化共同汇聚成具有济南地方特色的传统文化。

近年来，济南市在传承和弘扬优秀传统文化上采取了诸多的举措：其一，济南市以市社科院和市文联为主要研究阵地，富集专家学者的知识智慧，为构建中华优秀传统文化传承机制贡献智力成果。其二，济南市通过保护地区文化遗产为弘扬优秀传统文化提供传承基础。在物质文化遗产方面，济南市编制文物保护规划，修缮名人故居遗址，打造"乡村记忆"工程，保护传统村落。在非物质文化遗产方面，济南两次承办全国非遗博览会，通过社会化招标方式吸引民间投资力量建设非遗博览园，实现非遗项目经济和社会效益双丰收。其三，济南市注重优秀传统文化载体建设，推动普及优秀传统文化。济南市完成省会文化艺术大剧院等"一院三馆"建设工作，落实"开放一批，启动一批，储备一批，发展一批"的博物馆展示思路，建成178座市级文化展示平台，实现优秀传统文化高效建设与品质管理并举。其四，济南市创设公共文化服务体系建设协调机制，依托基层公共文化服务体系，开展民俗艺术节等文化活动。同时，济南紧抓学校这一文化传承主阵地，实施非遗进校园优秀成果展示工程，开发特色非遗校本课程，开展京剧进校园等传统文化培训活动。其五，济南围绕加强优秀传统道德建设这一主题，广泛组织"好媳妇""好婆婆"等模范人物评选，为群众践行优秀传统道德树立学习榜样，全面开展道德讲堂宣讲活动，营造了积极向上的社会道德氛围。其六，济南市借助省会平台优势同台湾地区开展文化研讨活动，多次举办两岸儒家文化推广活动和两岸青年学子文化研习活动，组织非遗传承人到法国参加"第三届国际民间艺术手工艺品节"，推动优秀传统文化不断走向世界。

济南市在传承和弘扬优秀传统文化上总结出不少成功经验。首先，在道德建设上，济南市全面开展道德讲堂建设活动，通过"身边人讲身边事，身边人讲自己事，身边事教身边人"的形式充分调动观众的积极性，增强道德讲堂实效性；济阳县通过鼓励基层文化能人参与道德评议会，帮助农村地区破除陈规陋习，实现传统文化"创造性"转化。其次，在传统文化宣传上，济南市在各辖区街道喷绘孝德文化情景画，在车站站牌和公交车车厢中张贴体现孝德文化名言名句，并以车载移动电视为播出平台滚动播放优秀传统文化公益广告，拓展了优秀传统文化的传播渠道。最后，在民间传统文化研究力量的发展上，济阳县以地方文化名人资源——张尔岐为依托，成立了张尔岐研究学会，打造传统文化研究特色品牌。

尽管济南在传承和弘扬优秀传统文化上取得不少成绩，但仍然存在诸多亟待解决的问题。一是部分领导干部对优秀传统文化的内容认识不清，对齐鲁文化的特色把握不准。二是各部门力量分散，彼此缺乏良性互动，在传承中形不成合力。三是政策制定缺乏通盘考虑，政策支持方式不够灵活。文化专项配套资金经过逐级分配后无法有效保障基层文化传承单位开展传承活动。四是非遗传承活动导向不明确，传承重点不突出。五是民间自觉传承优秀传统文化的意识比较薄弱，氛围不够浓厚，难以形成较明显的社会效应。

为更有效地传承和弘扬优秀传统文化，济南市应明确如下的工作重点：其一，应通过开展以传统文化为内容的培训活动，逐步改变部分领导干部轻视传统文化的观念，促使其认识到传承和弘扬优秀传统文化的必要性和重要性，提升领导干部的传统文化素养。其二，要统筹济南地方文化资源，辩证分析传统文化内容，明确中华优秀传统文化与齐鲁地方特色文化的主次关系。其三，要完善顶层设计，建立健全优秀传统文化传承协调机制，整合体制内力量，有效协同各文化单位形成传承合力；拓宽政府层级间政策沟通渠道，通过出台主题清晰、内容翔实的政策意见明确各级政府的传承责任，促使各级政府在传承优秀传统文化上真抓落实。其四，要进一步完善财政支持和人才培养政策，建立切实有效的传承人保障制度，提高传承人的资金帮扶标准，解决传承人的生活困难。对基层文化单位和民间文化传承机构，应增加市级和区级的财政投入，将文化专项配套资金直接落实到活动开展和研究的第一线，减少因各级政府抽成所造成的资金损失。其五，严格落实非遗项目申报制度，把非遗项目的特色程度纳入到非遗申报考核标准中来，提升非遗项目申报质量。在普及非遗过程中，要借助明确化、规范化的活动形式突出传统文化内涵，使群众在参与体验的过程中真正感受到传统文化的魅力。

（五）传承个案之二：优秀传统文化在青岛

青岛坐落在崂山脚下，毗邻胶州湾，有着山海湾一体的城市风貌。历经千年发展，青岛从默默无闻的小渔村逐渐成长为享誉全国的"历史文化名城"。在这一过程中，开放包容的海洋文化、丰富多彩的民俗文化、玄妙精深的道教文化共同熔铸了具有青岛地方特色的传统文化。

"十二五"以来，青岛抓住有利的历史机遇，充分利用文化资源富集的优势，在传承和弘扬中华优秀传统文化方面采取了诸多切实有效的举措。首先，青岛以保护文化遗产资源为工作基点，制定完成崂山道教建筑群等文物保护规划，打造"海洋寻迹"和"乡村记忆"工程，抢救维护海洋文化遗址和乡村古建，延续城市文脉。针对非物质文化遗产，青岛市落实"产业化、社会化、专业化"的发展思路，引导非遗民俗项目市场化运营，将非遗项目资源优势转化为市场经济效益。青岛通过实施非遗传承人扶持工程，培养非遗传承后备人才。其次，青岛市注重打造优秀传统文化传承载体，加强文化活动阵地建设，推动优秀传统文化走进百姓生活。一方面，该地区完善文化事业类场馆建设，实施文化场馆免费开放政策，落实"图书馆＋尼山书院"公共文化服务模式，不断推出陈列展览精品。另一方面，青岛依托各级综合文化站，定期举办各类文化艺术节，集中开展文艺创作会演等文化活动，推动普及优秀传统文化。再次，文化主管部门通过组织举办"文化青岛"等研讨会，汇集学界专家、文化能人的优秀智力成果，研究阐释优秀传统文化传承与城市文化品牌建设间的关系，为传承优秀传统文化提供智力支持。复次，青岛借助声光电等现代科技手段打造文艺精品剧目，利用影视动漫等媒介平台增强传统文化表现力，实现文化与现代科技手段、现代经济发展方式的结合。最后，青岛积极组织文化交流活动，开展同台湾地区的妈祖文化联谊活动，促进区域间民俗文化交流。

在传承和弘扬优秀传统文化的实践中，青岛积累了很多可借鉴的成功经验。其一，在博物馆事业发展上，青岛引导社会力量参与建设各类博物馆，邀请研究机构、学界专家参与到"建馆前问政，建馆中指导，建馆后监管"的综合建馆模式中来，提升博物馆事业的建设质量；市博物馆创设"高校—博物馆—学术研究合作"模式，打造集展示、传播、研究于一体的综合馆藏利用平台。其二，在发展非遗资源上，青岛实践"用非遗方式保护和发展非遗"的活态传承思路，培育庄户剧团这一民间传承力量，通过"演员本地人，用本地唱腔，说本地方言，唱民间故事"的方式，促进了百姓对优秀传统文化的理解和认同。其三，在非遗传承队伍建设上，青岛通过"传承人导师聘任制"将传承人、政府、学校三方联系起来，使传承人能够走进校园在学生身边传授民俗艺术，从而为非遗传承培养了后备人才。

值得注意的是，青岛在传承和弘扬优秀传统文化的过程中也遇到不少现实问题。首先，在对古建筑的保护方面，由于面临着城市化改造的压力，部分基层干部用"一刀切"方式解决经济发展与文物保护间的冲突，导致大量古文物建筑被拆除。在"乡村记忆"工程推进过程中，部分基层干部盲目追求政绩，在保护乡村古建上走了极端，出现了用仿古漆涂刷古墙等"保护性破坏"现象。其次，在"尼山书院"项目上，青岛出现"重建设，轻管理"的问题。青岛严格按照"六个一"标准高规格建设"尼山书院"，但在后续管理上出现目标群体不突出、项目课程内容方向不明确、活动资金支持力度小和人才需求与人才编制不对称等问题,使得"尼山书院"在传承和弘扬效果上大打折扣。此外,资金投入力度与文化遗产保护需求相失调也是青岛在传承优秀传统文化上所遇到的突出问题。具体表现在:文化专项资金投入增幅滞后于非遗项目数量增幅;文物修缮资金短缺;补偿性投入比例高,发展性投入比例少;非遗项目投入与非遗传承人保护投入不对等。

针对青岛在传承和弘扬优秀传统文化中出现的问题,结合青岛的实际情况,应在如下几个方面做出改进:其一,在政策认识上,应通过开展优秀传统文化讲习班等形式,逐渐纠正领导干部脑海中"重经济发展,轻文化传承"的偏颇认识;组织统一的政策解读和工作协调会,各级执行部门提前协调在工作落实中的可能冲突,从而解决政策执行失当的问题。其二,在机制建设上,应提高文化建设在考核官员政绩中的比重,激励各级干部在保护和弘扬优秀传统文化上下真功夫、大力气;建立政策调研反思机制,在政策制定部门和政策实施部门间搭建通畅的信息沟通平台,及时对政策实践过程的问题提出针对性解决方案。其三,在博物馆事业的建设上,应严格推广"建馆前问政,建馆中指导,建馆后监管"的博物馆发展模式,明确新建博物馆的发展定位和展览特色。对于"尼山书院"项目,应加强顶层设计力度,明确"尼山书院"的目标人群和项目课程特色,提升项目管理和运作质量。其四,在资金支持上,应提高对非遗传承人专项资助的投入标准,缩小同当前保护项目补助间的差距;鼓励金融银行业通过小微贷款等方式支持非遗传承项目市场化运作,综合性提高非遗项目发展效益。

(六)传承个案之三:优秀传统文化在济宁

济宁作为中华文明的重要发祥地之一,在长期的历史发展过程中孕育出了源远流长的始祖文化、博大精深的运河文化、刚烈忠义的水浒文化、感天泣地的梁祝文化等多种文化形态,其中最具影响力的当属儒家文化,孔子孟子,双峰并峙,齐鲁大地,备受瞩目。

凭借得天独厚的地理和历史文化资源优势,近年来济宁在传承和弘扬优秀传统文化方面采取了诸多举措。首先,积极突出优势,进一步提高儒家文化影响力。在儒家文化研究上,济宁大力扶持孔子研究院、孟子研究院等儒家文化研究机构开展工作,启动了儒学与马克思主义中国化、儒家文化与政德建设等一批重大研究课题,培养了大批儒家文化研究人才。在儒家文化传播上,济宁成功举办了国际孔子文化节、尼山世界文明论坛等国际交流活动。其次,深入挖掘传统文化资源,做好文化遗产保护展示工作。一方面,济宁加强对曲阜片区大遗址等重点文物遗迹的保护，扎实推进"乡村记忆"工程；另一方面，济宁通过非遗普查，摸清了全市的非遗资源情况并在此基础上建立了一批非遗博物馆，编辑出版了多套非遗丛书。再次，加强公共文化服务体系建设，促进优秀传统文化推广普及。济宁加强农家书屋、文化大院建设，以此为依托开展了丰富多彩的传统文化活动；启动了"政府搭台，百姓听戏，激情广场大家唱"文化惠民工程；扎实推进"乡村儒学"和"尼山书院＋图书馆"建设，并为此深入挖掘儒家文化内涵，在农村和城市地区广泛开展道德建设活动，如举办道德讲堂、设立善行义举四德榜、开展道德模范的评选活动等。最后，加快传统文化创新发展，促进传统文化与现代经济有机融合。济宁积极推动曲阜文化经济特区建设，明确了发展"文化旅游、教育培训、体验休闲、动漫创意、会展演艺、艺术品交易"六大特色产业的目标，大力实施孔子文化品牌带动战略，促进曲阜文化产业繁荣发展。

在推动优秀传统文化传承中，济宁积累的一些经验值得提倡和借鉴。第一，在"乡村儒学"建设中，济宁注重发挥乡贤作用，生活化普及儒学知识。第二，在非遗保护上，济宁积极建立非遗传习所，大力扶持文化传承人并努力创新非遗保护模式。第三，在道德建设上，济宁将道德讲堂作为重要着力点，突出"群众化"，坚持贴近实际；注重"常态化"，确保每月至少举办两次活动；力求"特色化"，充分融入本市传统美德资源。第四，在文艺精品创作上，济宁将优秀传统文化与大众传媒相结合，打造出一批优秀的艺术精品，如《孟母教子》《论语名句》两部原创影视动漫被列为全球孔子学院指定辅助教材，戏剧《圣水河的月亮》在第三届中国豫剧节中获得"优秀剧目奖"和"优秀表演奖"，在"十艺节"中获得"文华奖"。

尽管济宁在传承和弘扬优秀传统文化方面建树颇丰，但仍存在一些问题和不足：在传统文化整体发展上，传统文化资源缺乏有效整合，存在"各家做各家文化，各地搞各地特色"、偏离社会主流价值观的现象；在对儒家文化的认知上，仍有多数官员对儒家文化价值定位不够清晰，或保守老旧、不够重视，或过分迷信、极度尊崇，或将其过分商业化；在儒家文化普及教育上，一是缺少正规、接地气的教材，二是儒学讲堂的设立多而杂，难以得到规范管理而最终流于形式；在非遗保护上，各县区的保护单位大都是挂靠在所属辖区文化馆下的临时性机构，工作人员多由文化馆干部兼任，影响了非遗保护工作的规范化和专业化；在传统文化传承的财力和智力支持上，政府的财政投入仍然不够，文化人才储备薄弱。

为更好地传承与弘扬优秀传统文化，济宁应明确以下几个工作方向：其一，通过政策引导整合传统文化资源，理顺不同文化形态间的关系，在正确把握社会主流价值观基础上，推进济宁传统文化整体性发展。其二，加强宣传力度，通过研讨会、讲习班等形式逐步提高地方干部对儒家文化的认知水平。其三，组织编撰接地气的乡村儒学教材，规范管理乡村儒学讲堂。其四，加强非遗保护机构建设，加大对非遗保护工作人员培训力度，确保非遗保护工作的科学性、规范性。其五，继续加大政府财政投入，同时采取积极政策吸引社会投资；大力培养文化人才，建立可行的奖励制度吸引人才，完善人才保障制度，创新人才管理方法。其六，抓住建设"传统文化首善之区"的重大历史机遇，加快促进优秀传统文化与经济、旅游、科技相融合，大力推进"曲阜文化经济特区建设"，深入贯彻落实"文化强市、旅游兴市"的发展战略，将传统文化与现代数字化科技相结合，积极扶持影视传媒、数字动漫等新兴产业，继续打造一批影视文艺精品。

（七）传承个案之四：优秀传统文化在临沂

临沂市地处山东省东南沿海，地理位置优越，素有"齐鲁襟喉、徐淮锁钥"之称。作为中华文化的重要发祥地之一，该地历史悠久，文化底蕴深厚，被誉为"钟灵毓秀"之地、"文韬武略"之乡。

近年来，临沂市委市政府积极响应党中央号召，努力传承和弘扬优秀传统文化，并取得了可观的成绩。其一，着力打造传统文化传承载体。组织实施了"乡村记忆"工程，重点建设了传统村落和乡土建筑，积极开展"传统文化进校园"活动，在学校筹划非遗技艺展示等项目。此外，依照"图书馆＋书院"模式，在市图书馆率先建立尼山书院，并在各乡村建造文化设施，以社区文化中心、乡镇文化站为阵地设立乡村儒学讲堂。其二，深化传统文化基础研究。临沂市以学术论坛为研究平台，组建传统文化研究社团，集聚专家学者，共同参与传统文化研究，从而强化非遗保护，深入挖掘临沂传统文化资源，临沂市申报了一批文物保护单位和珍贵文物，并加快民间遗产的抢救利用速度。其三，创新传统文化传承形式。组织编印了集"轻、薄、短、小"特点为一体的传统文化图册，派发给群众；与文化惠民工程相结合，编排优秀剧目到乡村巡演；将新媒体和传统媒体相结合，二者相辅相成；将文化品牌和文化产业相结合，开展了特色活动。

在传承传统文化的过程中，临沂市积累了诸多值得借鉴的经验。首先，人才培养机制走出新路子。在人才培养方面，采取"长短并行"的方法。短期来看，为缓解柳琴戏人才紧缺情况，选拔了歌舞团中的声乐演员学习柳琴；长远来看，积极建立人才培养体系。联合各高校、科研机构，选派青年文化人才到高等院校进修。其次，文化产业发展走出新模式。一是从资本来源上，政府和民间资本"双轮驱动",协力传承。如三盟集团董事长投资兴建了思源乡村记忆博物馆。二是从文化产品的生产上,鼓励民间文化产业创新发展。在政府的资金扶持和政策的引导下,郯城县以"企业 + 农户"为模式,大力发展"中国结"工艺产品。三是从文化品牌的塑造上,打造红色旅游带。以沂蒙山区为基准点向外辐射,开发了大批优秀红色旅游景区,使得传统文化"反哺经济",实现双赢。最后,地方小戏传承迈出新步伐。临沂在传承柳琴戏时,借鉴——兼收并蓄,吸纳京剧、吕剧等剧目精华;创作——实事求是,结合当地特色编排剧目开展巡演;创新——与时俱进,以社会现象为创作灵感,实现"文企联姻";培养新人,提升柳琴戏文化内涵。

需要注意的是,临沂市在传承传统文化的过程中,同样遇到了不容忽视的现实问题。其一,各级政府和基层民众对传统文化传承的认识存在偏差。部分领导存在"重物质文化,轻非物质文化"的思想认知,对于文化资源的挖掘整理不够;部分民众"缺主动偏被动",认为传承和自己无关。其二,传统文化研究重个体轻整合,重深度轻广度。一方面,当前的传统文化研究分散于各科研院所、研究会,相互之间缺少沟通,欠缺整合,呈现出了碎片化趋势。另一方面,就挖掘层面而言,孝文化、书圣文化等得到了较深的发掘整合,但匡衡"勤学"等众多人文文化,皮影戏、木版年画等诸多非遗文化,有待于进一步广泛挖掘。其三,传统文化传承人才建设形势严峻。缺乏地方本土人才,导致地方传统文化特色不突出,再加上临沂市年轻研究人员储备不足,研究力量薄弱,导致文化遗产线索濒于失传,因此文化传承形势严峻。其四,保障机制遭遇短板。临沂传统文化研究经费难以保障,且制度约束和规章制度不健全。此外,传统文化传承的联系度差,仅侧重于对传统文化本身的分析和总结,与时代、时政的关联度偏低。

鉴于临沂市传承传统文化不足之处,结合时代特征和临沂自身传统文化资源,特提出以下建议:首先,因势利导,深化干部群众思想认知。各级干部要做好弘扬传统文化的表率,摒除"重经济轻文化"的思想。同时,注重发挥区域文化名人、传统道德模范对于群众的引领示范作用,潜移默化中提升群众思想认知。其次,创新主导,加大传统文化的挖掘与宣传力度。依托临沂本市的传统文化资源进行科学规划,一方面强化顶层设计,深入挖掘保护文化资源。另一方面加强保护利用,借助网络等新媒体加大传播力度。再次,统筹兼顾,落实传统文化资源融合政策。将广泛整合文化资源与深度塑造文化品牌相结合;文化传承内容与地方特色及时代精神相融合;传统文化资源与文化产业相融合。最后,完善传统文化传承体系设计。以加大政府投入力度为大前提,建章立制,加强文化人才队伍建设,同时深化文化体制改革,营造文化建设所需的法治环境。

(八) 传承个案之五: 优秀传统文化在聊城

聊城是国家级历史文化名城, 历经数千年发展, 形成了丰厚的传统文化资源。这里既有闪耀着远古文明曙光的东夷文化, 也有数百年经久不衰的水浒文化, 既有根深叶茂的民俗文化, 又有波澜壮阔的红色文化。

近几年, 在传承和弘扬优秀传统文化方面, 聊城取得了一定的成就。一是文化遗产保护与利用进一步强化。在文物方面, 设立了文物事业管理局、管理所等文物保护机构, 并通过第三次文物普查, 将诸多文物纳入法律保护范畴, 同时对破损的文物古迹进行了修缮; 在非遗方面, 通过普查申报, 摸清家底, 建立了非遗保护项目、传承人、传习所、生产性保护基地、生态保护区"五位一体"的综合性非物质文化遗传保护体系, 开展了以"记忆聊城""乡村记忆"等为主题的非遗展览展示活动, 民俗文化资源得到了开发利用, 促进了民俗文化与地方产业的融合。二是传统文化传承阵地取得重大突破。实行全市"三馆"免费开放政策, 完善了图书馆、展览馆、农村大院等传承平台的建设, 落实"图书馆 + 书院"模式, 开展了图书馆进校园、进基层活动, 宣传国学知识; 依托各类综合文化站, 举办了"书香聊城"全民阅读等覆盖全市的群众性文化活动, 结合文化惠民工程, 开展各类文艺会演, 打造了东昌大讲堂、市民大舞台等文化活动品牌, 宣传普及优秀传统文化。三是传统道德建设进一步提升。深入推进"四德工程"建设, 将"四德"教育与儒学经典相结合, 印刷与之相关的教育读本, 在农村、社区广泛推行"好媳妇""好婆婆"的评选活动; 建设了鲁西红色文化教育长廊, 拓宽了红色文化教育平台。

在传承弘扬优秀传统文化活动的过程中, 聊城也逐渐形成了一些值得借鉴和推广的经验和做法。其一, 以文艺精品创作为依托, 凝练传统文化精髓。用山东梆子、八角鼓等传统艺术形式创作了《萧城太后》《大爱》等文艺剧目; 融合科技手段, 以美德故事为载体, 创作出了诸多动漫精品。其二, 以身边人身边事为形式, 激活传统文化内核。以"说身边人, 唱身边事, 写聊城美"为主题, 开展各类群众文化活动和道德模范演讲活动, 消除了模范人物与村民间的距离感。其三, 以旅游业为契机, 带动传统技艺发展。聊城设计了以各县特色文化为主题的旅游路线, 在旅游业迅速发展的同时带动了地方传统技艺产业的发展。如东昌借助葫芦文化发展旅游, 推动了葫芦雕刻产业兴盛, 实现了文化资源优势转化为产业优势。

当然, 在探索优秀传统文化传承与弘扬的具体实践中, 聊城还存在着一些不可忽视的问题。首先, 干部群众认识不到位。领导干部过于重视立竿见影的经济效益，忽略了对当地将要发展的传统文化进行分析，乱抓"经济点"；部分地区重经济，轻文化，存在牺牲文化，发展经济的严重问题；民间企业家传承传统文化重形式轻精髓，噱头主义占主导。其次，传统文化传承载体不健全。许多偏远地区因缺乏重视，缺少传承载体，致使想传承却无阵地；基层文化设施利用率低，许多农村地区的文化设施存在着文化场馆没人"管"、文化站"站"不起来、文化大院没"文化"等现象。再次，文化遗产保护与利用不平衡。文化保护工作确有开展，但力度不够，致使诸多文物古迹过度整修、过度开发；而非遗利用开发力度远远不够。复次，人才队伍建设体制不完善。基层文化人才匮乏，文化场馆多是专业不对口人员或者关系户；文化产业技术人才短缺；非遗传承后继无人。最后，政策设计与地方实际不合拍。"四德工程"中个别政策措施不当，在实施过程中，会产生不良风气；文化建设资金专项配套政策框得死板，制约了地方政府的灵活性和积极性。

在今后的优秀传统文化传承过程中，还应结合时代需要和当前实际做好以下几点工作：一是加强传统文化的监管与培训。政府需对当地准备传承的传统文化内容进行审查，尤其应加强对民间传承力量方面的监管；利用"层级模式"加强专家对干部，干部对群众的培训工作，明确传承优秀传统文化的意义。二是顶层设计需符合地方实际。在资金政策方面，加大资金投入，完善基层文化平台的建设，实现全面覆盖，同时放宽资金配套政策，允许下级政府依据自己的需求灵活应用资金进行文化传承建设。在人才政策方面，文化部门应遵循专业对口原则聘用工作人员，引进人才，加强对现任工作人员的培训；充分利用基层文化能人接地气的优势，挖掘基层文化潜力；促进非遗传承与夏令营青少年体验活动相结合，吸引青年人自愿传承。在文化遗产保护利用政策方面，设立监督机构，科学规划文物建设，以保护为主，开发为辅；政府应通过各种措施为非遗创造市场，调动民俗产业发展的带头作用，加强对非遗的利用与开发。

（九）传承个案之六：优秀传统文化在淄博

淄博市历史悠久，是齐文化的发祥地，其独具特色的齐文化具有开放进取、兼容并蓄、尊贤尚功、平等自由的精神，与鲁文化一同构建出齐鲁文化的基本体系，对于中国历史发展影响深远。

"十二五"规划期间，淄博市对于传统文化传承工作主要做了以下几点工作：一是齐文化研究不断深入。淄博市积极贯彻落实《淄博市建设文化大市规划纲要》，把齐文化的研究和开发纳入社会发展总体规划，并赋予其重要的地位。二是对外交流频繁。淄博市通过举办各种展览、研讨会等形式的交流活动，扩大齐文化在全省甚至全国的影响力。三是创新文博单位的经营理念。淄博地区部分博物馆充分利用各方资源，吸纳民间资本，开启了打造文化聚落，集多种功能于一身的经营模式。四是革新传统文化传播思路。淄博市提出"传统文化与艺术相融合"的传播思路，围绕传统文化，积极创作文艺影视作品。五是将传统文化与市场经济紧密结合，通过发展文化产业，依托市场这个平台大力推广传统文化。六是开展"非物质文化遗产进校园""民间戏曲进景区"等普及活动，对非物质文化遗产进行传承和保护。

在政府大力传承、弘扬优秀传统文化的过程中，淄博地区积累了许多值得借鉴和发扬的成功经验。首先，淄博市明确自己的传统文化资源优势，在大力宣传齐文化的基础上，初步形成了凸显地方特色的文化发展局面。其次，利用文博单位传承传统文化。文博单位通过创新经营理念，打造文化聚落，免费开放参观等策略，让传统文化"活起来"，使文博单位成为继承、弘扬传统文化的坚实阵地。再次，提出"传统文化与艺术相结合"的发展思路。将传统文化影视化、文学化、戏剧化，通过具象化、通俗化、大众化的表现形式，使传统文化有活力、有魅力、有影响力，同时也打响了周村古商城、淄川聊斋城等地的品牌知名度。最后，注重利用文化产业弘扬传统文化。通过培育一系列具有市场优势和潜力的文化企业品牌，使得历史悠久的蹴鞠文化、陶瓷文化、丝绸文化、酒文化等依托市场载体得到了广泛的传播。

淄博地区在传承优秀传统文化方面取得了一系列的成就和经验，但依然存在着诸多不足。其一，对传统文化的认识不清。一是对传统文化本身内容认识不清，使得文化部门对于传统文化去芜存菁的扬弃工作做得不完善，存在着对传统文化全盘继承、全盘复制的问题；二是部分部门的领导以及部分学校的负责人对于传统文化的重要性认识不清，导致在事业单位以及中小学校中开设的传统文化相关课程形同虚设；三是在继承优秀传统文化的过程中过分重视地方特色，对于儒家文化重视程度不足。其二，政府在传统文化宣传方面存在诸多问题。政府工作脱离群众，无法正确把握群众的文化需要，因而得不到民众的认可；相关部门对新媒体的利用尚处于起步阶段，传播理念有待更新。其三，政府在顶层设计方面还有很多不足。例如，淄博市尚未出台一个切实可行的、系统全面的人才培养方案，对于资金补贴和使用也缺乏明确的标准，使得非物质文化遗产保护工作处于缺钱缺人的困境；相关法律法规滞后严重，跟不上传统文化传承的新形势。以上种种，都是淄博市有关部门在传统文化传承中亟待解决的问题。

综合淄博地区在传统文化传承方面所积累的成功经验以及问题不足，在下一步的工作中，一方面应该大力弘扬政府工作中的成功经验。一要继续深化齐文化研究工作，去芜存菁，加快传统文化与社会主义核心价值观的融合步伐。二要加强与其他地区的交流，在交流中创新文化传承机制。三要加快实践"传统文化与艺术相结合"的发展思想，使优秀传统文化更加深入人心。另一方面，针对以往工作中的种种不足，淄博市有关部门应予以改进。一是加强与群众的沟通，把握民众文化需要。二是转变人才培养思路，革新人才选拔机制。三是充分利用新媒体进行传播。四是加强顶层设计，放眼全局，加快体制机制建设。五是加快法律法规的更新速度和政策倾向性。六是重视中小学中开设的传统文化相关课程，加大传统文化对青少年学生群体的影响力度。七是加大对儒家文化的传承力度，处理好个性与共性的关系。

（十）我国台湾地区及其他国家传承传统文化的经验

我国台湾地区与海外一些国家在保护与传承优秀传统文化方面积累了诸多经验，而山东在保护文化遗产，弘扬传承传统文化方面却存在诸多不足。因此，了解其他国家和地区在此方面的经验，对优秀文化体系的构建无疑具有重要借鉴意义。

1. 教育先行，多措并举——台湾地区的传承经验

台湾地区与祖国大陆同属于中华文化圈，其"教育先行，多措并举"弘扬传统文化的做法颇值得借鉴。一方面，台湾十分重视发挥教育在弘扬传统文化方面的引导作用：在学校教育中，小学与中华传统文化相关的课程占据多半；高中教科书《高中国文》六成以上是文言文（不含诗词），大学入学考试的国文科目试题，传统文化的内容占了近八成；大学中也设置了与传统文化相关的通识课程。在家庭教育中，儒家的伦理道德教育占有极大比重，父母尤其注重对子女进行仁、孝、礼、义等传统观念的教育。另一方面，台湾地区多维发力保护传统文化资源：引入生态保护视角、运用社区参与的方式保护物质文化遗产；制定政策法规，保护开发原住民文化资源；利用现代科技、观念改良传统戏剧；建设大量民俗博物馆，传承传统民俗文化。

2. 法制保障，注重普及——东亚国家的传承经验

以日本和韩国为代表的东亚国家重视文化发展，近年来提出"文化立国"战略，为传统文化传承发展创造了良好的环境，同时在传承传统文化方面采取了众多举措，成效显著，其做法非常值得参考。韩国与日本一方面注重运用法律、制度保障传统文化传承：既加强文化法律体系建设，不断修改完善《文化财保护法》保护传统文化资源，又确定了"人间国宝"制度从而扶植非物质文化遗产的传承人；另一方面，注重利用大众传媒制作的影视作品，如电视剧、动画等，开展传统节日庆典活动普及传统文化知识，在社会上营造出良好

的文化氛围。

3. 政府主导，民间推动——欧美地区的传承经验

以英国、法国、意大利、美国为代表的欧美地区在传承传统文化方面发展得较为成熟，从多年传统文化传承的经验来看，形成了"政府主导，民间推动"的特色。一方面，政府主导设立较高级别、专业的组织机构开展保护物质文化遗产的活动；拓宽文物保护的融资渠道，提供充足的修缮文化古迹资金；设立历史街区、国家公园对历史遗迹进行"活态"保护。另一方面，众多的民间组织采取措施推动保护传统文化资源：多方搜集鉴定文化遗产，组织相关活动提高民众保护文化遗产意识，为政府提供咨询与建议，参与并直接推动政府立法保护传统文化资产，提供资金修缮文物古迹等；民众采用私人筹集资金等方式自发地保护历史遗迹，为政府提供文化保护的建议。

（十一）　优秀传统文化传承的绩效评估

作为孔孟之乡、齐鲁文化的发源地，山东立足地方实际，在传承弘扬优秀传统文化过程中呈现出以下特点：一是引领性。全省各地以打造道德文化高地为目标，以践行社会主义核心价值观为导向，弘扬传统美德，整体推进精神文明创建活动。二是创新性。依托乡村和社区加快实施"乡村记忆工程"，以弘扬传统文化为主题积极推进"乡村儒学"建设，借助公共图书馆等平台探索推广"图书馆＋书院"模式，实现传统文化在创新中传承，在发展中弘扬。三是多样性。全省各地结合地区文化优势，选取合适多样的传承形式：依托科技、发展教育、借助文化产业、开展惠民工程等，充分显示出地域特色。四是不平衡性。从政策的出台、实施和传承力度来看，城市农村之间传承传统文化的重视度不同，从整体上看，城市好于农村。此外，民众的参与度也大相径庭，文化能人比起普通百姓的传承积极性高。

山东地区在传承优秀传统文化方面取得了一系列的成就。第一，深入挖掘阐发了传统文化传承的时代价值，并赋予其新的内涵。山东省在新形势下，充分挖掘了"德""仁爱""诚信"等传统文化精华，并进一步进行研究阐发，实现其时代性解读，让传统文化重新"活"起来。第二，扎实推进文化遗产保护工作，使传统文化的保护开发呈现出良好的发展趋势。在物质文化遗产保护方面，全面规划建设"七区两带"文化遗产保护片区和"大运河历史文化长廊"；设立文物旅游景点、考古遗址公园，实施"县及县以下历史文化展示"等工程。在非物质文化遗产保护方面，整理、普查非遗资源，抓紧推进非物质文化遗产馆、传习所、传承基地建设；开展"齐鲁非遗大讲堂"、非遗博览会等活动，建立传承人扶持机制，健全完善"五位一体"非遗保护传承

体系。第三，传统文化传承的教育机制初步形成。各地稳步开展戏剧曲艺进校园等项目，增强学生保护传承优秀传统文化的意识；部分地市积极引导知识分子在社区、农村、单位开设各类讲堂，掀起民间传承传统文化热潮。第四，传统文化的宣称普及工作取得明显成效。以"文化惠民、服务群众"为宗旨，广泛开展"一村一年一场戏"等传统文化活动；相继建成并开放图书馆、博物馆、文化馆（站）、文化大院等设施；实施文化信息资源共享等工程，积极运用先进技术手段改造传统文化传承方式；以文化产业为纽带，大力发展影视、演艺、动漫、旅游等文化创意产业。第五，传统文化的对外交流活动取得新进展。通过举办世界儒学大会、孔子文化周、尼山论坛等国际文化交流活动，充分利用了对外文化交流平台。第六，传统文化传承的管理考核机制基本到位。各地政府明确责任，使文化市场的管理取得新进展，文化考核体系进一步改革创新。

山东在传承优秀传统文化方面也存在着诸多问题和不足。其一，就传承研究而言，重规划轻践行。理论与实践脱节，部分地市传承传统文化只是停留在理论、规划层面，过分重视对传统文化的研究、计划，缺乏践行与普及，未能把握好传统文化传承的基本向度。其二，就产业化传承而言，重经济利益轻社会效益。部分文化企业、商家一味追求利益至上，使得文化传承走向商业化、庸俗化，直接影响了优秀传统文化真义的传播。其三，就传承主体而言，官方、精英与民间上下脱节，互动较少。传承传统文化多停留在官方、精英层面，较少重视民间层面，不善于听取民众意见，双方互动少，从而导致民间传统文化的传承活动常常因缺乏资金、设备以及民众传承意愿不高等而难以开展下去。其四，就传承效度而言，重形式轻实效。一方面，部分地市盲目追求文化产业园、尼山书院的高投入、高规格化，忽视其文化价值的发掘，导致一些场馆形同虚设、服务水平低，呈现出空壳化、地产化的趋势。另一方面，在传统文化的监督机制方面，有关部门官员由于制定政策时盲目照搬相关文件，实施中未能有效执行，导致机制日趋形式化，出现了监督考核机制不到位、部门职责不明确等问题，直接影响了传统文化传承的效度。其五，就传承资源而言，重开发轻保护。随着城市化进程的加快，有些地方过度追求建筑的现代、美观、整洁，重开发轻保护，造成一些珍贵的古建筑、古村落未能得到合理利用，遭到了不同程度的破坏。

三　决策咨询意见

基于上述调研结果以及相关的理论分析，课题组认为：传承弘扬优秀传统文化是一个系统工程，需要从各个层面来谋篇布局。其中，对传统文化传承之基本向度的研究阐发，是传统文化传承的理论前提；对文化遗产的保护与整合，是传统文化传承的基础工程；发挥国民教育对青少年的引导性作用，是传统文化传承的关键所在；充分利用媒体加强对传统文化的宣传普及力度，是传统文化传承的重要环节；在实践中培育和践行优秀传统文化的理念，是传统文化传承的工作重点；各界力量资源交流互鉴，是传统文化传承的创新平台；完善考评激励机制，是传统文化传承的制度保障（见图 1-1、图 1-2）。

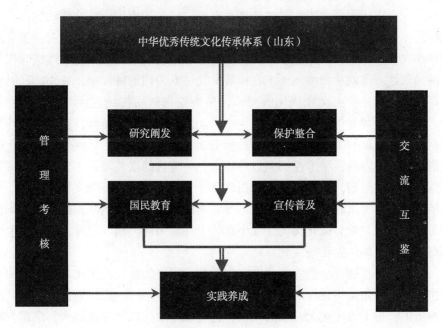

图 1-1　中华优秀传统文化传承体系（山东）要素关系

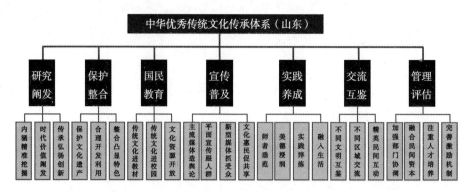

图1-2　中华优秀传统文化传承体系（山东）

（一）研究阐发——传统文化传承的理论前提

弘扬优秀传统文化不仅非常必要，而且正当其时。但当前有关中华传统文化传承的理论研发状况不能令人满意，存在着传统文化一抓就灵、良莠不分与全盘"复制"、重"硬"轻"软"、重形式与轻实效等诸多误区。因之，加大力度对传统文化传承的理论问题进行研究阐发，尤为必要。

首先，要运用马克思主义的立场观点方法，细加梳理传统文化的优劣。中国传统文化是在自然经济的社会土壤中形成和流变过来的，浸润着封建主义思想和小农意识的糟粕，杂糅着许多消极、保守的惰性成分，具有不适应时代要求的局限性。这就从根本上要求在传统文化体系构建的进程中，必须站在时代的高度，根据社会主义现代化的要求，精准挖掘阐发传统艺术与技艺，比如琴、棋、书、画等传统艺术，太极、中医、烹饪、刺绣等传统技艺；精准挖掘承载着中国人民对美好生活与和谐社会的憧憬与期盼，在千百年来形成的传统民俗与节日的内涵；精准挖掘阐发传统文化中蕴含的崇礼尚义、忠厚正直、豁达淳朴、勇敢坚韧、勤劳智慧等思想理念；精准挖掘阐发传统文化在维护民族团结、延续精神血脉、鼓舞民族斗志等方面的思想价值；精准挖掘阐发中华优秀传统文化与世界文化交流互鉴中保持个性魅力等问题，引导人们更加全面客观地认识中华优秀传统文化。

其次，要正确评估传统文化的时代价值。中华优秀传统文化之于中国的重要作用和价值是毋庸置疑的。但在传承过程中，一些人在"现代主义"思潮的冲击下，犯了历史虚无主义的错误，把传统与现代截然对立起来，全盘否定中国传统文化，认为中国文化的唯一出路是"全盘西化"。当然，我们也不能矫枉过正，过分迷信传统，对传统文化顶礼膜拜，似乎中国传统文化是救治现代病的万应灵药，从而在传统文化传承问题上表现出一种保守主义甚至是复古主义的倾向，把传统文化的作用捧到神乎其神的地步，给人造成一种错觉，好像只要传统文化搞好了，中国所有的一切问题都会迎刃而解，这是典型"文化至上论"的突出表现。总之，在优秀传统文化传承体系构建过程中，一定要客观、理性地评价传统文化的时代价值，既不能对传统文化持激进批判和简单否定态度，也不能无限放大其价值和作用，只有走出这两个极端，革故鼎新，使之与现实精神结合，成为涵养民族价值观的不竭源泉，中华优秀传统文化才能在传承中发扬，在发扬中创新，在创新中新生。

最后，要"软""硬"兼顾，协同推进传统文化的传承、弘扬与创新。按照费孝通教授对文化的理解，文化包含着三个不同的层次，即器物层次、组织层次和精神层次。中华传统文化亦不例外，同样也由这三个层次构成。而就文化变迁的内在理路而言，一般首先从器物层次开始，然后进入组织层次，最后进入精神或价值层次。其中，组织或制度层次由人来制定，并且有一定强制性，因而改变起来相对容易；器物层次包括人们的生活方式，是长期文化积累的结果，改变起来较为困难；而精神层次是理性的产物，提出或引进某种新观念也比较容易，但要真正为人们所认同和接纳则最为困难。所以在传统文化传承体系构建过程中，要统筹兼顾这三个层面，即不能重"硬"轻"软"，只关注博物馆、文物馆、美术馆、民俗馆、乡村工程记忆馆等传统文化载体的建设，同样也不能重"软"轻"硬"，脱离器物层面，虚无地就文化谈文化，就"精神"谈"精神"。传统文化的传承是一个总体性的过程，其总体性就在于，传统文化各个层面的传承与发展都是互相牵动、互相制约的，表现出一种立体的而非直线式的转型模式。企图单一地搞某一个层面上的局部传承，必然导致社会整体生活和人们精神生活的紊乱，从而在促成文化传承的过程中，在某些文化层面之间、在某些文化领域之间、在某些文化要素之间，形成各种各样的反转型的自生性阻滞，最终使文化传承或转型成为不可能。

（二）保护整合——传统文化传承的基础工程

文化遗产（包括物质遗产和非物质文化遗产，其中还包括非遗传承人）是传统文化传承的重要载体，对文化遗产保护无疑是弘扬优秀传统文化的必然前提。但保护文化遗产并不排斥对其合理开发利用，各地须因地制宜，加强对传统文化资源的开发利用，同时亦要积极有效地整合各方资源，让各种文化遗产互借优势、互为补充，如此，才能把文化资源的活力激发出来，才能使优秀传统文化历久弥新、发扬光大。

首先，立足保护。在不少地方，保护口号喊得震天响，但在城市化和城镇化的压力下，却是"说得硬，做得稀松"，致使一些历史化资源遭到"建设性破坏"的现象时有发生。对此，应加强文化遗产的保护意识，对能够切实保护文化资源的单位和个人给予表彰和奖励，营造保护优秀传统文化的良好社会氛围。更为重要的是，要对文化遗产实行系统性立法保护。齐鲁大地传统文化资源富集，文化遗产丰厚，特别是文物遗址类遗产亟待立法保护。除此之外，应加大对非遗传承人的补助力度，通过政策扶持为非遗创造市场，吸引更多的年轻人自愿学习传承，以确保非遗传承后继有人。另外，要发动社会力量和民间资本参与保护，采取"谁开发、谁受益、谁保护"的对位性保护的原则，借助市场之力，鼓励企业和个人踊跃投资，改变过去由政府买单保护的单一模式。

其次，合理开发。保护文化遗产并不排斥对其合理开发利用，实践证明，唯有合理开发利用，文化遗产才能得到更为有效的保护传承。如曲阜就是通过旅游这个媒介，让广大游客在逛"三孔"的过程，触摸和感受儒家文化的真谛，而广大游客到来为当地所创造的经济效益又反哺到"三孔"等文化遗产的保护之中，实现了保护与开发两者的协调共进。但优秀传统文化的传承从根本上讲是一项非营利性的公益性事业，需要因地制宜，科学规划，需要依靠政府的力量，协调社会各方力量参与进来，利用市场但不市场化，开发利用前务须召集专家进行评估，制定一套精准可行的方案，并在实施过程中，有效监督管理，切实避免只顾经济利益，不顾社会效益，过度开发、过度整修的现象出现。

最后，强化整合。保护和开发文化遗产的重要性自不待言，但当下在保护和开发的进程中，各市、县、乡、村画地为牢，只关注自己的"一亩三分地"，各家做各家的文化，各地做各地的特色，这种各自为政，各行其是的做法，实际上对于传承体系的构建是非常有害的。唯有通过分类梳理和有效整合各种文化资源、集聚各类文化群体才能放大单体功效而产生集体效应，零散而不系统的一些地方文化资源才能"活"起来，优秀传统文化才能得以传承。如淄博新近整合的齐文化博物院就堪称典范，它将1个古玩交流城，16家民间博物馆，20多个政府博物馆整合在一起，集参观、游览、研究、传播于一体，盘活了诸多文化资源；再如，临沂地区多年打造的"民间秧歌会"和广场文化艺术节，即分别通过对表演类的各类狮子舞、跑高跷、鼓子秧歌等进行编排组合，对民间传统音乐如"山东梆子""京剧""柳戏""吕剧"等进行串排演练，然后在市、县、村进行展演，对于传播传统文化、引导百姓生活具有十分重要的作用。循此理路，政府层面应按照国家关于山东发展的战略定位和建设文化强省的总要求，打破现有行政界限，统筹全省文化资源，以建设道德文化高地为主题，打造国家级曲阜经济文化示范区，打造"齐长城文化带"，整合古村落、古镇、古城等文化片区，加强建设类似于淄博博物馆群的"文化聚落"等。

（三）国民教育——传统文化传承的关键所在

国民教育，是以文化人的一个过程，是传统文化传承的关键所在。但如今国民教育在传承传统方面的作用还很有限，主要表现为学校教育中传统文化的内容较为缺失，优秀传统文化教材不受重视，各类博物馆、纪念馆、文化馆的传统文化教育功能未能得到充分发挥等。当下，文化、宣传、教育部门应齐抓共管，形成合力，充分发挥国民教育在传承传统文化方面的作用。

首先，依据《完善中华优秀传统文化教育指导纲要》，在不同层次、不同类型的学校教育中，通过课程教材改革，修订语文、历史等与传统文化密切相关的科目，把更多的优秀传统文化内容融入其中；在各级各类考试中，特别是在中考和高考的考试中，加大优秀传统文化的所占比重，充分发挥考试之于传统文化传承的引导和桥梁作用。此外，学校还应继续深入贯彻落实经典文化的学习实践活动，如进行国学诵读，举办中华优秀传统文化故事会、辩论会，开展学生喜闻乐见的传统文艺活动等，把优秀传统文化的传承落实到学生的学习生活中，寓教于乐，以乐促学。

其次，要结合学校特色，让非遗走进校园。非物质文化遗产生成于民间，发展于民间，容易为青少年接受。因此，可以借鉴山东青岛"传承人导师聘任制"的模式，在建立专家库的基础上，将传承人、政府、学校三方联动起来，通过对学校进行"菜单式"服务的方式，让传承人走进校园传授民俗艺术，这样既培养了非遗传承后备人才，也丰富了学生的校园文化生活。

再次，依据山东省提出的《关于在全省创新推进"图书馆＋书院"模式建设"尼山书院"的决定》，加强顶层设计力度，保证有足够的经费投入，明确目标人群、项目课程特色，设立尼山书院讲师库，邀请对传统文化有资深研究，并且能够将晦涩难懂的传统文化内容转化为生动形象语言的老师去授课。也可以采用"身边人讲身边事"的模式定期开展教育活动，突出以儒学为主的传统文化教育，突出孝敬老人、关爱子女、和睦邻里等现实主题，还可以组织开展经典诵读、宣讲辅导、道德实践等为主要内容的活动，使广大民众在潜移默化中接受优秀传统文化的熏陶。

最后，加强优秀传统文化教育阵地建设，充分发挥博物馆、图书馆、纪念馆、文化馆四馆在国民教育中的积极作用，将藏于这四馆中的文物古籍资源免费开放，引导社会各界人员来参观学习，在每个馆配备专门的解说员，让广大民众能够更近距离地接触、了解中华优秀传统文化，自觉形成践行优秀传统文化的品德风尚。

（四）宣传普及——传统文化传承的重要手段

中华优秀传统文化博大精深，影响至远，但广大民众对传统文化的特质、核心价值及其基本精神的认知还极为有限，这非常不利于传统文化的传承与发展。故此，应充分发挥文化传承、弘扬的最重要、最有效的载体——大众媒体的作用，大力宣传优秀传统文化的价值和功用，以期每一个社会成员，都能认同并自觉地践行和传承中华优秀传统文化。

其一，充分利用主流新闻媒体，给传统文化传承营造深厚舆论氛围。一方面，从社会实际出发，利用各主流媒体，开设群众喜闻乐见的传统文化专栏或专题片，推出既体现传统文化的魅力，又体现现代文化的活力的影视作品和动漫作品，实行媒体联动宣传，为传统文化传承营造良好的舆论氛围，促进优秀传统文化的推广普及；另一方面，在报纸、电视等新闻媒体上打造规范化传统文化知识竞赛之类的互动节目，大力宣传中华优秀传统文化的基本内容以及当下功用，使之成为人民群众普遍接受的文化常识和自觉践行的价值目标。

其二，充分利用户外宣传栏、电子屏等平面宣传形式，提高人们对传统文化的认知度。一方面，可以利用各种媒介，借鉴山东济南的成功经验，参照"公交论语"模式，制作户外宣传栏，以图片或漫画的形式对传统文化的知识进行介绍，激发观众了解传统文化的兴趣；另一方面，可以充分利用电子屏这一资源，在人口流动性大的场所滚动播放优秀传统文化的相关内容，给人们造成视觉上的冲击，让民众在潜移默化中感受传统文化，在无形之中扩大传统文化的社会影响力和认知度。

其三，充分利用手机、博客、互联网等新媒体这个广阔的平台，助力传统文化的传承。在当前新媒体盛行的情况下，互联网早已成为人们生活中不可或缺的一部分。鉴于此，可以将优秀传统文化元素融入各种各样的新媒体中，开展网上文化宣传活动，如邀请文化传承方面的知名专家学者或非遗传承人进行网络教学等，拓宽传统文化的普及路径，将中华优秀传统文化更形象化、更近距离地呈现在大众面前，让他们从心灵深处接受优秀传统文化的熏陶。

其四，与文化惠民工程相结合，推进优秀传统文化进基层。一方面，优化提升各种文化惠民工程，如引导文化大院举办与当地农业、科技、生活紧密相关的文化活动；再如，改变农村书屋闲置的现象，引进与群众生活息息相关的书籍，开展广泛的读书活动；又如规范全国文化信息资源共享工程，建成互联网上的中华优秀传统文化信息中心，实行文化的共建共享等，使更多的人感受到传统文化的魅力。另一方面，秉承"政府出钱、农民看戏"的原则，创作编排出弘扬优秀传统文化、反映时代风尚的优秀作品，为庄户剧团更新配备演出器材，配置流动舞台车，送戏下乡，将"一年一村一场戏做到位"，让传统文化影响到每家每户，为文化传承创造更好的环境。

（五）实践养成——传统文化传承的工作重点

传统文化的传承固然需要长期的教育、宣传，但更为重要的则是在实践中培育和践行，使优秀传统文化的精神，成为人们日常生活中的规范和追求，使之内化于国民之心，外化于国民之行。从这一角度来说，实践养成环节，无疑是传统文化传承的重要节点。具体来说，有以下几点：

一是"师者"垂范。常语说"身教胜于言传"，"其身正，不令而行；其身不正，虽令不从。"一个人教育别人按照优秀传统文化的精神为人处事的前提是以身作则。否则你自己不按照《孝经》《弟子规》的要求去孝敬你的双亲，尊重你的老师，如何教导别人去做？你自己"无德"，如何教育别人要"有德"呢？事实上，现在研究传播传统儒学和传统文化的大有人在，但大多数安于"知识分子分工的角色定位"，仅把传统文化研究作为一种职业，一种谋生的手段，真正言行一致按照儒学的规范去做的，或者说把优秀传统文化作为一种"精神上信仰"去追求的，少之又少，你自己不身体力行，又怎么去要求别人践行呢？因此，"师者"的职责不仅仅在于"谆谆教导"，更在于"你所倡导的，就必须你去推行"。

二是营造崇德向善的社会氛围。继续大力推进美德山东、文明山东、诚信山东建设，继续深入开展"四德工程"建设和"学雷锋，做山东好人"活动，继续进行道德评议，评选好媳妇、好婆婆、好家庭，创新开展"身边人讲身边事"的模范演讲活动，消除传统美德故事与村民之间的距离感，并通过表彰、宣传、张榜学习等环节，在百姓中树立一面旗帜，潜移默化感化和影响周边的人。在上述活动基础上，建立长效机制，创新有利于传承传统文化的平台和政策，激发更多有益的实践活动形式的出现，使实践活动能触摸到优秀传统文化的方方面面，让优秀传统文化"活"起来，让人们能够更近距离地接触传统文化的内髓、感知传统文化的真、善、美，在全社会形成崇德向善，自觉践行和传承优秀传统文化的浓厚氛围。

三是在实践中淬炼。"一步实际运动比一打纲领更重要"。在一系列传承、弘扬优秀传统论的活动中，要运用多种载体和平台，创新多种形式和手段，鼓励引导人们广泛地参与其中，身体力行地践行优秀传统文化倡导的尊老爱幼，孝敬父母，兄友弟恭的道德观念。如济南章丘一些学校与家庭联合联办的"感恩孝亲"活动、济宁鱼台的"孝贤文化"实践活动，曲阜让老人住正屋，每月给父母至少 50 元养老费，并上榜公示的做法就值得推广。这些活动从小处切入，从具体事、身边事抓起，使人们在实践中对优秀传统文化的精神产生心灵上的共鸣。积久成习，优秀传统文化就会渗透到人们的骨髓里，成为中华民族复兴的精神力量、精神财富。

四是在生活中融入。最有效的文化传承就是把中华优秀传统融入人民群众的现代新生活。因此，要通过各种生活化传承活动和激励措施激发民众传承优秀传统文化的热忱和潜在动力，促使优秀传统文化大众化传承。例如，充分利用民间重视村志、家谱、家乘编写的优良传统，资助条件成熟的村庄和家族开展撰修村史、家史、家谱的活动，使优秀的村规、村风、家训、家风得以传承，并在新时期发扬光大；在非遗传承保护方面，应大力推广将非遗融入百姓日常生活的好经验、好做法，创新形式，更新内容，深入民间，走进百姓的日常经济社会生活，获得传承实效。

（六）交流互鉴——传统文化传承的创新平台

交流互鉴的根本要义在于互相比照、借鉴，共同创新发展。中华传统文化本来就是不断吸收、包容不同文明的产物。唯有在多元文化的交流互鉴中，我们才能找到自己的"短板"，才能革故鼎新，才能推动中华优秀传统文化"创造性转换"和"创新性发展"。恰如习近平主席于 2014 年 3 月 27 日在巴黎联合国教科文组织总部发表的重要演讲中指出的，"文明因交流而多彩，文明因互鉴而丰富"。

当然，传统文化传承的交流互鉴并不局限于国与国、文明与文明之间，它还包括制度传承、精英传承以及民间传承之间的交流互动。当下，党和政府部门已经充分认识到了传统文化的价值、作用，并大力倡导传承优秀传统文化，人文知识分子也在极力呼吁传承优秀文化传承，广大普通民众也在积极践行传统文化的理念和精神，但三种力量各自为政，少有联系互动，致使传统文化传承的目标难以取得一致，传承效度不尽如人意。因之，政府有关部门当与学者、普通民众加强联动，官方层面要"花钱买服务"，吸引更多的学者参与到传统文化的研究与传播工作中来，进而通过交流补充自己的理论不足；学者则要走出书斋，把学术性、专业性强的传统文化研究成果化繁为简，让优秀传统文化从理论界走向大众，从学术圈走向老百姓，让传统文化传承自觉融入人民群众的社会生活之中。由此，三种力量构成传承的合力，传统文化传承才能真正实现，才能在传承中得到"创新性发展"。

此外，传统文化传承的交流互鉴还包括不同区域之间的交流互动。不同区域有其不同的文化发展特色，在实践过程中也积累了丰富多样的文化传承经验，因而要加强兄弟市县的合作，组织各地文化部门的交流学习，相互借鉴，拓宽文化传承路径。如青岛在发展非遗资源上，"用非遗方式保护和发展非遗"的活态传承思路，培育庄户剧团这一民间传承力量，通过"演员本地人，用本地唱腔，说本地方言，唱民间故事"的方式传承优秀传统文化，淄博打造"文化聚落"，盘活齐文化博物馆、足球博物馆、民间博物馆聚落和文化市场等诸多文化资源，建设集文物收藏、展陈、保护、研究、教育、休闲功能于一体的齐文化博物院，以及临沂地区通过编排组合各种表演类节目，整合民间传统音乐，开展"民间秧歌会"和广场文化艺术节的做法就非常值得各地区学习借鉴。

（七）管理评估——传统文化传承的制度保障

在全球化急剧扩张，中华传统文化日渐沉沦的背景下，重建优秀传统文化传承体系，实现优秀传统文化的创造性转化和创新性发展，是一个长期的工程。换言之，传统文化的传承不是一蹴而就、立竿见影的，而是一个长期的、循序渐进的过程，做这项工作出政绩很难，但功在当代，利在千秋，为使优秀传统文化的传承不浮于形式、流于观念，就需要以一套精准的、完善的、具有可操作性的制度体系来保证。

首先，健全和理顺各级组织机构，明确各部门职责。传承传统文化的重要性不言而喻，但传统文化传承的工作涉及宣传、文化、教育、文物、建设、旅游、公安等多个部门，传统文化资源也往往归属多个部门，而各部门的职责又不十分明确，需要清晰界定，责任明确。至为重要的是，要建立弘扬传统文化的协调机制，需要建立由宣传部门牵头，上述各部门参与的传统文化弘扬工作协调组，搭建沟通、学习、借鉴、交流的平台，形成弘扬传统文化的合力。

其次，要规范和引导民间资本在传统文化领域中的运营。目前，国学班、读经班四面开花，表面上来看对传承、弘扬传统文化起了很重要的作用，但各类民间办学，资质不全，师资欠缺，往往把包含许多糟粕的"三字经""弟子规"等拿来作为教材，让孩子穿上官袍，戴上官帽，摇头摆尾，不加选择地全盘诵读，极不合时代要求，负面影响较大。更有部分国学班或培训班，打着弘扬民族文化的噱头，聚敛钱财，把传统文化庸俗化，严重偏离了注重社会效益的原则和传播优秀传统文化的责任。凡此种种，必须引起有关文化部门的关注，并对其加以规范，以免传统文化的传承走进误区。

再次，加强人才梯队建设。当前，"接地气"的传统文化研究人员、优秀国学讲师、博物馆与图书馆专业人才、非遗传承人、专业戏剧演员等文化人才总量严重不足，成为制约传统文化传承的瓶颈。对此，要放眼天下，不拘形势引进急需的相关专业人才；立足本土，挖掘开发民间文化能人、民间艺人、民间传统手工业者等人才资源；广开渠道，与高等院校联合对基层文化工作者和传统艺术人才进行定期培训；加强对民间文艺协会的管理和服务，搭建平台，支持协会之间的交流、沟通和协作；明确奖励政策，对作出贡献的优秀传统文化进行表彰。

最后，完善考评激励机制。各级党委、政府将各职能部门、相关事业单位、各研究机构将传统文化保护、研究、弘扬、传承的情况，层层分解，层层把关，纳入该单位年度工作考评体系之中，坚持精神、事业、物质激励三者并举，激发文化工作者和文化经营者传承优秀传统文化的积极性与创新性，以确保优秀传统文化的传承工作落到实处。

理论和实践表明，落实中华优秀传统文化的创造性转换和创新性发展的"两创方针"，要通过研究阐发、教育引导、舆论宣传、实践养成、制度保障等方式，使之内化于心、外化于形、实化于行、固化于制。并最终在山东这一特殊的地理文化单元，形成道德文化高地——传统文化传承的美好愿景。

第二部分　分报告

一　绪论

(一)　研究背景和意义

1. 优秀传统文化是中华民族永远不能离别的精神家园

"国于天地，必有于立"，一个国家、一个民族能够经受惊涛骇浪的考验、能够在艰难困苦中不断发展壮大，必须有强大的精神力量支撑。在新时代的中国，能够承担起精神支柱、行动向导，有效整合社会意识，丰富群众精神世界，建设民族精神家园，实现中华民族伟大复兴的中国梦这一使命的，只能是社会主义核心价值观。要使社会主义核心价值观真正成为社会共识，融入人们的生产生活和精神世界，必须付出艰巨努力，通过多种途径，借助各种资源，其中最重要的资源之一就是中华优秀传统文化。习近平同志深刻地阐述了传承中华优秀传统文化的重要意义，他指出："优秀传统文化可以说是中华民族永远不能离别的精神家园"[1]，"中华优秀传统文化已经成为中华民族的基因，植根在中国人内心，潜移默化影响着中国人的思想方式和行为方式。今天，我们提倡和弘扬社会主义核心价值观，必须从中汲取丰富营养，否则就不会有生命力和影响力"。"这些思想和理念，既随着时间推移和时代变迁而不断与时俱进，又有其自身的连续性和稳定性。我们生而为中国人，最根本的是我们有中国人的独特精神世界，有百姓日用而不觉的价值观。我们提倡的社会主义核心价值观，就充分体现了对中华优秀传统文化的传承和升华。"[2]

2. 优秀传统文化传承的危机和转机

中华文明自诞生以来，长期位于世界文明发展的前列。在漫长的历史进程中，形成了具有强大生命力的优秀传统文化。这一源远流长、博大精深的传统文化，其连续性在世界文化发展史上堪称独一无二。它是中华民族智慧的结晶，是中华民族不断发展壮大的动力源泉，是中国人之所以为中国人的根本所

---

① 习近平：《领导干部要爱读书读好书善读书》，《学习时报》2009 年 5 月 18 日第 1 版。

② 习近平：《青年要自觉践行社会主义核心价值观》，《人民日报》2014 年 5 月 5 日第 2 版。

在。中华优秀传统文化是中华民族代代传承的基因，是中华民族赖以生存和发展的根基。

任何一个国家、民族的发展离开了传统文化就如同无源之水，无本之木。中国长期是在自己的传统中发展演变的，但是步入近代，中国被帝国主义的坚船利炮强行拖进了西方殖民体系，在欧风美雨的侵袭中，传统文化受到了越来越猛烈的冲击，乃至到了"花果飘零"的境地。近代是西方主导的世界，西方凭借其强大的经济军事力量，强行扭转了世界其他地区的发展轨迹。西方和中国以前多次遭受入侵的外族最大的不同，就是西方有着和中国完全不同的价值观念、社会制度。西方文化、西方价值观，以"普世价值"自居，自诩为负有"文明开化"教导其他"愚昧""非理性"的文明的责任，"西方中心论"大行其道。中国一次次抵抗侵略的失败，一次次深重的民族耻辱，迫使众多先进的中国人通过向西方学习，来寻找救国救民的道路。在强势西方文化的压迫下，中国传统文化被不断贬低，乃至出现了中国人的"自我矮化"。晚清时就出现了"洋帽洋衣洋式鞋，短胡两撇口边开。平生第一伤心事，碧眼生成学不来"的打油诗，西方"先进""文明"，中国"落后""愚昧"，逐渐成了一种中国人自己也认同的社会潜意识，"土气""洋气"这样至今流行的词语就反映了这种社会心态。

另一方面，中国的现代化并非中华文明的自然发展，在很大程度上是在"亡国灭种"危机下被迫向西方学习的结果。西方现代化的动力是内生的，在经过了宗教改革、资产阶级革命等激烈动荡的社会转型后，其希腊民主、罗马法律、基督教等传统都得到了创造性转换，在现代西方文化中仍然发挥着核心作用。现代和传统，绝非互相对立的关系，而是类似于马克思所说的"扬弃"，现代是从传统生发出来的，但同时又是对传统的一种否定和突破，传统必须经过一番痛苦的脱胎换骨的过程，才能在现代社会继续发挥作用。在西方尚如此，在中国又多了一层障碍："现代"是外来的，它和中国的原有传统缺乏亲和性。君主专制的政治文化、严别上下尊卑的社会伦理、"不患寡而患不均"的经济思想等，确实不符合现代社会的发展方向，被不少中国人甚至一些为国为民的志士仁人视为中国进步的障碍，不断受到批判。对待传统文化，要取其精华，去其糟粕，作为一个基本原则，自然是正确的。但区分传统文化中的精华和糟粕并非易事，即使精华也不可能原封不动，必须加以改造，以适应现代社会，这是一个复杂的系统工程，关系到社会意识、情感的转变，绝不可能一蹴而就。朱熹诗云："旧学商量加邃密，新知涵养转深沉"，而近代的中国人在救亡的压力下，难以平心静气地沉潜涵泳，详加讨论，抉择去取。

在西方文化的强势压迫下，在中国现代化的"急行军"中，传统文化作为一个整体，逐渐被负面化，被视为前进中必须舍弃的包袱。从思想意识、礼仪规范到文物典籍，都遭到了猛烈地冲击和破坏，"文化大革命"时期堪称达到了登峰造极的地步，体现了对自身文化传统的贬斥和自卑心态。另一方面，中国长期以来都是地域辽阔、人口众多的文化大国，国人对自身文化传统的自豪心理在近代作为一股潜流一直顽强存在；同时，中国人的为人处事、社会规范、价值情感等各个方面实际上又始终深受传统文化的影响，如"和为贵""大一统""礼义廉耻"等传统观念。贬斥和遵循，自尊和自卑，强烈的张力使得中国人产生了一种扭曲的文化心态。

中国是一个天然的大国，现在正逐渐恢复其历来的大国地位。真正的大国，不仅仅体现在经济军事力量的强盛，它必然是一个文化大国，必须为世界提供有足够吸引力的文化模式。做到这一点，要依靠社会主义制度的优越性，同时在文化上要正本清源，肯定传统文化的正面价值，真正树立起中国人的文化自信，传承和弘扬中华优秀传统文化。

中国共产党人始终是中国优秀传统文化的忠实继承者和弘扬者，[①] 马克思主义中国化的过程在一定程度上就是马克思主义和中华优秀传统文化相结合的过程。进入 21 世纪以来，中国共产党在如何对待中国优秀传统文化问题上，升华到了一个新的高度。党的十六大提出"坚持弘扬和培育民族精神"，十七大要求"弘扬中华文化，建设中华民族共有精神家园"，党的十八大报告更明确发出了"建设优秀传统文化传承体系，弘扬中华优秀传统文化"的号召。十八大以来，以习近平同志为总书记的新一届中央领导集体，从实现民族复兴中国梦、培育和弘扬社会主义核心价值观、推进国家治理体系和治理能力现代化、提升国家文化软实力、坚持和发展中国特色社会主义等方面对中华优秀传统文化的当代价值作了一系列重要阐释。可以说，随着中国国力的不断增强，随着中国人文化自信心的恢复，乘着中央号召传承优秀传统文化的东风，中华文化凤凰涅槃、再塑辉煌，为世界提供一个不同于西方文化的新模式的契机已经到来，文化工作者应该为这个伟大的历史使命而增砖添瓦，奉献才智。

3. 研究意义

中华优秀传统文化是中华民族的根，失去了根，就必然如浮萍一样，无力自主，随风飘荡。在中华优秀传统文化越来越引起人们重视的同时，必须看到，传承现状不容乐观，实际上尚未真正做到走进民众生活，进入民众心灵，化为民众自觉遵守的规范。传统文化完全暴露在现代化和全球化的冲击之下，

---

① 习近平：《在纪念孔子诞辰 2565 周年国际学术研讨会暨国际儒学联合会第五届会员大会开幕会上的讲话》，《人民日报》2014 年 9 月 24 日第 2 版。

生存空间不断被挤压，文化传承面临危机。可以毫不夸张地说，其中不少已经面临"博物馆化"，逐渐失去了"活性"，日渐沉沦，难以发挥现实作用。由于起源于西方，现代化一定程度上表现为西化，引发了社会对西方社会生活方式的盲目推崇，比如各种广告竞相以"国际范""欧美风"作为最大卖点，明明是本土的厂商偏偏要给商标起一个洋里洋气的名字（反而是不少外来品牌很注重和中国文化的亲和性，比如将 Coca-Cola 翻译为"可口可乐"、比如诺基亚的广告词"科技以人为本"）。现代社会对文化的消费具有很严重的"快餐化"弊病，导致很多适应农业社会生活节奏的传统文化被边缘化，如戏曲、曲艺等。现代化本身就是一个世俗化的过程，再加上认识的偏颇，将社会上的神圣化空间一扫而光，而很多传统文化是与此息息相关的。如各种民间节日除了家庭团聚，慰劳辛苦等世俗目的之外，还具有祈求幸福、追思先人等神圣性功能。由于神圣性这一维度的缺失，导致端午节成了"粽子节"、中秋节成了"月饼节"，春节成了"饺子节"，更创造出了全国十几亿人除夕夜围着电视看春晚这样颇为不伦不类的"新民俗"。

传承和弘扬中华优秀传统文化，其意义在今天是毋庸置疑的，为大家所公认，但现状显然是远远不能让人满意的。现在看来，最主要的原因就是缺乏一套完善的传承体系。虽然各方面积极响应党中央和习近平总书记的号召，举措不断，但是政府和社会力量之间，政府内部各个部门之间，乃至一个部门自身的各项政策之间，着力点不一，用力不均，没有多方合力，形成体系。只有不满足于表面的"热闹"，不搞"花架子"，花大力气处理好继承和发展的关系，做好优秀传统文化的创造性转化和创新性发展，构建完善的中华优秀传统文化传承体系，才能真正持续有效地传承和弘扬中华优秀传统文化，使中华优秀传统文化为实现中国梦提供强大的精神动力。

山东是中华优秀传统文化底蕴极其深厚的地区。开放进取、崇尚实效的齐文化和凝重内敛、注重伦理的鲁文化交相辉映、融合发展，形成了具有丰富历史内涵的山东文化。在春秋战国这一中国文化突破的"轴心时代"，山东成为众多深刻影响此后中华文化走向的思想家们的主要活动舞台。山东是儒家思想的发祥地，是圣贤孔子、颜子、曾子、子思、孟子等的故乡，他们在山东讲学授徒、著书立说，邹鲁之乡、洙泗之滨成为儒家圣地。墨家、兵家、阴阳家、杂家的主要代表墨子、孙子、孙膑、邹衍等思想家交相辉映，在中华文化的底色上留下了深深的烙印。汉朝之后，儒家成为传统中国的主流思想，山东以其孔孟之乡的特殊背景，始终是国内文化的重镇。山东的民众受传统文化影响至深，对中华优秀传统文化的没落与传承也最为敏感和显著。而步入近代以来，政府层面文化政策的实施，文化转型与重构的期许莫不把目光放在山东，以山东为试验和示范，借以达到影响其他地区的目的。因此，研究当下传统文化传承体系的构建及其效度问题，山东作为中国传统文化中一个极其重要的地理文化单元，其典型性和示范意义不言而喻。

山东省委、省政府积极响应党的号召，深入学习贯彻习近平总书记系列重要讲话和视察山东重要讲话精神，研究用好齐鲁文化资源丰富优势、建设社会主义核心价值体系的思路措施，在构建中华优秀文化传承体系方面做了大量卓有成效的工作。在"十二五"规划即将结尾的时候，回顾过去这五年，总结取得的成绩和成功的经验，剖析出现的问题和暴露的不足，为"十三五"规划提供智力支持，是必要和有益的。

（二）研究现状

20 世纪 80 年代，改革开放大潮初兴，中国如何实现现代化成为社会普遍关注的热点，由此兴起了文化热，带动了对传统文化的重新反思和再评价。当时的研究，大多是对传统文化本质、特点、价值等方面的理论探讨，具体到对传统文化传承的研究，真正形成问题意识，出现可观的学术成果，是在 21 世纪以后。正如前述，现代中国社会应该传承传统文化中的优秀成分，这一问题逐渐成为共识。如何传承，在传承中遇到了哪些问题，如何解决这些问题，怎样构建中华优秀传统文化的传承机制和体系，成为关注的焦点。研究者选取的角度和出发点各不相同，涵盖了哲学、传播学、社会学、人类学、历史学、文学等各个方面。

1. 探讨传统文化传承的基本理论问题

赵世林的《论民族文化传承的本质》较早对文化传承作了系统的理论阐释，他认为文化传承是文化民族性的内在机制。从一个民族人们共同体的生存和发展来说，文化传承实质上是一种文化的再生产，是民族群体的自我完善，是社会中权利和义务的传递，是民族意识的深层次积累，是纵向的"文化基因"复制。① 李毽刚的《浅析重构文化传承机制的现实必要性》一文对文化、传承、传承机制以及中国传统文化精神的含义作了界定，并指出了重构文化传承机制的现实必要性。② 解丽霞的《制度化传承·精英化传承·民间化传承——中国优秀传统文化传承体系的历史经验与当代建构》指出中华优秀传统文化在古代的传承得益于制度化、精英化、民间化互融共生的传承体系。在当下中国，传承优秀传统文化需要创新借鉴这种文化传承体系，使之适应时代

① 赵世林：《论民族文化传承的本质》，《北京大学学报》（哲学社会科学版）2002 年第 3 期。
② 李毽刚：《浅析重构文化传承机制的现实必要性》，《改革与开放》2013 年第 10 期。

需要，激发出优秀传统文化的当代价值。① 肖瑜的《模因论视角下的中国传统文化传承》使用模因论分析中国传统文化的传承现状和传承前景。② 针对传统文化传承的理论与实际结合的问题，何其敏的《民间礼俗是传统文化传承的重要途径》一文指出应认识到理论的"应然"与实践的"实然"之间的距离，将顶层设计与民间动机相结合，实现学者的文化定位与民间的实践推动双重进步。③

这些研究主要对中华优秀传统文化传承的有关概念作出了理论解读，并立足传统文化传承现状，对传统文化的出路进行了思考与研究。其中不少观点对当下中华优秀传统文化的传承具有理论借鉴意义。

2. 传统文化的具体传承

其一，少数民族文化传承。少数民族文化是中华优秀传统文化传承的重要组成部分，受市场经济、社会变革等因素的影响，少数民族文化的传承也面临着众多问题。和力民的《试论东巴文化的传承》立足纳西族东巴文化面临着的断代消亡的危机，论述了当下东巴文化传承研究中存在的社会问题，最后提出了建设性的东巴文化传承模式，借文化转型之机在纳西族传统文化基础上发展、创新东巴文化。④ 黄启学的《民族文化传承发展面临的三大挑战与对策浅析——以广西壮族自治区民族文化强区建设为例》，指出了广西民族文化的传承与发展面临的市场经济、改革开放、民间同化的三大挑战，并分析了广西民族文化的出路。韩云洁的《多元文化背景下羌族文化传承与发展的策略研究》从政府与社会支持、学校教育以及羌族村寨等方面，探寻在多元文化背景下羌族文化传承与发展面临的问题及解决办法。⑤ 段超的《关于民族传统文化创新问题的调查思考——湖北民族地区民族传统文化创新调研报告》以湖北民族地区传统文化创新成功实例为借鉴，提出传统文化创新发展、传承的经验启示。此外，赵斌的《贵州民族传统法文化的传承》，贾钊、欧东衢和闫起磊合写的《千年布依村寨的文化传承之忧》，赵世林的《云南少数民族文化传承论纲》，石宗仁的《苗族文化的传承机制》以及吴爱月所著的《侗族传统教育与文化传承》都对少数民族文化的传承进行了较为深入的研究。

① 解丽霞：《制度化传承·精英化传承·民间化传承——中国优秀传统文化传承体系的历史经验与当代建构》，《社会科学战线》2013 年第 10 期。

② 肖瑜：《模因论视角下的中国传统文化传承》，《韶关学院学报》2011 年第 1 期。

③ 何其敏：《民间礼俗是传统文化传承的重要途径》，《中国宗教》2012 年第 1 期。

④ 和力民：《试论东巴文化的传承》，《云南社会科学》2004 年第 1 期。

⑤ 韩云洁：《多元文化背景下羌族文化传承与发展的策略研究》，《西南民族大学学报》（人文社会科学版）2012 年第 2 期。

其二，非物质文化遗产发展和保护。郑培凯的论文集《口传心授与文化传承》以昆曲为重点，探讨"非物质文化遗产"，意在正本清源，探讨"文化遗产""非物质文化遗产"的基本内涵，如何保护和发展，真正实现文化传承。① 姚朝文、袁瑾的专著《都市发展与非物质文化遗产传承》，上编以黄飞鸿武侠传奇为例，分析民俗因子在当代的影响与传播，下编讨论了当代传媒的城市想象与传统文化。② 蔡丰明的《上海城市民俗文化遗产的传承机制及主要形式》指出由于当下传承人的减少，使得上海许多民俗文化与非物质文化遗产传承后继乏人，提出了改变上海民俗文化传承困境的建议。③ 丁永祥的《非物质文化遗产传承模式的思考与探索——以国家级非物质文化遗产怀梆为考察对象》一文以怀梆为考察对象，论证了传承模式和传承机制在非物质文化遗产传承中的关键地位，强调了恢复和建立非遗的有效传承机制和传承模式的重要性。④ 吕屏、王庆仁与彭家威的《非物质文化遗产保护语境下的文化传承研究综述》一文着重从文化传承概念的再认识、文化传承机制的探寻、文化传承与变的探讨、文化传承人的研究文化传承途径的创新探索五个方面，对近年来此语境下学界关于文化传承的研究作了综述，以期展示文化传承的研究成果和明确今后的研究方向。⑤ 周莉莉的《河南省非物质文化遗产保护传承措施研究》、高永荣的《关于非物质文化遗产传承的思考——兼议冀东昌黎皮影》、缪莉的《非物质文化遗产的传承保护及开发利用问题探讨——以沙湾的非物质文化遗产传承保护及开发为例》等文章都对非物质文化遗产的传承、保护、发展的现状进行了分析并提出了建设性的意见。⑥

其三，文化产业与传统文化传承。阮洛瑶的《旅游开发与民族文化传承》结合黔东南苗族侗族自治州考察的资料，以黔东南州为例，分析旅游开放与文化传承的有关问题，提出政策建议。⑦ 张皓的《曲阳石雕的文化传承与产业化

① 郑培凯：《口传心授与文化传承》，广西师范大学出版社 2006 年版。

② 姚朝文、袁瑾：《都市发展与非物质文化遗产传承》，北京大学出版社 2009 年版。

③ 蔡丰明：《上海城市民俗文化遗产的传承机制及主要形式》，《徐州工程学院学报》（社会科学版）2009 年第 5 期。

④ 丁永祥：《非物质文化遗产传承模式的思考与探索——以国家级非物质文化遗产怀邦为考察对象》，《徐州工程学院学报》2011 年第 1 期。

⑤ 吕屏、王庆仁、彭家威：《非物质文化遗产保护语境下的文化传承研究综述》，《贵州民族研究》2009 年第 3 期。

⑥ 高永荣：《关于非物质文化遗产传承的思考——兼议冀东昌黎皮影》，《成都师范学院学报》2013 年第 6 期。

⑦ 阮洛瑶：《旅游开发与民族文化传承》，《经济与社会发展》2004 年第 6 期。

研究》，通过细致调查，分析了曲阳石雕的文化传承与产业化的关系，指出了产业化对文化传承的重要意义和存在的问题。① 林彬晖的《动画产业化与传统文化的传承》从现下流行的动漫、动画产业方面入手，提出以动画产业化来带动传统文化的传承，为文化传承开辟新的路径。② 王彬的《从台湾霹雳布袋戏看中国传统文化的传承和发展》一文通过研究分析台湾霹雳布袋戏向电视剧、电影等方向的转型，总结其成功的经验与启示，从而给大陆其他传统文化形式以及非物质文化遗产的传承和发展以借鉴和思考。③ 薛群慧、晏鲤波的《云南民俗旅游村产业化发展案例研究》以云南民俗旅游村为研究个案，将旅游村与产业化结合，提出在旅游中进行传统文化的保护与传承，传统文化产业化于传统文化而言是把双刃剑。④ 一些研究也清醒地看到了文化产业发展过程中出现的文化泛娱乐化的现象。毛巧晖的《非物质文化遗产视域下的民族传统文化的保护与发展——以海南黎族苗族"三月三"节为例》，指出了民间节日演变为主要以舞台表演的形式存在，而与之相关的精神层面的文化信仰正在缺失。⑤ 晏青的《泛娱乐时代的传统文化传播：困境、方法与走向》一文指出当下传统文化的发展已经从"阐释时代"进入"娱乐时代"，出于娱乐、经济等目的，传统文化被人为地套上通俗化、大众化框架，使得传统文化的发展受限，因此，传统文化在现代的发展应走向多元中和，走向文化交往。⑥

其四，教育与中华优秀传统文化传承。容中逵的《传统文化传承论——全球化时代中国教育的文化责任》，从当代中国教育中传统文化传承所处的语境，传承不力的现状、成因，传承之观念、践行等角度，较为全面地论述了全球化时代教育在传统文化传承的作用。⑦ 高宁的《教育的嬗变和文化传承》在论述中国传统文化和教育的民族特点的基础上，探讨了近代以来社会发展对中

① 张皓：《曲阳石雕的文化传承与产业化研究》，硕士学位论文，河北大学，2013 年。

② 林彬晖：《动画产业化与传统文化的传承》，《江苏科技信息》2013 年第 6 期。

③ 王彬：《从台湾霹雳布袋戏看中国传统文化的传承和发展》，《北京电影学院学报》2014 年第 2 期。

④ 薛群慧、晏鲤波：《云南民俗旅游村产业化发展案例研究》，《云南民族大学学报》（哲学社会科学版）2008 年第 5 期。

⑤ 毛巧晖：《非物质文化遗产视域下的民族传统文化的保护与发展——以海南黎族苗族"三月三"节为例》，《文化遗产》2012 年第 4 期。

⑥ 晏青：《泛娱乐时代的传统文化传播：困境、方法与走向》，《广西师范学院学报》2015 年第 3 期。

⑦ 容中逵：《传统文化传承论——全球化时代中国教育的文化责任》，广西师范大学出版社 2011 年版。

国文化和教育的冲击以及所产生的影响，提出在继承传统文化的同时，必须注重教育对文化的创造和重构功能，使之成为适应现代化需要的先进文化。① 张岂之的《大学文化传承创新如何构建》指出了大学教育是文化传承的重要方式，如何利用大学教育进行文化传承创新是当前面临的重要的问题。② 王少安、侯菊英《推进大学文化传承创新应处理好三个关系》，提出要处理好大学的文化传承创新与传承创新大学文化、大学文化传承创新职能与其他三项职能、大学与其他社会组织在文化传承创新之间的关系。③

总体而言，已有一定研究积累，但相比中华优秀传统文化传承所受到的高度重视，研究进展不容乐观。主要缺陷有以下几点：一是理论性不足，缺乏真正辨析入微的理论研究，对文化传承的内涵和外延，对文化传承的内在机制和特点等没有深入的探讨，大多从理论到理论，浮在云端，不接地气；二是实证性不足，虽然实证案例研究数量不少，但是大多停留在一般性的探讨，认真扎实的研究成果实不多见；三是系统性不足，优秀传统文化传承是一个系统工程，已有研究多是侧重于非遗、教育、民俗等某个层面，对如何真正从全局把握、思考，可借鉴的研究较少，研究方法也较单一，缺少社会学、文化学、历史学等多学科理论和方法的综合。

基于以上研究的不足，本课题拟以山东为例，对文化部门的相关官员和普通民众开展大规模的深度访谈、问卷分析，充分关注政府层面在传承传统文化中的作为、普通民众的认知与反应，然后结合已有的理论分析，科学借用多学科的研究方法，对中华优秀传统文化传承体系构建进行理论与实践相结合的全面、系统考察。

（三）研究思路和方法

1. 基本思路

首先从分析文献开始，提出理论框架概念、本研究的主题和确定研究对象；同时，进行理论分析与调查研究，对相关主题进行实证分析；得出结论与提出建议（本课题具体研究思路见图 2-1）。

2. 研究方法

（1）田野调查法。课题组成员拟深入山东各地，进行实地调查、访谈，

① 高宁：《教育的嬗变和文化传承》，湖南大学出版社 2008 年版。
② 张岂之：《大学文化传承创新如何构建》，《中国高等教育》2011 年第 20 期。
③ 王少安、侯菊英：《推进大学文化传承创新应处理好三个关系》，《中国高等教育》2012 年第 8 期。

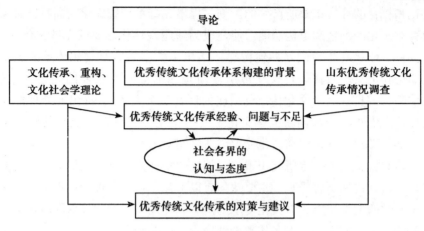

图 2 – 1　本课题具体研究思路

以获取第一手的口述史料，使本研究立足于坚实的资料基础上。

（2）比较研究法和"回归统计分析法"。同一行政区域内不同地区，其优秀传统文化传承的成效有显著区别，同时制约优秀传统文化传承的因素也有多重，本课题将通过比较研究方法和"回归统计分析"方法，找出优秀传统文化传承的"区际差异"的主、次影响因素，并予以排序。

（3）多学科研究方法。本课题涉及政治学、社会学、文化学、心理学等学科的相关理论，用这些理论来分析山东优秀传统文化传承体系的构建，将有助于问题的深入和解决。

（4）历史文献分析方法。广泛收集传统文化传承研究和文化建设方面的相关著作和论文资料，力求做到研究的准确性和规范性。

（四）研究个案的选择

山东是一个经济、政治大省，文化底蕴丰厚。齐鲁大地悠久的历史，丰富的思想学说和文化风尚创造了不同区域、不同文化特质的地域文化。这些地域文化多姿多彩、内蕴深厚，既各具特色，各领风骚，又相互影响，相互融合，铺就了广袤无垠的齐鲁文化大地，支撑起坚实巍峨的齐鲁文化大厦。

本研究以"十二五"时期为重点，选择济南、青岛、济宁、临沂、聊城、淄博六市进行深入个案研究，六市各有特色又有代表性，可以说是山东在构建中华优秀传统文化传承体系中的缩影。

济南，长期以来一直是山东的省会，全省的政治、文化中心，历史悠久，名人辈出，素有"济南名士多"的美誉，传统文化积累深厚，又凭借其独特的资源禀赋而形成了闻名全国的泉文化。市民文化素质较高，高校、科研院所、新闻出版单位等云集于此，具有非常浓厚的文化氛围。经济发展在全省也一直处于前列，为文化传承提供了较好的物质基础。由于济南在全省的"排头兵"地位，其传承体系的构建毫无疑问具有突出的示范意义。

青岛，是山东经济最为发达的城市。地处沿海，是最早的14个沿海开放城市之一，同时由于特殊的历史渊源，受西方文化影响颇深。青岛是吸引国际投资最多的城市之一，常驻青岛的外国人士高达5万人以上，每年青岛还要吸引数十万计的外国游客，青岛还举办了多个世界性的盛会：国际啤酒节、海洋节、时装周等。青岛在文化上具有突出的开放性。同时，青岛在弘扬优秀传统文化上也一直积极作为，注重打造文化品牌，探索采用新方法、新媒体、新技术，将传统文化与海洋文化相结合，既注重保护，又锐意创新传承方式，在全省走在了前列。

济宁，堪称山东传统文化渊源最深的城市。儒家文化曾长期作为我国古代社会的主流文化，对中国社会的方方面面都造成了深远影响，济宁是儒家文化的发源地，其儒家文化底蕴之深厚自不待言。同时济宁还拥有运河文化、水浒文化等一系列独具特色的传统文化。济宁是山东的人口大市、经济大市，同时也是文化资源大市，由于其孔孟之乡的特殊地位，济宁在中华优秀传统文化传承体系中的作为，不仅在全省，甚至在全国都具有典范意义。

临沂，著名的革命老区，充分吸收了优秀传统文化精华的红色文化始终伴随着临沂的发展。临沂红色文化的核心是"爱党爱军、开拓奋进、艰苦创业、无私奉献"的沂蒙精神。多年来，临沂市始终坚持大力弘扬沂蒙精神，不断找寻沂蒙精神的特有价值，为弘扬沂蒙精神组织并开展一系列活动，形成临沂本地的特色，扩大了沂蒙精神在全国的知名度和影响力，成为与井冈山精神、长征精神、延安精神等齐名的红色文化。临沂的发展模式值得很多城市借鉴。

聊城，江北水城，聊城传统文化的魅力更多地体现在了"水"上。聊城有着数百年运河文化和商业文化的积累。聊城位于华东、华中、华北三大区域交界处，受齐鲁燕赵等多种文化的影响，文化的碰撞与融合，形成了独特而又内涵丰富的聊城文化。聊城人民兢兢业业，勤劳刻苦，聊城这个地处内陆、经济发展相对落后的城市已经成了山东经济发展的后起之秀，其中华优秀传统文化传承体系的建设在鲁西等尚不发达地区具有比较强的代表性。

淄博，齐文化的发源地。相对于厚重内敛的鲁文化，齐文化具有海洋文化开放、自由、洒脱的特质。齐国因为自身地理条件，非常重视工商业发展，这种传统一直延续至今。工商文化和自由、平等、民主等现代文化具有比较强的亲和性，构成了齐地别具特色的传统文化。淄博的工商业在山东相对发达，在传承中华优秀传统文化上举措颇多，其经验和面临的困难都很值得研究。

以上六个地区各有特色，基本上囊括了山东各个城市发展的情况。它们的文化底蕴以及发展历程基本上能够与其他城市的发展轨迹相衔接。所以，本课题组选取以上六个城市深入调研，发掘以上六个城市的文化特色，考察其文化传承机制，总结反思其"十二五"期间的成绩、不足，为"十三五"规范提供借鉴。

二 文化、文化传承机制：相关概念和命题的阐释

中华民族有着博大精深、源远流长的璀璨文明，作为四大文明古国中唯一未断绝的文明，中华传统文化在今天面临着新的挑战。经济全球化，世界一体化的世界格局使得全球各地的联系更为紧密，中国亦以积极开放的姿态投身于国际政治、经济事务，不可避免的，中国的传统文化亦受到西方文化和世界多元文化的冲击。同时经济、社会的巨大变革冲击了原有的中国传统文化的传承体系，国民对于传统文化的重视程度日益减弱，文化约束以及精神信仰的缺失造成了一些社会道德问题。因此，当下社会更要弘扬优秀传统文化，对内提高民众的思想道德修养和文化素养，构建和谐社会；对外固本培元，提高文化软实力，从容应对世界多元文化的冲击。在弘扬传统文化的过程中，正确理解文化、中华优秀传统文化、传承机制的词义以及内涵，对于传统文化的复兴有重要的理论与实践意义。

（一）文化

关于"文化"的定义可谓众说纷纭，见仁见智。1952 年，美国人类学家克鲁伯和克拉克洪合著的《文化，关于概念和定义的评述》①一书中统计了从1871—1951 年，80 年间，世界知名学者关于文化定义的数量就已经有 164 种之多。出于进一步研究的需要，我们需对文化的词义及其内涵有一个明确的认识。

1. "文化"一词的最初由来

在西方，英文、法文的"文化"一词写作 Culture，德文写作 Kultur，它们都源自拉丁文 Cultura。文化的本意指耕作，后引申出知识、素养、艺术、居住、练习等多种含义。

在中国古代"文"的本意是交错的笔画、纹案。《说文解字》载："文，错画也，象交叉。"《易·系辞下》载："物相杂，故曰文。"后来"文"又引

---

① 原著名为 *Culture, A Critical Review of Concepts and Definitions*。

申出文化，与"武"相对的非军事的"文"，文章、文辞等意。"化"包含的意思有变化，造化，教化。《礼记·中庸》载："以赞天地之化育"，《庄子·逍遥游》："化而为鸟，其名曰鹏。"

西汉以后"文"与"化"才合成一个词使用，刘向的《说苑·指武》中云："圣人之治天下也，先文德而后武力。凡武之兴，为不服也。文化不改，然后加诛"①，此处的"文化"指的是文德教化。随着时间与空间的变化、社会的变革、经济与科技的发展，各学科纷纷对文化做出自己的解释，文化的含义不断丰富，其外延也更加广泛。

2. 对于文化定义的规律总结

鉴于文化定义之庞杂，一些学者将文化定义的常见规律归纳为以下几个方面②：

第一，现象描述法，这种方法尽可能全面地将各种文化现象罗列出来，将文化描述为一个包含众多的复杂体系。英国文化人类学家爱德华·伯内特·泰勒，首开这种方法的先河，他在《原始文化》一书中如此定义文化："从广泛的民族学意义的层面上来说，文化或文明是包括所有的知识、信仰、艺术、道德、法律、风俗以及人因作为社会中的一员在社会上获得的能力与习惯的复合体。"③

第二，社会反推法，这种方法认为文化随时代发展而进步，以现存的文明为参照，去界说历史中存在的文明或文化的存在形态。如《苏联大百科全书》(第3版)这样定义文化："文化，是社会和人在历史上一定的发展水平，它表现为人们进行生活和活动的种种类型和形式，以及人们所创造的物质财富和精神财富。"④

第三，价值认定法，认为文化是一个价值体系，以文化对于人类社会生活的意义、价值为出发点来界定文化。例如美国文化人类学家克利福德·格尔茨讲到："我与马克思·韦伯一样，认为人是悬挂在由他们自己编织的意义之网上的动物，我把文化看做这些网，因而认为文化的分析不是一种探索规律的实验科学，而是一种探索意义的阐释性科学。"⑤

第四，结构分析法，此方法注重文化内部的有机联系，并对文化进行结构

①　(汉) 刘向撰：《说苑校正》，向宗鲁校，中华书局1987年版，第380页。

②　胡潇：《文化现象学》，湖南出版社1991年版，第3—13页。

③　Tylor, E. B., *Primitive Culture-Part* 1, London：J. Murray, 1871, p.1.

④　中共中央党校科学社会主义教研室编译：《文明与文化》，求实出版社1982年版，第45页。

⑤　克利福德·格尔茨：《文化的解释》，纳日碧力戈等译，上海人民出版社1999年版，第5页。

性分析。例如，维利如此定义文化："一个文化是一个相互关联的和相互倚赖的反应习惯型模之系统。"①

第五，行为取义法，此方法从人的动力性出发，阐述文化与人的行为方式的关联。例如，梁漱溟先生认为："文化是生活的样法。"②

第六，历史探源法，这种方法着眼于文化的历史生成、存在和发展，将文化放在社会历史的层面上去解读。美国人类学家萨丕尔认为："文化是人类的物质生活及精神生活之任何由社会传衍而来的要素。"③

第七，主体立意法，这种方法关注人作为文化创造者的主体，并以此说明文化的实质。如德国哲学家康德把文化看作是"有理性的实体为了一定的目的而进行的能力之创造"④。

第八，意识解读法，这种方法从人的精神、意识对社会现实的反映方面去界说文化，例如《新民主主义论》一文中指出；"一定的文化（当作观念形态的文化）是一定社会的政治和经济的反映，又给予伟大影响和作用于一定社会的政治和经济。"⑤

综合学术界已有的研究，我们可将文化定义为：文化是人类为维持有序生存和持续发展所进行的实践过程中，被不断创造、创新的人与自然、人与社会、人与人等各种关系的有形的、无形的成果。

3. 文化的基本特征

第一，文化具有多样性、民族性。受地理、历史等因素的影响，不同国家、民族和地区有着各自异彩纷呈的文化。

第二，文化具有继承和变更性。文化世代相传，但它并非一成不变，受传承个体以及客观环境的影响，文化在继承中可能会发生偏差、增补或者是遗漏。同时文化又会根据人类生存发展的需要进行发展、创新，并在原有文化已经改变的基础上继续传承。

第三，文化具有共有性。同一生存环境下的人类群体，集体接受某种文化，并逐渐形成一种文化氛围，在这种文化氛围下生活的人类群体有着共同的价值观念与行为准则。

第四，文化可传播、可融合、可共享。文化在不同文化群体的接触中交

① 殷海光：《中国文化的展望》，中国和平出版社 1988 年版，第 37 页。

② 梁漱溟：《东西文化及其哲学》，商务印书馆 1999 年版，第 60 页。

③ 殷海光：《中国文化的展望》，中国和平出版社 1988 年版，第 31 页。

④ ［德］康德：《判断力批判》，转引自陈炎《文明与文化》，山东大学出版社 2006 年版，第 76 页。

⑤ 《毛泽东选集》第 4 卷，人民出版社 1991 年版，第 624 页。

流、冲突或融合。文化并非为某一群体所独自占有，它可以通过文化传播实现文化共享。

第五，文化具有渗透性、持久性。"文化最大的特质，就是具有极强的渗透性、持久性，像空气一样无时不在、无处不在，能够以无形的意识、无形的观念，深刻影响着有形的存在、有形的现实，深刻作用于经济社会发展和人们生产生活。"①

第六，文化为人类所特有。文化为人类因一定的目的而创造，并为人类所独有。

（二）中华优秀传统文化

何谓中国传统文化，文化的传统与现代的关系如何，优秀传统文化的评判标准是什么，在当代中国是否还有必要弘扬中华优秀传统文化，这些是传承中华优秀传统文化的首要问题。

1. 中国传统文化

《辞海》（第六版）对"传统"的释文是："传统，世代相传、历史沿传下来的思想、文化、道德、风俗、艺术、制度以及行为方式等。对人们的社会行为有无形的影响和控制作用。传统是历史发展继承性的表现，在有阶级的社会里，传统具有阶级性和民族性。积极的传统对社会发展起促进作用，保守和落后的传统对社会的进步和变革起阻碍作用。"②

赵洪恩、李宝席主编的《中国传统文化通论》指出："所谓传统，从文化社会学角度诠释，是指世代传承的具有自身特点的社会历史因素，如逐代延续的思想道德、风俗习惯、文学艺术、制度规范等。"③

王举忠、王冶主编的《传统文化与中国人》一书中提到："现在通用的'传统'一词，是指由历史沿传下来的，具有一定特色的文化、思想、道德、风尚、习俗、艺术、心理、制度等。"④

袁长江、王铁生、杜希宙主编的《中国传统文化概论》指出："传统是指由历史沿传下来的、体现人的共同体特殊本质的基本价值观念体系。传统一般都是人们生活中最权威的行为模式，它渗透在一定民族或区域的思想、道德、

① 云杉：《文化自觉　文化自信　文化自强——对繁荣发展中国特色社会主义文化的思考》，载张国祚主编《中国文化软实力研究要论》第 1 卷，社会科学文献出版社 2011 年版，第 2 页。

② 辞海编辑委员会：《辞海》（第六版），上海辞书出版社 2009 年版，第 321 页。

③ 赵洪恩、李宝席主编：《中国传统文化通论》，人民出版社 2003 年版，第 5 页。

④ 王举忠、王冶主编：《传统文化与中国人》，辽宁大学出版社 1988 年版，第 11 页。

风俗、心态、审美、情趣、制度、行为方式、思维方式以及语言文字之中，具有极其宽泛的内涵。传统是人们在漫长的历史活动中逐渐形成并积淀下来的东西，它具有相对的稳定性，深深地影响着现在和未来。"①

以上对于"传统"的定义大同小异，通过对比分析可以从中得出"传统"的特性，包括历史性、传承性、稳定性、民族性。结合传统的特性与文化的定义及其特征，可以如此定义中国传统文化：中国传统文化是中华民族在社会历史的实践中所创造的，具有鲜明的民族特色，并被中华民族世代传承，不断发展的，渗透于中国人民生活、生产、思维方式等方方面面的关于人与自然、人与社会、人与人等各种关系的有形的、无形的成果。中国传统文化是我们中华民族几千年历史文明的结晶。它囊括了儒家、法家、墨家，佛教、道教等多种思想体系以及民间信仰，同时也包括近现代的红色文化、革命文化等。

2. 中国文化的"传统"与"现代"

提及传统，易使人将之与现代对立，因此，对于"传统"与"现代"的关系并非存在二元对立的阐发，尤为必要。

(1) "传统"与"现代"的关系

传统文化并不专指古代文化，中华民族在各个时期所创造、传承的文化都可作为"传统"，譬如儒家文化是传统文化，红色文化同样属于传统文化。"传统"并不代表这种文化已经成为没有生命力的历史，弘扬传统文化不是复活传统，而是在传统文化面临传承困境时，创新传承机制，复兴优秀传统文化。当下社会，中国文化会出现"传统"与"现代"的说法，以及传统文化在当今面临传承困境的原因都可追溯到中国近代。

在中国近代，西方列强的坚船利炮打开了中国封闭的国门，国民在天朝大国的幻梦中醒来，本民族的文化自信遭受到了严重的打击。为救亡图存，有识之士开始积极摸索、开展了一系列从器物到制度的救亡改革。最后大家认定，是中国的文化出了问题，于是从新文化运动开始，对于中国传统文化的质疑与批判之声就从未止歇。其中宣扬彻底抛弃中国传统文化，采用西方文明论调的大有人在。新文化运动期间，鲁迅、刘半农等人设想用拉丁字母代替汉字，李大钊更是尖锐地提出必须"取由来之历史，一举而摧焚之，取从前之文明，一举而沦葬之"②，只有这样，才能"胎孕青春中国之再生。"③ 我们可以理解在中国面临沦丧的危急局面时，前人极力想挽救中国的一颗拳拳之心。但是，

---

① 袁长江、王铁生、杜希宙主编：《中国传统文化概论》，学苑出版社2003年版，第1页。

② 李大钊：《晨钟报》创刊号，1916年8月15日。

③ 同上。

今日之中国已非昨日之中国，今日的中国富强民主，能够维护国家的主权与尊严，能够给予国民安全稳固的庇护，这一切成果并不是因为中华民族抛弃传统文化、抛弃历史得来的，相反的，在磨难与坎坷中，有着共同的文化认同感的中华民族形成的强大的凝聚力才是同舟共济，渡过难关的保证。

（2）中国传统文化在现代中国存在的必要性

世界多元文化对于中国传统文化的冲击，让我们有必要阐述一下在世界文化多元化的背景下，是否还有必要重视和保留本根文化。当今世界是全球化世界，却不是完全平等、包容的世界。世界文化需要求同存异，而不是一味求同。例如不同国别的人会如此介绍自己："我是中国人"或者是"我是美国人"而不会有人说"我是世界人"，国籍代表的不仅是不同的地理区域，同时代表不同的文化圈，这个文化圈中的文化、信仰、风俗与其他民族文化处于平等、相互尊重的地位。中国人之所以成为中国人是因为文化，中国人不可能认同西方文化而成为中国人。同时，国民一体，国民精神是国家的元气，蔡元培曾说："国与天地，必有与立，恃乎其人有自立之性，不可夺其志。"[1] 若是国人抛弃本根文化，国家如何在世界立足？"多元文化不一定要求只具有本根文化，现代世界也需要多元文化的协调发展。但是，任何忽视本根文化的行为都会在文化竞争上造成话语权和道德制高点的丧失，不利于国家在全球化进程中争取主动。"[2]

针对当今社会普遍存在的中国传统文化是否已经衰败不堪、行将就木的疑问，对此，我们只需去观察一下中国人的生活，便可了然。生活在中国的民众说的依然是汉语，认同诚信、孝敬、仁义的价值观念，过着春节、中秋节等传统节日，娱乐活动会选择下象棋或是跳广场舞等集体活动，很多人是无神论者但是心里或多或少都会对鬼神有所顾忌。从这些现象可以看出，中国传统文化并非是消逝了，只是不符合时代发展需要的那部分没有了或者是改变了一种形式而存在。普通人对于传统文化的概念的理解或许会产生偏误，但是传统文化却对有形的现实和存在产生着无形的、潜移默化的影响。沈千帆套用胡瑗提出的传统文化（圣人之道）有体、有用、有文的观点，稍加改变，将传统文化描述为一个同心圆结构："体，即这一文化的核心信仰和价值、道德观念；用，即这一信仰、价值体系在形式上的一些行为要求；文，即这些价值行为在一定社会经济条件下的具体展开或具象的范畴要求。"[3] 由此可见，"'体'在

---

① 中国蔡元培研究会编：《蔡元培全集》第1卷，浙江教育出版社1997年版，第332页。

② 沈千帆：《弘扬传统文化与建设首善之区》，北京大学出版社2011年版，第11页。

③ 同上书，第12页。

某种意义上具有超越性；‘用’的行为要求可能不如‘体’那样稳定，但在一定时期内也具有稳定性；‘文’则可能完全随着时间、地域的改变而展现出多种形态。"① 传统文化并不是一个囫囵的整体，它的体、用、文三个层次随社会历史的发展，会发生不同程度的演变。以中国传统文化中"孝"的观念的演变为例，"孝"的观念属于传统文化中"体"的范畴，从古到今，这个观念一直在中国人民的价值观念中占据重要位置。对父母长辈不孝，无论何时，都会为人所不齿。对于子孙后辈要做到"孝"的行为要求则属于"用"的范畴。比如说要赡养父母，尊重父母，优待父母。"孝"之"用"的实现就是"孝"之"文"。在中国古代，关于孝的故事，著名的有"二十四孝"，其中子女孝敬父母的方式在今天看来，很多已经过时甚至是匪夷所思，譬如埋儿奉母。随着时代的变化，做到"孝"的具体做法发生着转变。例如，由关注对父母的物质奉养演变为更要关注父母的精神生活。人生方向的选择、婚姻家庭的建立由听从父母安排到更多的由自己决定，子女不再被要求绝对服从于父母长辈的命令，双方的关系变得更为自由、平等。全国妇联老龄工作协调办、全国老龄办、全国心系系列活动组委会于 2012 年 8 月 13 日共同发布了新二十四孝，其中孝敬父母的方式更为符合当下的时代特点。

3. 中国传统文化的特征

中国有着源远流长、博大精深的传统文化，中国传统文化中蕴含着自强不息、厚德载物、崇尚中庸等民族精神与价值追求。中国传统文化的特征可用五点概括：

源远流长，海纳百川。中国有着五千年悠久的文明历史，在历史发展过程中，不同民族、不同形式、不同流派的文化共同发展，主流文化与支流文化并存，百花齐放，百家争鸣。

刚健有为，厚德载物。《周易》曰："天行健，君子以自强不息；地势坤，君子以厚德载物。"中华民族在历史的坎坷与风雨中形成了坚韧不拔、自强不息的民族精神。国歌《义勇军进行曲》的歌词"起来！不愿做奴隶的人们！把我们的血肉，筑成我们新的长城！中华民族到了最危险的时候，每个人被迫着发出最后的吼声！"是中华民族在近代历经磨难的同时发扬刚健不息的民族精神的写照，正是因为不屈不挠、自强不息的民族精神将中华民族凝聚在一起，齐心协力将帝国主义侵略者赶出中国，维护了我国的主权与领土完整，维护了中华民族的独立、自由与尊严。同样是由这样的精神主导的中国共产党和人民共同创造的红色革命精神，在中国的革命战争期间，以微弱的力量发展壮

---

① 沈千帆：《弘扬传统文化与建设首善之区》，北京大学出版社 2011 年版，第 13 页。

大，以行动诠释了"星星之火，可以燎原"。

仁和为贵，忠孝为先。仁义、仁爱、仁德等"仁"的观念，是中华民族最基本的价值理念，《论语·八佾篇》载："子曰：'人而不仁，如礼何？人而不仁，如乐何？'"孔子一直期望建立的礼乐社会，就是以"仁"为基础。中国致力于建设和谐社会，和谐表现在人与人之间的和谐，区域之间的和谐和人与自然的和谐等，中国古代文化中就有天人合一、阴阳结合、中庸中和等和谐理念。忠的意思是按本分做事，在其位司其职，还可引申为对国家、民族的忠诚。孝是烙印在人民心中最为深刻的观念，中华民族素来重视血缘亲情，孝敬、奉养父母长辈是为人之基础。在家孝敬父母，在外忠于职守，尽忠守孝是中华民族最为基本的价值要求。

义利合一，尚德利群。中国自古以来就有"义利之辨"，不论是重利轻义，还是利益两重，中国人习惯于将义利放在一起讨论。这也从侧面体现出中国传统道德规范中对于义的重视以及对于一味逐利的约束。中国人尚德，"德"包括忠孝节义，仁义礼智信等一切人生修养的品质，中国传统文化中有着一套完整的从国家、社会到个人的道德体系。中国的传统美德是中华文明的精髓。中国一向倡导团结，以集体利益为重。古代就有大禹治水"三过家门而不入"的故事，在现代中国可举事例更是不可胜数，比如说雷锋精神、铁人精神、抗洪精神、抗震救灾精神等。

邦国和睦，世界大同。《尚书·尧典》曰："克明俊德，以亲九族。九族既睦，平章百姓，百姓昭明，协和万邦，黎民于变时雍。"《礼运·大同篇》载："大道之行也，大道为公。选贤与能，讲信修睦，故人不独亲其亲，不独子其子，使老有所终，壮有所用，幼有所长，鳏寡孤独废疾者皆有所养；男有分，女有归，货恶其弃于地也不必藏于己，力恶其不出于身也不必为己，是故谋闭而不兴，盗窃乱贼而不作，故外户而不闭，是谓大同。"一度作为中国传统文化主流的儒家文化倡导的邦国和谐，通过选贤任能、讲求诚信、睦邻友好、社会关怀、国民各得其所而实现大同社会一直是中国的世界理想。放到当下，中国追求的依然是互不侵犯、团结互助与睦邻友好的国际关系。

4. 优秀中国传统文化的评判标准

中国传统文化中有积极、有利的因素，也有落后、消极的因素。对待中国传统文化的正确态度是取其精华，去其糟粕。对于中国传统文化中的精华即其中的优秀部分的判定需要一个标准。在现代中国，作为社会主义制度的内在精神和生命之魂，巩固全党全国人民团结奋斗的共同思想基础，引导全社会在思想道德上共同进步，增强民族凝聚力、提高国家竞争力，建设和谐文化的根本的社会主义核心价值体系就是评判标准。

可以说，贯彻落实社会主义核心价值体系需要与中国传统文化相结合，借助影响深远、根植于民众生活和思维中的传统文化。同时中国传统文化的复兴，需要与现代正统的、主流的价值体系相融合。

适应我国国情的社会主义核心价值体系与我国本源的中国传统文化的共通之处是二者可以融合的基础。它们的共通之处包括崇尚和谐、重视道德、讲求孝敬、艰苦奋斗、自强不息、廉洁奉公、以民为本、知行合一等。

（三）文化传承机制

1. 文化传承机制的内涵

文化传承机制是个热门词汇，然而却鲜少有人对其作出理论解释。祁庆富教授指出在汉语词汇中"传承"是个新词。在古汉语中，"传"和"承"分离，并没有形成一个固定词语。只有商务印书馆 1996 年版的《现代汉语词典》对"传承"一词做了简短的解释，传承即"传授和继承。"[1]

李耀刚提出："传承，是特点事物的传播和继承，是一个动态的过程。文化因其自身的特殊性，文化的传承不仅包括了对文化的继承、传播，更包含对文化的创造性的发展。传承体系是指对特定事物继承和发展的一整套体系。文化的传承体系是一个民族在长期的历史发展过程中形成的能够负载文化传播、继承和发展的涵盖文献文本、世俗礼仪、政治制度、教育模式等等在内的一整套有机的体系。具有相对的稳定性，一定程度上体现了民族文化和文明的特征。传承体系的内核就是传承机制，在传承体系中最为核心、最为重要、起主导作用。具有方法论的意义。文化的传承机制则决定了文化传承体系的走向，是一个民族文化区别于另一个民族文化的根本所在。"[2]

赵世林对文化传承做了一个较为广义的界定："文化传承实质上是一种文化的再生产，是民族群体的自我完善，是社会中权利和义务的传递，是民族意识的深层次积累，是纵向的'文化基因'复制。"[3] 文化传承的过程"因受生存环境和文化背景的制约而具有强制性和模式化要求，最终形成文化的传承机制，使人类文化在历史发展中具有稳定性、完整性、延续性等特征"[4]。

综合几种关于文化传承以及传承机制的定义，文化传承可以用一句话进行简单的概括，即文化传承就是文化的传播、继承和创新。关于文化传承机制，

---

① 祁庆富：《论非物质文化遗产保护中的传承及传承人》，《西北民族研究》2006 年第 3 期。

② 李耀刚：《浅析重构文化传承机制的现实必要性》，《改革与开放》2013 年第 10 期。

③ 赵世林：《论民族文化传承的本质》，《北京大学学报》（哲学社会科学版）2002 年第 3 期。

④ 同上。

可以解释为：人类在为满足生存和发展的需要的实践过程中创造出了文化，并形成了独特的适应于其生存环境的文化氛围和文化背景，文化的传承过程因受这种文化背景的影响逐渐形成了一种较为稳定、延续、系统的模式，并最终形成文化的传承机制。

2. 中国优秀传统文化的主要传承机制

第一，与政治相融合的制度保障机制。中国古代形成了一整套以儒家思想为核心的政治统治思想，将"仁""礼""以民为本"等思想应用于政治体制的确立中。儒家经典被确立为教材并成为科举取士的标准。德行也成为考察官员的标准之一。在现代，政府通过制定各种有关文化的保障措施以及优惠政策等保障传统文化的发展。例如，2007年新修订的《全国年节及纪念日放假办法》将清明、端午和中秋三大传统节日正式列入全民法定公休节日。第十一届全国人民代表大会常务委员会第十九次会议于2011年2月25日通过公布了《非物质文化遗产法》，保护并弘扬了中华优秀传统文化。

第二，精英主导机制。古代传统文化中对于社会精英即知识分子的人生目标、社会责任有着"修身、齐家、治国、平天下""穷则独善其身，达则兼济天下""士不可以不弘毅，任重而道远""先天下之忧而忧，后天下之乐而乐"等要求。这些要求在今天仍然被许多学者所接受，并作为其修身、治学的标准，肩负国家治平与传承文化重任的知识分子是传统文化的守卫者和文化传承的中坚力量。张君劢先生在谈到知识分子所担当的文化责任时指出："文化之存亡生死，非徒文字之有无焉，衣冠之有无焉，视其有无活力。活力之所在，莫显于社会之信仰，莫显于执行文化之人。"① 春秋战国时期，礼坏乐崩，诸子百家纷纷提出自己的治国之策与价值信仰，在学术思想上形成了百家争鸣的文化繁荣现象。孔子将前代文化、典章制度进行了整理，保留了中国传统文化的火种。秦焚书坑儒，古代典籍通过学者口述得以流传。"文化大革命"期间，我国的传统文化遭受了重大损失，但一些学者、知识分子仍然在默默地坚守着中华优秀传统文化，对传统文化保持理性的态度。我国古代素来有学而优则仕的观念，因此知识分子以求学从政为目标，官僚机构中知识分子的大量存在，有利于维护文化道统，促进正统与道统的融合，由上而下的在社会形成一种文化氛围。若知识分子在仕途上不得意，或是无意参与政治时，往往会选择著书立传以传于后世或者是招收弟子，开馆讲学。而读书与求学是现代传媒未出现前知识分子获取知识的主要途径。随着现代传媒的发展，学者的研究成

① 张君劢：《民族复兴之学术基础》，载黄克剑等编《张君劢集》，群言出版社1993年版，第73页。

果、著作可以通过网络得到快速的传播和共享。除在特殊时期外，知识分子在社会上一直处于一个被尊重的地位，这也有利于知识分子发挥传承中华优秀传统文化的引领作用。

第三，教育传承。教育是人类特有的传承文化的能动性活动，具有选择、传递、创造文化的特定功能，在人的教化与培育上始终扮演着重要的角色。随着教育方式的不断变革，教育在人类文化的传承中将产生越来越大的影响。中小学学生从小接触优秀传统文化，可培养优秀传统文化素养，大学生可研究传统文化，促进传统文化的创新发展。

第四，民间、家庭传承机制。民间和家庭传承是传统文化传承最为稳固的方式。传统文化的价值理念、行为规范靠着约定俗成的自然延续在民间传承过程中内化为民众生活的一部分，并形成民族深层的心理结构，对民众生活产生潜移默化的影响。例如，民间的乡规民约、习惯法则是民众需要遵循的规则制度。民俗、传统节日是文化世俗化的表现。由于对血缘、亲族关系的重视，所以在中国的传统观念中，家庭是构成国家社会的基本单位。家庭也是传承传统文化的基本单位，家教、家风对家庭成员的影响十分深远。在家庭中每一个家庭成员都是传统文化的继承和传播者。他们从长辈那儿继承传统，随着生命的延续，再把他们继承到的传给下一代，生生不息、世代相传。

第五，文化产业化的利益导向机制。文化如若能够带来直接的经济利益，对于文化传承以及经济发展来说是实现了双赢。将中国优秀传统文化中的要素应用于文化产业中，打造独特的品牌，有益于扩大中华优秀传统文化的影响力。在经济高速发展的当今世界，将中国优秀传统文化与市场经济相结合，有利于中华优秀传统文化随市场贸易、民众消费而快速传播。例如，我国的文化旅游业发展十分兴盛，民众在假期会选择去故宫、"三孔"、延安、杭州等饱含文化人文气息的景点参观游览。

第六，信息化、数字化的传承机制。现代传媒是传统文化传播得最为迅捷的方式，同时它也增加了一种新的传承载体。通过现代媒体，传统文化可以以信息、语音、影像资料等形式保存并传承。如传统文化典籍以电子书的方式供人们阅读、查阅较纸质媒体更为方便、便携。现代化传承是当今中国优秀传统文化传承的重要方式。

3. 中国传统文化传承机制在现代面临的主要问题

中国传统文化在当今社会面临着传承困境，传承机制的不完善与世界多元文化的冲击是造成这种困境的主要原因。

传承机制的不完善体现为政府的政策措施没有落实到位，反馈机制欠缺；民间传承组织零散没有形成完整的系统，教育系统对中华传统文化的重视程度不高；对于文化产业监管力度不够，低俗和落后文化产品在市场销售且没有得到有效制止；民众缺少对优秀传统文化的深层认识和文化认同。

中华传统文化传承遭遇困境，除了传统文化传承机制自身的问题外，外来文化的冲击对传统文化传承也造成了很大影响。这主要表现在西方价值观念对于国人思想的渗透。这从国人崇尚过西方节日，传统节日遭受冷遇，夹杂着西方价值观念的电影等文化产品在中国的市场上受到国人的推崇等现象可以看出。西方文化正是通过文化产业、大众传媒、舆论导向、培养西方文化代言人等途径宣传本国文化以及所谓的普世价值，而这种普世价值实则是根植于西方具体国情的意识形态的产物，其中很多观念不符合中国的传统观念且并不适用于中国的国情。例如西方文化中的消费主义、个人主义与中国传统文化中崇尚节俭、尚德利群的观念相冲突并与中国的社会发展建设相背离。

4. 传承中华优秀传统文化的基本目标

中华优秀传统文化在当今社会面临一系列问题与挑战，而走出传承困境，实现民族文化复兴，最基本的问题就是对于本民族文化的认同，蔡元培曾提到："彼其国土同、民族同、言语同、习惯同、风俗同，非不足以使人民有休戚相关之感情，而且政府同、法律同、文献传说同，亦非不足以使人民有协同从事之兴会，然苟非有爱国心以为中坚，则其民可与共安乐，而不可与共患难。事变猝起，不能保其之死而靡他也。"因而以爱国心为基础的文化认同感"实为一国之命脉"，"为组织国家重要之原质，足以挽将摔之国运，而使之兴隆，实国民最大之义务，而不可不三致意者焉"[1]。实现文化认同的步骤有三：

第一，了解掌握传统文化知识。传承中华优秀传统文化的首要目标就是要民众了解传统文化是什么，包含哪些内容。在了解传统文化知识的基础上，才能解除对传统文化的误解和偏见。从而进一步实现对传统文化的认同感，增强文化自信，实现文化自强。

第二，形成对中华民族命运共同体的深厚情感。中国优秀传统文化是中华民族的血脉，是凝聚力的源泉，是中华民族风雨同舟的精神纽带。在国家和人民面临挑战和困境时，共同的民族情感和爱国精神，可以让中国人民站到同一战线，共同应对挑战。当我国面对大的自然灾害，如汶川地震、玉树地震时，不仅是政府，普通民众也发挥"一方有难，八方支援"的抗灾精神，自发地组织民间救灾队伍，来配合、支援救灾工作。中华民族在未来还会面临很多困境与挑战，这就需要整个民族团结在一起，而团结的基础就是共同的民族情感。

---

① 中国蔡元培研究会编：《蔡元培全集》第2卷，浙江教育出版社1997年版，第138—139页。

　　第三，参与塑造现代中国人的价值观。经济、社会的巨大变革以及西方文化的涌入冲击了中国人原有的传统价值观念，且中国人对当今中国的社会主义核心价值体系缺少深层认同。没有完善的价值观念的引导，导致文化约束力以及精神信仰的缺失，造成了一些社会道德问题。比如说贪污腐败、诚信缺失、情感冷漠、缺少同情等问题与道德和精神信仰的缺失密切相关。党的十六届六中全会提出建立社会主义核心价值体系。社会主义核心价值体系的贯彻实施需要与接地气的中国优秀传统文化相结合，才更具有生命力，从而给予人民以精神寄托，解决道德滑坡问题。做到"以德兴国，以文化人"。中国传统文化中的"己所不欲，勿施于人""民无信不立""不迁怒不贰过""廉洁奉公"等智慧与美德对于今天的政治与为人处世均有借鉴意义。

　　中国传统文化没有在中国古代数次朝代更迭中断绝，没有在历史上多次焚书中湮灭，更没有在外族入侵时终止。它的价值观念、行为模式已经成为"汉民族的一种无意识的集体原型现象，构成了一种民族性的文化——心理结构"①。由此可见中国优秀传统文化具有与时俱进、历久弥新的能力及顽强的生命力。如今，中国传统文化面临传承困境，这就需要当代中国人承担起复兴中华优秀传统文化的使命。人因信仰而伟大，中国优秀传统文化是中华民族在五千年的文明历史中的生存信仰和生生不息的精神力量。

---

　　①　李泽厚：《中国古代思想史论》，人民出版社1986年版，第32页。

三 文化繁荣和创新：优秀传统文化传承的政策向度

山东作为中华文明的重要发祥地之一，孕育了历史悠久、博大精深的齐鲁文化，文化资源富集，区域特色鲜明。长期以来，山东省一直将文化建设作为重要任务大力推进，并取得了显著成效。"十二五"期间，特别是习近平总书记视察曲阜并发表重要讲话之后，省委省政府围绕优秀传统文化的传承开展了大量工作，制定、颁布相关政策法规和通知，并以此为指导实行了诸多重大举措。现将政策归纳为以下五个方面内容：

（一）加强齐鲁文化资源的保护与利用

齐鲁文化在中国历史上发挥了重要作用，对世界文明也产生了深远影响，保护并利用好丰富的齐鲁文化资源，从齐鲁优秀文化中汲取营养，充分发挥齐鲁文化的时代价值，是传承优秀传统文化的基础工作，各级政府在这方面做了大量工作。

1. 开展文化资源普查活动

做好文化传承，首先要摸清家底。山东省制定整体规划，陆续开展了各种文化资源的大普查，对文化资源现状真正做到心中有数，从而实现文化资源的针对性保护和利用。

（1）圆满完成第三次全国文物普查。2007 年 4 月—2011 年 12 月，山东配合国家部署开展第三次全国文物普查。在此期间，省里集聚各方力量对境内地上、地下的不可移动文物进行普查，其内容以调查、登录新发现的不可移动文物为重点，同时对已登记的不可移动文物进行复查，最终对普查结果进行验收。在此项行动中，发现并公布了包括沂南县大成庄遗址、沂源县北桃花坪遗址在内的百大新发现名单，山东对省内不可移动文物的情况基本摸清。通过普查，大量文物得到了各级政府和干部群众的认知与重视，一些新发现的文物得到了应有的保留和保护。

（2）积极开展第一次全国可移动文物普查。2013 年，山东省启动第一次全国可移动文物普查工作，并制定《山东省第一次全国可移动文物普查实施方案》，对全省可移动文物普查工作进行全面部署。在各个工作阶段，先后采取了不同的工作方式，如组织专家集中文物认定、全面推进平台注册等。经过接近两年的普查，取得了重要成果。初步阶段统计全省有文物收藏的单位达700余家，其中非文物系统单位500余家，占到了总数的大半，山东馆藏文物达到268万件（套）。截至2015年6月14日，全省在普查平台登录文物达1491151件。① 根据全国可移动文物信息登录平台数据显示，山东第一次可移动文物普查藏品登录数量突破百万件套，达到100.5万件/套，成为继北京市（故宫博物院及国家博物馆等均属于北京市）之后又一个可移动文物登录数量达百万件套的省份，位居全国第二位。② 目前，普查工作依旧在进行之中，山东省文物部门正在全力以赴地进行攻坚。

（3）部署全省本土文化资源普查调研工作。2015年8月，全省文化（执法）局长座谈会暨"十三五"规划工作研讨班上，省里提出要开展本土文化资源普查工作。"按照'保护传承、创新发展、分级管理、合理利用'的思路，全面盘清文化资源家底，精准掌握文化资源状况，建立系统、全面的文化资源库，形成'山东文化地图'。根据文化资源现状，建立完善分类分级管理制度，制定重点文化资源开发规划，推动全省文化资源实现有效保护、理性挖掘和科学利用。"③

我省的文化家底，据2014年8月调查结果显示，泰山和曲阜"三孔"是我国最早被联合国教科文组织列入的世界遗产，2014年大运河成功申遗，成为中国第46个世界遗产项目。山东拥有国家级、省级历史文化名城各10座；国家级历史文化名镇2个、名村5个，省级历史文化名镇26个、名村30个；国家级传统村落16个，省级优秀历史建筑373处；全国重点文物保护单位196处，省级重点文物保护单位1293处，市、县重点文物保护单位5222处，文物藏品135万多件；全国古籍重点保护单位14个，省级古籍重点保护单位30个；我省入选国家级珍贵古籍名录945部，省级珍贵古籍7791部；国家级非物质文化遗产项目153项，省级非物质文化遗产项目555项；国家级文化生态保护实验区1个、生产性保护示范基地3个，省级文化生态保护实验区8

---

① 鞠传江：《山东省可移动文物普查取得重要成果初步亮出家底收藏文物268万件（套）》，《中国日报》2015年6月15日。

② 赵晓琳：《我省可移动文物登录数量突破百万件套》，《济南日报》2015年8月25日。

③ 《山东省文化厅"十三五"时期文化改革发展规划总体思路（讨论稿）》，《2015年全省文化（执法）局长座谈会暨"十三五"规划工作研讨班交流材料》，2015年8月17日。

个、生产性保护示范基地 13 个。① 这些都是我省传承优秀传统文化的重要依托，是发展文化旅游业和文化产业的基础。

2. 建设文化遗产保护传承体系

（1）建立健全文物保护体系。首先，不断加大文物保护工作力度，加强文物保护基础工作。2010 年，《山东省文物保护条例》颁布，自 2010 年 12 月 1 日起施行，此举为文物保护工作提供了法律保障。积极落实 2011 年 3 月省政府与国家文物局《合作加强山东文化遗产保护框架协议》，实施重大文物保护工程，加大重点文化遗产保护片区、大遗址、国家考古遗址公园等的保护力度。实施"七区两带"（曲阜、淄潍、泰山、黄河三角洲、半岛、沂蒙、鲁西七大文化遗产保护片区和大运河、齐长城两条文化带）文化遗产保护片区工程和中华文化标志城 "2246"（保护 "四孔"、"四孟" 两组文化标志，建设华夏文化轴、孔孟文化轴两条文化轴线，建设曲阜、邹城、尼山、九龙山四大特色功能区，并展六个重点文物聚集区）保护工程。山东省以大遗址保护和重大项目为突破口，建设 "大遗址公园"，有力地带动了区域文化遗产保护和利用协调发展，并注重加强文物保护基础设施建设，新建和改造了一批标志地方文明形象的重点博物馆，推进了博物馆事业的快速发展。

其次，建立完善古籍保护体系，实施 "山东古籍保护工程"。2007 年山东省印发《山东省人民政府办公厅关于进一步加强古籍保护工作的意见》，依照 "保护为主、抢救第一、合理利用、加强管理" 的基本方针，对全省古籍进行有计划、针对性的保护。同年，省里开始进行古籍普查登记工作。截至 2015 年，连续公布了三批 "山东省古籍重点保护单位" 及《山东省珍贵古籍名录》名单，逐步形成了完善的古籍保护制度；改善了古籍保管条件，命名了一批 "山东省古籍重点保护单位"；推进古籍修复工作，提高了古籍修复水平；进一步提高了对古籍的整理、出版和研究利用水平。山东省立足当下不断创新，开创了集普查、修复、展示、研究、利用 "五位一体" 的古籍保护模式。为了真正有效利用珍贵的古籍，让古籍里的文字 "活" 起来，山东省多次举办古籍展览体验活动，仅在 2014 年，山东举办 "册府千华——山东省藏国家珍贵古籍特展""走近古籍体验日""品真鉴奇" 等活动 30 余次。②

（2）建立完善 "五位一体" 非物质文化遗产保护传承体系。山东省为推

---

① 《徐向红厅长：加强城镇化进程中历史文化保护与传承》，http：//www. sdwht. gov. cn/html/ 2014/gzdt_ 0815/15960. html。

② 《2015 年山东省古籍保护工作会议侧记》，http：//www. sdwht. gov. cn/html/2015/gzdt_ 0619/ 21539. html。

动非遗保护项目、传承人、传习所、生产性保护基地、生态保护区的不断完善实施了如下举措：

其一，加强非物质文化遗产保护。山东省健全国家级、省级非遗项目和传承人名录保护体系，建立了国家级、省级非遗项目保护单位、山东省非遗保护工作专家库，利用国家的专项补贴和省里的非遗保护专项经费对非遗进行保护。进一步完善非遗传承保护机制。传承人既是非物质文化遗产活的宝库，又是非遗代代相传的载体，因而山东省对传承人的保护工作高度重视，2015 年印发了《山东省省级非物质文化遗产代表性项目代表性传承人认定与管理办法》。目前山东省 4339 名县级以上非遗代表性传承人中，65 岁以上的占34.7%，且大部分年事已高。① 为此，山东省启动了国家级、省级非遗项目代表性传承人抢救性记录工程，主要通过选择试点，逐步推开；对传承人开展传承活动进行扶持；引导、鼓励传承人开展收徒传艺活动；加强培训力度，切实提高传承人的传承能力和本领，这四项措施开展保护工作。

其二，推进文化生态保护实验区、非遗保护研究基地、生产性保护示范基地和非遗博物馆等基础设施建设，与实施"乡村记忆工程"、重大文化遗产保护工程有机结合，推进地方文化生态整体性保护，着力保护好非遗赖以生存的文化生态环境，探索生产性保护和整体性保护的有效途径，如建设非遗博览园，举办中国非遗博览会等。

其三，对地方戏曲和京剧进行扶持。作为享誉全国的"戏曲大省"，山东历来高度重视地方戏曲和京剧的繁荣发展。特别是近年来，山东省在推动地方戏曲振兴和京剧发展方面做了大量工作，一批优秀剧目脱颖而出，一批青年新秀崭露头角，在全国大型艺术评奖活动中取得优异成绩。为响应党中央号召并结合剧种保护利用现状，实施"山东地方戏振兴与京剧保护扶持工程"，推广菏泽"依团代传"的成功经验，以剧种保护与扶持为依托，推动地方戏与京剧表演团体健康发展，促进山东舞台艺术全面繁荣。山东针对地方戏、京剧史料进行挖掘、抢救，加强理论研究和传承保护，并通过展演、演出等形式加大宣传力度，推动戏曲发展。在戏曲教育方面不断深化改革，2012 年发布《关于进一步扶持戏曲教育发展的意见》，逐步形成了高等教育、中等教育、社会艺术教育相结合的戏曲教育培养模式，培养了大批优秀戏曲人才，为振兴戏曲教育事业提供了人才支撑。

2014 年 5 月启动《山东省中长期戏曲教育发展规划（2015—2020）》编制

---

① 《构建优秀传统文化传承创新体系 弘扬齐鲁文化 人民网访山东省政协委员、省文化厅副厅长李国琳》，http：//www.sdwht.gov.cn/html/2015/gzdt_0130/18469.html。

工作，为我省戏曲中长期发展提供有力保障。同年7月出台《山东地方戏振兴与京剧保护扶持工程实施办法》，加强对地方戏曲剧种传承推广和京剧保护扶持，聚力振兴地方戏曲及京剧。

其四，出台《山东省非物质文化遗产保护条例》。2015年9月24日山东省十二届人大常委会十六次会议通过了《山东省非物质文化遗产条例》，于2015年12月1日施行。作为山东省第一部关于非物质文化遗产保护的地方性法规，此条例将为全省非遗保护工作提供法律保障。

3. 推进文化资源合理利用

（1）积极稳妥地加强文化资源的生产性开发。保护并非原封不动，按照"既要保护更要利用、在利用中保护"的工作思路，与金融、科技、创意、产业结构调整等有机结合，加快发展文化创意产业，推动文化产业创新发展，突出的举措如积极规划建设"曲阜文化经济特区"。

利用旅游、金融、科技等产业的推动作用，大力发展文化旅游、教育培训、休闲体验、动漫创意、会展演艺、艺术品交易等特色产业。深入实施文化产业重大项目带动战略，建设了一批具有较强竞争力的文化产业集聚区、骨干文化企业和文化品牌。进一步促进文化艺术与金融融合发展，着力打造文化艺术金融试验区。不断深挖文化内涵，搞好项目策划、创意和创新，打造一批文化旅游精品项目，着力把优势文化资源转化为项目和产品。

2014年11月，山东省提出打造山东十大文化旅游目的地品牌的构想，并积极付诸实践。充分发挥文化大省的人文优势，深入挖掘旅游目的地的文化内涵。按照错位发展的原则，把文化建设与旅游项目结合起来，对已有的景区景点，深挖历史文化内涵；对于远期项目的规划，既突出旅游特点，又突出文化元素。按照文化的不同类别，精心设计了一批独具山东文化魅力和吸引力的特色精品文化旅游线路，促使旅游行为由观光型向体验型、度假型转化，带动了整个旅游产业的发展，进一步促进了文化与旅游的融合。

（2）积极作为，使文化资源融入民众生活。首先，面对城乡建设中一些地方忽视历史文化遗产保护，致使大量乡村传统文化遭受毁坏、走向消亡的现状，不断推进全省县级博物馆（历史文化展示馆）建设，结合"乡村记忆工程"实施县及县以下历史文化展示工程，增强博物馆保护、研究和教育展示功能，为城镇化进程中历史文化遗产保护利用打造重要平台。2014年2月，山东省开始实施"乡村记忆工程"，以实现对文化遗产的整体性、真实性保护，并通过陈列、展示等形式让群众对身边的历史文化资源有更加深入的了解，有利于延续乡村历史文脉，丰富城镇化和新农村建设的内涵和成效。省里投资建设民俗生态博物馆、乡村社区博物馆，以加强对古建筑、古民居以及乡土传统文化遗产的保护，并把相关工作的开展作为单位考核的重要指标，进一步激励相关单位做好文化资源的传承保护和有效利用。

积极开展文化遗产保护宣传和知识普及活动，利用传统节日和"5·18 国际博物馆日""中国文化遗产日"等节庆，打造一批社会教育公益活动品牌。在全国率先将参观博物馆纳入中小学教学计划和旅游推介项目，各地博物馆带着展览、藏品、讲座进社区、进军营、进企业，走出"殿堂"，融入民众生活。在每年的"文化遗产日"，都举办形式多样的遗产宣传展示活动。2013年，在以"人人都是文化遗产的主人"为主题的第八个"文化遗产日"期间，省文化厅举办了包括"喜迎十艺节，非遗共参与"主题演出；第三批省级非物质文化遗产项目及扩展项目、2012 年山东省非物质文化遗产保护工作十大亮点事项、十大模范传承人、山东省十大非物质文化遗产保护特色村（社区）、第四批山东省民间文化艺术之乡和第二批山东省传统技艺大师颁牌颁证仪式；山东省非物质文化遗产优秀编撰出版成果展；山东省陶器·陶瓷传统技艺保护成果展；"走近古籍体验"等系列活动。① 2014 年又举办了"美丽非遗·文化山东"系列活动。

（3）着力实施"四大文化传承展示工程"。山东在 2013 年年底启动实施了"四大文化传承展示工程"，以充分发掘、传承山东深厚的传统文化资源。截至目前，四项工程进展顺利，各项工作正有条不紊地开展。一是古籍发掘整理研究工程。加强现有馆藏珍贵古籍的研究整理，实施大型古籍整理出版项目，落实"海外儒学文献回归计划"和"齐鲁珍贵地方文献回归计划"，对回归文献进行研究、揭示，充分发挥珍贵古籍文献在弘扬传统文化和建设社会主义核心价值体系中的作用。二是东夷文化溯源工程。充分发挥山东作为东夷人最主要活动区域，东夷文化源远流长、辉煌灿烂的独特优势，加强东夷文化的考古、研究，举办"文字起源与东夷文化"等系列学术研讨会，系统深入发掘东夷文化的起源意义、思想价值和文脉传承，对东夷文化进行固化展陈展示。三是齐鲁文化重大题材艺术创作工程。进一步拓展选材的深度和广度，以儒家文化、道家文化、兵家文化、法家文化、墨家文化等齐鲁大地古代文明为主题，围绕仁爱、尚义、和谐、诚信等思想精华，以及重大文化事件、重要历史名人和经典历史故事等，组织书法美术、舞台艺术精品创作。启动"大哉孔子·儒家文化经典中国画创作工程"。四是孔子及儒家思想展示工程。充实完善山东博物馆孔子文化展的展陈理念、展陈方式，更加全面地展示孔子思想

---

① 《关于组织开展 2013 年"文化遗产日"非物质文化遗产宣传活动的通知》，http: // www. sdwht. gov. cn/html/2013/ggtz_ 0517/9257. html。

的文化渊源，儒家学派的创立、形成与传播，儒家思想的当代价值等，筹办"斯文在兹·孔子及儒家思想展"。积极承担"接续文化薪火·讲述中国故事——中华优秀传统文化故事会"作品征集活动，并组织开展征集展演，使传统文化以更加贴近百姓生活的形式进行传承与发展。

（4）大力培育、引进高端人才，助力传统文化传承。近年来，为加快经济文化强省建设，省委、省政府大力实施人才强省战略。文化人才队伍建设是文化事业繁荣发展的重要保障，人才兴文战略同样是人才强省战略的重要组成部分。山东省分别于 2009 年启动实施"齐鲁文化英才工程"，2011 年开始实施"齐鲁文化之星工程"，2013 年启动了"齐鲁文化名家工程"并于同年开始实施"大师引进工程"，充分利用高级人才的带动作用，助力传统文化的传承。在文化艺术领域培育、引进了一批高端人才，有效缓解文化艺术领域领军人物、名家大师等高层次人才相对不足的矛盾，带动全省文化人才队伍素质的全面提升，打造文化人才高地，形成文化强省建设的人才优势，为加快文化强省建设提供强有力的人才支撑。

（5）吸收传统文化元素，开展文艺创作活动。将优秀传统文化融入文化创作，纳入艺术创作生产总体规划，围绕重大文化事件、重要历史名人和经典历史故事等开展创作生产，大力弘扬以孔孟儒家文化为代表的优秀历史文化和齐鲁特色文化。创新形式、建立艺术创作"全链条"扶持机制，促进了戏剧舞台的全面繁荣。一系列政策优惠，为艺术人才添活力，让优秀作品有底气，激发了全省文艺创演的热情，也带来了艺术作品的"井喷"现象。

2013 年 8 月，山东出台"舞台艺术 4＋1"工程（"山东省舞台艺术精品工程""山东地方戏和京剧保护扶持工程""山东省优秀保留剧目工程""山东省艺术英才培育工程"和《关于对全国、国际文艺比赛获奖集体和个人进行奖励的办法》），涉及舞台艺术精品、地方戏振兴与京剧保护扶持、优秀保留剧目、艺术英才培育及获奖奖励 5 个环节，鼓励出精品、出人才。2015 年 1 月 14 日，省文化厅下发《山东省文化厅传承弘扬优秀传统文化十大行动》通知，提出组织实施齐鲁优秀传统文化题材创作工程。山东省积极作为，深入发掘齐鲁文化资源，注重优秀传统文化题材艺术创作，改进艺术评价机制，并不断完善文艺创作长效机制，以加强优秀传统艺术传承创新。

（二）拓展优秀传统文化传承阵地

借助公共基础文化设施和国民教育场所，开展丰富多彩的文化活动，依托各式各样的表现形式，进行传统文化的普及与推广，让优秀传统文化走进人们的生活，满足人们日益增长的精神文化需求。

1. 加强"四馆"建设，树立示范典型

中央领导同志曾指出，博物馆是中华文化的"祠堂"和"祖庙"，这充分肯定了博物馆、图书馆等对于中华文化传承体系的重要作用。图书馆、博物馆、艺术馆、美术馆历来是文化的殿堂、艺术的宝库、城市的名片和市民的客厅，是文化传播发展的重要阵地。山东省图书馆、博物馆、艺术馆和美术馆藏品众多且多是精品，它们为齐鲁文化的整理挖掘、学术研究的开展提供了丰富的资料和实物。

山东省充分发挥山东"四馆"（图书馆、博物馆、艺术馆、美术馆）的各项优势，深入挖掘整理齐鲁文化资源，提升"四馆"学术研究、文化交流、人才培养和文化宣传水平，使其成为继承优秀传统文化、弘扬时代精神的文化重镇。近年来，山东"四馆"培养了一支年轻人才队伍，大学生、研究生和博士生构成了队伍主力，省里通盘考量，决定通过名家大师的引领带动和指导培养，把这些宝贵的资源转化成文化强省建设的强大力量。2013 年 3 月，省文化厅率先实施"大师引进工程"，通过聘任国内具有较高学术造诣、学术声望和广泛影响力的业界大师许嘉璐、单霁翔、王文章和刘大为分别担任名誉馆长，借助"大师引进工程"推进了山东省的文化重镇和文化窗口建设。

率先建设山东"四馆"，然后将成功经验进行推广，使各市县的博物馆、图书馆等文化系统场馆借用这个模式，进一步将基层馆建设成为文化传承的重要阵地。

2. 借力公共文化设施，传承优秀传统文化

山东省结合文化惠民工程，在"五馆一站"（博物馆、纪念馆、图书馆、文化馆（站）和美术馆）、农村文化大院（综合文化中心）和文化广场等公共文化设施中，开展了以知识讲座为主的特色活动，宣传并普及齐鲁优秀传统文化。

省里进一步扩大了"五馆一站"的免费开放服务范围，并不断强化对老年人、少年儿童、农民工和残疾人的服务，推动文化产品提供与群众需求的有效对接。根据群众需求，及时做出调整，不断深化服务内容，拓展服务领域，打造了一批新的服务品牌和活动项目。

借助农村文化大院这一村民文化场所开展乡村儒学活动，进行文化的传播与普及。在实践中，不少地方将文化广场建出了特色，如沂南道德文化广场，临沂罗庄区十里堡社区文化广场等，利用这些场地制作宣传板进行新二十四孝的宣传，将论语或其他与传统文化相关的内容张贴展示，使群众在进行休闲娱乐的同时感受传统文化的熏陶，吸收传统文化的营养。

3. 利用国民教育阵地，进行传统文化传承

国民教育对学生的世界观、价值观、人生观的形成有巨大影响。近年来，山东省积极依托学校这一国民教育阵地，大力开展各项文化活动，推进优秀传统文化走进校园，进入课堂，融入师生的日常生活，推动传统文化的传承与发展。

省委高校工委以"五个一"项目实施为抓手，积极推进中华优秀传统文化教育"三进"工作。2014年，山东省研究制定下发了《关于推进全省高校中华优秀传统文化教育工作的意见》（以下简称《意见》），就高校优秀传统文化教育的指导思想、基本原则、主要内容、方法途径和组织保障提出明确要求，进行了顶层设计和统筹安排。为推动全省各高校贯彻落实好《意见》精神，在全省高校党委书记、校长暑期读书班，全省高校宣传思想工作会议，各类党政干部培训班上对有关工作多次作出具体部署和安排。截至目前，已经有超过一半的山东省属高校将优秀传统文化教育纳入人才培养方案，有140多所高校将优秀传统文化融入教材、课堂，渗透到立德树人全过程，用优秀传统文化滋养学生成长。在充分吸收近几年各高校传统文化读本精华的基础上，省委高校工委组织编写了《中国传统文化读本》。在具体形式上，坚持贴近师生生活、落细落小落实上苦下功夫，开展了"孝行齐鲁""山东省中华传统美德进校园"等活动，联合有关部门举办了"国学达人"挑战赛和齐鲁学子国学盛典展演活动，覆盖大学生超过30万人。

全省各高校以弘扬优秀传统文化、培育和践行社会主义核心价值观为主题举办了不同形式的论坛、报告会、讲座等，开展了丰富多彩的主题教育活动。曲阜师范大学2008年起在全校推行传统文化课程教育，本科生必选一门传统文化公选课，研究生必修《论语》。这样的主题教育活动形式灵活多样，切合学生实际，大大激发了青年学生学习优秀传统文化、践行社会主义核心价值观的积极性和自觉性。

此外，山东各高校还积极推进校报、校刊、宣传栏、电视台等传统媒体和校园网络、微博、微信等新兴媒体的有机融合，立体化、深层次宣传优秀传统文化，营造浓厚氛围，达到潜移默化的教育效果。各高校还以传统文化为主题，加强校园文化景观建设。山东大学、曲阜师范大学、山东理工大学、滨州学院还分别成立了儒学高等研究院、孔子文化学院、齐文化研究所和孙子研究院，将儒学、齐文化、孙子文化等纳入人才培养规划，积极培育具有鲜明特色的校园文化，用优秀传统文化丰富、滋养师生的精神世界。

在中小学中，积极组织开展艺术家进校园活动，利用文艺工作者"教、学、帮、带"等形式，成功将非物质文化遗产送进课堂，将戏曲、太极拳等

优秀传统文化有序地融入学生的学习生活之中，从而加强了面向学生群体的审美教育，丰富了学生的校园文化生活，充分利用了学校这个重要阵地进行优秀传统文化的传承。

4. 推进乡村（社区）儒学计划，促进传统文化走向基层

在社区儒学方面，2014 年省里做出《关于在全省创新推进"图书馆 + 书院"模式建设"尼山书院"的决定》，创新"图书馆 + 书院"模式，将现代公共图书馆和传统书院有机结合，推动优秀传统文化创造性转化、创新性发展。根据"六个一（一个统一标牌、一尊孔子像、一个国学讲堂、一个道德展室或展板、一个国学经典阅览室或阅览区和一个文化体验室或活动区），五大板块（经典诵读、国学普及、礼乐教化、道德实践和情趣培养）"的建设意见，通过文化体验和专业培训，培养群众的高雅文化情趣。积极推动尼山书院软件及各项标准的制定工作，先后制定了《"尼山书院"建设与服务标准（试行）》《尼山书院讲读专家库》《尼山书院推荐书目》等。对尼山书院、乡村儒学和社区儒学的建设和业务活动内容，尤其是授课教材、授课内容等进行了规范，使其更加贴近民众，真正走进百姓生活。同时，省里还颁布了《社会力量兴办"尼山书院"认定管理办法（试行）》，积极吸收社会力量，利用民间资本，进行文化传承。各级文广新局、图书馆按照省文化厅要求，在各级政府的大力支持下，按照尼山书院建设和服务标准做了大量工作，开展了多种类型的活动，取得了切实成效。为推进尼山书院规范化建设，2014 年 9 月 3 日，成立了尼山书院理事会，制定了《尼山书院理事会章程》，省文化厅长徐向红被聘为尼山书院理事长。理事会的成立，标志着山东省尼山书院步入了规范化管理和科学化发展的新阶段。此外，尼山书院网站建设方面也有重大突破，拥有经典诵读、国艺讲堂、网上展厅、国学讲堂等 8 个栏目，40 个子栏目，向群众提供了一大批文献及视频资源。

在乡村儒学方面，从 2013 年泗水尼山圣源书院开始，经过长时间推广，在济宁、聊城、潍坊等地也陆续涌现。政府将"乡村儒学"纳入农村公共文化服务体系，全省多个乡村文化站和农村文化大院建起儒学讲堂，专家学者深入乡村，让儒学走进乡村、走进生活、走进群众，潜移默化地在现实生活中发生作用，使众多百姓受益，有力地推动了乡村文化建设和精神文明建设。

5. 开办文化讲（学）堂，助力传统文化传承

开展各类以传承、弘扬优秀传统文化为主旨的文化讲（学）堂，如"孔子学堂""国学讲堂""儒学讲堂""齐鲁大讲堂""家庭文化公益讲堂"等，增长群众文化知识，开阔群众眼界，提高百姓思想认识。各类讲堂讲授符合广大家庭和人民群众的迫切要求的内容，有力地促进了家庭和睦幸福与社会和谐

稳定。

孔子学堂具有典型性，它是中国孔子基金会作为传统文化的传播机构，积极传播孔子思想的一个载体。"孔子学堂"通过讲道诵读、德行礼仪、道德讲堂、家风建设等系列课程让传统文化走进校园、社区、企业等场所，开展"诵读经典做有根人""亲子家庭和谐社区""传承美德做现代君子"等创意活动，吸引大家积极参与进来，让孔子的"仁、义、礼、智、信"等思想精髓进入人们的内心世界。

2014 年 12 月，省文化厅推出"尼山书院国学系列公开课"，通过这一形式提升全省文化干部的传统文化修养，为全省组织开展弘扬优秀传统文化工作提供智力支持，并将授课内容刻录光盘在各级尼山书院和乡村（社区）儒学讲堂免费播放，全面提升全省文化讲师的授课水平。

山东为发挥非物质文化遗产的独特优势，更好地弘扬中华优秀传统文化，从 2014 年 11 月开始，省文化厅开展了"齐鲁非遗大讲堂"活动，组织有关专家、学者，面向社会尤其各级文化行政机构、全省非遗保护单位、国家级省级非遗传承人、致力于非遗保护的志愿者进行授课，举办专题培训讲座，内容涉及新形势下弘扬传统文化的机制建设和制度保障、优秀传统文化资源保护与传承机制建设、新型城镇化进程中的非物质文化遗产抢救性保护等。通过举办"齐鲁非遗大讲堂"，有利于充分挖掘非遗项目中蕴含的优秀传统文化基因，加强对山东省优秀民族民间文化的挖掘阐发、保护利用和传承传播，彰显了山东非物质文化遗产特色，有利于加快构建非遗传承体系建设，提升齐鲁文化的社会影响力，打造山东非遗文化品牌。

6. 推进传统文化研究机构建设，提升传统文化整体研究水平

传统文化的相关研究机构对传统文化的理论研究与阐释，是传承、弘扬优秀传统文化的重要基础性工作。2015 年，山东省政府工作报告中明确提出：以开放的态度，推进孔子研究院等机构建设，打造一批重点研究基地。山东省拥有一批高水平传统文化研究机构，如中国孔子研究院、孟子研究院、墨子研究中心、齐文化研究院、齐文化研究中心、运河文化研究院、山东孙子研究会等，均致力于传统文化的研究探索，并取得了良好成效。

"十二五"期间，通过对原有研究力量的整合提高，又新建了一批重要研究机构。2014 年 5 月，山东省第一家国学院在曲阜师范大学成立，孔子第 79 代嫡长孙孔垂长先生担任名誉院长。曲阜师范大学国学院已经成功申报了山东省唯一的人文社科类协同创新中心——"孔子与山东文化强省战略协同创新中心"。国学院立足于圣地曲阜，以孔子儒学为特色，努力建成中华优秀传统文化研究教育重镇。

2013 年 2 月，山东省民俗与非物质文化遗产研究基地在济南大学成立。基地立足于山东地区，开展山东各地非物质文化遗产的普查与保护、民间工艺品技艺的抢救与传承等工作，同时还对山东地方历史、文学艺术、传统技艺、风俗习惯等非物质文化进行综合研究。

2015 年 4 月，山东省高校优秀传统文化与人才培养研究基地在山东理工大学成立。基地主要以齐文化研究院为主体，多方面协作配合，按照协同创新模式，统筹和发挥好多方面研究资源，建设一支高水平的研究队伍；坚持优秀传统文化研究与人才培养紧密结合，充分发挥研究基地在立德树人中的平台作用；坚持基地建设与推动经济文化融合发展相结合，更好发挥学校在参谋咨政中的智库作用。

（三）创新优秀传统文化传承方式

1. 结合文化惠民工程，推进传统文化传承

将优秀传统文化传承与公共文化服务体系建设结合起来。利用"五馆一站"农村书屋等场所推进乡村（社区）儒学建设，与"一村一年一场戏"等惠民工程相结合，使优秀传统文化走近人们生活。

积极推行公共文化场馆总分馆制，来打通公共文化服务"最后一公里"。以市县图书馆、博物馆、文化馆、美术馆为中心，在城乡基层，特别是农村和偏远地区设立分馆，开展流动服务和数字服务，为行政村和社区农家书屋补充更新出版物，采取政府购买服务的方式，实施"一村一月一场电影""一村一年一场戏"。

进一步加强对山东历史文化挖掘传承，结合"乡村记忆工程"实施县级县以下历史文化展示工程，制定《指导意见》和《展陈指导大纲》建立历史文化展示场所，启动历史文化展示工作。并把县及县以下历史文化展示工程纳入公共文化服务体系考核，建立完善考核机制，加强激励作用。积极推进全省县级博物馆（历史文化展示馆）建设，增强博物馆保护功能、研究功能和教育展示功能，为城镇化进程中历史文化遗产保护利用打造重要平台。

2015 年，省文化厅和财政厅联合发文安排资金 5250 万元补助开展县及县以下历史文化展示工程，要求充分利用乡镇文化站、农村文化大院或乡土建筑等，结合公共文化服务体系建设和"乡村记忆工程"进行。一是 50 家已举办县域历史文化展览的博物馆，重点是调整、充实、改造、提升。通过改进展陈大纲，丰富展陈内容，提升展陈手段，进一步提高展陈水平。二是整合文化、文物、党史、民政、档案、史志等部门的文化资源和专业人才力量，开展县及镇村物质文化遗产和非物质文化遗产资源调查，加强对历史文化特别是乡史、

村史的挖掘、阐发，组织编写陈列展览大纲，精心打造区域历史文化展览。三是引导各地全面梳理历史传承，加强乡史、村史编写。譬如，村史编写包括现状概括、历史沿革、族姓家谱、英杰人才、创业先进、仁孝义举、感人故事、风土民情、礼仪风俗、婚丧嫁娶、方言谚语、民谣民歌、戏曲戏剧、民间信仰、节庆祭祀、宗教活动、游戏娱乐、传统手艺、饮食服饰，以及近代以来的社会生活变迁，老建筑、老宅子、老的生产工具、生活用具等也可以图文并茂的形式写进村史。①

2. 利用"节会效应"，推动文化传播

山东省将"十艺节"（第十届中国艺术节）等具有重大影响力的节日作为抓手和平台，充分开展文化创作和展示，推动优秀传统文化的创造性转化和创新性发展。

自 2011 年全省各界合力筹备"十艺节"，省委、省政府实施了一系列能发挥地方传统资源优势，突出齐鲁文化特色，激励创作具有浓郁地方特色、鲜明时代特征、独具齐鲁风格气派的艺术精品的举措。开展"十艺节重点剧目创作工程"，举办"迎十艺业务建设年"成果展及艺术技能评比、全省青年京剧演员比赛、山东省民族器乐大赛等活动，营造了浓厚的文化氛围。2013 年10 月，山东省举办了第十届中国艺术节。第十届中国艺术节以"艺术的盛会，人民的节日"为宗旨，以"发展先进文化、繁荣文艺事业、促进文明进步"为主题，以"政府主导、文化惠民、突出特色、全民参与、开放创新、务实节俭"为原则。在山东 17 个地区城市广泛展开活动；参与的剧目门类数目突破了原来的 50 多种，大门类包括多种小种类；在宣传方面，"十艺节"的活动被多家媒体转播；除了政府参与组织活动外，"十艺节"还加大市场运作力度，广泛吸引社会资金；"十艺节"结束后，山东建设的标准化艺术馆、美术馆、图书馆等各演出场馆和公共场馆已充分为百姓所用。山东省会大剧院是"十艺节"的开幕式主场馆，以"岱青海蓝"为设计理念，剧院为三个半球形建筑，如同三股泉水展现泉城特色。省会大剧院以"传承齐鲁文化，共享世界艺术"为服务宗旨，为公众提供了高水平的文化艺术精品，为丰富公众精神文化生活提供了一个崭新平台。

3. 依托"互联网＋"平台，促进文化传承

山东省运用"互联网＋"技术，不断探索公共文化服务新模式。为顺应"互联网＋"时代快速发展的要求，山东陆续建成数字图书馆、数字博物馆、

---

① 《关于印发〈山东省文化厅传承弘扬优秀传统文化十大行动〉的通知》，http：//www. sdwht. gov. cn/html/2015/ggtz_ 0115/17881. html。

数字美术馆、数字科技馆、数字农家书屋，用最新的数字技术，积极探索公共文化服务新模式，让山东公共文化服务机构馆藏产品"活"起来。

为了让更多特殊群体可以享受公共文化服务，山东还利用数字化手段为老年人、妇女、残疾人等特殊群体提供更多的基本公共文化服务。其中包括实施盲文出版项目，开发视听读物，建设有声图书馆；在山东省、市图书馆建成盲人数字图书馆；山东省、市广播电台、电视台开设残疾人专题节目和手语新闻节目；县级积极创造条件开设相关节目；影视作品和节目加配字幕；公共图书馆、博物馆、文化馆等公共文化场所安装无障碍设施；鼓励公共文化服务机构和社会力量为特殊群体提供针对性服务等措施。

公共文化服务的"互联网＋"蓝图也愈发清晰。截至 2014 年年底，山东共建成文化共享工程分支中心 157 个，基层服务点 8 万多个；建成公共电子阅览室 9300 多个，服务终端逾 10 万台。2014 年，山东各级公共电子阅览室的服务人数就达 5000 万人次。①

山东省提出利用"互联网＋"的平台，让优秀传统文化在百姓心中流淌。2014 年，基于互联网的文化产业新业态蓬勃发展，深刻改变着文化产业的内部结构和人们的文化消费习惯。信息时代，网络技术和文化结合产生诸多新变化。山东创新性的用"互联网＋"推进公共文化服务。山东省 2015 年 6 月颁发的《关于加快构建现代公共文化服务体系的实施意见》中明确提出，创新公共文化服务模式，"统筹文化信息资源共享工程、数字图书馆、数字博物馆等各类数字资源，打造公共文化资源共建共享数据库。"创新思维搅"活"一池春水。"互联网＋"的"鲇鱼效应"正在山东公共文化服务领域逐渐发酵，越来越多的固有文化资源被整合带动起来，打造出"1＋1＞2"的文化服务新模式。

2015 年 6 月 29 日，潍坊市上线试运行了"公共文化云平台"：文化部门通过云连接、云操作和云存储等手段，将文化资源打包上"云"，让群众共享知识服务、艺术欣赏、文化传播、虚拟场馆、交流互动等公共文化云应用，使城乡居民足不出户便能通过网络免费享受海量的数字化资源和高品质的公共文化服务。威海市文登区组织实施图书"物流"服务，建设 20 个图书馆分馆，通过总分馆之间的数据链接，全市 15 万册图书实现通借通还，有效解决较远社区和农村读者读书难的问题。青岛市城阳区也发起"文化超市"惠民项目。随着民众精神文化需求日趋多元，"被动接受"的服务方式已渐渐不被认可。

---

① 《山东：贴合"互联网＋"思维 提升文化服务效能》，http：//www.sd.xinhuanet.com/whsdw/2015 - 07/10/c_ 1115879265.htm。

应"转变"当前公共文化服务方式：理念上由"送文化"转为"选文化"；内容上由单一化转为多元化；形式上实现由"被动接受"转为"互动参与"；运行机制上实现由"计划配送"转为"市场调节"。

4. 推动产业融合，促进传统文化创新发展

自 2013 年开始，"曲阜文化经济特区"上升为省级规划，省政府连续三年将其写入政府工作报告。其整体布局是形成"一轴、一线、双城、四山"（孔孟大中轴线为"一轴"，孔子大道为"一线"，明故城、曲阜新城为"双城"，尼山、石门山、九仙山、九龙山为"四山"）的文化产业空间战略格局，加速文化产业与经济的创新性融合，大力发展"文化旅游、教育培训、休闲体验、动漫创意、会展演艺、艺术品交易"六大重点特色产业，着力将特区打造成为世界华人的一处精神家园、儒家文化体验的休闲度假旅游目的地，以及国际文化交流的重要平台，成为"人人彬彬有礼、中外人士向往的道德高地和义化圣地"。

提出建设"曲阜文化经济特区"之后，济宁市制定了《关于加快推进"曲阜文化经济特区"规划建设的意见》，进一步推进产业合理化布局，加速传统文化传承。通过推进明故城保护复兴工程，加快尼山圣境项目建设，着力建设世界旅游目的地城市，而进一步明确文化旅游产业的发展方向；通过加快建设儒源儒家文化体验基地等项目，着力打造教育培训之都，促进教育培训产业的发展；通过加快尼山、石门山、九仙山开发，着力建设休闲度假胜地，优化休闲体验产业发展模式；通过大力建设会展中心创意创业园，着力构建文化创意产业发展体系，创新发展动漫创意产业；通过培育演艺集团，提升节庆会展业影响力，发挥好孔子文化会展中心作用，着力打造曲阜会展品牌，扩大节庆会展演艺产业规模。

省文化厅大力推进曲阜优秀传统文化传承发展示范区建设，在前期"曲阜优秀传统文化传承发展示范区"课题研究成果的基础上，积极推动"曲阜优秀传统文化传承发展示范区"建设上升为国家战略，列入国家"十三五"规划。在儒家文化研究和传播，文物保护，历史名村名镇名城保护、项目建设，红色旅游开发，基础设施建设等方面，在国家层面上为示范区争取更大的支持。筹备启动《曲阜优秀传统文化传承发展示范区发展规划》编制工作，进一步明确"曲阜优秀传统文化传承发展示范区"的规划范围、目标任务、空间布局、发展重点、运行机制以及保障措施等，从而推动"曲阜优秀传统文化传承发展示范区"的建设。

全省以文化经济特区模式为着力点，为其他地市的文化与经济的创新性融合提供了良好范例，淄博已提出以"曲阜文化经济特区"为模板，建设"齐

文化经济特区"，并围绕此战略目标作出诸多努力。

（四）涵养民众美德，建设道德文化高地

中华文化沃土涵养着中华文化的"魂魄"，培育着中国人独特的精神世界。齐鲁文化是中国传统文化极其重要的组成部分，其精华一直为中华民族生生不息、发展壮大提供丰厚的滋养。

习近平总书记在系列重要讲话中，对于"保护和弘扬中华优秀传统文化，构建和弘扬社会主义核心价值观"作出了重要论述。习近平总书记在 2013 年 8 月 19 日全国宣传思想工作会议上的讲话中指出，中华民族具有 5000 多年连绵不断的文明历史，创造了博大精深的中华文化，为人类文明进步作出了不可磨灭的贡献。"中华文化源远流长，积淀着中华民族最深层的精神追求，代表着中华民族独特的精神标识，为中华民族生生不息、发展壮大提供了丰厚滋养。中华传统美德是中华文化精髓，蕴含着丰富的思想道德资源。""中华优秀传统文化是中华民族的突出优势，是我们最深厚的文化软实力。"这些重要论述，从多个维度对中华文化的地位和价值进行了阐发，系统总结了中华优秀传统文化在建设社会主义文化强国、实现中华民族伟大复兴的中国梦中的作用，确立了中华优秀传统文化"根"与"魂"的地位，把对中华文化的认知推进到一个新阶段，充分体现了党的文化自觉和文化自信。

1. 加强"四德教育"，实施"四德工程"

国无德不兴，人无德不立。山东注重挖掘中华优秀传统文化蕴含的时代价值，结合时代条件继承和发扬传统文化中适合于调理社会关系和鼓励人们向上向善的内容，培育和践行社会主义核心价值观，使其能贴近群众、融入生活。

近年来，山东省开展以"文明山东""美德山东""诚信山东"为引领的道德领域突出问题专项教育和治理活动，全省各厅机关以争创国家级文明单位为抓手，全面加强"四德"教育。山东省文化厅在全系统广泛开展道德经典诵读、文明有礼培育、志愿服务和道德模范评选活动，举办道德讲堂，邀请知名艺术家做先进事迹报告，教育引导广大文艺工作者既要演好戏、又要做好人，争做德艺双馨的艺术家和道德操守、君子人格的示范者。

在稳抓"四德"教育的同时，积极推进"四德工程"建设，为善行义举立榜，截至 2014 年年底，四德榜已覆盖全省 80% 以上的村庄，它的设立充分激发了人们向善的道德意愿，对文明城市、文明乡村建设有积极推动作用。"四德工程"即"爱德、诚德、孝德、仁德"，是以社会主义核心价值体系为主线，以建立良好道德规范和构建共有精神家园为目标，凝聚道德力量，形成推动发展的思想保障和精神支撑，"四德"分别对应中央提出的社会公德、职

业道德、家庭美德、个人品德。山东"四德工程"的试点和探索起源于莱州市，莱州率先发现了榜样的力量，2006 年开始探索推行公民思想道德建设工程，发动全市群众签订"四德责任状"100 多万份，在 300 多个村居立起了家庭养老榜——家庭美德以"孝"为切入点，实施"孝德工程"；职业道德以"诚"为重点，实施"诚德工程"；社会公德以"爱"为主题，实施"爱德工程"；个人品德以"仁"为目标，实施"仁德工程"。

2007 年，山东省委宣传部总结莱州经验，大力推进社会公德、职业道德、家庭美德、个人品德"四德"建设。到 2014 年，全省已有 100 多个县市区建立起两万多个善行义举四德榜，为 1000 多万群众的凡人善举"树碑立传"，有些地方为进一步推进"四德工程"，创新性的实行"好媳妇""好婆婆"评选活动，"四德"建设成效显著。①

2014 年 5 月 4 日，为全面加强"四德"建设，巩固提升精神文明创建成果，文化厅印发《关于在省直文化系统建立善行义举四德榜的通知》。每年在厅机关选树 10 名典型作为"最美文化人"道德模范，在《大众文化》《艺彩山东》《人文天下》、文化网站等媒介开设"最美文化人"专栏，利用微博、微信等方式，宣传活动开展情况以及涌现出的好经验、好典型，展示文化队伍的良好风貌，树立文化系统的良好形象。发挥文化单位优势，积极参与全省"美德山东人、厚道齐鲁风"主题活动，营造浓厚社会氛围。宣传先进典型，大力培育昂扬向上的精神风貌，凝聚道德力量，形成推动文化传承的思想保障和精神支撑。

将"四德工程"建设与继承传统美德和弘扬时代精神相结合，根据时代的发展变化广泛吸纳全人类的道德文明成果，在扬弃的基础上，创造和繁荣先进思想文化，推进道德建设的不断发展。"四德工程"的实施培育了文明新风尚，为建设中华民族共有精神家园做出了努力，提高了文化软实力，促进了社会的和谐发展。

山东省在加强成年人思想道德教育的同时密切关注青少年的精神培育。2011 年 12 月启动由省教育厅、省少工委等共同主办首届"山东美德少年"评选活动，经过严格的选拔与评比，2012 年对 20 名首届"山东美德少年"，30 名荣获提名奖的小少年进行了表彰。此活动，积极引导了广大少年儿童自觉践行社会主义核心价值体系，推进了少年儿童思想道德建设，通过树立一批可亲、可敬、可信、可学的少年儿童道德先进典型，让全省少年儿童学有榜样、

---

① 丛芳瑶：《让好人好事上榜　为凡人善举立传》，《光明日报》2014 年 4 月 14 日。

行有楷模、赶有目标，在全社会形成了知荣辱、树正气、促和谐的良好道德风尚。①

2015年"六一"国际儿童节期间，山东积极组织参与由中央文明办等五部门联合开展的"学习和争做美德少年"活动，有来自潍坊、日照、青岛、莱芜的四名少年入选。美德评选活动有利于引导广大未成年人向周边的榜样学习，关注他们身上的闪光点，塑造自身良好品格。

2. 征集好家风家训，继承优良文化传统

开展"山东好家风"系列公益活动，发扬传统家风、家训文化，促进新时期和谐家庭健康发展，推动好家风的实践养成和自觉传承。

2014年8月，为发扬传统家风、家训文化，促进新时期和谐家庭的健康发展，山东省文化厅、大众报业集团主办，生活日报承办了"山东好家风"系列公益活动。生活日报每天以重要版面、较大篇幅，对30余位在山东出生或成长的有代表性、有影响力的人物的家风故事进行了为期一个多月的连续报道，并先后举办了多场以"山东好家风"为主题的书画名家走基层笔会，邀请书画名家进行现场书法、绘画笔会创作，以书画这一高雅艺术形式，进一步传递好家风正能量。生活日报还连续发布了40多个整版的"山东好家风"系列公益广告，对历史上的家训名篇、治家格言进行了梳理、宣传。一时间，谈家风、论家训成为人们茶余饭后的热点。

2014年12月24日，举办了"山东好家风"系列活动的压轴之作——中国传统家训书作展，它既是山东书法界的一次高水平展览盛会，又是对中国传统家风文化的一次有力弘扬。

2015年8月5日，省直机关妇工委下发《关于开展好家风好家训征集活动的通知》，深入推进寻找"最美家庭"活动，以"展示家庭美德、树立良好家风"为主题，通过议家风、晒家训、征格言、传美德等形式，发动干部职工畅谈体会感悟，分享好家风、传颂好家训，展示家庭好风貌，推动好家风的实践养成和自觉传承，引导干部职工自觉接受道德教育、树立家庭美德观念、构建良好家风家教、提升家庭文明水平，使家庭工作成为践行社会主义核心价值观的重要途径和有效载体。

3. 营造廉洁文化氛围，打造社会儒韵民风

山东省除开展上述活动外，还大力推进干部政德教育，建设干部政德教育基地，开办相关的培训班，如"政德讲堂"等，从机关干部开始抓传承廉政

① 《山东美德少年树新风》，http://sd.ifeng.com/zt/deyaoqilu/dishiyuxingye/detail_ 2013_ 12/16/1599033_ 0. shtml。

勤政优秀品格，使其再次接受心灵洗礼。2014 年 8 月，山东实施了廉政文化"六进工程"，让廉政文化走入机关、社区、农村、学校、企业、家庭之中，在社会上营造良好的廉洁文化氛围。

山东济宁充分发挥优秀传统文化资源富集的优势，围绕弘扬优秀传统文化、加强干部道德建设，积极探索儒家思想在干部教育培训中的运用，着力打造干部政德（优秀传统文化）教育基地，开展了阶段性工作，2013 年开始开展相关专题培训，目前已具雏形。

山东注重发挥传统文化的作用，在传播和弘扬社会主义核心价值观中，坚持创造性转化和创新性发展，"文以载道，文以化人"，在社会大众中打造浓厚的儒韵民风。

"百姓儒学节"——慎终追远，民德归厚。曲阜是儒家文化发祥地，对于传统文化的弘扬有着其特殊意义，近年来，曲阜市创新传承方式，吸引广大民众加入到传统文化传承的队伍中。2014 年 10 月 26 日，曲阜市为了让普通民众零距离参与祭孔活动，身临其境感受孔子思想，找到孔子故里人的归属感，增强传承儒家文化的历史责任感，而打破原有政府公祭模式，举办首届"百姓儒学节"，让曲阜近 10 万当地民众分批次参加了祭孔大典，这是首次以普通民众为主体的朝圣祭孔大典。① 此举，有利于汇聚向上向善的社会正能量，为曲阜民众思想道德建设提供精神动力和道德支撑。

乡村儒学讲堂——播撒优秀传统文化的种子。全省积极进行乡村儒学建设，济宁泗水率先建起乡村儒学讲堂，各地也陆续出现类似的形式。如聊城市茌平县韩屯镇道德学校、潍坊青州市"孝礼儒学讲堂"等均以农村居民最容易接受的"孝"为切入点，为村民讲授敬老爱亲、修身齐家的儒家思想，用通俗的语言向当地百姓讲授儒学思想，把儒学和优秀传统文化重新送到村里、送到老百姓心里，帮助村民从传统文化中汲取能量。

道德模范——引领社会风尚。"山东好人"评选表彰活动已成为道德建设的重要品牌和载体。2008 年开始，中央文明办开展"我推荐我评议身边好人"活动，山东省荣登"中国好人榜"的好人数量居全国前列。此外，从 2012 年3 月起，山东省各大主流媒体均用重要版面、时段对"山东好人之星"进行报道，收获了超高人气，通过讲述"山东好人"的平凡故事，把阵阵暖意注入了公众灵魂深处。

4. 各地市建设文化展示墙，推动文化走进百姓生活

各地市充分利用公路沿线和村内主要街道、社区的空白墙体和公共广告牌

---

① 《山东曲阜首办"百姓儒学节"》，http：//www.chinanews.com/cul/2014/10 – 26/6717762.shtml。

的宣传作用，形成新的文化信息场，使优秀传统文化内容融入百姓的生活环境。涌现出一批成果显著的典型：

——博兴县店子镇。该镇深入实施"乡村文明行动"，全面推进农村特色文化墙建设，着力提升乡村居民整体素质。共计投资 80 余万元，建设了以公民道德基本规范、家庭美德等为主题的文化墙 30 万平方米，通过简捷方便、通俗易懂、喜闻乐见的方式，把文明新风送入千家万户，引导农民改变陈规陋习。

——山东省蒙阴县。该县选取人口密集、过往行人较多的街道路口、文体广场等区域，绘制以中国梦、敬老孝老、传统文化等为主要内容的"文化墙"，助推乡风文明建设。

——山东省莱阳市。该市于 2014 年在市区主干道路两侧醒目位置建设了100 余米的"好人文化墙"，将道德模范、"梨乡好人"先进事迹张榜上墙，大力宣传先进事迹和崇高品德，弘扬崇德向善、见贤思齐的好人文化，进一步增强市民的道德认同感和行为自觉。

——聊城市阳谷县。该县聘请画家园手绘墙团队将大小街道村道画满了各种主题的文化墙，内容丰富的"文化墙"不仅美化了村容村貌，还在潜移默化中影响着村民们的生活。

(五) 搭建交流平台，推动齐鲁文化走出去

近年来，山东省统筹规划，制定《山东省对外文化交流整体规划》，积极建立"政府主导、企业主体、市场运作、社会参与"的对外文化交流机制，努力为文化的对外交流提供有力的指导与支撑。山东省充分挖掘利用孔子文化、代表性文物及非物质文化遗产等文化资源，策划实施富有山东特色的对外文化交流项目，在境外开展"山东文化周""孔子文化周"等活动，在海外中国文化中心开办了"山东书架"；积极推动组织演艺、数字化产品、艺术品及授权产品、工艺美术品、文化旅游、创意设计等领域的对外文化贸易，积极参与海外中国文化中心建设，搭建对外文化贸易服务平台，进一步完善支持对外文化交流与合作的相关政策，逐步增加对外文化交流专项资金规模，对文化产品和文化服务出口实行优惠政策；进一步加强对外文化工作的统筹协调，建立部门之间、区域之间、上下之间的合作联动机制，促进对外文化交流资源和力量的整合。

1. 利用大型节会，进行文化交流

借助尼山世界文明论坛和世界儒学大会以及世界历史学大会等高端文明对话平台，组织学术演讲和文化对话交流活动，让世界听到中国的声音，感知齐鲁文化的存在，感悟齐鲁文化的内涵，让传统文化在思想价值层面走出去。通过对外文艺展演，将齐鲁文化艺术精品呈现在世界舞台上，让世界领悟齐鲁文化的魅力。

尼山论坛是山东举办的以开展世界不同文明对话为主题，以弘扬中华文化、促进中外文化交流、推动建设和谐世界为目的，以学术性与民间性、国际性与开放性相结合为特色的国际文化学术交流活动。

2010年9月在曲阜尼山举办了以"和而不同与和谐世界"为主题的首届尼山文明论坛，此次论坛主要在中华文化与西方基督教文化之间展开。从文化和文明的角度，重点探讨了社会责任、社会信用、包容多样、和谐共融这四个问题。提到儒家文明与基督教文明既有差异性亦有共同性，在全球化时代两大文明之间需要加强沟通和了解，在新的基点上建立起彼此相互尊重欣赏而又和睦通融的新型文明关系。本次对话为儒家文明与基督教文明携手共建新型世界文明关系作出了努力。

2012年5月21—23日，以"和而不同与和谐世界：信仰·道德·尊重·友爱"为主题的第二届尼山世界文明论坛在尼山举办，开幕当天是"世界文化多样性促进对话与发展日"（简称"世界文明对话日"），时值世界文明对话十周年，尼山文明论坛决定将日后每届论坛的举办时间定在5月21日，此举得到了来自联合国文明联盟、联合国教科文组织和世界各国政要、各社会团体及各方面知名学者的积极响应，进一步扩大了论坛在国际社会中的影响力。

2014年5月21日举办的第三届尼山文明论坛上，与会专家学者围绕"不同信仰下的人类共同伦理"主题，开展学术演讲和文化对话交流活动30余场，在世界舞台展现了当代中国价值观的风采。7月份，尼山论坛组委会组团出席韩国首届"陶山论坛"，组委会主席许嘉璐先生发表主题演讲，再次在世界舞台上发出中国声音，呼应了习近平总书记访韩演讲。

文化部将尼山世界文明论坛纳入国家对外文化交流工作规划，加强论坛实体化机制化建设。2015年6月9日，许嘉璐先生在北京主持召开"亚洲文明对话"座谈会，围绕促进亚洲多文明对话交流互鉴，共同构建亚洲命运共同体，进行专题学术研讨。

2015年山东省进一步推动尼山论坛走出去，开展"2015泰国·中国山东文化年"系列交流活动，与曼谷中国文化中心签署合作备忘录，确定2015年11月份在泰国举办"曼谷·尼山论坛"。并积极筹备在印尼举办"雅加达·尼山论坛"，抓住青岛被评为"2015东亚文化之都"的有利时机，积极筹办中日韩文化部长会议、中日韩艺术节、中日韩艺术教育论坛、中日韩"东亚文化之都·尼山论坛"等活动，提升我国在东亚文化圈的话语权。

积极突出"孔子"主题，整合文物、非遗、演艺、图书、书画、文化科技产品等资源，办好"孔子文化周"，推动齐鲁文化走出去。利用孔子文化节和世界儒学大会等大型节会活动，组织文艺展演，推动优秀传统文化走出去。在法国举办了"孔子文化周""孔府乐舞"演出，在立陶宛举办"孔子文化展"，以国际眼光策划文化交流活动，让国外民众理解接受中华文化。

2014 年 9 月份，在南澳州举办了"澳亚文化节山东周活动"，山东经典艺术剧目《红高粱》《聊斋遗梦》在南澳洲阿德莱德艺术中心剧场精彩上演，受到当地观众热烈欢迎。组织开展高端儒学电视论坛，举办孔子文化展、山东历史图片展、山东非物质文化遗产展，成功签署双方文化合作备忘录，取得了丰硕成果，有效推动了齐鲁文化和中华文化走出去。2015 年 5 月，又成功举办"山东省—南澳洲合作发展论坛"，双方就 2016 年在山东举办"南澳州文化周"达成共识，为两地开展文化交流合作打下坚实基础。①

2015 年 5 月，由中国文化部主办、山东省文化厅与曼谷中国文化中心联合承办的"2015 泰国·中国山东文化年"在曼谷成功举办，向泰国人民展示了齐鲁大地深厚的历史文化底蕴，扩大了山东文化在泰国和东南亚的影响。

2. 借力"一带一路"，加强文化沟通

山东借力"一路一带"（"丝绸之路经济带"和"21 世纪海上丝绸之路"）战略实施，积极制定"一带一路"实施方案，根据自身实际，突出打造独特文化优势。加强与沿线沿岸国家、地区的文化交流，不断深化文化交流与合作。

山东找准与西部地区在资源禀赋、产业发展、基础设施建设等方面的差异性，抓住合作的切入点，促进文化资源合作，合作建设特色文化产业园区，合作开发旅游资源和建设基础设施，打造东部与西部互动、沿海和沿边互动合作的典范，搭建山东在西部地区参与丝绸之路经济带建设的新平台，不断加强文化、艺术、旅游等领域的项目对接与合作。山东省文化厅提出的传承优秀传统文化"十大行动"，提出启动山东境内"海上丝绸之路"文化遗产调查研究，实施山东省"海上丝绸之路"文化遗产保护工程，积极筹办"丝路梦·齐鲁情——山东首届丝绸之路文化活动周"，举办主题美术书法展、"丝绸之路"非遗展、"丝绸之路与山东"专题论坛、"丝绸之路新华章"歌舞晚会等活动，努力打造"一带一路"重要文化中心。

文化交流是增进互信、民心相同的重要基础，是"一带一路"建设的重

---

① 《2015 年上半年省文化厅重点工作进展情况》，http：//www.sdwht.gov.cn/html/2015/gzdt_0818/23936.html。

要内容。山东省积极借助儒家文化对世界的影响力和吸引力越来越强的机遇，加强对沿线国家和地区文化民俗的研究，有针对性地开展文化交流活动，如针对不同文化民俗改进完善孔子学院办院模式和中小学孔子课堂办学模式，更好地发挥孔子学院和中小学孔子课堂在促进文化交流中的作用。充分发挥友好城市的平台作用，支持友好城市互办旅游节、文化艺术节等活动，搭建民相知、民相亲的桥梁。同时加强教育领域的合作，探索国内高等院校和职业技术院校在沿线国家和地区开展合作办学的路径、模式，帮助沿线国家和地区提高人力资源素质和职业技能水平。①

3. 打造特色文化品牌，实施海外文化工程

近年来，山东省策划实施了一系列富有山东特色的对外文化交流项目，着力打好对外文化交流"孔子牌"，全力推进"孔子"文化品牌的国际影响，并积极创新打造"山东周""东方圣地""孔子故乡·中国山东"等文化品牌，进一步增强了齐鲁文化影响力。在海外实施"尼山书屋""尼山讲堂"等工程，使二者成为推动中华文化"走出去"的重要窗口。搭建文化交流平台，创新文化"走出去"模式大力开展对外、对港澳台文化交流活动，加强与海外中国文化中心合作，共建合作项目，推动文化交流。

以孔子为主题，整合文物、非遗、演艺、图书等资源，积极开展多种形式的对外、对港澳台文化交流活动，有效扩大了对外文化交流"孔子品牌"影响。

山东筹备设立"海外山东文化中心"，在海外中国文化中心设立了"山东书架"，也是山东加强对外文化交流的系列文化推广活动之一。2011年9月，省文化厅在巴黎的中国文化中心设立"山东书架"，摆放了精心挑选的500余册图书，这些图书包括介绍山东政治、经济、历史、文化艺术以及民俗风情的书籍等，供公众免费阅读，成为在海外展示山东形象、推介齐鲁文化的又一重要窗口。②

山东进一步推动境外尼山书屋建设，组织举办海外"尼山讲堂"。今年，先后在俄罗斯莫斯科、波兰华沙、新西兰奥克兰、澳大利亚悉尼等设立"尼山书屋"，海外"尼山书屋"达到7家。

2014年以来，山东省共办理出访团组126起、1394人次，来访团组204起、2923人次。圆满完成文化部"海外欢乐春节"、朝鲜"四月之春国际友谊

---

① 《独家解析："一带一路"来了，山东都能干些啥？》，http://sd.dzwww.com/sdnews/201504/t20150409_12191952.htm。

② 于国鹏：《山东文化品牌如何放彩海外？》，《大众日报》2012年5月18日。

艺术节"活动，获得各方好评。进一步加强对港澳台的文化交流，积极推进交流平台及交流基地建设。成功举办第十届"艺海流金——感悟齐风鲁韵"内地与港澳文化联谊活动、海峡两岸孔庙文化研讨会、星云大师一笔字书法展、千古传奇·张大千艺术作品展、"菊兰飘香——京昆知多少"京剧导赏等对港澳台文化交流活动，取得良好成效。高唐县李奇茂美术馆被文化部、国务院台办命名为全国首批海峡两岸文化交流基地。[①]

山东省积极推进"孔子文化展"标准化建设，把图片展示、非遗表演、文艺展演、产品展销等内容有机整合，针对不同国家、不同地区、不同民族，根据外事活动的不同任务，推出系列化、标准化的对外文化交流和服务的"集装箱"。

4. 扶植外向型文化企业，推动对外文化贸易

对外文化贸易已日益成为国际服务贸易的一个重要组成部分，也是当今全球服务贸易竞争的重点领域之一。中国的对外文化贸易长期处于弱势，原因是多方面的，其中很大程度上是自身理念的落后。2012年4月23日，山东举办了"2012中国文化产品国际营销年会"，邀请了全球知名的大型活动制作人瑞克·伯奇以及美国Ultimate音乐公司总裁威廉姆·米德做主讲。两位文化产品营销高手，结合各自经验，分享文化生产和营销的理念、策略。在创新性开发传统文化资源发展对外贸易上，山东也有不少成功的例子。如将国家级非遗泰山皮影戏衍生出皮影艺术挂件，在2013山东文博会上颇受欢迎，有力地扩大了对外文化贸易范围。

为推动中国对外文化贸易稳健快速发展，2014年3月3日，国务院发布《关于加快发展对外文化贸易的意见》。山东省也积极响应，就对外文化贸易相对薄弱这一现状进行了深入分析，进一步明确了思路，制定了清晰的规划，以文化贸易为突破口大力推动齐鲁文化"走出去"。有关部门联合起来，研究制定了鼓励文化企业、文化产品和服务更多地以商业方式走出去的政策、措施，认真落实出口奖励、出口退税等政策。省里还根据《山东省重点文化产品和服务出口企业认定管理暂行办法》要求，结合我省文化贸易出口实际，评比了2014—2015年度山东省重点文化产品和服务出口企业，鼓励和支持文化企业积极开拓国际市场，极力培育一批具有一定国际竞争力的文化贸易龙头企业，推动我省文化贸易快速发展。进一步增强自身文化企业实力、文化产品竞争力，并将眼光对准了"外"面。重点扶持杂技、歌舞、地方戏曲、非物

---

① 《山东积极构建推进齐鲁文化传承创新三大体系》，http：//www.mcprc.gov.cn/whzx/qgwhxxlb/shandong/201412/t20141215_437781.html。

质文化遗产类产品等开拓国际市场，不断进行商业演出和商业展览，努力扩大了演艺类音像制品、动漫、网络游戏、工艺品、美术品、乐器等产品的出口。通过与国外知名文化企业、文化机构的联系合作，借助其销售网络、传输渠道和贸易平台，推动我省更多的文化产品和服务走出国门。

5. 扩大涉侨文化交流合作，弘扬齐鲁优秀文化

2012 年 11 月 30 日，山东省人民政府下发《关于贯彻国家侨务工作发展纲要（2011—2015 年）的实施意见》，并以此为指导，进一步扩大山东在海外华人中的影响力。[①]

山东省进一步增加宣传力度，使海外侨胞深入了解省资源优势、政策优势和发展成就，着力打造"文化中国·齐鲁风""华裔青少年齐鲁文化夏（冬）令营""海外华文媒体齐鲁采风"等文化交流精品。不断与海外华文媒体、华教机构建立合作关系，不断扩大夏（冬）令营规模，对海外华文学校校长、校董和外派教师进行培训。

积极向海外侨社和当地主流社会，提供更多齐鲁文化精品，进一步增强齐鲁文化影响力；扶持海外侨胞开展富有山东特色的民族和民间文化节庆活动，促进文化交流与合作；发掘地方优势文化资源，推动特色文化项目走向海外；利用中秋、春节等传统节日，开展"文化中国·齐鲁风"系列活动，深入华侨华人聚居地区举办文艺演出、非物质文化遗产展演、图片展、旅游产品推介。

进一步加强侨务对外宣传工作。推动与海外华文媒体的联系交流，主动策划主题，举办每年一次的海外华文媒体齐鲁采风活动。2013 年 9 月 7 日，第七届"世界华文传媒论坛"在青岛开幕，来自 58 个国家和地区的约 450 名海外华文媒体代表以及中国内地媒体负责人、传媒专家等 600 余位嘉宾齐聚一堂，以"中国梦——世界变局与华文媒体的新使命"为主题展开高层对话，此次论坛签署了《青岛宣言》。山东利用这个绝佳机遇又一次让世界听到了来自中国的声音，进一步推动齐鲁文化走出国门，走向国际舞台。

2015 年 7 月，山东省政协专门对口协商"为海外华人传承儒家文化提供更多支持"，此举有助于形成合力，创新形式，加大支持力度，进一步推动在海外华人中传播中华优秀传统文化。

---

① 《山东省人民政府关于贯彻国家侨务工作发展纲要（2011—2015 年）的实施意见》，http：//sdgb. shandong. gov. cn/art/2012/12/24/art_ 4563_ 1598. html。

四 传承个案之一：优秀传统文化在济南

济南位于山东省中西部，北依大明湖，南邻千佛山，是有着"泉城"之美誉的历史文化名城。在两千多年的历史发展中，源远流长的龙山文化、高雅卓绝的名士文化、灿烂夺目的民俗文化共同汇聚为具有济南地方特色的传统文化资源。近年来，济南市发挥优秀传统文化资源富集的优势，深入挖掘优秀传统文化内涵，突出地方文化特色，实现优秀传统文化"创造性转化"和"创造性发展"的目标。

（一）济南在传承优秀传统文化上的举措[①]

"十二五"期间，济南市在传承和弘扬优秀传统文化上广泛富集专家学者的知识智慧，为济南构建中华优秀传统文化传承机制贡献研究策略；编制文物保护规划，修缮名人故居遗址，打造"乡村记忆"工程，保护传统村落；通过社会化招标方式吸引民间投资力量建设非遗博览园，实现非遗项目经济效益和社会效益双丰收；注重优秀传统文化载体建设，打造文化活动阵地，推动普及优秀传统文化；落实"开放一批，启动一批，储备一批，发展一批"的博物馆展示思路，实现优秀传统文化高效建设与品质管理并举；依托基层公共文化服务体系，开展民俗艺术节等文化活动，推动优秀传统文化走进百姓生活；紧抓学校这一文化传承主阵地，实施非遗进校园优秀成果展示工程，培养优秀传统文化传承人才；加强优秀传统道德建设，树立优秀传统道德学习榜样，营造了积极向上的社会道德氛围，贯彻实践文化"走出去"战略，推动优秀传统文化不断走向世界。

1. 富集社会优秀智力成果，研究阐发优秀传统文化精要

2011—2015 年，济南市注重研究优秀传统文化同现代城市文化品牌建设之间的关系，举办文化研讨会研究优秀传统文化内涵，探索传承优秀传统文化的机制策略，积极构建优秀传统文化传承体系。

---

① 本部分根据济南市文广新局 2011—2015 年工作报告和工作打算整理汇编而成。

　　一是政府智库主导组织文化建设研讨会，富集学界专家的知识智慧，为实现优秀传统文化"创造性转化"和"创造性发展"奠定研究基础。济南市社会科学界联合会承办"弘扬中华优秀传统文化与意识形态建设研讨会"，积极参加山东省社科论坛主办的"齐鲁文化的传承和创新"研讨会。济南市市委宣传部、济南市文联和济南市作协还共同组织了"'济南城'与都市文学研讨会"。济南市通过举办各类传统文化研讨会，深入挖掘优秀传统文化内容资源，丰富优秀传统文化的价值内涵，推动实现优秀传统文化"创造性转化"。

　　二是济南市注重扶持传统文化民间研究力量，鼓励社会各界参与弘扬优秀传统文化。由济南企业界人士、国学爱好者共同组织起传统文化民间研究协会——济南市传统文化研究会，该协会在注重研究济南地方优秀传统文化内容的同时，还定期邀请国学研究专家开办面向公众的国学知识讲座，义务性普及优秀传统文化知识，增强了优秀传统文化在民间的影响力。

　　2. 加强文化遗产资源保护，提高文化遗产利用水平

　　济南市通过保护地区文化遗产资源为弘扬优秀传统文化提供传承基础。在物质文化遗产方面，济南市编制完成文物保护规划，修缮名人故居遗址，打造"乡村记忆"工程，保护传统村落。在非物质文化遗产方面，济南市先后两次承办全国博览会，鼓励并引导社会力量参与建设非遗博览园，实现非遗项目经济效益和社会效益双丰收。

　　一是规划先行，规范保护文化遗产。济南市先后编制完成《翠屏山多佛塔保护规划》《永济桥保护规划》《齐长城源头遗址公园方案》和《济南市历史名城保护规划》，开展城区老建筑登记造册工作，出台《济南城区古建筑及优秀近现代建筑名录》。济南市通过制定多部保护规划和遗址保护开发方案为文化遗产资源保护提供了科学的指导，保障了文化遗产保护开发工作有序展开。

　　二是落实保护，抢救修缮文物古迹。2011—2015 年，济南市新发现龙山文化遗存、唐宋古道和明代题名碑等多处古迹，完成对姚庄壁画墓、灵彭家庄汉墓、志远路清代墓、高新区埠东村清代壁画墓和腊山分洪河宋墓遗址的抢救性考古发掘工作，修缮完成灵岩寺、题壁堂大堂、东阿古城东城门、四门塔和府学文庙等文物古迹，完成蔡公时纪念馆和老舍故居等名人故居的维护工作。

　　三是打造"乡村记忆"工程，延续乡村文脉。济南市实施"乡村记忆"工程，开展完成全市"乡村记忆"普查工作，组织 19 处文化遗产和部分乡村参加全省"乡村记忆"工程试点，平阴县南崖村和章丘市三德范村分别入选国家级传统村落和省级传统村落。

　　四是保护非物质文化遗产，传承传统民俗文化。济南市建立了市、县

（区）二级保护体系和机制，各级市县区均已成立非物质文化遗产专门保护机构，建立了非物质文化遗产数据库。目前，济南市现有皮影戏、章丘芯子和吕剧等国家级非物质文化遗产项目 7 项，千佛山庙会、济南面塑、山东琴书、山东快书和大舜传说等省级非物质文化遗产项目 33 项，黄岗村民间传说、济南古琴、孔村舞狮等市级非遗项目 176 项。同时济南市还实施非遗项目代表性传承人保护示范工程，先后有 1 人被评选为国家级非物质文化遗产项目代表性传承人，2 人荣获山东省非物质文化遗产保护十大模范传承人称号，2 人被授予第二批山东省传统技艺大师称号。

五是开发非遗资源，提升非遗项目附加值。济南市先后承办第一届和第三届中国非物质文化遗产博览会，并被文化部确定为全国非物质文化遗产博览会永久举办地。同时，济南市积极创新生产性保护的发展思路，平阴福胶集团被评为山东省非遗生产性保护示范基地，运用社会化招标方式鼓励和支持深圳华强文化公司投资建设非物质文化遗产博览园，推动非物质文化遗产项目市场化运作，将非遗项目文化资源优势转化为非遗项目经济优势，提升非遗产业附加值。

3. 建设优秀传统文化传承载体，推动优秀传统文化普及

一是加强文化展示平台建设。济南市落实"开放一批，启动一批，储备一批，发展一批"的博物馆建设和展示思路，提出"采取市场化办法，动员社会力量建设 100 所不同门类、各具特色的博物馆"的建设目标，成立济南市博物院协会，编制《省会济南百座博物馆分布图》。截至 2015 年 6 月已经建成各类博物馆、纪念馆、艺术馆、民俗馆等 180 余座，初步形成了以公共博物馆为引领、行业博物馆为骨干和民办博物馆为特色的博物馆体系。同时，济南市完成济南市图书馆、美术馆和群众艺术馆等省会文化艺术中心"一院三馆"修建工作，修缮完成北洋大戏院，实现优秀传统文化传承载体高效建设与品质管理并举。

二是推进基层文化传承载体建设。截至 2015 年 6 月，济南市共建成各级图书馆 11 座，9 座博物馆，11 座文化馆，1 座美术馆，15 所街道文化站，200 所社区文化中心，500 个农村文化大院，600 所乡镇文化站，基本实现全市基层公共文化体系全覆盖。济南市积极提升基层公共文化设施建设质量，建成规范化公共电子阅览室 70 个，为区县配备电子触摸屏和流动舞台车，为 300 个文化小广场配备了音响设备，建有 1172 家农村书屋，农村每年举办公益性演出达 310 场，年放映农村公益电影达 55273 场次。在传统文化传承载体的硬件建设上，济南市基本满足现有的文化普及和传播需要。

三是组织开展各类群众文化活动。济南市依托基层公共文化体系，利用各

级公共文化设施，组织开展"文化共享工程进广场""济南消夏广场大家唱"等文化活动，举办民俗艺术、民间艺术展演，京剧票友大赛、泉城大舞台等文化展演活动，组织皮影戏进社区、京剧团进校园、非遗宣传日主题宣讲等传统文化宣传活动，不断推出面向工人、新市民、军人等各类群体的优秀传统文化展示活动，推动了优秀传统文化不断走进百姓生活，提升了优秀传统文化的普及程度。

四是落实"图书馆＋尼山书院"公共文化服务模式建设。济南市在各市区图书馆开办尼山书院，定期开展经典诵读、国学普及等方面的活动，致力于将尼山书院打造为集研讨、学习、展示等多功能于一体的综合性国学学堂。济南市图书馆在 2014 年年底共举办国学公益讲座 18 场，参与者超过 8000 人次，优秀传统文化传承成效显著。

五是紧抓校园传承阵地，培养非遗优秀传承人才。济南市抓住学校这一文化传承主阵地，依托国家级、省级非遗项目资源，开展传承人传习活动，打造济南艺术学校——国家级非物质文化遗产项目传承基地，馆驿街小学、南上山街小学和回民中学等三所山东省非物质文化遗产教育传承基地，实施非遗进校园优秀成果展示工程，走进山东大学、明湖小学等 20 余所学校，组织开发《走进曲艺》等特色非遗校本课程，开展京剧进校园等优秀传统文化培训活动。

4. 弘扬优秀传统美德，加强优秀传统道德建设

济南市围绕加强优秀传统道德建设这一主题，推进"四德工程"建设，落实"六个一"专项工程建设，实施文明委—美丽乡村建设联席会议；创设文明单位—农村文明帮扶共建模式，积极开展星级文明户创建工作；广泛组织道德模范、好媳妇和好婆婆等道德模范人物评选，为群众践行优秀传统道德树立学习榜样；全面开展道德讲堂宣讲活动，营造积极向上的社会道德氛围。

一是注重推进"六个一"专项工程建设，各区县均已建有一条文明示范街、一个善行义举四德榜、一处道德讲堂，一处"四德"文化场所、一处乡风宣传栏和一支宣传文化队伍。其中，商阳县在全县 963 个村统一建设"文明一条街"，结合中国梦主题教育、道德模范宣传、孝道文化弘扬、勤俭节约倡导、家风家训展示、四德榜张贴、法规知识科普等内容，组织民间艺人、创意单位、文化企业积极参与一条街设计建设，实现形式与内容的完美统一。

二是创设文明单位—农村文明帮扶共建模式，济南市坚持以"千家文明单位包助千村、共建社会主义新农村"活动为载体，按照"发展增收共促、思想教育共施、文化生活共荣、文明生态共建、文明新风共创、社会和谐共营"的工作思路，大力开展"城乡牵手、文明共建"活动。截至 2015 年上半年，全市有超过千余家各级文明单位与共建村签订新农村建设共建协议，促进了农民解放思想，提高了农民的文明素质，帮助破除农村陈规陋习。

三是注重发挥身边典型和榜样示范带动作用，积极开展广泛开展道德模范、"身边好人""好儿媳""好公婆""好妯娌"等评选表彰活动。平阴县积极实施"德孝教育"工程，深入开展了平阴县道德模范、最美平阴人、身边好人和"学习先进典型，争做道德模范"活动，组织"十星级文明户"创评活动，全县共评选出"十星级文明户"约1.6万户，营造了积极向上的社会文明氛围。

5. 扩大对外交流，促进优秀传统文化走向世界

济南市积极开展对外文化交流活动，推动优秀传统文化的对外传播。"十二五"期间，济南市同美国、法国等国家以及我国台湾地区开展多种形式的文化交流活动，极大地提升了我国优秀传统文化的国际影响力。

一是注重开展同台湾地区的文化研讨活动。济南市以山东省社科论坛为交流平台，协助承办了参加"中华文化——儒释道的融合""家庭教育与优秀家风传承"和"两岸社会组织与传统文化的传承和保护"等一系列传统文研讨活动，济南先后在府学文庙举办海峡两岸经典文化推广会、海峡两岸师生成人礼和两岸同胞专场祈福活动，开办"和谐中华大哉孔子——2013年海峡两岸儒家文化推广活动"，组织由非遗传承人组成的济南文化交流团奔赴台湾进行展示展演，在相互交流学习的过程中提升了同台湾地区的文化交流水平，增进了两岸对优秀传统文化的理解与认识。

二是积极开展优秀传统文化交流活动。济南市先后举行"喜迎十艺节"中法民间艺术家同台献艺活动，组织济南市曲艺团刘娟等人赴韩国参加"韩中快书、评书交流会"，组织济南市杂技团赴美国、法国进行专场演出，组团赴俄罗斯的友好城市参加第三届国际民间手工艺品节，推动了优秀传统文化不断走向世界。

（二）济南在传承优秀传统文化上的经验

"十二五"期间，济南市不断深挖文化内涵，丰富传承内容，创新传承途径，积极推进了优秀传统文化的传承工作，在传承方式、传承渠道、文化品牌打造等方面积累了较多的工作经验。

1. 生活化宣讲道德模范故事，传承弘扬中华优秀传统美德

近40年来，由于国家长期坚持以经济建设为中心的发展路线，社会道德建设让位于经济建设，道德滑坡现象不断出现。在这一背景下，道德讲堂作为展示和培育社会道德的关键阵地，其建设的紧迫性得到国家的高度重视。济南

市目前已建有 623 个基层城乡村居道德讲堂、1506 个市级以上文明单位，济南道德讲堂的建设速度和建设规模均位于山东省前列。

　　然而，如何提升道德讲堂的宣讲效果，突出道德宣讲的实效性是摆在济南市道德讲堂建设的头等难题。基于既往道德讲堂的宣讲实践，济南市创新实践"以身边人讲身边事、身边人讲自己事、身边事教身边人"①的宣讲思路，以贴近受众接受特点的宣讲方式针对性地开展道德讲堂宣讲活动。身边人讲身边事、自己事，即邀请百姓生活中熟知的道德模范来进行道德宣讲，道德模范将自己在生活中践行的道德规范通过生动有趣的故事呈现出来，引起听众的心理共鸣。身边事教身边人，即通过道德模范亲自宣讲示范，将口头表达上的道德内容借助具体的道德事迹表现出来，从而实现宣讲者和听众之间的有效互动，使得听众在聆听完道德讲堂宣讲之后能够在生活中践行优秀传统美德。济南市以身边人作为道德讲堂建设和开展的重要宣讲阵地，以身边事作为道德讲堂宣讲的重要内容，抓住熟人社会这一关键社会特点，把握听众的熟人心理，使听众在聆听身边熟人讲授身边熟悉的邻里道德故事的过程中，自发感受优秀美德，加深了听众对优秀传统美德的理解和认同。

　　根据课题组调研（见图 2 - 2），济南市有超过 60% 的民众把传统的仁义礼信和忠孝廉耻作为自己的道德标准，有 31.03% 的民众只偶尔地把仁义礼信

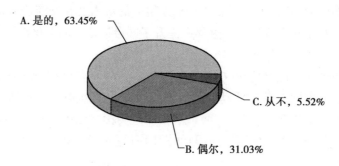

图 2 - 2　民众是否以仁义礼信、忠孝廉耻作为自己的道德标准

和忠孝廉耻作为自己的道德标准，只有约 5% 的民众不将仁义礼信和忠孝廉耻作为自己的道德标准，这说明民众对仁义礼信和忠孝廉耻等中国传统道德有较高的认同感。因此，济南市在推行道德讲堂过程中，实践"以身边人讲身边事、身边人讲自己事、身边事教身边人"的宣讲思路，结合民众所认可的仁义礼信和忠孝廉耻等传统道德标准进行宣讲，这就进一步促进了民众对中华传

---

① 《身边人讲身边事 济南市道德讲堂全覆盖》，http：//sd. wenming. cn/sd_ wmcj/201211/t20121102_ 917659. shtml。

统美德的理解和认同。

同时，在道德讲堂宣讲的过程中，济南市通过编制道德讲堂的相关制度规范，明确道德讲堂的开展要求，确保各级道德讲堂在宣讲过程中不走形式、不走过场。济南市文明办设计制作了全市道德讲堂统一标识"天下泉城道德讲堂"标识，选取了孔子、雷锋、郭明义等各个时代的道德典范楷模，先后制定了《天下泉城道德讲堂宣讲员守则》《天下泉城道德讲堂管理制度》《天下泉城道德讲堂建设标准》和《天下泉城道德讲堂活动记录表》等制度规范，并制作成牌匾上墙公示，编印了全市统一的《天下泉城道德讲堂建设指导手册》，下发到全市各基层社区、各级文明单位，做到了道德讲堂有标识、有氛围、有制度、有活动记录、有活动效果。

济南市在开展道德讲堂宣讲活动上，注重发挥各基层文明单位的主动性和创造性，结合各市区的实际情况针对性开展道德讲堂宣讲。济南市市中区创新道德讲堂活动方式方法，在全市创造性推出道德讲堂"5+3模式"。"5"是5个规定环节，即唱道德歌、学道德模范、诵中华经典、发善心、送吉祥。"3"是3个自选动作，即在完成规定环节的基础上适当添加部分环节，具体包括自我反省，即开场三问，行崇德礼和念劝善词。开场三问是由主持人根据参与群众的特点，让人们在静默中反躬自省。对社区居民，内容是问自己心坏没坏、偏不偏、好不好；对机关干部，内容是问自己心诚不诚、情真不真、行正不正；对企业职工，内容是问爱不爱工作、有没有做好本职工作、做产品或服务时有没有精益求精。市中区通过道德讲堂"5+3模式"的推广实践，既调动了道德讲堂宣讲者的主动性，激发道德讲堂宣讲者根据具体环境和受众特点宣讲，宣讲有针对性的优秀传统美德，也激发了听众参与感受优秀传统美德的兴趣，使优秀传统美德真正在听众心中生根发芽。

在乡村文明建设上，济南市济阳县以突出弘扬传统文化为重点，在乡镇开展"四个一"建设，即建设一个示范班子，突出爱岗敬业主题；建设一批示范村居社区，突出尊老爱老主题；建设一所示范学校，突出感恩尽责主题；建设一个示范广场，突出仁爱奉献主题。在村居中也开展"四个一"活动，即每村（居）建设一个"四德工程"宣传栏，每年评选一批"四德"先进家庭，每季开展一次"四德"集中宣传教育，每月开展一次敬老活动。济阳宣传部印制了"感动济阳人物"宣传张贴画，发放到各个村居张贴。以"树立好家风、争做文明人"为主题，广泛开展"和谐家庭""美德家庭""文明家庭"评比活动，树立"好媳妇""好婆婆""好邻居"先进典型。

同时，济阳县还从转变殡葬思想观念入手，提出了"一个推进、两个倡导、三个禁止、四个建立"的目标要求,大力倡树"厚养薄葬短丧"文明新风。① "一个推进"即全力推进农村公益性祠堂建设;"两个倡导"即倡导文明节俭的殡葬新风和绿色环保的安葬方式;"三个禁止"即禁止办理殡葬雇佣吹打乐班及流行乐队演出,禁止大操大办的奢靡之风,禁止乱埋乱葬行为和在办理丧事中从事封建迷信活动;"四个建立"即建立组织领导机构,建立健全红白理事会,建立健全村规民约,建立监督检查机制。各县按照自我教育、自我服务、自我管理的原则,共建设848个红白理事会。济阳县鼓励农村文化能人参与道德评议会和红白理事会的管理工作,帮助农民在生活中养成和践行优秀传统美德,破除农村陈规陋习,实现传统文化的创造性转化。

2. 拓展优秀传统文化传播渠道,促进优秀传统文化传承普及

济南市在传承和弘扬优秀传统文化过程中,打破原有"文化只在讲座讲"的宣传局限,通过创新优秀传统文化传播方式,提升优秀传统文化传承效果,促进优秀传统文化在生活中传承普及。

首先,济南市以各辖区街道的空白文化墙为载体,发挥文化墙的"信息场"功能,设计喷绘孝德文化情景画,使优秀传统文化内容能够融入百姓的生活环境中。在振兴路街道的德鑫里胡同,该社区特别设计了一段"传统美德教育文化墙",在长约30米的文化墙上喷绘了"曾参杀猪"等8个小故事,分别阐述守信、重义、仁厚、好学、立志、贵和、谦逊、尊师的美德。社区美德文化墙的出现,一方面通过图文并茂的表现方式改变社区原有的环境氛围,使整体社区环境显得更加干净整洁;另一方面又借助所呈现的美德内容,促进优秀传统美德在润物细无声的环境氛围中传承。走在德鑫里胡同的两侧,居民无意间抬头就能看到社区美德文化墙上的美德故事,就能对身边的孩子随口讲解几句传统美德,这样就发挥了文化墙在传播优秀传统美德上的场域功能,使居民走到这个环境中就可以接受传统美德的感染和熏陶。②

除此之外,济南抓住公交车站和公交车厢人员密集、人们停留时间长的特点,在公交车站喷绘孝德宣传画,在公交车厢中张贴孝德文化名言名句。③ 原有的公交车站上,整个车站只有孤零零的公交站牌,形不成文化传播的场域效

---

① 《济阳县开展"革除丧葬陋习、倡树文明新风"活动》,http://xc. e23. cn/2009/0807/501. html? COLLCC = 2142195096&。

② 崔禾:《济南城市文化墙的信息传播现状与传播效果研究》,硕士学位论文,辽宁大学,2012年,第26页。

③ 《济南4600辆公交车厢全面投放公益广告 打造流动道德课堂》,http://xc. e23. cn/2014/0623/5061. html? COLLCC = 2141726669&。

果。现在，济南市通过在各个公交车站竖起孝德文化宣传栏，喷绘孝德宣传画和文化公益广告，为整个公交车站营造了孝德文化的背景环境，从而促进了公共场所优秀传统文化传承氛围的塑造。在公交车厢中，济南市利用这一相对有限的文化空间，印制孝德文化名言名句，使得乘客在抬头之间就可以看到这些名言名句，从而加深孝德文化在乘客心中的影响程度。同时，济南市分析了车载移动电视在公共空间中信息传播力度大、信息影响力强等优势，积极利用车载移动电视这一媒体传播平台，滚动播放优秀传统文化公益广告，促进了优秀传统文化的宣传普及。济南市极具开拓性地利用公共文化空间，在传统的公共空间中增添优秀传统文化内容，赋予了公共空间塑造优秀传统文化氛围的功能，从而对在公共空间下的人进行文化熏陶。

3. 依托地方文化名人资源，打造地方特色传统文化品牌

济南市济阳县重视发挥民间文化研究力量在传承和弘扬优秀传统文化中的作用，依托地方文化名人——张尔岐这一传统文化资源，成立张尔岐研究学会，打造了独具特色的传统文化研究品牌。

张尔岐字稷若，号蒿庵，他纂成《仪礼郑注句读》一书，为监本《礼记》和石经《礼记》勘正脱误300余处。张尔岐在济南讲授《仪礼》时，深受著名学者顾炎武推崇，并结交为友。张尔岐一生寒素，耿介自持。事亲至孝，待邻谦诚。张尔岐作为明清之际的著名经学思想家，他品行高洁，著述繁多，其先后著有《易经说略》《诗经说略》《书经直解》《老子说略》《春秋三传驳义》《蒿庵闲话》《弟子职注》等佳作。济阳县在挖掘地方特色传统文化的过程中，利用张尔岐这位济阳地方文化名人，结合山东省民政厅关于扶持民间文化研究的相关政策，于2012年8月18日成立张尔岐研究会。

济阳县在整合地方文化资源的过程中，保护了张尔岐曾经居住的蒿庵祠，通过社会捐助等形式补充了有关张尔岐的诗文和字画，复原了当时张尔岐居住的环境。张尔岐研究会先后出版《张尔岐传说》《蒿庵记》等小说，并于2015年特别组织了以张尔岐传奇小说为核心主题的研讨会，从而推动了对张尔岐的学术研究。济阳县在成立和运行张尔岐研究会的过程中，依托张尔岐研究会整合济阳研究传统文化的民间力量，使整个济阳县在保护和研究张尔岐学术遗产上得以发挥合力优势。同时，济阳县还特别聘请王修云等文化专家作为研究会的学术顾问，以指导学会开拓学术研究方向，创新学术研究视角，这样一来通过学界与民间学术力量的有机互动，带动了张尔岐学会学术水平的提高。

（三） 济南在传承优秀传统文化上的问题

尽管济南在传承和弘扬优秀传统文化上取得不少成绩，但仍然存在诸多亟待解决的问题。主要表现在部分领导干部对优秀传统文化的内容和特色认识模糊、政府各部门缺乏良性互动而难以形成合力、政策制定缺乏全局性和政策支持方式不够灵活以及非遗传承活动导向不明确等方面。

1. 优秀传统文化认识不足，齐鲁特色文化把握不准

自改革开放以来，我国长期坚持以经济建设为中心的发展思路，各地区普遍把实现经济高速增长作为地区发展的首要目标。在"唯经济发展至上"观念的支配下，地方政府普遍忽视文化建设，甚至出现以牺牲文化建设来促进经济发展的乱象。而在进入 21 世纪之后，国家逐渐重视起文化建设，特别是在十八大结束后，中央更是多次强调传承和弘扬中华优秀传统文化的重要性和紧迫性，尽管如此，由于长期坚持以经济建设为中心的发展思路，加上各地区经济发展水平差距大，使得地方政府在传承和弘扬优秀传统文化上显得力度不够、后劲不足。

济南作为山东省省会，在整个山东拥有着举足轻重的地位，其经济发展水平的高低直接影响着山东在北方省区中的经济地位，因此历届济南市政府往往把更多的精力投入到经济建设中，这就使得对于济南地区文化资源的保护和利用并不充分。当传承和弘扬中华优秀传统文化作为重点任务要求迅速推进时，由于对传统文化相对偏颇的认识，使得部分地区领导干部对什么是中华优秀传统文化、什么是齐鲁文化把握不清。

济南自古属于齐地与鲁地的交叉地带，齐文化与鲁文化对济南文化资源的形成都起到了重要的影响。在传承和弘扬优秀传统文化的过程中，究竟是孝德文化、儒家文化、佛教文化还是道教文化称得上优秀传统文化？对优秀传统文化内容界定的不清楚，使得地方政府对每一种传统文化资源都不加斟酌地保护。再者，地方政府对优秀传统文化的核心是哪种文化也缺乏应有的认识，这样一来在传承和弘扬的过程中就出现了传承弘扬主线不突出的问题。

2. 优秀传统文化传承协同少，政府部门间缺乏良性互动

根据课题组调研（如图 2 - 3），济南市有 40% 的民众对政府在传统文化传承方面的工作不满意，更有接近 30% 的民众表示不了解济南在传统文化传承方面所做的工作，而满意当地政府在传统文化传承方面所做工作只有约 3 成，这说明济南市民对济南市政府在传承传统文化方面的工作并不满意。那么，济南市政府在传承中华传统文化的过程中究竟存在哪些问题呢？

目前，传承和弘扬优秀传统文化虽已经在体制内部达成共识，但在具体职

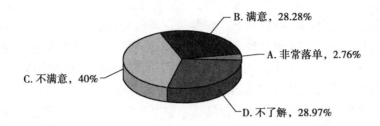

图2-3　民众对当地政府在传统文化传承方面的工作评价

能安排和工作分工上仍然存在职责不清，各自为政的问题。首先，传承和弘扬优秀传统文化作为国家文化建设的突出要求，其对口管理的部门并不清晰。由政府部门下的文广新局和党委领导下的各级宣传部谁来主管并不明确，这说明目前在文化建设体制内党政机关对于文化所具有的意识形态属性认识不清，党政职责分工不明，因此就造成在顶层设计传承和弘扬优秀传统文化的过程中，宣传部与文广新局无法充分协调沟通，无法发挥各自在工作中的经验优势，结果导致双方只能在各自主管的权限内管辖，造成交叉领域的管理空白。

再者，在举办传承优秀传统文化的活动中，活动针对的主要对象是儿童和青少年，这是考虑到孩子对于传统民俗技艺类项目的兴趣，通过引导孩子们参与手工制作、京剧传唱等活动，能够促进优秀传统文化的普及传承。然而在举办活动中，活动对口的主管单位同样不清晰，以举办活动的性质来看应该由文广新局来主管，而根据参与学习优秀传统文化培训的对象群体——孩子来看，应该由教育局来主管，这样就造成双方在举办传承和培训活动上的管理真空和职责失位。

最后，在推动优秀传统文化走出去的过程中，济南会特别邀请中国港澳台地区同胞和外国政府要员来现场感受中华优秀传统文化。在举办类似活动的过程中，针对港澳台同胞的文化活动由统战部门负责，针对外国友人的访团由外交部门负责，针对外国旅游团的由旅游部门负责，在这些活动中文化主管部门的作用无法凸显，文化主管部门在其中不能发挥其应有的职能。从这点上看，在对外文化交流的过程中，济南目前还存在各部门职能管辖不明确，分管单位多，各部门间协调互动少，难以形成传承合力的问题。

3. 政策支持方式不够灵活，政策制定欠缺通盘考虑

当前，济南市对于非遗传承项目和非遗传承人的扶助主要是通过财政专项资金对口帮扶的方式展开的。而由于财政专项资金的目的用途十分明确，必须用于非遗传承活动，这样虽然保证了财政专项资金安排使用的规范性，但并不能够合理有效地解决非遗传承人在传承活动中面临的实际困难。

　　多数非遗传承人都是以传统民俗手艺作为主要的生存方式，而传统民俗手艺在目前市场经济的环境背景下，在参与市场经济活动中并不具有竞争优势，因此其盈利空间小，获得高额回报的难度比较大。也正是因为这个原因，近30年来有相当多的非遗手艺人不再从事民俗手工制作而转移到其他行业当中。而政府对于非遗项目传承和非遗传承手艺人的活动资助极为有限，在分级管理、分级资助的管理机制安排下，基层非遗项目和非遗手艺人所能实际获得的扶助经费就更加少，基本上只能开展传承活动而无法解决非遗手艺人实际的生活困难。在这种情况下，非遗项目的传承就更依赖传承人自发传承的积极性和主动性，而在缺乏资金支持、无法解决生存压力的情况下，非遗传承人的传承积极性就大打折扣，从而造成非遗项目传承流失和非遗传承人断层的尴尬处境。因此如何行之有效地安排非遗传承资金，如何充分考虑非遗传承人实际传承困难就成为摆在非遗传承和弘扬中的突出难题。

　　4. 非遗传承活动导向不明确，传承重点不突出

　　目前，在非物质文化遗产项目的申报中，济南市存在申报项目同质化、申报项目质量低下的问题。近年来，随着传统文化的逐渐兴起和国家对于优秀传统文化的日益重视，使得各级政府对于非物质文化遗产项目的申报持积极态度，但对非物质文化遗产项目的申报质量和管理质量欠缺科学论证，以至于使得非遗项目的申报出现泛化的现象。在济南，有大量的民间口头传说申报成为非物质文化遗产项目，从传说的性质来看，民间传说的主要载体是百姓口头传播，很难找到相关的记载和实物资料，而且口头传说类的项目进入非遗保护名录之后面临着无法传承的困境，结果只能停留在项目申报记录上而不具备传播普及的功能。这样一来，口头传说类的非遗项目只增加了非遗项目的数量而没有提升非遗项目名录体系的质量。

　　进一步来看，在济南市推动非遗项目产业化的过程中，引导社会力量投资建设非遗产业博览园，但在建设之前并没有考虑到如何将非遗产业博览园打造成集研发、培训、传播为一体的综合平台，使得非遗产业博览园难以转化非遗项目资源优势，实现非遗产业长效发展。同时，在打造非遗产业博览园的过程中，济南市缺乏对非遗博览园目标群体的论证分析，使得当下非遗产业园面临要么只讲娱乐形式无非遗传承，要么只有非遗项目无法吸引客流的尴尬境地。

　　5. 传统文化民间传承组织运转困难，民众传承优秀传统文化意识薄弱

　　目前，济南市级以下政府对于传统文化民间传承组织缺乏资金支持。以济阳县张尔岐学会为例，每年，张尔岐学会举办学术研讨活动，出版印刷关于张尔岐的学术书籍，都是依赖学会内部成员自发筹款。在资金严重不足的情况下，使得张尔岐学会的研究成果很难通过书店等渠道面向社会公开发售，因此

很难在民间进一步发挥其传承优秀传统文化的影响力。

　　根据课题组调研（见图2-4），济南市民中有44.83%的受访者认为中华传统文化对自己的人生有帮助，有35.17%的受访者认为中华传统文化对自己的人生和生活帮助很大，有12.41%的受访者认为中华传统文化对自己仅有一点点帮助。从对问卷调查的分析来看，民众认为中华传统文化对自己人生和未来生活有不同程度的帮助作用，这说明民众对中华传统文化的认可程度比较高。然而尽管民众认可中华传统文化在当下社会生活中所发挥的作用，但这种认可在传承中华传统文化活动的意识上体现得并不明显。

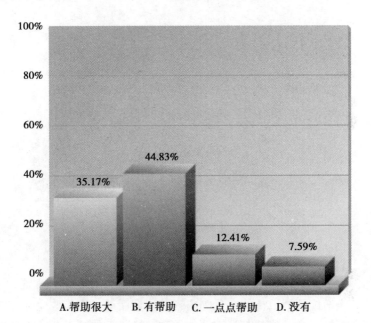

图2-4　民众对传统文化的认可评价

　　更值得重视的是民间优秀传统文化的传承意识极为薄弱。以鼓子秧歌为例，由于政府对基层文化传承的投入力度和管理力度不够，因此使得政府一旦不召集农民进行文化传承活动，农民就很难主动进行传承活动。留守在农村的农民忙于农活，在农忙季节根本拿不出足够的时间参与秧歌展示活动。同时，大量农民出门打工挣钱，加上政府组织的秧歌展示活动回报率低，因此在民间传承过程中，很难有农民自发主动地参与传承优秀传统文化。

（四）济南在传承优秀传统文化上的建议

　　根据课题组针对民众对传承中华传统文化保障因素认识的调研（见图2-5），济南市38.62%的民众认为全社会学习气氛的形成更重要；而有超过四成的民众认为政府投入资金、领导干部的重视和全社会学习气氛的形成都非常重要，缺一不可，这说明传承中华传统文化是体系性、全局性的工作，传承中华传统文化的各个环节间应相互衔接，彼此联系。

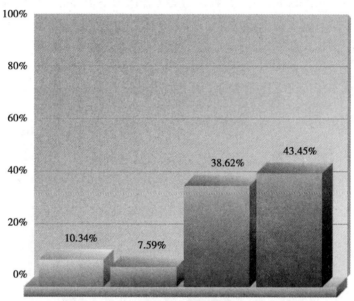

图 2-5　民众对传承中华传统文化的方式认知

因此，为更有效地传承和弘扬优秀传统文化，济南市应明确如下的工作重点：其一，应通过开展以传统文化为内容的培训活动，逐步改变部分领导干部轻视传统文化的观念，促使其认识到传承和弘扬优秀传统文化的必要性和重要性，提升领导干部的传统文化素养。其二，要统筹济南地方文化资源，辩证分析传统文化内容，明确中华优秀传统文化与齐鲁地方特色文化的主次关系。其三，要完善顶层设计，建立健全优秀传统文化传承协调机制，整合体制内力量，有效协同各文化单位形成传承合力；拓宽政府层级间政策沟通渠道，通过出台主题清晰、内容翔实的政策意见明确各级政府的传承责任，促使各级政府在传承优秀传统文化上真抓落实。其四，要进一步完善财政支持和人才培养政策，建立切实有效的传承人保障制度，提高传承人的资金帮扶标准，解决传承人的生活困难。对基层文化单位和民间文化传承机构，应增加市级和区级的财政投入，将文化专项配套资金直接落实到活动开展和研究的第一线，减少因各级政府抽成所造成的资金损失。其五，严格落实非遗项目申报制度，把非遗项目的特色程度纳入到非遗申报考核标准中来，提升非遗项目申报质量。在普及非遗过程中，要借助明确化、规范化的活动形式突出传统文化内涵，使群众在参与体验的过程中真正感受到传统文化的魅力。

1. 提升领导干部的传统文化修养，明确优秀传统文化内容，统筹地方文化资源

首先，济南市应通过举办传统文化培训班、优秀传统研讨班等形式开展针对各级领导干部的传统文化培训，引导各级领导干部学习优秀传统文化知识，促使各级领导干部明确文化建设与经济发展同等重要的思想观念，理解在当前时代条件下传承和弘扬优秀传统文化的重要意义。

其次，济南市应充分借助学术界在传统文化上的研究成果，充分利用学界在传承和弘扬优秀传统文化上的研究策略。特别是借助学界对于中华优秀传统文化、齐鲁文化和济南地方特色传统文化的研究成果，明确这三者之间的传承关系，形成以中华优秀传统文化为基础、齐鲁特色文化为补充、济南地方传统文化为抓手的传承体系。同时，应辩证分析传统文化内容，充分分析传统文化内容的优劣，取其精华，去其糟粕，不盲目传承传统文化，不以传承传统文化为名号追究经济利益。

同时，济南市应统筹辖区内的传统文化资源，通过实施文化资源普查工程摸清辖区内传统文化资源的传承情况，从而为制订更加有针对性的传承策略提供分析基础。根据所调查的传统文化资源实际情况，明确济南传承和弘扬优秀传统文化的主次关系，避免出现各辖区传承力量分散，形不成传承合力的问题。

2. 完善顶层设计和政策协调机制，明确政府传承责任，完善政府支持方式

首先，济南应进一步加强顶层设计的力度，明确顶层设计的责任意义，避免出现为了追求顶层设计而设计的问题，明确顶层设计的任务和内容要求，提升顶层设计的科学性和规范性，防止出现只有设计没有实施的问题。

其次，济南应建立优秀传统文化传承协调机制，明确各级政府单位的传承责任，制订统一的传承计划方案，避免出现党政不分、政府内部单位责任不清晰的问题。通过建立传承协调机制，明确党委宣传部和政府文广新局在工作上的协同责任，把传承弘扬优秀传统文化与加强思想道德建设放到统一的传承机制当中，明确中华优秀传统文化与中华传统优秀美德之间的关系，促进中华优秀传统文化协调传承。

同时，济南市应通过建立切实有效的传承人保障制度，提高传承人的资金帮扶标准，解决传承人的生活困难，帮助传承人能够以其民俗手艺实现再就业，促使其能在满足自身物质需要的同时参与非遗项目传承活动，帮助非遗传

承人免去传承非遗的后顾之忧。

在此基础上，济南市应加强对基层文化单位和民间文化传承机构资金支持，增加市级和区级的财政投入，落实文化专项配套资金；积极支持、鼓励和引导社会力量参与到非遗项目的传承和发展中来，针对性地解决政府扶助非遗项目资金短缺的困难；支持金融银行业通过小额信贷、天使投资和基金会资助的方式，吸纳社会富裕资本参与到非遗传承项目中，提高非遗项目产业附加值。

3. 严格落实非遗项目申报制度，提升非遗项目申报质量，突出传统文化内涵

首先，各申报单位在申报前应组织由专家参与的自我评估，提前评估非遗项目传承的必要性和可行性，明确该非遗项目的传承特色。

其次，济南应细化非遗项目申报规则和内容，确定申报非遗项目的量化指标，严格落实非遗项目制度。济南市应构建出专家、市民、非遗传承人等多主体参与的评审机制，邀请专业学者对非遗项目进行论证评估，以确定该非遗项目的可传承性和可操作性，减少同质化申报现象。

最后，济南市应进一步明确举办传承活动的形式要求和内容要求，明确以传承优秀传统文化内容为先导的传承理念，避免因为过于重视传承形式而忽略传承优秀传统文化内容的问题。

五　传承个案之二：优秀传统文化在青岛

青岛坐落在崂山脚下，毗邻胶州湾，有着山海湾一体的城市风貌。历经千年发展，青岛从默默无闻的小渔村逐渐成长为今天享誉世界的"东亚文化之都"。在这一过程中，开放包容的海洋文化、丰富多彩的民俗文化、玄妙精深的道教文化共同熔铸了具有地方特色的传统文化。自"十二五"以来，青岛抓住有利的历史机遇，充分利用文化资源丰富的优势，在传承和弘扬中华优秀传统文化方面采取了诸多切实有效的举措。

（一）青岛在传承优秀传统文化上的举措[①]

青岛在传承优秀传统文化上注重保护优秀传统文化资源，重视对各类文物、非物质文化遗产、古村落的保护工作，延续青岛城市文脉；打造优秀传统文化传承载体，不断推进博物馆、图书馆、文化站等文化平台建设，积极开展各类文化宣传活动，落实尼山书院工程建设项目，推进"四德工程"建设，推动优秀传统文化深入百姓生活；重视汲取社会各界的智力成果，通过举办各类研讨会讨论青岛如何利用现有传统文化资源，实现传统文化"创造性转化"的目标；贯彻落实文化"走出去"战略，积极开展地区文化交流合作，推动文化互鉴；注重拓展优秀传统文化发展思路，解决文化发展的机制和体制障碍，激发文化发展活力。

1. 坚持文化遗产保护和利用并举，延续青岛城市文脉

"十二五"时期，作为"国家历史文化名城"的青岛重视开展文化遗产保护和利用工作，致力于通过保护各类文化遗产延续青岛城市文脉，为在新的历史条件下实现优秀传统文化"创造性转化""创造性发展"奠定资源基础。

一是积极开展文物保护工作。青岛市先后制定并完成了《即墨故城遗址及汉墓葬群文物保护规划》《崂山道教建筑群文物保护规划》和《三里河遗址文物保护规划》。青岛组织实施了齐长城抢修维护工程和总督楼、水师饭店旧

---

① 本部分根据青岛市文广新局 2011—2015 年工作报告和工作打算整理汇编而成。

址、医药商店旧址文物保护修缮工程，开展了第七批全国重点文物保护单位、第四批山东省文物保护单位的"四有"工作。"十二五"期间，青岛共争取到国家文物保护专项资金1.8亿元用于文物抢救和保护工作，青岛市财政每年投入200万元用于省市级文物保护单位的抢救和修缮。目前，青岛市拥有515处文物保护建筑和文物保护单位，其中国家级重点文物保护单位18处，省级文物保护单位73处，市级55处，区县级357处。

二是加强水下文化遗产保护工作。青岛积极推进国家文物局水下文化遗产保护中心北海基地建设，实施"海洋寻迹"工程，开展"青岛与海上丝绸之路"历史文化研究和考古工作，完成青岛海防遗迹调查工作，发现明代海防古城遗址——雄崖所古城。

三是注重名人故居保护工作。青岛通过创新名人故居保护新机制，鼓励引导社会力量参与故居保护利用工作，采取政府主导、社会参与、居民自治三种模式，分类分步对故居进行修缮改造，现已完成闻一多故居、康有为故居等22处名人故居保护标识挂牌工程。组织编辑出版《山海之间——在青岛看文化名人故居》，设计并推广了名人故居系列文化创意产品。

四是全面开展文物资源普查。青岛积极推进全市第一次可移动文物普查，开展可移动文物认定、信息采集登录工作，启用全市移动文物信息登录平台，建立完成纳入各级普查范围的国有单位名录，共调查登记国有可移动文物24120件套。

五是落实非物质文化遗产保护工作。青岛市深入贯彻落实非物质文化遗产"保护为主，抢救第一，合理利用，传承发展"的工作方针。目前，青岛市已拥有孙膑拳、螳螂拳、徐福传说、胶东大鼓、胶州秧歌等12项国家级非遗代表性项目，29项省级非遗代表性项目，97项市级非遗代表性项目；3位国家级非遗传承人，14位省级非遗传承人，35位市级传承人。在"十二五"期间，青岛实施市级非物质文化遗产项目和代表性传承人资金扶持工程，青岛市财政每年给予5个市级重点项目各5万元专项资金，给予传承人5000元传承资金。每年评选公布市级非遗项目代表性传承人、模范传承人和非遗保护特色村（社区）。即墨、崂山和胶州获得文化部"2011—2013年中国民间文化艺术之乡"称号。崂山道教文化生态保护区被命名为山东省省级文化生态保护区，胶州市小屯村入选山东省非遗保护十大特色村。

六是打造"乡村记忆"工程，建立"乡村记忆"工程示范点档案库，推出14个"乡村记忆工程"示范点，向山东省推荐了即墨市丰城镇雄崖所、金口镇凤凰村以及莱西市姜山镇西三都河村3个"乡村记忆"工程示范点。此外，青岛市崂山区青山村和即墨古城镇雄崖所村还入选首批中国传统村落。

2. 打造优秀传统文化传承载体，推动普及传统文化

青岛通过打造优秀传统文化传承载体，加强文化阵地建设，推动优秀传统文化走进群众生活，不断满足人民日益增长的精神文化需求。

一是注重博物馆、美术馆和群众艺术馆等艺术类展馆的建设工作。青岛制定并实施《关于拓宽文化惠民渠道促进民办博物馆发展若干政策》，鼓励、引导、规范和扶持各类文化场馆的发展，不断推出博物馆服务品牌和陈列展览精品工程。全市55处文化场馆已实现免费开放，可提供书刊借阅301万册，每年举办各类展览350多个，服务市民超过700万人次。

二是积极开展文化遗产保护系列宣传活动。青岛每年组织开展文化遗产日、国际博物馆日、国际古遗迹日系列宣传活动，实施文化遗产知识宣传普及工程，组织开展"非遗进校园"活动，不断增强社会群众的文化遗产保护意识。

三是组织开展群众文化活动。每年举办"欢乐青岛舞台"惠民演出，举办群众文艺创作会演、广场周周演、文化大讲堂、市民小剧场以及社区、农村和外来务工人员文化艺术节。2014年青岛组织"无与伦比"市民五王才艺大赛，通过海选"歌王、舞王、戏王、琴王、秀王"，引领市民"唱响中国好歌曲，舞出中华好风采，演绎经典好戏曲，琴颂古今好乐章，展现传统好技艺"，打造全民参与的群众文化盛典，丰富市民的精神文化生活。

四是落实镇村各级综合文化站建设。组织开展"艺术彩虹"文化走基层活动，把文艺演出和艺术培训带到部队、中小学以及社区百姓身边；每年开展"情系新市民"农民工流动服务，提升外来务工人员的城市归属感和认同感。近年来，青岛共建设6040家农家书屋，并对其中1156所条件较好的农家书屋进行数字化升级；2014年举办青岛首届农村读书节，开展图书进万家、书架进农家等益农活动，推动全民阅读活动向农村扩展。每年举行"送戏下乡"文化惠民演出，每年放映农村公益电影7万余场。

五是落实"图书馆+书院"公共文化服务模式建设。在全市和区级图书馆内建设"尼山书院"，定期开展经典诵读、国学普及、礼乐教化、道德实践等方面的活动，致力于将"尼山书院"打造为综合性国学学堂。

六是积极开展"四德工程"建设。青岛市每年评选各类道德模范、行业英模，在所辖的各级区县推选"好媳妇""好婆婆""五好家庭"等孝贤文化代表；实施道德模范"成长培育"计划，常态化开展学习道德模范主题实践活动；举办优良家风道德讲堂，提高社会文明程度。

3. 富集社会各界优秀智力成果，推动文化交流互鉴

优秀传统文化的传承和弘扬离不开社会各界的支持和参与，特别是需要学

界专家、文化能人贡献智慧，提供智力支持。同时，积极实施文化"走出去"战略，有利于在文化交流中弘扬中华优秀传统文化，丰富中华优秀传统文化的时代内涵。

一是组织高端研讨会，富集社会各界智慧，研究阐述传统文化传承与青岛城市文化品牌建设的关系。青岛市先后举行"文化青岛"和"青岛市历史文化名城与文化建设"研讨会，邀请文化界专家和地方文化能人针对如何传承优秀传统文化、打造"文化青岛"战略品牌，提出对策建议，为文化青岛建设提供智力支持。

二是积极开展对外文化交流活动。青岛市组织市歌舞剧院有限公司赴澳大利亚参加奥亚艺术节演出舞剧《红高粱》。借助打造"东亚文化之都"国家文化战略，加强与韩国清州、日本新潟之间的文化交流与合作，推动优秀传统文化走向国际。赴台湾开展妈祖文化联谊活动，推动跨地方风俗文化相互交流。

4. 拓宽优秀传统文化发展思路，激发文化发展活力

青岛利用自身经济优势，积极推进国有文艺剧团改制工作，解放文艺创作事业发展活力。积极落实"产业化、社会化、专业化"的文化发展思路，推动文化与经济、文化与科技融合发展，实现优秀传统文化创造性发展。

一是注重文化体制改革工作，实施文艺精品创作扶持与奖励计划，促进优秀传统文艺不断推陈出新。青岛先后组建市歌舞剧院、市话剧院、市京剧院有限公司，推进国有文艺单位转企改制工作；先后编排了具有民俗地域风情的戏剧《劈柴院传奇》、具有山东地域特色的舞剧《红高粱》、结合当代现实生活的茂腔戏《支书张玉刚》、以历史故事为主要内容的京剧《齐王田横》等一批好作品；精心打造的广场舞《豪情鞭鼓俏秧歌》、吕剧《断桥惊梦》、交响乐《胶东韵》、舞剧《红高粱》等艺术作品荣获"十艺节"各项奖项。

二是注重文化产业和传统文化融合发展。青岛打造"千万平方米"文化创意产业园区，建设东夷文化创意产业园等重点项目；组织成立青岛市文化创意产业协会。青岛注重创新传统文化表现形式，通过打造 3D 动漫《崂山道士》，运用现代科技讲述崂山道教文化；鼓励宗家庄木版年画、泊里红席等青岛市各级非物质文化遗产项目参加中国非物质文化遗产博览会，积极引导民俗项目市场化运营，提升民俗产业经济效益。

三是打造公共文化服务体系示范区，推进四级公共文化设施网络建设，打造"千万平方米"社会事业公共设施文化项目，以体系化的公共文化建设为传承和弘扬优秀传统文化搭建平台，促进优秀传统文化与公共文化融合发展。青岛实施群众文化活动预告制度，推广"文化超市"，创设"市民点单、政府配送"的文化演出方式，推动优秀传统文化走进群众生活。

（二）青岛在传承优秀传统文化上的经验

"十二五"期间，青岛市创新博物馆建设和管理机制，注重活态传承非物质文化遗产，实现优秀传统文化现代发展，注重挖掘和培育民间传承力量，在传承优秀传统文化上积累一些成功经验。

1. 创新博物馆建设管理机制，提升博物馆事业软硬件质量

进入 21 世纪以来，人民群众不断增长的物质文化需要与生产力发展之间的矛盾日益凸显，如何满足群众的文化消费要求，丰富群众业余文化生活成为国家文化建设的重要问题。在这一宏观背景下，博物馆作为保护和体现地区历史文化特点的重要载体，其建设的紧迫性日益得到国家的重视。而随着各级政府对各级博物馆建设重视程度和投资力度不断增强，近十年间博物馆事业有了突飞猛进的发展，仅在青岛市目前已经有各类博物馆 48 家。在博物馆的建设数量上，青岛是山东省内发展最快的城市，其所拥有的博物馆数量在全省居于首位。

然而，过快的博物馆建设速度引发了下列亟待理清和解决的矛盾：一是博物馆的建设速度与博物馆的建设质量不相协调。博物馆建设的同质化现象较为突出，具有鲜明展示特色的博物馆建设不多，使得博物馆在吸引群众参观，感受地区历史发展变迁，促进了解地方文化传统上的作用不够凸显。因此，如何在缓解博物馆建设的紧迫性和提升博物馆建设质量上保持平衡便成为一个极其重要的问题。二是博物馆的建设速度与政府财政支持的能力不相协调。过快的博物馆建设速度使得政府在财政支持力度上的不足得以凸显，在当前的政府财政收支水平上，政府能够建设的博物馆数量极为有限。因此，如何吸引更多的社会力量参与到博物馆的建设中来成为推动博物馆事业做大做强的重要问题。三是博物馆的利用方式上仍然比较单一，大量博物馆将其主要定位放在展览和展示上，利用方式比较单一。如何进一步拓展博物馆的利用方式，如何体现博物馆的定位特色、发挥其平台优势成为提升博物馆利用能力的关键问题。

基于既往青岛市博物馆事业的建设实践，青岛创造性设计出"建馆前问政，建馆中指导，建馆后监管"的综合建馆模式。[①] 建馆前问政，即邀请社科院、档案局、文史专业研究所、民政部门和其他行业的专业人士参与到博物馆的问政设计中，共同研究有无必要建设博物馆，怎么样来建设，怎么样来规范博物馆的建设，怎么样按照博物馆的审批要求申报建设博物馆等问题。通过"建馆前问政"这一环节，有关各方辨析了是否有必要建设某一个博物馆和怎

---

① 青岛市文广新局调研访谈记录，2015 年 7 月 28 日。

样长远规划一个博物馆两个问题，减少了建设博物馆的盲目性。同时，建设方富集有关专家的意见智慧，认真考虑所建博物馆的定位和特色，纠正了"为建设而建设"的建设观念，这样就避免了重复建设的问题。建馆前指导，即按照项目文案大纲和展览布局的指导，严格按照最初的设计要求来，减少了"一改再改，拆了又改"现象的发生。通过在建设过程中进行研究指导，将项目设计中的每一项要求加以落实，使每一项花费都能落到实处，从而提高了博物馆建设的质量。建馆后监督，即评估展览展品的展出水平，定期考核研究成果。这样通过落实博物馆建成后的展览监管措施，使得博物馆自身的运行标准严格化，提升了博物馆的整体运行质量。

借助这一综合建馆模式，青岛市在支持和引导博物馆事业发展中，强调了科学规划和科学设计的重要性和必要性，使每一座博物馆的建成都能够体现其特色和内涵，使每一座博物馆都能够建有所值。在这种综合建馆模式的指导下，博物馆的规划建设不再盲目，博物馆建设的数量与质量得到较好的协调。青岛这一综合建馆模式所提供的经验，在机制上是整套建馆流程，在理念上是"科学规划、质量第一"的观念指导。如果脱离"科学规划、质量第一"观念的指导，只僵化地遵守一套建馆机制流程，只会使得科学成为空谈，监管流于形式，最后导致博物馆的质量得不到保证。

除了设计实践综合建馆模式外，青岛市还积极支持引导社会力量参与到博物馆事业的建设当中。近30年来，青岛市综合实力迅猛增强，地方商贸经济带动作用凸显，涌现出一大批发展势头良好、经济效益高的民营企业。很多具有传统文化基础的民营企业希望通过多样化的手段和方式来体现自身的企业文化，展现自身企业的历史积淀。同时，以个体经济发展为基础的民间收藏活跃起来，民间藏品的丰富程度让人叹为观止。因此，民办博物馆迎来发展机遇。

2010年国务院出台《关于促进民办博物馆发展的意见》，该意见在法律上给予民办博物馆与国有博物馆同等的法律身份，肯定了民办博物馆在繁荣博物馆事业中的积极作用，这使得民办博物馆的建设管理工作有法可依。在此背景下，青岛市逐步放开了对民办博物馆审批资格的限制，并于2015年1月出台《关于促进民办博物馆发展若干政策的意见》。在该意见中，政府鼓励支持民办博物馆积极参与地方公共文化服务体系建设和国民教育体系建设，倡导民办博物馆对外免费开放，采用政府购买服务的方式，在博物馆免费开放、安防设施建设、特色展览、学术研究上给予资金扶持，在建馆用地、税收优惠、人员评审等方面给予支持帮助。

目前，在全市48处博物馆中，国有博物馆有26处（其中行业类博物馆有16处），民办博物馆有22处，非国有博物馆对于博物馆事业的发展起到很好的补充和促进作用。特别是涌现出来的青岛嘉木美术馆、青岛贝壳博物馆、即墨老酒博物馆、青岛西洋文化博物馆、胶东非物质文化遗产博物馆等民办博览馆，借助各具特色的展品吸引了大批市民前往观看，极大地促进了青岛市博物馆事业的发展。以即墨老酒博物馆为例，即墨老酒传统酿造工艺目前已经被审核进入第三批山东省非物质文化遗产名录，作为山东即墨黄酒有限公司总工程师的韩吉臣也被评定为即墨老酒非物质文化遗产传承人，因此即墨老酒在保存非物质文化遗产有着比较完整的物质和文化资源。[①] 同时，随着原国有企业改革的推进，山东即墨黄酒厂改制成为山东即墨黄酒有限公司，公司的经济效益大幅提升，品牌优势逐渐凸显。为了能够彰显即墨老酒这一非物质文化遗产的文化魅力，提升即墨黄酒有限公司自身的企业文化内涵，其于 2009 年建成中国北方唯一的黄酒专业博物馆——即墨老酒博物馆。该博物馆以泥塑、实物等形式，全面展示了即墨老酒传统酿造工艺，并根据史书记载和"古遗六法"传统酿造工艺复原了古代酿造工艺流程，重现了古代酿酒师傅酿造即墨老酒的完整过程。通过即墨老酒博物馆这一展示平台，既向外界展示传播了即墨老酒近四千年的酿造文化，提升了非物质文化遗产的经济附加值，又带动即墨老酒商品价值的开发利用，提高了即墨老酒的知名度和美誉度。

青岛通过支持和引导社会力量参与博物馆事业的建设，一方面顺应了民间收藏的热潮，响应了相关企业传承传统文化的呼声，另一方面缓解了政府在支持博物馆建设上的财政压力，促进了政府文化部门由"办文化"向"管文化"方向转变。借助民办博物馆的发展，青岛市目前已形成"以国有博物馆为主体，以行业博物馆为骨干，以民办博物馆为补充"的博物馆事业发展格局，并力争在"十三五"期间落实"一城三带十群"的城市博物馆事业规划，实现五十万人一处博物馆的目标。

针对博物馆利用方式单一的问题，青岛市市博物馆研究实践"高校—博物馆—学术研究合作"模式[②]，联合相关研究单位努力挖掘馆藏藏品的文化内涵，打造集展示、传播、研究于一体的综合平台。博物馆自身在藏品收集和文物保存上相比于研究单位具有无可比拟的优势，但是受制于自身专业研究人才数量和素质的局限，博物馆很难最大限度地挖掘和利用藏品的文化价值。青岛市博物馆通过公示三级以上珍贵文物名单，积极向外界展示自身拥有的可用于

---

① 《韩吉臣：即墨老酒非物质文化遗产传承人》，http：//www. jimo. ccoo. cn/news/local/2292654. html。

② "《博物馆条例》大家谈"系列报道之三：青岛市博物馆馆长隋永琦谈《博物馆条例》，http：//news. sdchina. com/show/3249521. html。

研究的藏品信息，为专业研究提供方便。借助这一学术研究合作模式，青岛市博物馆联合山大学术团队完成"道教南传"项目研究。

　　总的来看，青岛市在建设博物馆事业上，一方面积极调动社会力量参与建设具有民俗特色的、企业历史特色的博物馆，促使相关政府部门从建设者转向管理和服务者，以更完善的政策和财政支持来支持保障博物馆的建设；另一方面借助创新博物馆建设管理机制，严格审核和落实博物馆的规划设计，明确博物馆建设服务所面向的对象和需求，确保博物馆运转的长期效益建设。此外，还通过打造综合学术研究平台，为博物馆和高校专业研究合作搭建平台，提高博物馆的利用水平，综合性提升博物馆建设和发展过程中的软硬件力量。

　　2. 活态传承非物质文化遗产，实现优秀传统文化现代发展

　　目前，青岛市已有12个非物质文化遗产项目入选国家非遗名录，29个项目入选省级非遗名录，非物质文化遗产传承建设初成体系。在此基础上，青岛市创新传承非物质文化遗产的方式，不再把文化遗产当作摆设放在博物馆中，而是强调活态化传承，推动非物质文化遗产真正走到百姓生活中去。

　　根据课题组调研（见图2－6），有超过8成的受访者认为在不改变传统内容的前提下，可以采用生活化的形式传承中华优秀传统文化，这说明民众对于生活化传承中华优秀传统文化有极高的认同感。所谓"活态传承"，是指用非

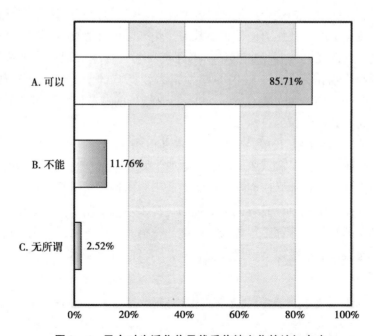

图2－6　民众对生活化传承优秀传统文化的认知态度

遗方式保护和发展非遗。[①] 青岛市在传承非遗的实践中，强调用地方戏形式唱出民间故事，用民俗的形式传播民俗内容。比如在青岛即墨田横祭海节上，百姓通过跳传统胶州大秧歌的形式讲述海洋故事，将对渔季丰收的美好祝愿融入到民俗歌舞中来，这样既活跃了地方戏剧，又活跃了民俗文化。胶州人用地道的特色唱腔——茂腔唱出经典文学故事《赵美容观灯》，既恰到好处地展现胶东地方唱腔的魅力，也讲出故事本身的味道。通过借助表现形式和表现内容的"非遗组合"，将非遗的地方韵味恰当地融入民间生活中，使得人们在感受民俗文化魅力的同时，也加深了对民俗文化的记忆与理解。

不仅如此，青岛在传承非遗方面还考虑传承人的传承建设问题。当下，拥有地方民俗手艺的民间艺人愈发稀少，仅存的民间手艺人年龄也已经很大，这就使得民间艺术面临传承人缺失的问题。特别是在商业化经济发达和侧重理性计算的今天，社会上大多数青壮年并不热衷于从事专门的民俗手艺制作，传承人年龄断层的问题逐渐凸显。那么社会上什么样的群体还能够有机会、有能力、有时间来接受民俗艺术和民俗文化的培养呢？

答案是学生。相较已经就业的成年人来说，学生群体的时间比较宽裕，生活压力比较小，且对于民俗文化艺术还有比较强烈的好奇心。同时，初中及初中以下的学生所面对的学习压力还不算大，因此学校能够拿出一定的课时量让学生自由选择，自发学习民俗艺术。在这方面，青岛市积极设计了传承人导师聘任制，推动传承人走进校园，走到学生中教授民俗艺术。所谓"传承人导师聘任制"[②]，即是指地方文化部门把传承人带进校园，根据学校特色进行菜单式服务。学校根据自身定位、办学观念和校园文化特色的不同，结合文化部门出示的传承项目菜单自主决定，另一方面授课的手艺传承人也要进行试讲，以授课人本身的授课能力、讲授水平等作为判断标准，从而使学校需求与传承人能力一一对接。而一旦双向选择确定后，便进入学期的常规化课程教授阶段，学校在每学期中安排一定课时量邀请传承人来上课，手把手传授民俗技艺。通过这种双向选择机制的实施，保证了双方在课程实施目的、课程实施内容等方面的沟通效果，为学生学习传统民间文化艺术营造较为良好的氛围。

以即墨市实验四小为例，为了传承柳腔这种本土文化艺术，在当地政府部门和即墨市柳腔剧团的支持帮助下，学校将柳腔纳入校本课程。该校把柳腔作为必备的教学内容进行教学，以柳腔为主题内容开展了戏曲片段比赛、柳腔戏剧欣赏等活动，使得柳腔的传承教学既形式多样，又十分有趣。同时，即墨市

---

① 青岛市文广新局调研访谈记录，2015 年 7 月 28 日。

② 同上。

柳腔剧团每周定期安排柳腔专业教师到学校开展普及教学，从身段训练、唱腔、戏曲理论等方面对学生进行系统的培训和指导。现如今该校已经选取160余名学生作为柳腔后备人才发展培养，组成四个柳腔社团进行专业训练。① 在胶州市，该市启动实施非物质文化遗产进校园活动，在全市各中小学安排非物质文化遗产课程。在胶州市大同小学，学生在三年级学习胶州秧歌，四年级学习胶州茂腔。通过非物质文化遗产进校园活动和传承人导师聘任制的实施，使学生对传统民间民俗民艺的熟悉程度不断加深。而学生自身也愿意在感受传统民俗艺术的同时表演民间艺术，展现非遗的文化魅力。从长远来看，在基础教育阶段，推广非遗进校园和传承人导师聘任制，既能够培养非遗传承的后备人才，打造非遗传承的专业梯队，也能够丰富学生的校园文化生活，促进校园文化与地方特色文化、优秀传统文化的结合。

在对待如何转化非物质文化遗产资源这一问题上，青岛市坚持"将保护项目和保护单位落实到生产第一线"原则，② 注重发挥非遗资源在提升公共服务质量和提高文化生产力上的带动作用。实践"将保护项目和保护单位落实到生产第一线"原则，即把技艺类非遗项目落实到生产企业第一线上，提升企业经济效益；把民俗艺术类项目落实到街道上的文体中心，提升基层文化建设质量；将保护项目和保护单位落实到生产一线，这样可以最大限度地挖掘非遗资源的附加值。

在实践该原则的过程中，青岛市注重贯彻非遗保护"专业化、产业化、社会化"的发展思路，着力打造集成式非遗展示和生产平台。青岛非物质文化遗产博览园的建设，便是贯彻这一发展思路的良好实践。③ 首先，青岛非物质文化遗产博览园在建设融资上摆脱了传统的政府主导投资模式，而是采用民间投资模式，由5家具有传统文化基础的民企共投资一千余万元建设而成。在经营上，青岛非遗博览园还成立青岛民俗文化产业发展有限公司，通过市场化的思路和商业化运作的方式管理园区建设，避免了"重建设，轻经营"现象发生。整个园区以非遗项目为内容资源，富集了田横祭海、即墨柳腔、平度草编等60多个国家、省、青岛市非遗项目，全园区以打造集文化展示、产业服务、旅游观光为一体的综合平台为目标，建有即墨老酒、地瓜酒、即墨镶边和布老虎等12条非遗生产线，聘请非遗传承人开展研发、生产和传习等活动。

---

① 《柳腔有了新传人部分学校将其纳入课本教程》，http：//www.jimo.ccoo.cn/news/local/3491617.html。

② 青岛市文广新局调研访谈记录，2015年7月28日。

③ 《青岛市非物质文化遗产博览园》，http：//www.qdmswh.com/。

该博览园还与青岛科大民俗专业研究生班合作设立"非遗文化产业保护遗产中心"，向社会提供非遗文化产品的挖掘保护、创意设计、技术研发、知识产权保护等服务。借助集成式平台，非遗博览园通过对非遗项目进行再加工，延长民俗产业链，提升非遗民俗产品附加值，实现非遗资源的创造性转化。在注重挖掘非遗项目经济效益的同时，该园还注重发挥园区的公益性服务职能，每年举行培训、主题展会等多种公益性活动仪式。通过非遗博览园的开发建设，有机地将非遗项目资源优势转化为市场价值优势，从而实现了文化搭台，产业唱戏，社会效益和经济效益双赢。

3. 挖掘和培育民间传承力量，推动优秀传统文化走进生活

在市场化经济飞速发展的今天，我们发现传承优秀传统文化的主体是政府，而民间传承力量面对商品经济被冲击得支离破碎。如何利用民间传承力量丰富优秀文化传承方式，在这一问题上，青岛市给出了很好的答案。青岛市在传承优秀传统文化的过程中，重视挖掘和培育庄户剧团这一传承力量，通过扶持和培训来提高民间剧团的专业水平，推动庄户剧团进一步活跃群众文化生活。通过打造庄户剧团这一传承力量，既发挥了民间传承在活跃文化市场上的积极作用，又提高了庄户剧团演员们的收入水平。

庄户剧团最早就只是村落间的流动演出队。有戏剧基础的农民自发组织起大约四五个人的小剧团，坐在小驴车上穿梭在邻近的村落间进行演出。但是近几年，庄户剧团的生存空间越来越小，出来演出所获得的收入根本无法满足演出队伍建设和演员收入提高的需要，有戏剧和地方唱腔基础的演员也越来越少，庄户剧团这一民间传承形式有被淘汰的危险。而另一方面，政府出台"送戏下乡"文化惠民政策，希望以此来丰富群众的文化生活。但只靠市政府的专业剧团到各个乡镇进行演出，一来演出场次受限制，每年能完成的演出比较少；二来演出规模受到限制，演出无法覆盖到村一级，从而导致在农村生活的农民没有机会享受到文化惠民的硕果；三来政府专业剧团忙于演出，而没有充分时间来提高剧目的质量，无法打磨出更加优质的地方特色戏剧节目。

在这种情况下，政府把眼光放在民间传承的重要力量——庄户剧团上。以青岛即墨市发展庄户剧团为例，即墨市财政每年投入200万元用于补贴送戏下乡的剧团，每场送戏下乡演出可补贴2000元，从而打破了仅有即墨市柳腔剧团一个专业剧团送戏的单一格局。现在即墨市政府采取专业剧团与庄户剧团"双轮送戏"、互补提高的方式，即在安排市属柳腔剧团年送戏150场的基础上，通过举行调演比赛的方式，从全市100多家庄户剧团中择优选择20家庄户剧团，分配给它们送戏下乡演出指标1000场，再按照各庄户剧团的规模和

实力分配下乡指标。① 每年通过调演比赛的方式来选拔优秀的庄户剧团，使得整个庄户剧团队伍在民间充分活跃起来。只要有戏剧基础的演员，能创作编排出好的戏剧节目，便可以组织起庄户剧团，进而参与到调演评比乃至送戏下乡的演出中来。有的庄户剧团因为演出质量高、演出指标能达到年分配 80 场，这样最多可以领取到 16 万元的财政补贴。领到的财政补贴，一方面可以用来购买和修缮演出设备，另一方面可以将剩余资金分配给演员，提高农民演员的生活收入。

庄户剧团参与政府送戏下乡，一方面壮大了送戏下乡的队伍，目前整个即墨市登记注册的庄户剧团已经有 40 多家，未登记注册的庄户剧团也有 250 多家；另一方面也减轻了即墨市柳腔剧团的送戏压力，这样既满足了群众文化需求，又可以提升演出质量。现在即墨市柳腔剧团定期派出专业演员到庄户剧团进行唱腔、故事形式等方面的艺术指导，以此提高庄户剧团的专业化水平。通过"演员本地人，说本地方言，唱群众爱听剧目"的方式，使得庄户剧团深受群众喜爱，既达到传承弘扬优秀地方传统民俗文化的目的，又满足了群众不断增长的文化需求。

借鉴青岛即墨市的传承经验，最重要的是给予民间传承力量发展的空间和条件，以较为完善的帮助政策来鼓励和扶持庄户剧团的发展，使民间传承起到良好的补充作用。我们需要清醒地意识到由政府主导的正式传承存在"有力不能及"等局限，需要跳出传统由政府主导的单一传承模式，以更加有效的方式来调动社会力量参与到传承建设中来。

（三）青岛在传承优秀传统文化上的问题

根据课题组调研（见图 2 - 7），有 14.29% 的青岛市民不了解青岛市政府在传承优秀传统文化上所做的工作，有超过四成的市民虽然了解青岛市政府在过去五年所做的工作，但并不满意青岛市政府在传承中华优秀传统文化上所做的工作，这说明青岛市在传承和弘扬中华优秀传统文化上有许多需要重新思考分析的问题。考察过去五年中青岛传承优秀传统文化的工作，我们会发现其中暴露出很多值得重视和思考的问题。问题大致有如下几个方面：一是畸形的政绩观导致"保护性破坏"现象的发生；二是标准化实践导致"重建设，轻管理"的现象严重，使得传承优秀传统文化的活动效果并不理想；三是在财政支持上面临现有资金投入不足、资金利用方式单一等问题。

---

① 《山东即墨庄户剧团：扶持政策让我们"来了劲"》，http：//www. sd. xinhuanet. com/whsdw/2014 - 03/12/c_ 119724472. htm。

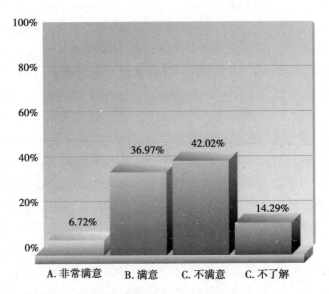

图 2-7　民众对当地政府传承传统文化的工作评价

1. 纲领性政策执行失当，"保护性破坏"问题突出

自改革开放以来，中国的城市化水平随着国家经济发展水平的提高而不断提升。青岛作为国家重要的计划单列城市和沿海开放城市，在提升城市化水平和增强经济实力上的需求更加迫切，这使得青岛需要通过推进城市改造和建设来补上过去因为对发展问题重视不够所造成的城市与农村二元对立的"欠账"。然而，恰恰是在推进城市化水平提高这一过程中，暴露了纲领性政策与具体政策落实之间的冲突，呈现了传统文化保护与现代城市发展之间的尖锐矛盾。这两点问题在青岛过去几年的工作中反映得最为明显，也最为深刻。

在改革开放之前，受制于专业人才短缺、政府财政能力较低、干部对传统文化认识水平低等局限，导致青岛在推进城市化改造之前没有能够拿出时间（也没有足够的能力）来编制青岛历史文化遗产名录，因而在推进城市化改造的过程中，一些优秀传统文物保护建筑被牺牲掉了。在《文物保护法》实施和修订的过程中，有部分优秀传统文物因为缺乏足够的资料，满足不了评定文物保护单位的条件，从而无法得到针对性的保护。这就导致当城市化改造推进到这一区域，政府需要利用这片土地来完善基础设施、地产商开发建设现代化楼房时，相关部门根本无法拿出相关的文物保护证明材料来保护文物建筑，使得相当一部分传统建筑在有意无意间被建设牺牲掉。[①]

① 青岛市文广新局调研访谈记录，2015 年 7 月 28 日。

不仅在城市化改造过程中，在 21 世纪以来的新农村建设的落实实践中，纲领性政策与具体政策落实之间的冲突暴露得也非常明显。相比较新农村建设而言，青岛在城市化建设和改造过程中能够利用历史发展基础较好的优势，"保护性破坏"现象并不十分突出。但由于对城市化改造过程中的问题不重视，缺乏针对性反思，导致在落实新农村建设政策的过程中，诸多问题一并暴露出来。

中央所制定的新农村建设政策是符合农民生产生活发展需要的，然而新农村建设的宏观政策在落实中却成为领导干部提升政绩的标准，直接使得新农村建设在行动上走了样。相当多的基层干部认为自己所在的农村经济发展水平低，贫穷落后，所以一定要追求"好"的结果。凡是看起来显得落后的建筑都可以被拆掉，可以重新建成新房，通过这样的改造建设，干部们认为一来体现了农民生活方式的改善，满足了农村生产生活的经济需要，二来能说明自己所做工作的有效性，是自己所取得的政绩。简单化的区分建筑样式上的"现代"与"落后"，盲目的"用新颜换旧貌"使得还来不及考虑建筑本身的特色和文化意义，就直接推倒了老式建筑。畸形的政绩观使得领导干部在落实具体政策的过程中出现偏差，导致在文物保护上造成了不可挽回的损失。此外，由于村民本身对古文物、古村落的认识程度比较低，又渴望着住进新房子，所以在配合新农村建设的过程中也造成了对古文物建筑的破坏。①

根据最近这几年新农村政策的实践情况，中央对于新农村政策进行及时的调整，强调在改善人居环境的同时，要求尽可能保留原有房屋、原有风格、原有绿化，突出农村特色。② 山东省也提出要打造"乡村记忆工程"，注重保护和还原历史遗留下的古村落旧貌。然而在具体政策实施的过程中，保护传统村落也成为一项政绩工程，导致"功利性保护"和"保护性破坏"现象屡见不鲜。以即墨的村落保护为例，当地花钱用仿古漆把路两边刷出来，原本的灰砖再用仿古漆刷一遍，最后在砖缝之间用白漆再描，呈现效果十分逼真。这种看似保护和恢复古建筑原貌的做法，并没有实现修缮的效果，而是在破坏原有的古建筑。③ 靠着这种刷出来的古村落，干部完成上级对乡村保护的政策要求，也成为其任内的工作政绩，但唯独对古建筑和古村落的保护却没有实现。对于

---

① 青岛市文广新局调研访谈记录，2015 年 7 月 28 日。

② 《"人的新农村"旨在提升农民幸福指数》，http：//www.farmer.com.cn/xwpd/jjsn/201501/t20150104_ 1004690.htm。

③ 即墨市文广新局调研访谈记录，2015 年 7 月 29 日。

古村落建筑的修缮计划是否得到上级批准，其修缮是否科学合理以及是否严格落实其修缮计划等问题都缺乏有针对性的考核。新农村建设和"乡村记忆工程"上所出现的种种乱象集中凸显了在文化传承和文物保护上的法规建设不到位、保护保护规划缺失和政策落实程度得不到考核等问题。

在古村落的保护上，也更多侧重于房屋建筑的保护而忽略对于古村落所呈现的乡土文化的保护。① 现有的古村落面临的问题在于大量中青年劳动力外出，村落逐渐发展成为"空心村"。由于文化最重要载体——人——的缺失，使得古村落空有古代形式，而没有传承保护好其中所蕴含的传统文化。② 只注重形式保护，忽略对于生活在其中的人的传承，是实施"乡村记忆过程"中遇到的最突出的问题。

2. 载体建设与管理失衡，文化传承效果不理想

从整个"十二五"期间青岛在文化方面所做的工作来看，其主要侧重点是文化项目和文化载体的建设，比如充分调动社会力量的积极性参与到博物馆事业的建设中、大力推广"图书馆＋尼山书院"的建馆模式和组织申报各级非遗项目等。但偏重前期建设，轻视后续管理的做法导致在现实运行中遇到很多问题。

在尼山书院的建设推广上，山东省政府通过相关文件要求在各级图书馆建设中推广"图书馆＋尼山书院"模式，强调要按照"六个一"的标准高规格建设。从文件本身看，高规格的建设要求有助于提升尼山书院工程的建设质量，也有利于各级图书馆展开建设工作。而从实际建设的进度上看，青岛市在落实山东省政府的文件要求上比较扎实，工程建设得比较及时。从青岛市图书馆到各辖市、辖区图书馆，都能够按照"六个一"标准完成工程建设，到2014 年年底，青岛市在 10 个区市建成 12 个尼山书院的分院，提前半年完成山东省要求的建设工作。③ 从这方面看，标准化建设带来的积极作用是，有利于落实和监督工程建设的进度。

但是，标准化的建设带来的问题是后续管理运行难度大，宣传和做活动的效果并不好。在青岛市图书馆，由于尼山书院工程建设模式的要求，所以在建设过程中是在原有图书馆活动室之外统一建设的。这样便把"尼山书院"所

---

① 《冯骥才：能想象齐鲁大地上找不到古村落吗》，http：//city. sina. com. cn/travel/t/2012 – 08 – 07/104131444_ 2. html。

② 《青岛的那些"乡村记忆"——对传统村落中无形、有形文化遗产保护的调查》，http：// news. dailyqd. com/2015 – 07/10/content_ 259304_ all. htm。

③ 青岛市文广新局调研访谈记录，2015 年 7 月 28 日。

需要的活动室、阅览室集中起来，既方便上级领导的检查要求，又能将各种资源富集起来，但导致实际办活动难以操作。通过实践发现，参加"尼山书院"活动的多是孩子和他们的家长，成年人自己参与比较少，而由于孩子本身活泼好动的特点，无法要求孩子们在室内长时间诵读经典，必须配合相应的活动来调动孩子们的积极性。这样就需要工作人员带着孩子们走出阅览室，在空间更大的地方进行活动和学习。这使得办活动时，经常会先在七层的"尼山书院"活动室、阅览室拍照，以证明图书馆确实办过此类活动，再到图书馆外的小广场进行学习。①

　　再者是尼山书院的传统文化课程与图书馆原有针对孩子们的文化活动课程相冲突。家长是"尼山书院"活动通知推送的主要受众，家长会考虑活动内容适不适合孩子的学习和成长，有的家长认为不应该学习传统文化，所以即使收到信息也不会带着孩子来，也有的家长考虑学习传统文化有没有现实的功利需要，能不能带来更实际的回报。在这种情况下，并没有起到尼山书院所应有的效果。在尼山书院的实际运行过程中，需要考虑将各类文化课程综合起来，以帮助传承和弘扬传统文化，而不是简单地只注重经典诵读、讲解和传授。还有，图书馆会定期邀请非遗手工艺人来尼山书院传授传统民俗艺术，家长和孩子的参与热情很高，参与学习的人数也很多。非遗传承人也会因为这些是公益活动而主动准备材料辅助教学授课，但正因为参与人数多，而尼山书院在这方面又没有相关经费补贴，导致非遗传承人自身承担的讲课花销很大，极大挫伤了非遗传承人的积极性。② 而针对成年人的传统文化课程效果也并不理想，这是因为成年人更多考虑到讲授者的身份、名气。③ 如果是名气小的专家，观众可能认为他并没有真才实学，所以并不会来现场听课。而名气大的专家，图书馆又缺乏专项的经费支持，所以活动开展效果并不好。

　　尽管省市领导很重视尼山书院的建设实践情况，但相关指导部门在规划、指导和落实上做的工作不够细致，缺乏专门的统筹设计和管理。比如规定所要求的市一级图书馆配备两名专职工作人员，而在实际过程中，工作人员既要承担日常的管理工作，又要承担活动的组织和安排工作，两名工作人员的任务压力较大。④ 更重要的是，由于"尼山书院"所要求活动内容侧重传统文化经

---

① 青岛市文广新局调研访谈记录，2015 年 7 月 28 日。
② 同上。
③ 同上。
④ 同上。

典，需要历史学、文学等专业的讲解人才，[①] 而不仅是精通图书馆日常运行的管理人才，因此在人才需求和人员编制上有较大的不对称。

综上，由于缺乏专门部门在各级统筹管理尼山书院工程，致使尼山书院在实践中遇到了缺乏专门而灵活的经费支持、人才需求不对称、课程内容不明确等困难。

根据课题组调研（见图2-8），有近六成的民众最希望大学老师或专家学者进行中华优秀传统文化的宣讲，而有37.82%的民众渴望在生活中聆听地方文化能人的宣讲，另外有不到7%的民众希望大学生村干部在处理日常行政事务之余能够担负起传承中华优秀传统文化的责任，深入到民众中进行优秀传统文化的宣讲。然而，这三者特别是专家学者和文化能人来尼山书院作讲座次数并不多，这说明"尼山书院"在开展活动过程中不能够很好地适应民众传承优秀传统文化的需要，存在讲座人宣讲效果差，民众不能充分理解和认同的问题。

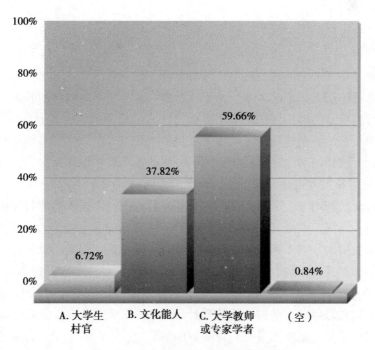

图2-8 民众对传统文化讲授者的期待

而在组织和申报非遗项目上也存在项目和传承人管理的问题。最近几年青

岛市各级政府在组织力量挖掘非遗传承人上下了很大功夫，组织申报的各级非遗项目也非常多。但非遗申报项目和传承人保护的质量如何，仍然不够清晰明了。各级主管单位的工作状态是"橄榄"形的①，先进和落后的工作单位都存在，在推进保护非遗项目不上不下的是主体。由于缺少相应的奖惩机制，使得非遗项目上的绩效考核机制迟迟未能落实，导致主管单位只能从思想上强调工作重要性，对工作上不积极的单位予以批评和督促，但不能从实际出发调动落后单位的工作积极性。

保护项目和传承人的退出机制也只是空头文件，没有起到应有的督促效果。在经费利用上，主管部门无法有效监督针对传承人的专项拨款是否明确地用于传承工作。在传承人的保护上，主管部门并没有专项的资金用于其个人生活的改善，只能帮其搭建平台，凭借手中的传承手艺挣钱，这就相当于使传承人个人直接面临市场经济浪潮的冲击。

在传承项目的保护上，凸显项目申报传承人和传承队伍之间的矛盾。有的传承项目其传承队伍人数相对较多，但在项目申报上由于文件要求只能填上一到两名代表性传承人的名字，这就挫伤了其他传承人自发传承非遗项目的积极性，导致在一线付出心血劳动的骨干力量没有荣誉。② 另外，传承人退出机制还面临情与理的冲突问题。从项目传承上看，如果该传承人退出，那么极有可能这项非遗项目就只能进入博物馆了，这意味着传承项目本身的断绝，这样也就没有起到应有的非遗保护的效果；而另一方面传承人自身传承活动不积极，在其身上投入的经费并没有完全用于项目传承人上，主管部门需要对其进行问责和追责。这样的问题冲突在传承人单一的非遗项目中十分突出。

3. 资金投入与保护需求失调，资金利用效率低

在资金的利用上，青岛存在的问题主要是专项资金投入力度与保护所需要的资金不相匹配，资金利用方式比较单一，资金分配不平衡等。近年来，随着青岛经济发展水平的不断提高，青岛市政府通过财政用于文物保护、非遗项目传承上的保护性投入一直呈增长趋势。在非遗项目上，2005 年时只有一年 20 万元的非遗专项资金，而到 2013 年以来投入最高时已经增长到每年 100 万元，同时中央财政每年返还的财政拨款累计已达 300 万元。③ 从资金的投入数额来看，较前有了较大幅度的增长。青岛目前的非遗代表性名录中，有国家级项目 12 项目，省级 29 项，而第四批市一级项目就达到 97 项，从项目名录体系上

---

① 青岛市文广新局调研访谈记录，2015 年 7 月 28 日。

② 同上。

③ 同上。

看是比较庞大的。在非遗项目上，青岛每年重点挑选 5—6 个项目给予五万元的项目传承经费。在传承人上，国家级传承人有 3 人，省级传承人有 14 人，市一级传承人有 35 人，对于传承人青岛市财政每年有 5000 元的专项支持。

但是，从非遗专项投入力度上看，与非遗保护所需要的经费仍然不相匹配。现有的项目财政支持是一次性支付，并不是长期的投入支持。短期的经费投入并不能真正使非遗项目得到持久性的保护。[①] 现有财政投入方式的单一化导致项目的传承效果不理想，有的项目需要每年做推广，而每年拨给它的资金极为有限。再者，从青岛市用于非遗项目的财政支持规模上看，相比过去十年来说虽然在数额上有了大幅度的增长，但相比青岛当前的经济社会发展水平而言是滞后的。在资金的支持方式上，青岛主要是依靠财政上的投入，缺乏诸如社会资本的支持。现有的社会力量主要通过搭建产业园等构筑平台和载体的方式来支持非遗项目的保护，而在非遗活动上的支持并不多。如何调动社会力量、民间资本参与到非遗项目的活动推广上来，而不仅限于搭建平台上的资金支持，成为青岛做大做强非遗项目的突出难题。

另外，非遗项目投入和非遗传承人保护上的投入两者并不对等。[②] 目前，一个国家级非遗传承人一年最多拿到的各级支持经费是 21000 元，而一个国家项目有可能拿到 10 万元左右的项目保护经费。这是因为部分项目的保护单位是企业，主体比较庞大，所以投入会高一些。而企业自身又能够通过其他方式来实现自身的盈利，所以在非遗项目的保护投入上资金使用比较宽裕。而非遗传承人本身参与经济活动盈利的水平比较低，他又需要用所挣到的钱来改善生活，因而拿出所挣的钱投入到非遗传承的资金也就相对较少，而财政对于传承人经费的投入也比较少，所以非遗传承人能够用于非遗传承活动的资金就更加不足。

更加重要的问题是在组织申报非遗项目上，并不考虑这一项目是否值得传承以及是否需要资金支持这两个问题。这就使得随着非遗项目名录体系建设的不断完善，非遗项目数量和非遗传承人的数量不断增长，非遗资金的专项支持力度愈发跟不上。目前资金投入更多的是弥补之前非遗投入不足的"欠账"，类似于补偿性投入。在非遗项目传承上，项目传承理论论证的不足导致了组织申报非遗项目的泛化，最终使得非遗项目资金投入不平衡。比如有的非遗项目保护单位作为企业，通过市场化的运营能够，已经实现了非遗产业化，能够借助非遗项目实现自身的盈利，那么是否还需要财政资金予以补贴支持就成了较

---

① 青岛市文广新局调研访谈记录，2015 年 7 月 28 日。
② 同上。

矛盾的问题。而将资金投入给这样的保护单位，势必减少对其他较困难的保护单位的财政支持力度。

而在文物保护工作上，青岛市现有的文物保护建筑和文物保护单位已经达到 515 处，包括国家级重点文物保护单位 18 处，省级文物保护单位 73 处，市级文物保护单位 55 处，区县级文物保护单位 357 处。在整个"十二五"期间，青岛市争取到由国家财政拨款的文物保护资金累计有 1.8 亿，青岛市每年也拿出 200 万左右的财政拨款用于文物修缮和保护。① 但是，由于国家财政拨款的文物保护资金是专款专用的，只能用于国家一级文物保护单位，而用于地方市区县级的文物保护单位的资金就显得并不充裕。再者，由于文物保护修缮专业化程度比较高，具有专业保护修缮资质的公司要价比较高，这样一来每年并不充裕的 200 万元财政拨款只能用于抢修目前破损比较严重的文物，实现所有文物保护单位全覆盖是不可能的。② 也因此，除去投入在抢修破损程度高的文物上的资金，剩余用在文物保养上的投入就更加短缺。同时，文物修缮和保养是一个长期性的活动，它需要靠常年的投入来保证，这方面青岛市的长期投入比较短缺。

（四）青岛在传承优秀传统文化上的建议

根据课题组调研（见图 2 - 9），有 46.22% 的民众认为政府应该在传承优

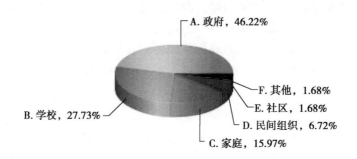

图 2 - 9　民众对传统文化的传承组织的责任认知

秀传统文化中承担最主要的责任，另有约不到 3 成的民众认为学校应该作为传承和弘扬优秀传统文化的最主要机构；有接近 5 成的民众认为社会传承是传承中华民族文化的最好方式，有 28.57% 的民众认为学校传承是仅次于社会传承的传承方式，另外有超过两成的民众认为家庭传承在传承中华传统文化上同样

---

① 青岛市文广新局调研访谈记录，2015 年 7 月 28 日。

② 同上。

具有突出作用（见图 2 - 10）。因此，青岛市优秀传统文化传承应该充分发挥政府的作用，基于政府参与、支持和保障来为社会、学校以及家庭传承优秀传统文化创造条件。

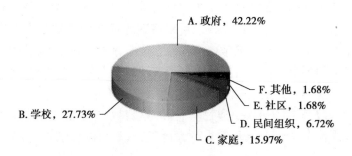

A. 政府，42.22%

F. 其他，1.68%

E. 社区，1.68%

D. 民间组织，6.72%

B. 学校，27.73%

C. 家庭，15.97%

图 2 - 10 民众对优秀传统文化传承方式的认知

1. 夯实政策执行基础，提升认识层次，健全机制建设

鉴于当前基层领导干部对优秀传统文化的认识水平偏低，对优秀传统文化保护的重要性理解不到位以及实践中领导干部错误决策所导致的破坏性保护现象，应从以下方面着手改进：

首先，在各级党校、高校举办专题的优秀传统文化研修班，定期面向领导干部开展培训，以相对完整有序的教学课程安排来提高领导干部的传统文化修养，提升干部对传统文化的认识水平，促使各级领导干部认识到优秀传统文化确实能够给人带来好处，能够意识到传承和弘扬优秀传统文化能够促进改善地方社会风气，促使领导干部明确发展经济建设离不开对优秀传统文化的保护和弘扬。从思想上，提高领导干部对传统文化的认识水平，逐渐改变领导干部脑海中"重经济发展，轻文化建设"错误认识。

其次，在中央制定出纲领性政策后，在各级政府部门举行统一的政策解读和工作协调会。邀请参与制定政策的专家、学者到地方政府来讲解政策制定的出发点和依据，分析在工作中可能出现的错误认识，从而在政策逐级落实实践前强化对政策的理解水平。比如在进一步推进城市改造的过程中，邀请专家、学者就城市改造可能遇到的冲突问题进行预先分析，邀请社会各界有识之士表达自身对城市改造的理解，邀请与城市改造相关的各个部门一起研讨发表意见，提前协调在政策落实中的矛盾冲突，这样就能降低城市改造政策误读性执行造成破坏的风险。

再次，在弘扬和传承优秀传统文化的政策引领上，领导干部需要注重政策的连贯性和稳定性，切不可出现"一届领导一届政策"的乱象。要注意当前政策与先前政策内容的继承关系，考虑所制定的新政策是否能够既解决先前政策执行落实所出现的问题，又能够促进优秀传统文化的保护和弘扬，还能够给之后的政策调整留有一定的空间和余度，从而在保证发挥政策的引领导向作用的同时，实现优秀传统文化在继承中发展、在发展中继承的目标。

最后，要将保护和弘扬优秀传统文化纳入干部考核和奖惩的机制中，提升文化建设在考核官员政绩中的比重。可以将在任职期间保护多少数量的文物、申报多少非遗项目作为重要的考核内容。在注重保护数量要求的同时，也要注意保护质量上的要求，比如将博物馆是否实现特色发展，是否实现预期的收支平衡，每年参观博物馆的人数多少等作为重要评价指标，摆脱对"唯经济发展至上"片面政绩观的追求。通过奖惩和考核机制来激励各级领导干部在保护和弘扬优秀传统文化上下真功夫、大力气，以具体行动推动传承优秀传统文化。

2. 注重实践过程反思，加强统筹规划，贯彻科学管理

鉴于在传承实践中出现的"重建设，轻管理"等现象，为解决在传承和弘扬优秀传统文化过程中存在的矛盾冲突，特提出以下建议：

首先，严格落实既有政策。不能因为要实现创新保护和弘扬优秀传统文化的方式，就忽略了对原先所执行政策的落实。需要考虑到过去的政策是针对过去背景下所产生的问题，考虑当前情况下是否还存在与过去相同的问题，分析既有政策在解决这类问题上是否还可以继续发挥作用，避免制订"为创新而创新"、带有盲目性的政策措施。既有政策还能够发挥效果的要继续推进建设，不能仅因为它是过去出台就完全放弃，需要考虑到政策的实用性和时效性。

其次，认真总结既有政策实践的经验，反思在实践过程出现的问题，及时将基层实践过程中遇到的困难、冲突反映到政策制定部门，从而调整现行政策以解决实际问题。通过建立专门的政策调研反思机制，减少在政策制定与政策实施之间的无效环节，增进信息对称程度，在政策制定部门与政策实施部门之间搭建流畅的信息沟通平台，努力实现"第一时间发现问题，第一时间解决问题"。

再次，应注重统筹保护和弘扬优秀传统文化的各级力量，协调各级部门在工作中遇到的冲突。比如，在尼山书院工程推广上，充分考虑到人才的需求程度与既有图书馆人才编制的数额限制，在保证人员工资开支稳定的前提下，适当放开对专业人才的编制计划。通过引进对口的专业人才来提升项目本身的质量，减轻现有管理人员在项目管理上的压力。在活动开展上，考虑到各级图书馆既有设施的制约性条件，强调标准化建设与差异化考核管理并存。统筹高校资源，开发具有针对性的课程，使各级图书馆能够充分利用现有的空间和设施

推进弘扬优秀传统文化。

又次，要统筹博物馆事业的建设发展，落实青岛市"一城三带十群"博物馆事业发展规划，明确新建博物馆的发展定位和发展特色，明确不同博物馆所面向的对象和人群基础，针对性选择建设地域和建设区位。注重完善私人博物馆藏品监管制度，建立健全博物馆推出机制，提高博物馆的监管质量，避免出现文物藏品流失的现象。深化博物馆与高校之间馆校合作，推广"博物馆—高校—学术"合作模式，提升博物馆的利用水平。

复次，明确组织相关宣传教育活动，不是为了办活动而办活动，而是出于保护弘扬优秀传统文化这一目的。组织开展弘扬优秀传统文化的活动，不是为了应对上级领导的检查，而是为了能够普及优秀传统文化知识，促进整体社会风气的改善。从课题组调研情况（见图 2 - 11）看，有四成左右的民众觉得互联网和电视对普及传统文化知识最有帮助，另有约两成左右的民众觉得广播和报纸杂志对普及传统文化比较有帮助，这提醒青岛市在普及中华优秀传统文化过程中，应注重扩展中华优秀传统文化的传承渠道，采用更加有针对性的传承方式加强中华优秀传统文化的普及效果。

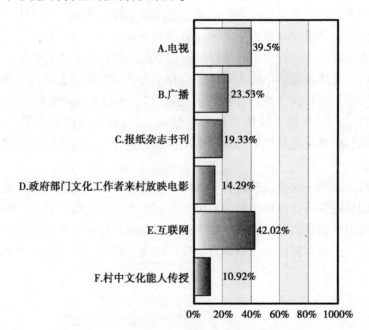

图 2 - 11 民众对传承优秀传统文化的方式认知

最后，严格落实非遗项目申报制度，在申报前邀请高校专家对其传承前景进行综合论证，提升申报质量。注重树立典型，用典型带动后进单位发展，从而全面提高非遗项目保护的质量和力度。严格落实非遗项目监管制度，明确将每一笔财政投入用于传承事业上，确保每一笔投入都能花到实处。

3. 拓宽政府支持渠道，丰富资金利用方式

针对青岛存在的资金利用效率较低、资金利用方式比较单一、资金分配不平衡等问题，为解决现有财政支持力度与保护性资金需求之间的矛盾，特提出以下建议：

首先，政府应不断增加在传承优秀传统文化上的财政投入，加大财政资金保障优秀传统文化传承和弘扬的支持力度。政府应倡设用于资助优秀传统文化传承项目、传统文化传承人和传统文化传承活动的优秀传统文化传承专项基金，通过多样化的资金吸纳渠道解决政府财政资金投入短缺的问题。

其次，政府应鼓励、支持和引导优秀传统文化传承项目社会化运作，充分发挥社会资金流动性强、资本量大的优势，拓宽文化发展融资渠道，吸纳社会富余资本投入社会文化建设，实现文化效益与经济效益共同提高。

再次，政府要注重提升传承政策的引领性，通过完善政府在土地出让、税收优惠等方面的政策，支持社会力量参与到博物馆事业、非遗项目传承等的发展建设中来，制定并公示优秀传统文化传承项目保护名录，引导社会资本针对性投资，逐步形成"以政府为导向，社会力量为参与主体"的文化发展格局。

又次，政府应建立健全科学合理的优秀传统文化传承激励机制，对在传承优秀传统文化中表现突出的企事业单位和个人予以表彰，表现突出的企业等生产性单位可以表彰为"生产性保护示范基地"，积极传承和弘扬优秀传统文化的个人可以表彰"优秀传统文化传承带头人"。政府通过落实表彰和奖励机制，激励优秀传统文化传承人发挥主动性和创造性，进而推动传承和弘扬优秀传统文化。

最后，政府应建立以扶持为导向的资金分配体制，将政府资金流向传承主体尚显弱势的领域，并逐渐加强对传承人的资金支持力度，提升对传承人传承项目专项资助的投入标准，缩小同当前保护项目单位补助之间的支持差距；注重解决传承人的生活困难，帮助其实现再就业，促使其自助性解决生活困难。

六 传承个案之三：优秀传统文化在济宁

济宁，位于山东省西南部，是中华文明重要发祥地和儒家文化的发源地。此地钟灵毓秀，文脉兴盛，历史资源丰富，文化底蕴深厚，在长期的历史发展过程中孕育出了源远流长的始祖文化、瑰丽璀璨的运河文化、刚烈忠义的水浒文化、博大超逸的佛教文化、感天泣地的梁祝文化等多种文化形态。其中最具影响力的儒家文化滋养着孔孟大地，备受世人瞩目。因此，济宁作为孔孟之乡，作为传统文化资源极为富集厚重的地区，在传承发展儒家文化、弘扬优秀传统文化中的重要性不言而喻。尤其在 2013 年，习近平总书记视察曲阜并发表重要讲话，更表明了党和政府在传承和弘扬优秀传统文化方面对于济宁的殷切期望，表明了以儒家文化为核心的中华优秀传统文化对于培育社会主义核心价值观、推进构建社会主义核心价值体系的重要意义。因此，积极抓住重大历史机遇，充分发挥特有的地区优势，树立传承和弘扬中华优秀传统文化的典型，济宁市责无旁贷。

（一）"十二五"以来济宁在传承和弘扬优秀传统文化方面的积极举措

济宁市在传承和弘扬优秀传统文化方面具有得天独厚的地理和历史文化资源优势。2013 年，济宁市政府贯彻落实习近平总书记关于弘扬优秀传统文化的重要讲话精神，确立了建设"弘扬传统文化首善之区"的目标，并落实推动建设首善之区需要实施的"六进"普及、研究传播、道德提升、文化惠民、文明创建、文化遗产保护和曲阜文化经济特区规划建设"七大工程"，在中共济宁市委十二届五次全体会议上，济宁市委书记马平昌指出，"济宁作为中华传统文化最厚重的地区，有条件、有责任把孔孟之乡建成弘扬中华优秀传统文化的首善之区"①。基于此，济宁市委、市政府近年来顺势而上，积极作为，在传承和弘扬中华优秀传统文化方面采取了诸多举措。

---

① 《"孔孟之乡"山东济宁打造文化强市首善之区》，http://www.sd.xinhuanet.com/whsdw/2013 - 12/11/c_ 118515384.htm。

1. 突出地域优势，提高儒家文化影响力

儒家文化作为中华传统文化的主体，深刻地影响着中国人的行为方式、情感方式和价值观念，在中国历史发展过程中起到了不可估量的作用，与其他各类文化相比，孔孟儒家思想体系具有更加突出的完整性、优越性、永恒性和适用性。因此，大力传承和弘扬儒家文化，使其在当今社会焕发出新的生命力，其重要的现实意义不言而喻。基于此，济宁市积极突出作为孔孟故里的优势，紧密抓住建设弘扬优秀传统文化首善之区的重大历史机遇，打造儒家文化传承区，大力研究和传播儒家文化，进一步提高儒家文化的影响力。

第一，在儒家文化研究方面，济宁市努力打造国内外儒学研究高地，大力推动儒家文化研究基地建设，积极扶持孔子研究院、孟子研究院、曲阜师范大学等儒家文化研究机构开展工作，培养儒家文化研究人才。围绕习近平总书记"四个讲清楚"，济宁市启动了儒学与马克思主义中国化、儒家文化与政德建设、中华伦理与社会主义核心价值观构建、孔府档案文献集成及全文数据库建设等一批重大研究课题，出版了由专家学者编纂的《正本清源说孔子》《中国传统道德诠释》等一批学术专著。

第二，在儒家文化传播方面，济宁市成功策划并举办了国际孔子文化节，世界儒学大会、尼山世界文明论坛、第22届国际历史科学大会济宁卫星会议等一批高规格的国际文化交流活动，不断推动儒家文化走向世界。除此之外，济宁市密切与全球各地的孔子学院、孔子课堂的交流合作，改进孔子文化奖评选机制，提升祭孔大典的层次水平，进一步增强儒家文化的影响力。

2. 摸清文化资源，做好文化遗产保护展示工作

济宁市文化底蕴深厚，名胜古迹众多，是传统文化极其富集和厚重的地区。目前，济宁市共拥有文化遗址3000多处，其中国家级重点文物保护单位9处，省级60余处，市级145处。济宁市政府积极做好尼山遗址、鲁国故城大遗址、峄山及邾国故城遗址等"曲阜片区大遗址"以及汶上南旺枢纽工程大遗址保护工作，大力推进鲁国故城考古遗址公园和南旺枢纽考古遗址公园项目建设。另外，济宁市扎实推进"乡村记忆工程"，加强对传统文化村落、民居、街区的保护，延续齐鲁文化命脉。2010年，济宁市启动了孔子博物馆重点项目建设，根据工程计划，孔子博物馆于2015年年底投入使用，承担着曲阜馆藏文物和孔府档案的保护展示功能。

在非物质文化遗产保护方面，近年来，济宁市依照"保护为主、抢救第一、合理利用、传承发展"的工作方针，广泛深入地开展了一系列非物质文化遗产保护工作。首先，济宁市文广新局先后出台了一系列政策性文件，如《济宁市非物质文化遗产项目代表性传承人认定与管理暂行办法》《济宁市市

级非物质文化遗产代表性项目认定与管理办法》，从而对济宁市市级非遗项目、传承人的认定和管理进行进一步的规范，对市级传承人的申报、传承经费发放使用、传承人的权利和责任予以明确。其次，济宁市组建了非遗保护队伍，由文广新局设立了非遗保护中心办公室和非遗保护科，健全了市县乡村四级普查队伍。再次，济宁市开展了非遗普查工作，共普查线索资源12665条，项目资源6485个，征集各类珍贵实物2545件，基本摸清了全市的非遗资源分布情况。截至2014年年底，济宁市已有国家级非遗项目17个，省级项目47个，市级项目164个，县级项目600余个，其中国家级项目和省级项目数量均居全省前列。最后，在非遗普查的基础上，一批非物质文化遗产丛书被编辑出版，如《济宁市非物质文化遗产集萃》（第一、二、三辑）、《山头花鼓》（上、下卷）、《峄山道乐》、《民歌、民谣、民间故事》等。针对一些表演性项目，济宁市打造了一批优秀的精品剧目，如山东琴书《农家春》、山东渔鼓《孔子试徒》、平派鼓吹乐《赶山会》等在第十届中国艺术节期间入围"群星奖"，山东梆子大戏《圣水河的月亮》获得优秀剧目奖。另外，济宁市建立了玉堂博物馆、泗水县剪纸博物馆、石刻博物馆、汶上杨店乡民俗博物馆等十余个大中型非遗博物馆和一批中小型博物馆。

3. 结合公共文化服务体系建设，宣传普及优秀传统文化

为促进优秀传统文化的推广普及，满足人民群众的精神文化需求，济宁市政府近年来积极推进公共文化服务体系建设，努力做好文化惠民工作。

第一，在乡镇综合文化站、文化大院、农家书屋等文化阵地建设方面，截至2011年年底，济宁市152个乡镇（街道）综合文化站全部建成，且全部达到三级站以上标准；济宁市村文化大院覆盖率目前已达到95%，接近全覆盖；农家书屋共建成5800余个，图书报刊不断得到更新，传统文化内容不断增加。[1] 以农家书屋为依托，济宁市还开展了"农民读书月""知识改变命运·读书创造未来"主题读书征文以及争创"书香农家"等各类丰富多彩的活动，营造浓厚的读书学习氛围，促进优秀传统文化的传承普及。另外，济宁市扎实推进"图书馆＋尼山书院"模式，努力形成孔孟之乡独有的特色知名文化品牌，为此，济宁市充分发挥网络等新媒体传播优势，加快推进尼山书院国学公开课活动，推动优秀传统文化广为传播。截至2015年，汶上县图书馆、金乡县图书馆等已经将尼山书院建设完毕。

第二，在"济宁市农民文化节"和"激情广场大家唱"活动的基础上，

---

① 《济宁市"文化惠民 服务群众"12件实事回眸》，http://www.sd.xinhuanet.com/sd/jin/2012-08/31/c_112918579.htm。

2012 年，济宁市启动实施了"政府搭台，百姓听戏，激情广场大家唱"文化惠民工程，着力实施"千场大戏进农村"和"万场演出惠民生"活动。目前，全市共建成"百姓大舞台"5425 处，并以此为依托，济宁市开展了丰富多彩的文化惠民演出活动，如"经典折子戏专场""传统大戏专场""杂技专场""歌舞专场""器乐专场"等演出活动，让群众在享受文化盛宴的同时，潜移默化地受到中华优秀传统文化的熏陶和感染。

第三，济宁市大力推进"乡村儒学"建设，打造"儒学原乡，文化圣地"公共文化服务品牌，力争将"乡村儒学""社区儒学"建设成为全省亮点，在全省发挥示范作用。近年来，"乡村儒学"建设首先在泗水、曲阜、邹城等地区顺利开展，"乡村儒学讲堂"普遍建立。儒学讲堂主要为当地公众提供国学书籍阅读空间，组织公众学习经典文献，对群众进行礼乐教化等。为进一步提升乡村儒学讲堂的建设水平，2015 年，济宁市在全市范围内招募乡村儒学教师，建立"乡村儒学讲堂"教师人才库，发掘、培养一批德才兼备、有一定授课经验、有志于弘扬优秀传统文化的儒学讲师人才队伍，从而为推进全市"乡村儒学讲堂"建设，提供了坚强有力的智力支持和人才保障。济宁市还重视发挥典型和榜样作用，打造一批"乡村儒学讲堂"示范点，具体要求为各县市区要在每个乡镇至少打造 1 处示范点，之后市文广新局再从县级示范点中择优选择 2—3 个作为市级示范点进行重点打造，2015 年，济宁市共打造"乡村儒学讲堂"市级示范点 30 个，从而为全市的乡村儒学讲堂建设提供了有益借鉴。

第四，为推动儒学真正贴近百姓，贴近生活，让曲阜百姓真正学儒学、用儒学，并进一步推进"彬彬有礼道德城市"建设，深化全国文明城市创建，济宁曲阜于 2014 年举办了首届"百姓儒学节"。"百姓儒学节"以"全民学儒学，百姓好活法"为主题，以丰厚的儒家文化为基础，以实施"勤善公和"四大工程为重点，以培育弘扬社会主义核心价值观为根本，以建设"东方圣城·首善之区"为目标，坚持"百姓设计、百姓组织、百姓参与、百姓评判"，主要举行了"百姓朝圣""百姓儒学辩论大赛"首届《论语》大赛、"儒韵民风文艺会演""师生节""邻里一家亲""儒雅诚信百姓"等活动，编印了《曲阜市民论语读本》，实现 18 万户居民每户一册。另外，济宁在全曲阜 405 个村庄，村村设立了孔子学堂并配备儒学教师，注重培育乡贤文化，进行"十佳百姓儒学教师"的评选等。①

---

① 《孔子故里曲阜启动首届百姓儒学节》，http：//www. kmzx. org/Article/ShowArticle. asp？ArticleID = 30990。

4. 深入挖掘儒家文化内涵，加强思想道德建设

2013年，济宁市确立了打造弘扬传统文化首善之区，实现"道德建设示范区"的目标，围绕这一目标，济宁市大力加强公民的思想道德建设，弘扬优秀传统美德，使优秀传统文化真正内化为人们的行为自觉。少年强则国强，首先，济宁市积极建设乡村学校少年宫，将其作为加强和改进未成年人思想道德建设的重点工作。在部分农村地区，孩子放学后由当地的老师或者志愿者带领，学习书法、古筝、武术，进行道德实践活动等，丰富了农村青少年的课外生活，促进了他们全面健康发展。其次，济宁市大力推进道德讲堂建设，推动道德讲堂进机关、进社区、进乡村，在这个过程中，济宁市首先注重建立优秀的宣讲队伍，一是通过开展多种形式的宣讲人员培训班，提高道德讲堂的宣讲水平，增强"道德讲堂"的感染力；二是与道德模范评选活动相结合，充分发挥如"济宁好人"等榜样作用，通过身边可感可知有名有姓的普通故事感染人、教化人，传递源源不断的道德力量。在建立一支优秀的宣讲队伍的基础上，济宁市常态化、长期化开展道德讲堂活动，并不断探索规律，增加群众喜闻乐见的内容，创新活动开展形式。此外，济宁市广泛开展"感动济宁十佳人物""济宁好人"等道德模范评选活动，在城市地区，主要进行诚信教育，评选"诚信市场""诚信企业"；在农村地区，主要培育孝贤文化，进行"好媳妇""好婆婆""孝贤儿女""五好家庭"的评选等，同时普遍设立善行义举四德榜，目前济宁市共设立善行义举榜5500余个。

5. 借力文化产业项目，促进传统文化转化发展

当前，文化发展的必由之路是与经济相融相助，曲阜作为鲁国故都，国家首批历史文化名城，文化底蕴深厚，具有发展文化产业的先天优势和坚实基础。2015年，全省经济工作会议指出，要"抓住曲阜文化经济特区纳入国家发展大盘子的重大机遇，形成一批具有较强竞争力的文化产业集聚区、骨干文化企业和文化品牌"①。首先，济宁曲阜大力推动孔子学院总部体验基地项目建设，充分发挥孔子研究院作用，整合利用曲阜及周边地区丰厚的文化资源，提供丰富多彩、菜单式体验培训产品，努力将其打造成为世界儒学研究交流中心、国际知名的中华文化体验基地和修学度假目的地。其次，济宁启动了鲁国故城考古遗址公园、孔子国际文化交流中心等一批先导性、基础性重大文化设施项目，积极推动邹鲁文化生态保护实验区创建国家级文化生态保护实验区，系统保护利用曲阜及周边地区物质文化遗产和非物质文化遗产资源，加快推进

---

① 《叫响"文化济宁"城市品牌》，http://paper.dzwww.com/dzrb/content/20150206/Articel29002MT.htm。

曲阜三孔、尼山圣境、峄山文化旅游等项目建设，推动文化与旅游相结合；进一步建设曲阜国家级文化产业示范园区，重点发展廖河文化商业街、市民文化广场等项目，运用先进技术手段改造传统文化的传承和传播方式，以文化引领、催生济宁经济转型发展，打造文化经济融合发展示范区。最后，继续打造儒家文化传承创新高地，进一步办好尼山世界文明论坛、世界儒学大会、孔子文化节，扎实推进中华文化标志城规划建设。

（二）济宁在传承和弘扬优秀传统文化方面的成功经验

济宁市在传承和弘扬中华优秀传统文化的具体实践中，取得了不少成果，积累了诸多值得借鉴的经验：

1. 发挥乡贤榜样作用，生活化普及儒学知识

2013 年，济宁市开展了深入的专题调研活动，确定了弘扬优秀传统文化、重建乡村义明、打造"儒学原乡，文化圣地"文化品牌的工作思路，决定在村、镇层面，稳步实施乡村儒学推进计划，在乡镇综合文化站、村文化大院建设"乡村儒学讲堂"。济宁市泗水县是率先进行"乡村儒学讲堂"建设的重要试点，在不到两年的时间内，泗水县共设立"乡村儒学讲堂"36 个，开课300 余场次，听课群众达 1.6 万人次，成为济宁市打造儒学原乡的成功典例。之后，曲阜市、邹城市乡村儒学建设也持续稳步推进。

在乡村儒学建设中，对儒家文化的宣传普及一定要以老百姓喜不喜爱、满不满意为主线，要激发群众自愿学习的热忱。据调查数据显示，在被问及"您最希望哪些人来讲授传统文化"时，与城市地区相比，农村地区的受访者更倾向于由文化能人和大学生村干部来讲授，两者所占比例分别为 51.06% 和29.79%（详见图 2 - 12），另外，在所有受访者中，认为可以采取生活化的方式传承和弘扬传统文化的占到 87.67%（详见图 2 - 13）。

为此，济宁市注重发挥乡贤的榜样作用，采取各类生活化的方式普及儒学知识。乡贤，顾名思义，是乡村中贤能之人，有品行、有口碑、有威望，他们根植乡土，贴近性强，蕴含着见贤思齐、崇德向善的力量。再加上济宁地区自古拥有尊崇贤达的良好传统，济宁市充分发挥村中那些文化能人或退休老教师、老干部的作用，以他们独特的人格魅力吸引群众，感染群众，不仅"言传"，更能"身教"，使儒家文化的宣传普及"看得见""摸得着"。

而要使村民真正理解儒学，儒学讲堂授课时"讲什么、如何讲"极为关键。为此，济宁市乡村儒学讲堂采用"不讲道理讲故事，不讲天边讲身边"的方式深入浅出地进行授课，一是将儒学"故事化"，寓理于事，通俗易懂，儒学对百姓来说不再是"之乎者也"的空中楼阁；二是贴近百姓实际生活，

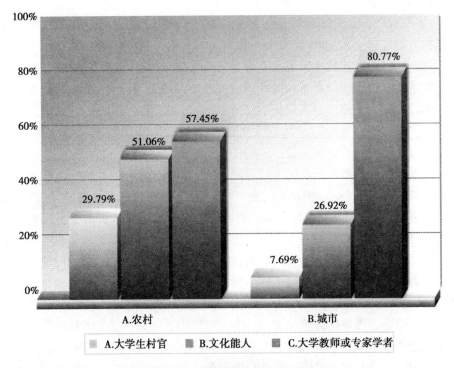

图 2 – 12 群众期望的传统文化讲授人员

图 2 – 13 群众对"生活化普及传统文化知识"的态度

举百姓身边的例子，将平时渗透在农村生活中那些百姓"用而不知"的儒学挖掘出来，让人可信可感，从而激发起埋藏于百姓心中的质朴的儒学情怀。另外，近年来"广场舞"逐渐由城市走向农村地区，广为群众喜爱，成为农村文化建设中一道亮丽的风景线。济宁市选择在广场舞开展热烈、人口聚集的乡村文化场所，借机普及儒学知识，取得良好效果。如汶上县义桥镇在群众广场舞开始前，进行"舞前一堂课"，为群众宣讲儒学知识。这个做法有效解决了"儒学讲堂"授课没人听，观众出席不积极的问题。

2. 拓宽非遗传承渠道，创新非遗保护模式

济宁市政府充分挖掘和保护现有的丰富的历史文化资源，在非物质文化遗产保护方面取得了重大成效，积累了丰富的经验。

第一，拓宽非遗传承渠道。基于目前非物质文化遗产传承渠道比较单一和狭隘的现状，济宁市出台了相关政策法规，加大对文化传承人的扶持力度，给予其积极的财政支持，切实保护文化传承人的利益，鼓励和支持传承人开展传习活动，评选模范传承人。其中所开展的传承人授徒仪式，引起社会广泛关注，通过文化传承人授徒，进一步拓宽了非物质文化遗产的传承渠道，使非物质文化遗产的传承有了坚实的人员保障。同时，济宁市建立非物质文化遗产传习所，如兖州区首家非物质文化遗产传习所由兖州依托省级非遗保护项目《柳下惠的传说》而设立，旨在通过传习所的工作，使受保护的项目在进一步研究、开发、推广和利用等方面获得更加全方位的传承和保护。①

第二，积极推动非遗进校园。高校是非物质文化遗产最好的传习地，这是因为作为非遗传承与创造发展主体的青年学生在这里汇聚。将非遗项目纳入大学专业课程，让青年学生接受有关非遗方面的知识，对于传承和抢救非遗、增强民族自信心、传播优秀传统文化具有重要作用。为此，济宁市积极推动非物质文化遗产进校园，在大学设立非遗展示体验馆，创新非遗保护模式。2013年，济宁市首个非遗展示体验馆落户济宁职业技术学院，学生反响热烈，济宁职业技术学院计划把剪纸等手工非遗项目纳入学前教育专业课程，邀请传承人传授给学生理论和实际制作技艺。将非遗纳入高等教育体系使非遗传承稳定有序，非遗的社会影响力不断得到提升。

第三，尝试将非遗融入百姓生活。为使非遗传承更接地气，济宁市具体情况具体分析，对不同的非遗项目门类，采取不同的保护方法，力求让老百姓喜闻乐见。如对于民间文学，济宁市以民间文学进校园的方式进行传承保护，并出版和推广相关民间文学作品；针对民间戏剧、民间舞蹈、民间美术等表演性、展示性项目，济宁市打造了一批艺术精品，从而扩大了项目的知名度和社会影响力，极大地促进了相关项目的宣传和保护。另外，有些非遗项目已经成为当地居民竞相学习和全民健身项目，如邹城市计划下一步将阴阳板编排成体育舞蹈和健身舞蹈，这是极具创新性的非遗传承的有效模式。

3. 力推道德讲堂建设，弘扬优秀传统美德

2013年，济宁市响应党和政府的号召，确立了打造弘扬传统文化首善之

---

① 《济宁兖州区首家非物质文化遗产传习所成立》，http：//jining. iqilu. com/jnyaowen/2014/0829/2123849. shtml。

区、建成"道德建设示范区"的目标。曲阜市依托孔子礼仪学校在一个月内即成立了675所"彬彬有礼道德学校"，另外，"诚信金乡""厚德任城""大义梁山""德行微山""爱满泉乡·幸福泗水"等体现地域文化特色的道德建设品牌也逐渐叫响。

在此过程中，围绕提升市民思想道德修养和文明素质，以加强"四德"建设为重点内容，济宁市高度重视"道德讲堂"建设，将其作为推进社会主义核心价值体系建设的重要实践。第一，济宁市坚持道德讲堂"群众化"，坚持以"贴近群众、贴近生活、贴近实际"为原则开展活动，充分了解群众的需求，不摆花架子，不做空文章，注重发挥道德模范的榜样作用，做好道德模范评选和表彰工作，充分利用广播、电视、互联网等媒体加大对道德模范重要事迹的宣传力度，在重要版面、重要时段开设专题专栏，经常性、持续性地报道身边善行义举和先进典型，在全市范围内营造起"学先进、讲道德、做好人"的浓厚氛围，力求让身边人身边事感染到群众，让道德典型的崇高精神转化为群众的行为自觉，让伟大的道德力量源源不断、薪火相传。第二，济宁市注重道德讲堂活动"常态化"，提前制定完整计划，确保各级各部门每月至少举办两到三次道德讲堂活动。第三，济宁市力求道德讲堂"特色化"，在道德讲堂举办过程中，济宁市根据实际情况，积极探索，力求突出特色，打造知名品牌，将孔孟之乡的资源优势融入道德建设中的各个环节，凝聚全社会崇德向善的力量。

在道德讲堂建设稳步推进的同时，以孝德建设为切入点，济宁市在农村、社区普遍设立善行义举四德榜，制定切实可行合理的赡养标准，公正公开晒出孝心，评选"孝贤儿女""好媳妇""好婆婆"等。目前，全市共建成善行义举四德榜5000余个，在村居的覆盖率达到95%以上，接近全覆盖。另外，济宁市在主要村庄、街道普遍印刷《二十四孝图》，潜移默化地影响民众。在被问及"您了解多少有关孝道的故事（如二十四孝等)?"时，有60.27%的受访者了解4个以上的关于孝道的故事（详见图2-14），可见孝文化建设的成效。

此外，为加大道德建设品牌的社会影响力，济宁曲阜启动了"文化圣城道德之旅"活动，鼓励外地游客在曲阜旅游时的文明行为，让游客感受不一样的道德熏陶，并依据一定标准评选出"道德游客"，突出曲阜作为教化之都的本色，努力将曲阜打造成为"东方圣城"。

4. 依托大众传播媒体，打造优秀文艺精品

据调查数据显示，当前，在公众了解传统文化的主要途径中，除学校课堂这一主要途径之外，通过互联网手机等新媒体和广播电视等传统媒体途径来了

解传统文化的分别为58.9%和49.32%（详见图2-15），而在被问及"您觉得哪种形式对您普及传统文化知识最有帮助"时，有47.95%的受访者认为互联网最有帮助，21.92%的受访者认为电视最有帮助（详见图2-16），从中可见大众传媒对于传统文化宣传普及的重要作用。

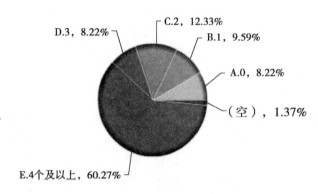

图2-14　民众对孝道故事的了解情况

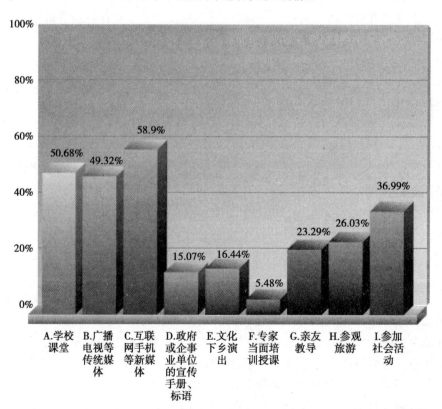

图2-15　民众了解传统文化的主要途径

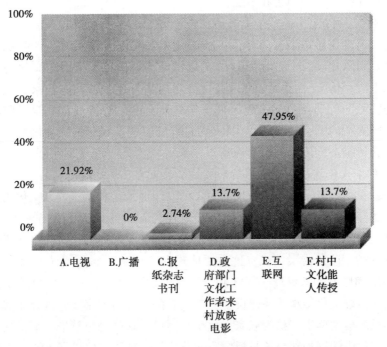

图 2 - 16　民众认为的对普及传统文化知识最有帮助的方式

济宁市在实际工作中体认到利用大众传播媒体进行文化传承的重要性，以宣传和弘扬优秀传统文化为目的，将优秀传统文化元素与大众传媒相结合，打造出一批优秀的艺术精品。如《孟母教子》《论语名句》两部原创影视动漫，融合了中国传统文化和济宁地区独具特色的地域文化，在传承和弘扬优秀传统文化方面具有很强的创新性，目前，这两部动漫作品被列为全球孔子学院和孔子学校指定辅助教材；《演说论语》是用电视剧艺术手法展现《论语》的一部优秀作品，它将《论语》分为教学篇、修身篇、处世篇和治国篇四大部分，生动形象地还原了孔子的讲学情景，获得了全国电视文艺"百家奖"电视专题类一等奖、优秀撰稿奖、优秀创意奖和恩欧希教育信息化发明创新奖；戏剧《圣水河的月亮》在第三届中国豫剧节中获得"优秀剧目奖"和"优秀表演奖"，在"十艺节"中获得"文华奖"。这些文艺精品的创作，为广大人民群众尤其是青少年喜闻乐见，是传承和弘扬优秀传统文化的好形式。

（三）济宁在传承和弘扬优秀传统文化中的不足和缺陷

济宁作为儒家文化的诞生地，是传承和弘扬优秀传统文化的先导之区，尽管济宁市已经为保护和弘扬优秀传统文化做了许多工作并获得了许多成功经验，但难免存在一些问题和不足：

1. 传统文化资源缺乏有效整合，传统文化发展有待整体推进

济宁市文化形态丰富多样，各种文化相互交织，相互激荡，形成了"东文西武、南水北佛、中古运河"的文化格局，但从济宁市传统文化的整体发展情况上看，传统文化资源缺乏有效整合，存在着"各家做各家文化，各地搞各地特色"的现象，某些地区甚至偏离社会主流价值观，不能把握优秀传统文化的真正内涵，一味地"为特色而特色"，这不利于传统文化的整体性发展和优秀传统文化传承体系的构建。

2. 儒家文化价值定位不够清晰，儒学教育盲目求热缺乏规范

儒家文化是济宁地区要做好的大文章，但在传承和弘扬儒家文化的具体实践中仍然存有一些不足和问题，这主要体现在以下三个方面：

第一，在对儒家文化的认知问题上，目前仍有部分干部对儒家文化价值定位不够清晰，存在错误认识，这主要体现在：其一，部分领导干部由于"文化大革命"经历，思想过于保守和老旧，他们不赞同儒家文化的弘扬，甚至反对优秀传统文化传承体系建设；其二，有的干部对儒家文化过分迷信，对孔子及其思想极度尊崇，认为儒家文化全是不可否认的思想精华，不正视或者逃避儒家文化中的糟粕部分，只抓儒家文化建设，认为只要搞好了儒家文化就万事大吉；其三，部分领导受政绩观影响，争做"显工"，不做"隐工"，为了突出政绩，往往不考虑长远，没有智慧的文化眼光，没有把握儒家文化的深刻内涵，只在表面打着弘扬儒家文化的旗号，实际工作却并不到位；其四，部分干部将儒家文化过分商业化，以传承弘扬儒家文化为名，而以谋求商业利益为实，使得儒家文化在经济建设中迷失了方向，实现了济宁地区的"儒学经济热"，却并未真正实现"儒学文化热"。

第二，在儒家文化普及教育上，存在盲目"求热"而不规范的倾向。近年来，济宁地区掀起"儒学热"，乡村儒学建设深入农村各地，儒学讲堂、孔子文化讲堂、廉政讲堂等各种学术讲堂在乡、镇、村相继涌现，一系列讲座活动纷纷举办。这些讲堂的设立多而杂，讲座的举办没有固定形式，没有相应规章制度约束，也没有一个切实可靠的主管部门对其进行规范管理，使传统文化讲授平台变得杂乱无章，不能发挥实效。调研中，在被问及"您对当地讲授传统文化或儒学的活动感受如何"时，在700名受访者中，仅有19.18%的民众认为"非常好"，39.73%的民众认为"一般"，15.07%的民众认为"没有收获"，26.03%的民众不了解或没有参与过儒学讲授活动（详见图2-17）。由此可见，尽管乡村儒学讲堂网格式覆盖全市各地，但其积极作用仍有待进一步发挥。

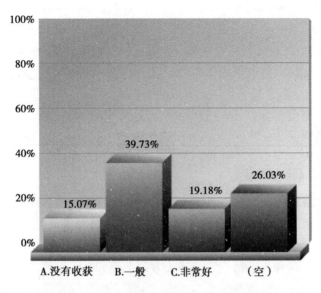

图 2－17 民众对于儒学讲授活动的感受情况

值得注意的是民间儒学教育培训的现状。近年来，民间儒学教育培训机构雨后春笋般兴起，名称有国学堂、国学院、礼仪学校等，大多集中于曲阜、邹城、泗水、济宁市区等县（市、区）。这些教育培训机构采取国学经典诵读、传统礼仪培训、游学体验等教学形式，常年举办夏令营、周末班、长期班，在少年儿童儒家文化普及教育方面做了大量工作，是中华传统文化教育的重要补充。但以传统文化为教育内容的培训机构毕竟不同于计算机、外语以及各种实用技术培训机构，它们能否健康发展关乎青少年成长和中华优秀传统文化传承的大问题，小觑不得。在调研中发现，这些教育培训机构在办学过程中，无论教育部门还是文化部门对其教育内容、师资情况、教育过程、安全状况等都缺少必要的监管，部门间的协调也不畅通。特别严重的是，这些培训机构一般都存在招收常年普通教学班的现象，将本该在生源地中小学完成义务教育的儿童招收到培训机构读书，其课程体系、教学内容、学籍管理等环节存在诸多问题和难以解决的矛盾，应当给予关注。

第三，在儒学知识的具体传授中，接地气、通俗易懂的教材相对缺乏。近年来，许多专家学者研究儒家经典著作，并在研究基础上纷纷著书立说，发表自己的学术见解，这虽然推动了儒家文化研究的大发展、大繁荣，但是许多解读和诠释往往是一家之言，如对《论语》的解读等并没有一个相对权威的、为人民大众所普遍认可的解读版本。解读问题的不规范，不利于儒家文化的大众化普及，尤其是中小学生群体更容易对此产生困惑。而教材不够贴近百姓生活、不够通俗易懂则使得儒家文化的宣传讲解有些抽象和高高在上，不便于群众深入学习和理解，影响了儒家文化宣传普及的实际效果。

3. 非遗保护机构机制有待健全，非遗保护工作缺乏专业化

目前，济宁市共拥有国家级非物质文化遗产项目17个，省级非物质文化遗产项目48个，非遗保护工作卓有成效。但是，济宁非物质文化遗产保护机构的设立仍然有待健全，各非遗保护单位大多都是挂靠在所属县市区文化馆之下的临时性机构，工作人员也多由文化馆干部兼任，大多没有经过系统的培训，在一定程度上影响了非遗保护工作的规范化和专业化。

4. 政府财政支持仍显不足，文化人才队伍亟待充实

在传统文化的传承保护上，济宁政府的财政支持力度仍需加大。以曲阜为例，该市作为济宁市弘扬优秀传统文化的主阵地，受到高度重视，2012年济宁市即提出"文化突破曲阜"战略。尽管策略上高瞻远瞩，但实际上并没有出台相应宽松政策和配套措施。这样，即使地方和基层对优秀传统文化的传承很有热情，也会因上级没有切实可行的政策而影响文化建设的质量和水平。再如，济宁的乡村儒学建设，因为没有财政支撑，本来就条件简陋的农村地区在进行乡村儒学教育时十分吃力，儒学讲堂空间狭小、投影设施配备不足、农村书屋书籍不足等问题影响了乡村儒学普及的效果。

在人才队伍建设、人才储备方面，济宁市也有很大不足。一方面，济宁市缺少文化带头人和传承人，学术界的专家学者对优秀传统文化的传承贡献不够，他们或在理论研究上存在偏差，或是只专注于自己擅长的研究领域；另一方面，济宁市讲授传统文化的师资力量比较薄弱。在农村地区，进行传统文化讲授的教师多为附近学校的在职老师，这些老师本身已经有繁重的教学任务，精力难免分散，讲授效果难以保证，而一些乡村贤能又多年迈体弱，且知识更新较慢，知识储备有一定偏颇。在乡镇一级存在文化站管理人员不稳定、缺少培训、文化素质不能适应文化传承发展需要等问题。文化人才的缺乏制约了济宁市传统文化传承弘扬的广度、深度和效果。

（四）关于济宁优秀传统文化传承发展的几点建议

毋庸置疑，济宁市为促进优秀传统文化的传承开展了大量工作，但实际效果却不能令人满意。据调查数据显示，在所有受访者中，仅有2.74%的受访者对政府所做的传统文化传承工作感到"非常满意"，12.33%的受访者感到"满意"，46.58%的受访者表示"不满意"，38.36%的受访者表示不了解（详见图2-18）。

可见，济宁市在传承和弘扬优秀传统文化方面仍然存有很大进步空间。因

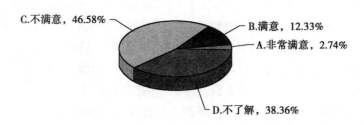

图 2 - 18　民众对当地政府所做的传统文化传承工作的满意程度

此，为更好地促进中华优秀传统文化的传承与发展，济宁市应当结合当地实际，在总结经验，明确不足的基础上，明确今后以下几个工作方向：

1. 整合优秀传统文化资源，促进优秀传统文化整体性发展

济宁市文化资源富集，文化形态多样，济宁市应当在政策上加强引导，理顺不同文化形态间关系，既要促进文化多样性发展，又要把握社会主流价值观，紧密切合社会主义核心价值观建设，避免出现"各自搞各自特色文化"的现象。要搞明白中华优秀传统文化是以儒家思想为主导的文化，在认同多元文化互补的同时，必须明确在传承和弘扬传统文化的过程中，首选主倡的仍然是儒家文化，是孔子、孟子的思想精华和修身处世智慧。因此，济宁市必须要在这样的现实基础上，坚持"以儒为主，多元互补"，推动济宁市传统文化整体性发展，发掘、传承和弘扬有时代价值的、有助于时代发展的传统文化。

2. 加强优秀传统文化培训，帮助干部正确认知儒家文化

儒家文化是中国的符号，传承与弘扬好以儒家文化为核心的传统文化，对于培育社会主义核心价值观，构建社会主义核心价值体系，增强国家文化软实力，实现中华民族的伟大复兴具有重要意义。济宁市与儒家文化有着深厚的历史渊源，尤其近年来，"儒学热"在全国各地兴起，济宁市作为儒学"最热"的地区，正确认知儒家文化，对儒家文化进行正确的价值定位，是弘扬与传承好儒家文化的首要前提。对此，济宁市一方面应该加大对儒家文化的宣传力度，通过各种形式的宣传活动，使广大干部群众充分认识到儒家文化对于优秀传统文化传承体系构建的重要性、必要性和紧迫性；另一方面，济宁市要做好对各级地方政府领导干部的优秀传统文化培训工作，通过讲习班、研讨班等形式帮助各地方干部树立起对待儒家文化的正确态度，尤其不能以弘扬儒家文化为旗号，将儒家文化过分商业化，将其单纯作为谋取经济的手段而忽略了儒家文化重要的思想内涵和深远的社会作用。

3. 规范管理城乡儒学讲堂，促使儒学教育活动收到实效

对于乡村儒学讲堂，要避免"重建设轻利用"，要设立专门部门进行规范

管理，将儒学讲堂的作用发挥到实处，而不是地方干部的政绩或形象工程，要让老百姓切实感受到优秀传统文化与自身利益密切相关，让其真正从中受益，让优秀传统文化真正成为百姓的精神需求，真正地"扎根"民间。为此，还要组织专家学者编纂正规、接地气的乡村儒学教材，引导他们为优秀传统文化的传承与弘扬提出切实可行的建议，争取出版既贴近百姓生活又体现时代精神的传统文化丛书，使传统文化的普及教育贴近民心、有据可依。针对民办儒学教育培训机构缺乏监管的现状，建议政府协调各部门之间关系，强化管理与合作，切实解决办学中的困难和问题，引导它们规范教育目标、教学内容、教学过程，树立科学教育理念和安全意识，使其走向健康发展轨道。

4. 加强非遗保护机构建设，确保非遗保护工作科学规范

政府应当加强和完善非遗保护机构建设，给予非遗保护单位足够的独立性和自主性，要建立健全相关政策法规保障非遗保护工作有序、规范进行。同时，济宁市应当提高非遗保护工作人员的专业水平，通过开展各种教育培训活动，对非遗保护工作人员进行系统化、专业化的培训指导，从而增强非遗保护的技术力量，进一步确保非遗保护工作的科学性和规范性。

5. 加大财政支持力度，培养和造就文化管理与传承人才

第一，传承和弘扬优秀传统文化，实施文化强市战略，离不开财政的大力支持。政府要率先作为，积极争取国家、省财政的支持，加大对优秀传统文化传承发展事业的拨款力度。除此之外，济宁市政府应当通过出台相关优惠政策，引导并鼓励一部分社会力量参与到优秀传统文化的传承保护工作中来，吸引社会投资。另外，济宁市可以考虑研究制定相关政策，从旅游景点门票收入中，抽取一定比例的资金用于优秀传统文化的传承，优秀的传统文化的传承和保护为旅游业不断注入活力，旅游收入又反哺优秀传统文化传承与发展，二者相互促进，相辅相成。第二，激励和培养一大批优秀传统文化管理和传承人才。一要通过制定合理的政策和切实可行的奖励制度引导学术界的专家学者自觉承担优秀传统文化传承发展的重任，促使他们对优秀传统文化进行正确而深刻的解读并为优秀传统文化的传承发展提出有效建议。二要加大对民间文化能人、文化传承人的培育和扶持力度，制定完善的法律法规，建立有效的保障制度，提高文化传承人的社会地位和社会声望。三要充分发挥文化志愿者的作用，依据本市实际情况，有针对性地开展文化志愿者招募和培训工作，吸引和动员热心公益的广大市民、高校学生、退休教师、有一技之长的专业人士等就近就便加入志愿者队伍，参与传统文化传承活动。四要吸收高学历专业化人才担任文化站长，同时创新人才管理办法，加强对文化站管理人员的培训，制定相应评价机制，调动其工作积极性。

6. 加快建设"传统文化首善之区"，促进优秀传统文化创新发展

传承和弘扬优秀传统文化，一定要体现时代性，要促进传统文化与市场经济融合发展，使其在新的时代焕发新的生命力。为此，济宁市一方面要抓住传统文化首善之区建设的重大历史机遇，着力培育崇德尚礼、和善向上的儒韵民风，努力打造全省乃至全国道德建设高地。另一方面要进一步推进"曲阜文化经济特区"建设，以曲阜国家级文化产业示范园区为载体，大力做好优秀传统文化的创新转化文章；要着力打造好济宁一系列特色文化品牌，如济宁在"运河之都"的建设上，要在立足资源的基础上，充分把握"运河文化"的深刻内涵，深入挖掘、塑造、推广运河文化品牌，系统开发其产业优势，发挥其品牌价值，把文化资源优势真正转化为产业优势。要加快传统文化与旅游业的融合发展，重点推进"尼山圣境"等重大文化旅游项目，加快孔子研究院体验基地建设，进一步促进旅游产业的转化升级。要加快传统文化与科技的融合发展，运用先进技术手段，借助现代媒体，积极扶持影视传媒、数字动漫等新兴产业，在吸收《论语》《孟母教子》等优秀原创影视动漫经验的基础上，继续打造一批影视艺术精品，进一步找到传统文化与科技融合发展的突破口，从而做好优秀传统文化的传承转化文章。

另外，要充分发挥民间对优秀传统文化传承的推动作用，激发民众传承优秀传统文化的热忱和潜在动力，促使优秀传统文化大众化传承。要充分利用民间重视村志、家谱、家乘编写的优良传统，资助条件成熟的村庄和家族开展纂修村史、家史、家谱的活动，使优秀的村规、村风、家训、家风得以传承，并在新时期发扬光大。在非遗传承保护方面，应大力推广将非遗融入百姓生活的好经验、好做法，创新形式，更新内容，深入民间，走进百姓生活，从而获得实效。我们坚信，最成功的传承保护就是把非物质文化遗产融入人民群众的现代新生活。

七 传承个案之四：优秀传统文化在临沂

临沂位于山东省东南部，是山东省面积最大、人口最多的城市。临沂历史悠久，是中华文化的发祥地之一，文化底蕴深厚，正所谓"鲁南古城秀，琅琊圣贤多"。临沂传统文化有着独特的延续性和包容性，凝聚着临沂自强不息的精神追求和历久弥新的精神财富。在这座省级历史文化名城里，汉晋文化、红色文化与当代文化共依共存，书法文化、兵学文化、孝文化、商文化根深叶茂。近年来，临沂市委、市政府积极扮演好文化发展的规划者、文化遗产的保护者、文化品牌的创建者等多重角色，并取得了一定的成绩和成功的经验，但也存在着一些不足与困难。

（一）政府合理定位，采取措施传承传统文化

传承和弘扬优秀传统文化，既是政府履行经济文化职能的必然要求，也是以文化建设促进经济发展的有效战略之一。临沂市在"十二五"期间，深入贯彻习总书记历次讲话精神，在传统文化的传承与当代社会主义核心价值观建设方面做了诸多探索。

1. 以科研团队为依托，夯实传统文化研究基础

一是组建传统文化研究团队，汇聚传统文化研究专家学者。

临沂市委、市政府高度重视传统文化，以求真务实的态度，组建了传统文化研究社团，以学术论坛为研究平台，集结专家学者，共同参与传统文化的研究工作。

一方面，大力支持本地传统文化研究社团的发展，扩大临沂传统文化影响力。为挖掘发潜本地传统文化资源，临沂大力加强文艺协会建设，对传统文化研究社团提供经费支持。为支持送戏下乡剧目的创作，临沂市财政还根据实际需要安排创作经费，组织高水平文艺工作者去创作更多贴近人民生活、反映时代精神的优秀文艺作品。目前，临沂全市登记注册的有关传统文化交流的研究会、协会共有120多家。如兰陵县加强与高校合作，相继成立山东大学兰陵文化研究中心、临沂大学兰陵文化研究院。此外，全市音协、作协、舞协、曲艺

协会、民间文艺家协会等社团组织也实现了快速发展。经过各方努力，《临沂历史文化名人》《临沂市非物质文化遗产名录》等系列丛书相继出版，这无疑成为推介和宣传临沂的重要力量，有利于临沂市进一步理清传统文化的发展脉络，挖掘历史内涵，为其打造文化名市、加快经济发展提供强有力的动力支撑。另一方面，积极举办传统文化学术研究论坛和文化节，培育本地优势文化品牌。临沂市积极引进以华赞、王大千、王鼎钧等人为代表的国内外高水平专家学者，组建了高端科研团队，共同参与传统文化研究，并借助各种学术论坛平台，积极宣传临沂的传统文化特色。仅在 2015 年就先后举办了两场与中国传统书画文化有关的，以"共享文化之美"和"当代中国写意篆刻"为主题的学术论坛。通过这些学术论坛，专家学者们提出了关于传承传统文化的建设性意见，共同打造出具有极高学术视野和行业眼光的智慧盛会，从而为临沂传承传统文化提供智力支持。与此同时，通过文化艺术节的形式，积极打造独具本地特色的传统文化传承品牌。临沂自 2003 年举办首届书圣文化节以来，经过连续 12 年的打造，"羲之故里"和"中国书法名城"已经成为临沂靓丽的文化名片。为培育兵学文化品牌，临沂以《孙子兵法》为蓝本、以中国兵学文化为引导成立了《孙子兵法》研究会，并规划建设中国兵学城，以加强对《孙子兵法》的研究和银雀山兵学文化的开发。临沂市委书记张少军介绍说："市委、市政府于 2008 年作出了规划建设中国兵学城的重大部署，对银雀山汉墓竹简博物馆进行扩建，力争通过对汉墓竹简等珍贵文物及其承载的兵学文化的深入挖掘和生动展示。"[①] 沂南县充分发挥诸葛亮诞生地的优势，把传承诸葛亮文化和弘扬沂蒙精神结合起来，成功举办了七届诸葛亮文化旅游节，成功地向民众宣扬了其鞠躬尽瘁、死而后已的献身精神，廉洁奉公、勤政爱民的智慧精神。

二是加强历史文化遗产保护与利用，深入挖掘现有传统文化资源。

首先，文物保护单位和珍贵文物申报工作取得喜人成绩。为做好文物保护申报工作，临沂市邀请省相关专家前来授课，指导市县两级做好申报文本材料的撰写、证明资料的整理及录像片的制作等工作，然后汇总相关资料送至省文物局，积极申报国家、省级非遗保护名录。临沂市于 2015 年选择了 30 个重点项目，公开进行招标，统一制作了申报片。现如今拥有国家重点文物保护单位 12 个，省级重点文物保护单位 88 个，国家一级文物 189 件，二级文物达数千件。在临沂市的积极努力下，沂水天上王城纪王崮春秋墓葬考古项目入选2013 年度"全国十大考古新发现"，仙人骑狮灯台等七件文物被省委宣传部和

---

① 《临沂发掘历史文化资源弘扬兵学文化》，http：//sd.ccdy.cn。

省文化厅评为"齐鲁瑰宝"，兰山区小谷城故城遗址等七处文物点被国务院公布为第七批全国重点文物保护单位。

其次，非遗调查、申报与保护工作取得重大突破。为系统开展非遗研究工作，临沂市高度重视民间传统文化资源，对散落在民间的传统文化信息进行整理，以县区文化馆、乡镇文化站为阵地，对各个县区和乡镇的非遗线索进行全面排查。如兰山区在全区范围内开展了地毯式、拉网式普查，普查出非遗线索1万余条，征集民俗实物500余件。

同时，各级文化部门积极争取部分非遗项目纳入各级保护名录。临沂市以县区文化馆为单位，组织专家对那些个性鲜明、有发掘价值的非遗线索进行分析整理，充实材料，建立了非遗项目库。截至2015年上半年，临沂市入选国家级非遗项目名录达到4项，省级达到19项，拥有国家级代表性传承人1人（图2-19）。仅2014年3月公布的第四批市级非物质文化遗产名录就有56项，这些项目涉及传统文化的诸多方面，涵盖了民间文学《孔子帅郯子传说》、传统音乐《沂蒙花鼓调系列民歌》、传统舞蹈《跑马灯》等。其中，郯城县的工作表现得尤其突出（表2-1）。

此外，临沂市政府还高度重视民间非遗传承人的保护工作。非遗生根于民间，通常由某个群体或个人所掌握，他们本身是资源所有者，同时也是非遗项目中"活的载体"，作为一种活态的文化，其传承作用不言而喻。为此，临沂抓紧实施开展抢救性工作，尤其是对年纪较大的传承人通过运用录音、录像等有形的方式，将各个项目的代表性传承人的创作过程完整记录下来，以便于及时地将这笔精神财富传承下去。进而，组织知名专家学者在传承人口述资料的基础上，对资料进行深加工和精加工，从而为非遗的传承提供鲜活材料。

表2-1　　　　　　　　郯城县近年来国家级和省级非遗名录

郯城县国家、省、市级非物质文化遗产名录			
一、国家级非物质文化遗产名录（1项）			
序号	项目类别	项目名称	保护单位	公布时间
1	传统音乐	鲁南五大调	郯城县文化馆	2008.6.7
二、省级非物质文化遗产名录（4项）			
1	民间文学	东海孝妇的传说	郯城县文化馆	2012.12.25
2	传统音乐	鲁南五大调	郯城县文化馆	2006.12.30
3	传统美术	郯城木旋玩具	郯城县文化馆	2006.12.30
4	传统美术	郯城县木版年画	郯城县文化馆	2012.12.25

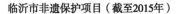

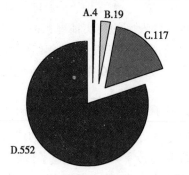

临沂市非遗保护项目（截至2015年）

A.4 B.19
C.117

A.国家级非贵保护项目

B.省级非遗保护项目

C.市级非遗保护项目

D.县级非遗保护项目

D.552

图2-19 临沂市非遗保护项目概况

2. 以重点工程为抓手，创新传统文化传承阵地

无论是传统文化内涵的发掘与挖潜，还是传统文化精髓的理解与感悟，都离不开有着强大生命力的传承阵地和立足本地实际的传承载体的支撑。临沂市积极分析传统文化现状，依托重点工程，加快优秀传统文化的阵地建设，在实践中构建传统文化教育与文化建设双向互动机制，从而为临沂市优秀传统文化的传承奠定了基础。

一是继续组织实施"乡村记忆工程"。在文化保护意识的驱动下，临沂市开展了一系列历史文化遗产的保护工作，重点建设了传统村落和乡土建筑，评选出一批优秀传统文化的村落和民居。十里堡社区"乡村记忆馆"和思源"乡村记忆博物馆"即为其中的典范。为加强乡土文化遗存的保护，努力使文化古城延续历史文脉，临沂市组织专人到各个村庄实地考察，制订保护传统村落的发展规划，并积极推荐符合条件的村庄申报。秉承着"全民合力，才能保护好传统村落"① 的理念，临沂市充分利用农村广播、壁画板报等多种形式，向广大群众宣传保护传统村落的基本知识。经过不懈努力，临沂市沂南县马牧池乡常山庄村、沂水县马站镇关顶村等4个村落已经入选国家级传统古村落。另外，在山东省第一批"乡村记忆工程"文化遗产名单中，临沂市多个镇、村、民居及博物馆均已入选，总数位居全省前列，而蒙阴县岱崮镇作为全省7个传统文化乡镇之一名列榜首。

二是积极推进尼山书院工程和"传统文化进校园"活动。临沂市响应省文化厅的号召，积极按照"图书馆＋书院"模式，率先在市图书馆建立了尼

---

① 《临沂四村落成国家级传统村落 入选村落各具特色》，http：//ly. wenming. cn/jjym/201412/t20141201_ 1477142. html。

山书院，完成了国学讲堂、多媒体教育、国学经典阅览室、文化体验室在内的"六个一"的总体布局和"诵、谱、礼、德、趣"五个板块的设施建设。除了硬件设施的筹建，临沂市还高度重视软件设施的落实情况，邀请了国内知名专家和教授到临沂开展讲座。市县图书馆尼山书院于 2014 年组织各类传统文化讲座高达 120 余次，听众达到 2 万余人，并在民众中引起了较大凡响，获得了不错的口碑。

习近平同志指出，培育和弘扬社会主义核心价值观，教育引导是基础性工作。青年学子是祖国的未来，身上肩负着传承优秀传统文化的使命。临沂为向青少年展示本市传统文化资源，以校园为传承阵地，实施了传统文化进学校、进课堂活动。如与临沂商业职业学院合作，建立了以"传承文化遗产，弘扬民族精神"为主题的文化交流平台。由临沂市文广新局主办、临沂职业学院承办的"传统文化进校园暨非物质文化遗产博览会"取得成功。此外，临沂各地还推出了诸如"成童礼""德容数理""美德少年""经典诵读"和"我的中国梦、我的沂蒙梦"等活动，用身边的榜样激励青少年奋发向上，营造弘扬临沂传统文化的氛围。

三是加快构建城乡公共文化服务体系。临沂市积极组建领导小组到各乡镇考察传统文化的服务设施状况，以文化馆评估定级为契机，实现了各县区文化馆全部建有非遗展厅，督促各县区利用旧厂房、校舍、不用的办公场所等，建设县区历史文化博物馆，并将其纳入民生实事考核的内容。同时，临沂市积极建造了村镇传统文化展示室，100 个乡村博物馆也相继建成，用来展示当地具有代表性的生产遗物、遗迹等实物，以及这些"有形"遗产所承载的乡村生产习惯、节庆习俗等"无形"遗产。这些努力取得了很好的社会效应（图 2 - 20）。据蒙阴县坦埠镇诸夏村支书张凤臣介绍："自文化大院建设以来，村民经常来文化大院参加自己喜欢的活动，社会秩序相比之前来说有了较大的提升，村里赌博的打牌的人、游手好闲的人渐渐少了。"

四是推进文化惠民工程建设，丰富群众精神文化生活。为进一步推动文化资源向基层倾斜，临沂市变"送文化下乡"为"下乡播文化"。除了继续编排传统文化的相关节目到乡村巡演外，临沂市还重点培育打造了 40 个能独立演出的优秀庄户剧团，逐步形成"市直院团 + 县区院团 + 社区庄户剧团"三级联动的文化惠民演出机制。在文艺作品上，市柳琴戏传承保护中心复排或新排了《花为媒》《姊妹易嫁》《沂蒙情》等大型优秀传统剧目；在传承形式上，除柳琴戏外，还采用舞蹈、歌曲、小品等多种形式展示传统文化；在传承策略上，针对村落密集和分散的农村地区采取有的放矢的方法，人口密集区采取联村演出的方式，形成一个文化服务圈，而偏远、分散的小型村落采取小分队形式进行演出。

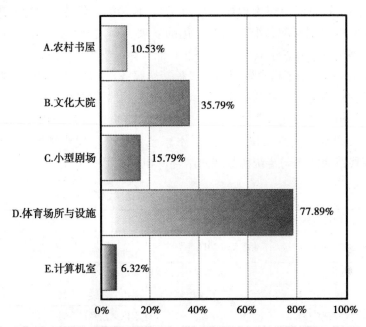

图2-20　农村地区民众对本地公共文化设施建设情况的认知

3. 新媒体与传统媒体二维发力，创新传统文化传承形式

创新是一个民族不竭动力的源泉，传统文化领域亦需要创新。在现代传播技术的多样组合下，在发动社会广泛参与的基础上，临沂市积极开展了诸多传统文化活动，以期实现临沂文化建设的新突破和传统文化的大发展、大繁荣。

一是编印传统文化宣传图册。书籍在传统文化的传承中发挥了重要作用。为此，临沂市加快了在市区建立图书馆、在乡村设立农家书屋的步伐，借助书本带给民众以精神熏陶和智慧启迪。为进一步提高民众对于书籍的认可度和阅读的兴趣，临沂市投入了5万元作为试点，编辑出版了集"轻、薄、短、小"为一体的、弘扬传统文化的小册子。这种宣传册字数约1.5万字，图文并茂、生动有趣，语言通俗易懂，在图书馆开展国学讲座时，将其在现场派发给民众，既引起了他们的好奇心，又方便他们进一步学习传统文化知识，潜移默化中取得了很好的传播效果。

二是充分利用传统媒体，高度重视新兴媒体。仅仅靠书籍传承力量有限，现代社会中传播媒介种类渐趋繁多，功能齐全，而新媒体在弘扬传统文化的进程中必将发挥更为重要的作用，因此临沂市将传统媒体和新媒体加以运用并结合起来，找到了两者融合的平衡点。在使用传统媒体上，采用报刊、广播、电视及网络等多种传承载体，如《临沂日报》每隔一到两周定期推出关于沂蒙红色文化的专题文章；在利用新媒体上，临沂市充分利用网络新媒体资源，借助现代技术，以创新思想为指导，"高精尖"地传播临沂传统文化。市文广新局积极探索以"互联网思维"思考文化的发展，利用网络传播技术拓宽文化服务的新路子。"全市建成市级支中心 1 个，县区支中心 12 个，乡镇服务站 157 个，村村都设立了信息资源共享工程基层服务点。"① 在传统媒体和新媒体的联手下，临沂市文艺精品创作活动得到了快速发展，500 多件文艺精品先后获得全国、山东省大奖（表 2 - 2）。现代大型交响乐《沂蒙山小调》早已响遍华夏，大型水上实景演出《蒙山沂水》备受赞誉，现代柳琴戏《沂蒙情》更是将现代革命故事与传统柳琴戏曲结合得相得益彰。

表 2 - 2　　　　　　　　临沂市近年来部分文艺精品获奖情况

	剧目名称	所属剧种	所获奖项
文艺精品	《又是一年桃花开》	柳琴戏（2014 年创作）	第十一届山东省"文艺精品工程" 第九届临沂市"文艺精品工程"特别奖
	《沂蒙情》	柳琴戏	泰山文艺奖一等奖
	《风雨担架》	三人舞	泰山文艺奖二等奖
	《心灵对白》	小品	泰山文艺奖三等奖

4. 塑造文化品牌，发展文化产业

文化品牌是一个地区文化资源的重要招牌，也是对内和对外开展文化交流的主要窗口。临沂市高度重视传统文化的品牌培育工作，以沂蒙精神为传承载体、以临沂特有的传统文化资源为主要方向来开发与传统文化相关的文化产业，使传统文化在深度和广度上有所延伸和拓展。

从泉庄镇桃花源、桃花山、桃花涧为特色的桃花节，到翰墨飘香的书圣文化艺术节，从百姓喜闻乐见的民俗活动，到日渐兴盛的商业会展经济，临沂充分认识到文化与经济相互影响和交融的现实，严格遵循市场经济规律办事，塑造了一批批口碑良好的文化产业品牌。沂蒙红色影视拍摄基地的建造和使用就是一个范例。"目前，基地已拍摄《沂蒙六姐妹》《斗牛》《娘》《红高粱》《我的特一营》等 70 余部影视剧。"② 为将柳琴戏的艺术资源与经济效益联系起来，以最大限度地发挥柳琴戏推动地方文化建设的目的，柳琴戏剧团积极与

① 《市文广新局"互联网思维"拓宽文化服务新路子》，http：//www. linyi. gov. cn/info/egovinfo/zwgk/zwgk_ page/004448398 - 12_ A/2014 -0409001. htm。

② 《临沂：沂蒙精神借红色文化经典传承》，http：//www. dzwww. com/2014/sdsj/gdsj/201412/t20141205_ 11501097. htm。

著名文化企业山东红日阿康公司开展合作，正式冠名为山东红日阿康柳琴剧团，对于柳琴戏的良性循环发展起到了重要作用。截至 2015 年上半年，该剧团与鲁南制药歌舞团共同完成演出 280 场，观众达 80 万人次，演出获益高达 50 余万元。《蒙山沂水》在临报集团的运作下，也获得了巨大的经济效益。截至 2014 年年底，该剧共演出 40 场次，累计观看人次超过 1.95 万人次，实现票务收入逾 27 万元。凡此总总，充分证明了临沂在文化品牌塑造中的潜力。"文企联姻"使临沂市文化产业实现了创造性转变和创新性发展。

此外，为更好更快地促进文化与旅游的合作，临沂创建了沂蒙乡村休闲旅游联谊会网站，下设新闻动态、精品路线等板块，定期更新信息动态，让旅游者充分把握最新文化旅游资源。

（二）体系传承显特色，狠抓创新育成就

保护与传承优秀传统文化，既是新型城镇化建设的重要内容，也是临沂市当前迫切需要解决的重要问题。临沂市以调研为根据，以创新为主线，以目标为动力，在保护与传承优秀传统文化方面采取了诸多举措，在培育人才、拓宽融资领域、发展红色文化产业等方面取得了一定的成绩和值得借鉴的经验。

1. 因地制宜，创新人才培养机制

人才储备有限、人才缺乏无疑是临沂传承传统文化中的短板。为解决人才短缺问题，临沂市从长远着手，高度重视人才在传承传统文化的重要性，对高素质与基层文化人才的培养双管齐下，同时施以不同的培养方案和考核激励机制，走出了一条人才培养机制的新路子。

采取短期和长期策略并行的举措，加大高素质人才培育力度，稳步提升传统文化的研究队伍水平。临沂市通过高学历人才引进、事业单位招考等途径，解决短期内人才紧缺的困境。同时，把优先培育青年学生作为重点，鞭策青年学生，推行传统文化教育作为文化建设人才培养的长远战略。为此，临沂积极联合省内和省外高校，建设人才培养基地，选派青年文化人才到高等学校进修培训。

除了高素质文化人才的培育，地方文化人才同样是不可或缺的一环。地方文化能人在丰富临沂民众的文化活动中发挥了重要作用，临沂市对此高度重视，为这一批文化能人提供发展资金和教育平台，并出台了《关于加强农村社区文化建设的意见》，把加强基层文化骨干建设纳入全市人才培养规划。市县每年将社区文化骨干纳入年度培训计划，使每个社区都能有 1—2 名文化活动骨干。与此同时，以农村社区文化建设为重点，以便于基层群众共享文化惠民成果。由于众多创作、表演人员转行，老艺人相继去世，民俗文化表演人才

青黄不接，使得临沂传统文化中许多精彩唱腔、唱法和表演艺术没有完全继承下来，甚至面临失传的窘境。临沂市对此采取了有效举措。以柳琴戏为例，除了加大对既有柳琴传承人的保护力度外，还通过让歌舞团中的声乐演员学习柳琴，进而缓解人才紧缺状况，为临沂培养人才提供了缓冲的时间。实践证明，声乐演员在已有专业知识的基础上，在柳琴传承人的悉心指导下，学习柳琴的难度降低、时间缩短、效率得以提高，从而避免了柳琴戏在民众传播的断层，增加了柳琴戏进一步传承的可能性和创造性。

2. 立足实际，打造红色旅游文化品牌

一是充分利用民间力量，拓宽融资形式。无论是人才培养体系的建设，还是开展弘扬传统文化的各类活动，资金是需要考虑的重要因素之一，资金不足也往往成为文化传承的制约瓶颈。临沂市积极探索融资新形式，与民间资本力量开展合作，使得民间文化产业得到快速发展和提升。重修宝泉寺和建造思源乡村记忆馆就是其中的典型例子。临沂民营企业家中的优秀代表，三盟集团董事长李佃军利用企业资本，投资约 4.5 亿元，重金聘请了山东旅游规划设计院专家对宝泉寺公园进行了重新规划设计，在政府投入和民间资本的共同参与下，宝泉禅寺如今以全新姿态展现在世人面前。此外，政府和三盟集团还联手打造了思源乡村记忆博物馆，设有勤于作、利于行等十个展区，从社会生活的方方面面向参观人员展示了一段生动的乡村历史变迁史。该馆自建立以来，被公布为山东省第一批"乡村记忆工程"，成为保护历史文化、传承民俗历史文化和发展现代文化的教育实践基地。可见，政府的支持，是弘扬传统文化的重要保障，而民间资本的加盟，更是传承传统文化动力的重要来源，二者相辅相成，缺一不可。

当然，政府在文化品牌塑造中的作用同样不能忽视。政府对从事生产文化产品的民间企业给予资金支持和政策引导，在财政、用地等方面给予支持。如山东省郯城县红花乡在政府资金的扶持下，结合当地传统文化资源，建立了"中国结"生产基地。郯城农商行也通过银企联姻、开通绿色信贷通道等途径给予企业高达数亿元的资金支持，从而促使"中国结"生产企业不断发展壮大，并成为该县红花乡重要的支柱产业和农民增收的主渠道。政府的支持使得民间文化产业实现了创新发展，经济效益和社会效益得到统一，而作为文化传承重要载体——文化产品的销售，也促进了临沂传统文化的传播。

二是充分利用本地资源，发展红色旅游。文化品牌与普通商业品牌具有同质性，还具有其独特的个性，以文化品牌提升文化产品，进而带动文化产业发展，成为临沂的特色和标志。临沂市近年在充分把握传统文化资源的基础上，成功塑造了诸多文化品牌，最具代表性的当属红色文化品牌。临沂市积极打造以红色旅游区为载体的旅游带，传承红色文化，开发了大批优秀红色旅游景区。以沂蒙山区为基准点向外辐射，创造出了诸多红色旅游精品，使得民众在旅游中耳濡目染，了解和传承红色文化。临沂市还把红色文化与生态文化相结合，强力推进文化旅游一体化战略。目前，"沂蒙山""六姐妹""九间棚"等已经成为红色文化产业的知名品牌。

红色旅游的发展更是成为推动临沂旅游业及地方经济发展的重要动力，有效带动了餐饮业、交通业、旅游商品生产加工销售业等相关红色旅游产业要素的发展。目前，临沂"红色"品牌产品有数百个，涉及上百个门类，带动当地几十万人走上了致富道路。"拥军鞋""拥军煎饼"等一批红色旅游产品在红色旅游区内热销。如依靠"拥军鞋"发展起来的沂水"布鞋城"，现存的企业近 300 家，产值达到 7 亿多元，其所开发的"沂蒙红嫂"系列旅游产品也带动了食品加工等产业的发展。在红色旅游带的引领下，传统文化"反哺经济"，实现了经济效益和社会效益的双赢。

（三）传承亦有不足，挑战机遇相衍相生

近年来，随着市委、市政府对文化建设的高度重视，以及广大干部群众的积极参与，临沂的许多优秀传统文化得以留存并发扬光大。然而，优秀传统文化的传承是一项系统和长远工程，需要时间和实践去检验。在调研过程中，我们发现临沂市在传统文化传承的过程中仍然存在一些必须引起重视的困难和问题。

1. 干部群众对文化传承的认知现状不容乐观

一是政府部门对文化传承的内容和宣传方式的认识有偏颇。由于传统文化的传承和研究具有投入多、见效慢、经济效益低等特点，导致部分政府官员在文化建设中存在"重物质文化，轻非物质文化"的思想倾向。作为文化资源富集的地区，临沂市的文物总量虽然位居全省前列，但非遗项目的整理挖掘力度明显不足，截至目前还没有联合国教科文组织认定的"人类非物质文化遗产代表作名录"项目，总体上呈现出非遗项目数量少、层次低的特点。这与一个文物大市的地位是极不相称的。出现这种问题的重要原因就在于，政府对于此项工作的重视度不够，导致政府与文化单位的沟通和交流不足，在为文化事业制定发展规划、向各单位下达指令性计划时，割断了基层和上级部门的联系，以致各文化单位因之丧失了自主权。此外，文化部门没能正确处理好文化资源的开发、保护与利用之间的关系，普遍存在重申报轻管理、重开发轻保护的现象。

正是因为认知水平的偏差，部分地造成了传统文化传承表现出宣传造势欠

缺、传承方式单一的特点。一方面，政府缺乏与普通民众沟通、联系的渠道，政府的宣传与民众的活动结合度较差。如临沂市非遗工作开展得较晚，整体研究水平并不高，宣传效率低，致使社会各界对非遗的重视和了解度不够，民众的参与性不强，政府的计划无法真实反映文化消费者的需求。政府在民众中宣传工作不到位，使得民众弘扬传统文化的情绪低落、传承意愿差。另一方面，政府主导的文化传承方式仍有待进一步优化。政府部门的工作仍然偏重于对传统文化本身的分析和总结，真正贴近百姓生活、反映时代特色的文艺创作活动并不常见，大型现代柳琴戏《沂蒙情》之类的备受观众追捧的精品佳作仍然缺乏。而且，尽管政府利用新媒体等现代技术创作的宣传传统文化的文艺作品时有出现，但在宣传方式上主要借助讲座和电视媒体，其他传承方式的采用度稍有欠缺，导致传统文化的普及度较低。据调查结果显示，尽管临沂市委、市政府在传统文化的传承与弘扬中开展了许多工作，但仍有近一半的基层民众对政府传承传统文化的工作并不满意（图2-21），由此可见，政府的工作仍有不足，亟待改善。

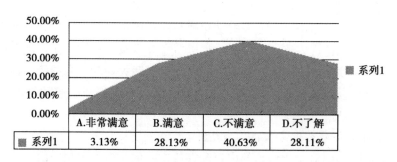

图2-21　民众对当地政府在传统文化传承方面所做工作的评价

　　二是基层民众在文化传承过程中表现出缺主动偏被动的倾向。在西方文化和网络信息的冲击下，部分年轻人追求时尚，对现代艺术情有独钟，认为传统文化已经不再适应时代的发展，因而缺少弘扬传统文化应有的使命感和责任感。以文化系统为例，知名的专家如张铁民、李玉亭、胡家祥等均已退休，有的年龄已经接近八十，需要找寻传承人进行传统文化的传承工作，但民众学习的意愿低，缺乏主动性，致使部分非遗项目面临失传的困境。虽然很多村庄社区建设了农家书屋，但农村书屋很大程度上仅仅是一种摆设，真正到里面看书和借书的人十分有限。妇女宁愿聚在一起聊天，中老年男子宁可聚众打牌，儿童则被繁重的作业困扰，由此体现了群众参与农村文化活动的观念淡薄。此外，还有一部分群众认为传统文化的传承仅是政府和领导干部的作为，对传统文化的保护和传承工作还存在认识上的偏差。事实上，我们的调查结果显示，在阻碍优秀传统文化传承的诸因素中，民众的态度在其中具有重要地位（图2-22）。因此，地方政府应多倾听、重视基层民众的意愿，合理规划文化传承活动，并从中找寻灵感，变不足为动力，进而统一群众的思想认识，破除文化传承工作中的阻力和障碍。

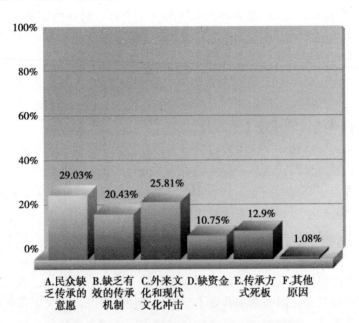

图 2 - 22 优秀传统文化传承障碍情况调查

2. 传统文化传承人才建设形势严峻

一是研究力量薄弱，专业人才缺乏。临沂市传统文化的研究队伍中，大多是业余爱好者，专业研究人员稀缺。而且随着民间艺人的年龄增长，许多文化项目的代表性传承人将成为末代传承人，而临沂市尚未建立起传统文化传承人支持和荣誉制度。以文化站为例，在传承传统文化的大潮前，临沂部分文化站并未站稳脚跟，任职人员多以中老年人为主，致使人员知识结构老化，而且宣传手段落后，不能适应新形势的需要。尤其是老干部对于网络和手机的了解度不高，面对广大农民日益增长的文化生活需要，在时代进程中显得无能为力。由于缺乏研究人才，造成传统文化管理层面不严谨，工作人员存在临时抽调的现象，"三不定"——文化工作者不固定、场所不稳定、传承时间不确定现象屡见不鲜。如在沂蒙革命纪念馆调研时得知，该纪念馆免费提供导游服务，但民众大多是自行参观游览。深究原因，是该馆导游人数有限，每逢重大活动之时，上级需要抽调部分人员，更加剧了解说人员的紧张状况。

地方本土人才建设形势不容乐观。文化活动的顺利开展，组织者的作用十分关键。地方文化能人向来是基层弘扬传统文化、进一步向民众普及文化的重要力量。然而，由于地方文化能人没有或缺少固定编制，管理体制不完善，致使临沂地方本土文化能人奇缺。事实上，村镇文化场所的管理人员大多数由村干部兼任，文化大院无人管理或是缺少专门管理人员的情况极其普遍。特别是随着城市化的推进，农村的中年群体外出打工，村中留守的多是儿童和老人，而这一群体的显著特点是主动性和组织能力较差，再加之担任地方公职的文化工作者对农村情况不熟悉，没有内部组织人员的配合，难以进村开展工作。总的来说，临沂市地方本土传承人才短缺，存在队伍涣散、素质偏低、业务缺乏、工作滞后和技能不精的现象，缺乏研究本土文化的新鲜血液。

3. 文化传承保障机制亟待完善

传统文化传承遇瓶颈，研究经费难保障。临沂市文化遗产丰富，因而保护抢救的任务相对繁重，所需要投入的资金相应较多。然而，目前大多数县区至今没有支持传统文化的资金。资金补充不到位，导致临沂传统文化的传承受限。临沂市虽然积极和民间资本合作，创新了融资的形式，但可供合作的企业较少，合作的深度有限，致使文化领域发展所需资金补给困难。在地方经济欠发达地区，县财政较为困难，资金缺口较大，地方往往把有限的财政资金投入到更容易出成绩的物质建设中去，因而对公共文化设施的资金投入不足，使得临沂的诸多公共文化服务活动开展不起来，即使开展起来却又因资金的限制达不到理想效果。一般而言，临沂农村公共文化服务的对象比较分散，需要的流动服务工具不足，诸如流动图书车、流动舞台车、数字放映机等少之又少。这些基本传承工具的缺乏，更加重了农村公共文化服务提供的困难。据调查结果显示（图2－23），临沂地区的公共文化服务基础设施建设还不到位，文化传承的阵地建设有待加强，而建设资金的缺乏无疑是最重要的原因。

制度约束不到位，规章制度欠周全。规章是社会规范的准绳，对于文化的规范和影响同样有效。优秀的传统文化与完善的规章制度一旦形成良好的互动，将会更好地引导临沂传统文化的传承和塑造民众的价值观。但在临沂市传承传统文化的过程中，对于制度的建构并不到位：现行的法律法规、政策制度对于传统文化保护措施的规定比较宽泛，特别是经费保障、人才支持等方面的规定过于原则笼统，刚性不够，影响了实际执行效果。对于民间传统文化的保护，虽然出台了一些规章条款，但对其保护、传承及发展等整体实施缺乏法律规范、法律责任。例如临沂县区农家书屋的建立，对于书屋的管理制度、图书的更新速度、图书种类的选择等方面并未作出明确规定，从而在一定程度上削减了农家书屋的文化宣传效果。

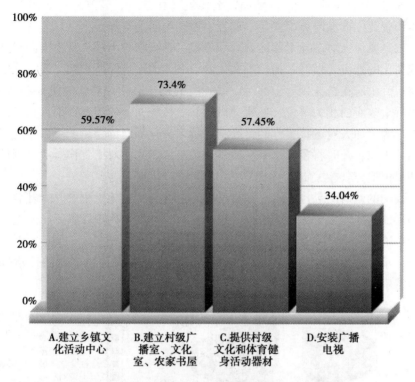

图2－23　民众认为农村需要建设的文化公共设施

（四）创新传承，深化改革谋发展

构建服务型政府是建设社会主义和谐社会的必然要求。临沂市政府以创新服务为先导，以保障城乡居民的基本文化生活需求为中心，积极履行传承和弘扬中华优秀传统文化的职能，构建了比较完善的公共文化服务体系，并开展了丰富多彩的文化活动。然而，在传承传统文化的过程中，临沂市目前仍面临诸多挑战，唯有直面不足，坚持辩证分析和批判继承，才能保证文化传承的时代性和前瞻性，从而在传承中取得最佳效果。为进一步推进临沂优秀传统文化的传承与弘扬工作，拟提出如下建议：

1. 因势利导，深化干部群众思想认知

一是要重视先进优秀人物的榜样作用。加大对"沂蒙最美人物""大义临沂人"的评选、宣传与表彰工作，注重发挥区域文化名人、传统道德模范及其后代群体的引领示范作用，提高群众的参与度，在潜移默化中提升群众思想认知水平，从而增强干部群众的社会责任感，争做道德品行和人格操守的示范者，形成积极向上的社会氛围。同时，积极开展"乡村文化能人""优秀民间文艺人才"的评选活动,鼓励民间的传统文化学者、爱好者、志愿者及其他团体和企业主动参与传统文化的调查、整理与研究工作。

二是要加强对领导干部的教育和考核。各级领导干部自身要牢固树立弘扬传统文化的意识,做好弘扬传统文化的表率,摒除重经济增长、轻文化发展的政绩观。政府在选拔领导干部时应以传统的道德品质修养作为重要参考依据,把临沂市政府的相关单位、各研究机构开展传统文化的情况,纳入到工作考核中去。为了加大对考核工作的督导,临沂市文化部门领导班子可以通过组织实施相关工作,及时将督导结果反馈整理并公之于众,对于工作落实不到位的地区和单位追究其相关责任。

我们的调研结果也显示,在传承中华优秀传统文化过程中,全社会学习氛围的形成占据着重要地位(图 2 - 24)。为此,政府需要因势利导,进一步提高干部群众对传统文化传承体系建设的认知水平,营造优秀传统文化"人人保护传承,成果家家共享"的社会氛围,逐步使优秀传统文化的传承成为全社会特别是民众的自觉意识。

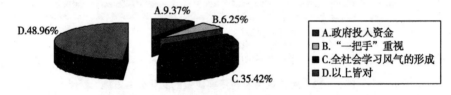

图 2 - 24 民众对文化传承外部条件的认知

2. 统筹兼顾,加大对传统文化的研究与宣传力度

临沂市应充分发挥本地文化底蕴深厚的优势,整合当前宣传、政协、文联、史志办等有关部门,建立传统文化研究联席会议制度,研究制订具体方案,做好传统文化的挖掘与研究工作。依托乡镇文化站、乡村文化热心人开展传统文化线索搜集活动,建立传统文化线索数据库,并组织市、县相关专家对各类线索进行论证。对于市场潜力好、具有独特文化元素的传统文化,政府应采取购买服务的方式,在保护中生产、生产中保护。可以通过文字记录、拍摄照片、录音、录像等手段,把临沂的优秀传统文化,用物质的媒介有形、有影、有声、有文地呈现出来。

在对传统文化研究与发掘工作进行科学规划论证的基础上,临沂应进一步加强对传统文化的宣传与保护力度,以使广大干部群众充分认识到临沂传统文化传承体系的重要性、紧迫性和持久性。要加大对《临沂市市级非物质文化遗产代表性项目认定与管理办法》《山东省文物保护条例》等的宣传力度。要创新宣传形式,重视网络等新媒体在宣传中的作用。在做好传统网站的宣传与管理工作的同时，更应充分利用微博、微信及其他社交软件作为传承和弘扬传统文化的平台。另外，要做好文化传承的调研工作，并在调研结果的基础上，充分利用各类媒体，通过开设专栏、制作专题片等形式宣传和弘扬传统文化。

此外，传统文化的传承与弘扬离不开学校教育，而我们的调查结果也显示，在传统文化的传承过程中，相对于社会传承或政府传承来讲，学校教育是一股不容忽视的力量（见图2-25，图2-26）。因此，临沂市应加强在这一方面的引导，切实发挥教育在文化传承中的基础性作用，逐步将体现民族精神与民间特色的优秀传统文化编入有关教材，并以之为基础开展教学活动，或者制作关于临沂传统文化的动画片，加强对青少年的中华传统美德教育。

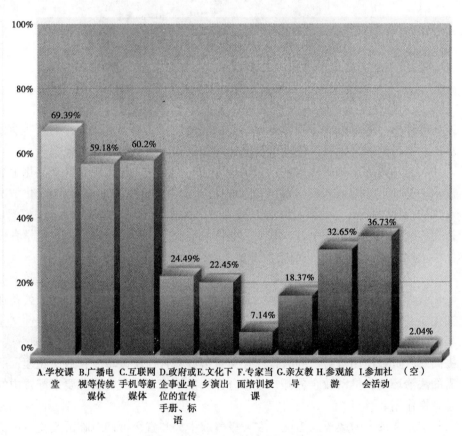

图2-25　民众学习了解传统文化的主要途径

3. 建章立制，完善传统文化传承体系顶层设计

一是要继续加强文化人才队伍建设。首先要培育地方文化人才，夯实建设基层文化的基础。制定地方文化人才管理条例和实施细则，切实发挥地方文

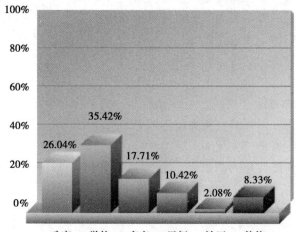

图 2 - 26　民众对传统文化最应该由什么机构传承的认知

人才的作用。通过提供专项劳务津贴补助和免费文化培训等方式，创新非遗传承人、乡村社区文化能人传承传统文化的激励和引导机制。其次要引进高素质人才，提高传统文化研究水平。在合理评估临沂地区文化资源和群众文化生活需求的基础上，聘请知名学者、专家教授担任学术顾问，加强对传统文化学术研究的指导，依托"兵学大讲堂"等文化品牌适时开设讲座或学术研讨活动。搭建传统文化研究工作平台，开办公益性的传统文化研究刊物，为专家学者提供学术成果交流空间，从而避免出现"人走艺绝"现象。

　　二是要进一步深化文化体制改革。临沂市要以创新思维为先导，以政府的文化管理职能为方向，结合本地优秀文化传统资源来进行改革。要明晰公益性文化事业和经营性文化事业的边界，明确界定财政供给范围，保证公益性文化事业的资金投入。拓宽文化投资和融资渠道，采取创新财政投入和管理方式，提高财政资金使用效益。同时，深化文化市场综合执法改革，营造文化建设所需的法治环境。推动政企分开、政事分开，发挥市场在文化资源要素配置中的基础性作用。

　　三是要加大财政投入力度。在积极争取中央和省级部门对临沂文化单位提供资金和政策扶持的基础上，积极拓宽资金来源渠道，鼓励社会力量参与传统文化传承与保护工作。加大对文化产业在土地、投资方面的扶持和奖励制度，鼓励企业和其他社会组织投身于临沂的文化建设。合理规划资金的使用支出，完善相关财政和政策保障机制，引导各项资金向文化事业和文化领域流动。设立弘扬传统文化专项经费，主要用于传统文化课题的研究与宣传工作。从临沂市文化旅游的门票收入中，规定一定比例用于传统文化的传承保护，真正做到旅游收入反哺传统文化的良性机制。

4. 多方联合，凸显传统文化传承实效

一是要将文化传承与地方特色及时代精神相结合。临沂市政府在传承传统文化的过程中，应抓住各地特色，注意区分各个区县乡不同的文化资源，依托地方文化载体进行文化建设，凸显各地特色，杜绝"齐步走"思想。此外，还应将传统文化的弘扬和时代精神结合，把荀子文化、忠义文化的弘扬和宣传与依法治国、沂蒙精神紧密结合。

二是要将文化传承与旅游产业相结合。以大项目、大举措为抓手，进一步加强传统文化与文化产业，尤其是文化旅游产业的融合。临沂市应依托丰富的历史文化资源，加大对柳编、印花布、泥塑等工艺产品产业化进程的扶持、宣传和推广。合理利用 非遗资源，深度塑造非遗品牌。对市场潜力好、具有独特沂蒙文化元素的非遗项目可在继续申报国家和省级项目扶持的同时，指导进行保护性生产；对具有产业化潜质的非遗项目，可借助小微企业共同发展；对已经拥有一定生产规模的非遗项目，应从深度用力，打造具有一定影响力的非遗品牌。

八 传承个案之五：优秀传统文化在聊城

聊城地处中原腹地，西临河南，北接河北，是国家级历史文化名城，也是中华文明发祥地之一。早在远古时期，东夷人就在此地活动。仰韶文化、大汶口文化和龙山文化时期，这里更是先人定居生活的理想之地。在之后的数千年发展中，齐文化、鲁文化、燕赵文化，甚至楚文化等各种文化在此地碰撞、融合，逐渐形成了丰厚而又独特的聊城文化资源。东夷发源地、京杭运河遗址、阳谷景阳冈、龙山文化城等历史文化遗址，查拳、东昌葫芦雕刻、木版年画等非物质文化遗产，以及鲁仲连、岳飞、季扎、孔繁森等历史名人和先进人物，无不从各个方面都展示了聊城文化的源远流长、博大精深。"十二五"期间，为了更好地继承和弘扬这些历史悠久的优秀传统文化，发挥其在新时代环境下的积极作用，聊城从多个层面进行了不断的实践与探索。

（一）优秀传统文化传承的举措

根据中央和省委、省政府关于传承优秀传统文化的精神，"十二五"期间，聊城抓住有利的历史时机，充分发挥自身文化资源丰厚的优势，采取各种措施，深入挖掘优秀传统文化内涵，进一步完善优秀传统文化传承体系，以引导群众更好地了解传统文化，感受传统文化魅力，并使人们在真正领悟传统文化的基础上自发地去传承和弘扬。

1. 文化遗产的保护与利用进一步强化

文物保护与利用卓有成效。一是文物保护机构建制不断完善。聊城设立了聊城市文物事业管理局，专门负责对全市文物保护工作的协调，研究处理全市文物保护的重要工程和重大事件。同时，按照属地管理的原则，加强了各县文广新局对本辖区内文物工作的管理职能，并在市属 8 县均设立了文物管理所。初步形成了文物保护有专人管理，文保事业有专人监督的工作局面，为更好地保护文物奠定了坚实的基础。二是文物普查取得丰硕成果。在第三次全国文物普查工作中，聊城共确认不可移动文物 1125 处，其中新发现 776 处，复查 317

处，消失 32 处，普查率达 100%，取得了阶段性成果。① 据文化部门统计，现有各级文物保护单位 362 处，其中全国重点文物保护单位 13 处，省级文物保护单位 82 处，市级文物保护单位 133 处。其中，阳谷七级古渡和东昌府区土桥闸入选了 2011 年度"全国考古十大发现"，阳谷、临清的三段运河、六个遗址点列入世界文化遗产名单。三是文物古迹修缮工作初见成效。聊城在积极争取上级文物保护专项资金的同时，多渠道筹集资金，按照"修旧如旧"的原则，对山陕会馆、光岳楼、临清塔、高唐梁村塔、临清钞关、曹植墓、阳谷文庙、莘县文庙、高唐文庙、堂邑文庙等古建筑进行了维修，为传统文化传播提供了重要的场所。四是广泛开展文物保护宣传工作。"文化遗产日""5·18 国际博物馆日"期间，通过印发宣传资料、出动宣传车、举办座谈会、悬挂标语、播放电视讲话等多种形式开展文物保护宣传工作，公众的文物保护意识得到了较大的提高。②

非遗保护与利用硕果累累。一是对非遗进行申报普查。通过这次普查，进一步摸清了家底，为下一步开展非遗保护工作奠定了基础。据统计，现有县级以上保护项目 434 个，其中国家级 11 项，省级 33 项，市级 172 项，国家级非物质文化遗产项目生产性保护基地 1 处，省级文化生态保护实验区 1 处，省级非遗项目生产性保护基地 2 处，国家级非遗传承人 2 人，省级传承人 27 人（已故 3 人），市级传承人 118 人（已故 3 人），县级传承人 411 人（已故 3 人）。二是非遗传承体系进一步完善。聊城已经建立了非遗保护项目、传承人、传习所、生产性保护基地、生态保护区"五位一体"的综合性非物质文化遗产保护传承体系，并以"记忆聊城""乡村记忆""我们的节日"为主题，推出丰富多彩的非遗展览、展示、教育、普及和推广活动。通过举办民间艺术展演、民间艺术大赛、民间绝活大赛等，对高跷、旱船、说书、唱戏、武术、杂技等民间文艺表演有选择地发掘和利用，整理了秧歌、驾鼓、腰鼓表演、狮子舞、鲁西吹打乐等文艺形式，提高了非物质文化遗产的传承水平。三是民俗文化的挖掘与利用成绩喜人。在山东省第四批"民间文化艺术之乡"命名评选中，聊城六个县市入选，分别是莘县的"谜语之乡"、东昌府区"葫芦艺术之乡"、高唐"书画之乡"、茌平"剪纸之乡"、冠县"柳林花鼓之乡"和临清"戏剧之乡"。它们以文化特色品牌为依托，挖掘利用各自县区特色民俗文化，将文化资源优势转变为产业优势。

---

① 《第三次文物普查聊城共确认 1125 处不可移动文物》，http://news.lcxw.cn/liaocheng/shehui/20101027/49572.html。

② 《聊城市文物保护与利用工作调研报告》，聊城市文物事业管理局。

其中高唐县举办、协办各类书画展十余次，建成了鱼丘湖公园、书画一条街、李苦禅艺术馆、书画研究院等一批精品工程，进行书画展览。并自2007年起，连续成功举办了6届中国（高唐）书画博览会，吸引了大量游客。莘县建立了谜社，开展谜语活动，通过经验交流会、猜谜、制谜等活动形式让谜语团体越来越壮大，还出版了《谜语新编》《莘县谜语》等书籍。东阿县举办了"中国鱼山梵呗文化节"和"阿胶文化节"，建成了由阿胶古方生产线、中国阿胶博物馆、阿胶养生坊、药王庙和中医养生文化体验中心等组成的中国阿胶养生文化苑。东昌府通过每年举办葫芦文化艺术节，展示葫芦雕刻艺术，扩大了葫芦之乡的影响。在发掘民俗文化的同时，民间工艺品的开发也收到了良好成效，木版年画、牛筋腰带、面塑、梨木雕、黑陶等传统工艺产品，已成为聊城的知名旅游产品。

2. 传统文化传承阵地取得重大突破

传承载体建设再创佳绩。截至2015年上半年，聊城已经建立了20多座各具特色的博物馆、纪念馆、艺术馆，如聊城非物质文化遗产陈列馆、运河博物馆、傅斯年陈列馆、孔繁森同志纪念馆、范筑先将军纪念馆、张自忠将军纪念馆、季羡林资料馆、孙大石美术馆、李苦禅艺术馆等场馆，这些特色场馆成为开展乡土教育、展示地方魅力、传承传统文化的重要载体。同时，为提高百姓参与文化活动的热情，诸如聊城市民文化中心、水城明珠剧场、市豫剧院等一些大型文化设施先后建成并投入使用，为群众文化活动的开展提供了稳定的场所。近年来，为满足人民群众的文化需求，县级公共文化设施建设取得重大突破。其中东阿县图书馆、莘县文化馆、图书馆已经投入使用，阳谷县图书馆、东阿县文化馆正在规划建设。在全国第五次公共图书馆评估定级中，茌平县、东阿县图书馆被评为一级馆，临清、高唐图书馆被评为二级馆，冠县图书馆评为三级馆。在农村地区，聊城不仅对各乡村的乡镇综合文化站、村文化大院、农家书屋等基本实现全覆盖，而且对全市农村文化大院进行了优化提升，为2400个村配备了便携式移动音响和道德讲堂推荐歌舞曲。

聊城还特别注意加强传统文化传承载体的内涵建设。一是积极推进文化传承与高等教育机构相结合，加大对传统文化的研发力度。文化部门与首都师范大学和聊城大学合作，分别设立了首源弘文书苑和聊城市非物质文化遗产音乐传习所。二是"结对子、种文化"工作机制初步形成。结合文化惠民"三千"工程，政府部门组织专业文艺工作者到基层文化站点教、学、帮、带，进一步提升基层群众的文化生活质量。

通过政府的努力和积极倡导，群众性文化活动的开展逐渐形成异彩纷呈的局面。聊城以各类综合文化馆（站）为依托，举办了覆盖全市的"书香聊城"全民阅读、传统美德经典诵读、美德聊城征文、传统礼仪展示、全市讲解员大赛、公益广告征集展播、非遗进校园入社区等主题活动，宣传传统文化知识，弘扬中华传统美德，形成了崇文向善的社会氛围。落实"图书馆＋尼山书院"的模式，在市和部分县图书馆设立了尼山书院，通过向市民提供国学书籍、国学内容光盘，以及开展国学讲座等形式，普及国学和礼仪知识。同时，文化部门继续开展"一村一年一场戏"、艺术家进校园活动，形成了东昌大讲堂、市民大舞台等群众文化活动品牌。为此，各级政府采取"以奖代补"的形式，为所有剧团配备了流动舞台车，为120家庄户剧团配备了演出器材，向基层送演出1600场。近年来，市、县文化部门共举办活动1000多场，人民文化生活水平普遍得到提高。据调查问卷所得数据分析，40%的受访民众观看戏曲、电影或文艺演出等活动的次数达到平均每年1—2次，并有37.4%的受访民众表示观看上述演出的次数多达每年3次以上，由此可见基层文化活动开展情况良好。

3. 传统道德建设进一步提升

"四德工程"建设的组织工作推陈出新。文化部门进一步扩大善行义举四德榜和"四德工程"责任状在农村、社区、机关、企业和学校的普及范围，建设了一批乡村文明建设家园和主题公园作为示范点。专门成立领导小组，把"四德工程"纳入经济发展的总体规划，同时把"四德"教育学习与传统儒家经典相结合，印刷出版含有经典、故事、模范的教育读本。除在全市范围内继续推进"道德模范"的评选活动外，还在农村、社区广泛推行"好媳妇""好婆婆""十大孝子"的评选以传承和弘扬孝文化。

创新宣传手段，提升宣传效能。聊城利用主题公园、宣传画、宣传标语、手机、互联网、电视广播等各种方式，营造一个良好的学习、传承与弘扬传统文化的氛围。其中，高唐县进行"高唐好人"的评选活动，建立高唐好人馆来宣扬道德模范的感人事迹和崇高的精神，并开展"四德四心"工程与道德讲座，印发《高唐县文明礼仪读本》，加强了传统美德的传承与建设。东阿县在普及推广《四德歌》的传唱基础上，将它应用于广场舞活动上，创作了《四德歌》广场舞，并且举办广场舞比赛。莘县在建设善行义举四德榜和道德评议台的基础上，道德讲堂建设通过"以身边人讲身边事，身边人讲自己事，身边事教身边人"的形式来传承传统美德。据调查数据显示（见图2-27），在聊城的受访者中，有57.14%的民众通过广播电视等传统媒体了解传统文化，有54.29%的民众通过互联网手机等新媒体了解传统文化，有25.71%的民众通过宣传手册和标语了解传统文化。可见，聊城已经初步形成全方位的传统文化传承宣传渠道。

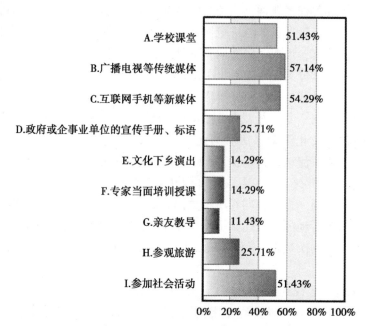

图 2 – 27　民众了解传统文化的途径

（二）优秀传统文化传承的经验

在山东省开展优秀传统文化传承的工作中，各市都在积极探索保护与传承优秀传统文化的有效途径。聊城市作为千年古城，坚持以优秀传统文化为引领，以提高公民道德素质为目标，积极挖掘、利用当地特色文化资源，建立了较为完善的优秀传统文化传承保护体系。近几年，聊城市在省政府优秀传统文化传承的政策指导之下结合不同地区百姓需求，在文艺精品创作、传统美德建设、民俗文化利用等诸方面取得了重大的成效，为其他地区优秀传统文化的传承提供了可资借鉴的经验。

1. 以艺术创作为依托，凝练传统文化精髓

传统文化故事，往往是一个地方体现文化精髓的重要的载体，它蕴涵了这个地区的文化精神与传统美德，但是随着时代的进步、科技的发展，衍生这些故事的土壤早已发生变化，致使一些优秀的传统故事消失在大众的视野之中，但唯一没有中断和消失的则是其中所蕴含的文化精髓。针对这种情况，聊城积极创新艺术创作形式，传承这些优秀传统故事。一方面，以当地发生的故事为原型，融合新时代特点，进行的文学创作，使得传统艺术形式创作大放光彩。聊城文化部门通过山东快书、八角鼓、山东琴书、蛤蟆嗡等传统艺术形式广泛

开展了各类文艺精品创作，将传统文化的精髓部分，通过创作的各类舞台剧目展现出来，不仅很好地保留了当地的传统故事，而且采用观众通俗易懂的形式展现，使观众可以直观地感受传统文化的魅力。如今聊城的文艺剧目创作已是硕果累累：2013 年新编的山东梆子历史剧《萧城太后》代表山东省参加了全国第三届少数民族戏剧会演，荣获 7 项大奖，2014 又参加了山东梆子晋京展演活动，在参演的 4 台戏目中受到专家和观众好评，并入选 2014 年国家艺术基金扶持项目和 2014 年度山东省地方戏振兴与京剧保护扶持工程；为配合开展群众路线教育实践活动，排演了现代豫剧《焦裕禄》，宣传了新时期优秀传统美德；聊城市群众艺术馆韩英凌的中国画《溪山牧归》入选第十届中国艺术节全国优秀美术作品展，是近年来我市作品首次入选；音乐作品《临清运河太平号》、曲艺作品《剪纸姑娘》和戏剧小品《小摊点的大哥》获山东省"星光奖"金奖。

另一方面，传统文化与新媒体技术的结合更加紧密。为适应数字化、网络化发展趋势，聊城融合新媒体技术，在传统文化传承形式上进行了创新，将无形的传统故事用画册、民间故事集、动漫、纪录片等载体生动鲜活的表现了出来。特别是聊城组织创作了动漫文艺《仁义胡同》《石牛流芳》《羊使君》《四知堂》《鲁义姑》等作品，将传统文化的核心要义通过科技手段赋予不同的载体，迎合人民大众的口味，让不同年龄层次的群体都能够受到优秀传统文化的熏陶和感染。

2. 以身边人身边事为形式，激活传统文化内核

在当今经济迅速发展的时代，人们日益增长的物质生活需求虽然得到极大满足，但不可否认的是人们的道德水平却变得迟滞不前，甚至渐有倒退。虽说现在已经开始重视道德教育，但是其方式与内容严重脱离实际生活，专注于理想性与先进性，表现出对高层次道德的偏爱，忽视了老百姓的实际情况。[①] 以致更多地侧重于教条式的说教灌输，教育方法呆板、僵化，缺少灵活性和创新精神，对于传统美德故事的讲解往往是就事论事，照本宣科，这样就造成了百姓与美德故事之间的距离感不断扩大，难以引起受教育者的共鸣，致使道德教育流于形式，缺乏实效。

针对以上出现的问题，聊城市根据多年的实践经验，开创以身边人讲身边事的形式，以道德讲堂为依托，开展了内容丰富的群众文化活动。

首先，以孝文化为切入点，借力传统文化，开展道德讲堂，讲述好人好事。其中一个典型例子是韩家屯。该村的道德大讲堂通过讲述村民自己的故事

---

① 张蒙蒙：《中国社会道德现状浅析及其重构》，《学理论》2011 年第 33 期。

或者身边人的孝德故事，达到互相学习，人人孝亲敬老的效果，并在此基础上联合聊城市传统文化研究会等机构，成立了韩屯镇道德学校，邀请文化学者为群众及党员干部授课。为让孝文化更广泛地传播开来，韩屯镇专门购置了一辆面包车，作为"流动大讲堂"。农闲时间，"流动大讲堂"就到各村播放孝道故事和弘扬孝文化的光盘视频，并由义工老师现场讲课。

其次，借助道德模范评选活动，增强普通民众荣誉感。聊城及下辖8县每年均坚持开展评选道德模范和模范人物的活动，诸如"最美阳谷人""十佳孝子""身边好人"等的评选活动都围绕传统文化和公民道德的传承与弘扬而进行。然而，与以往不同，近年来各地取消了以往颁奖仪式后侧重于和传承道德主题不相符的明星文艺演出，取而代之的是由艺术团自己编排的道德话剧、道德歌曲等弘扬先进人物事迹的节目。这不仅改善了以往道德模范颁奖仪式只走形式的片面性，而且有效地传承与弘扬了传统美德。

在农村地区则开展模范人物演讲活动。通过采取让村里的模范人物到其他的村里进行演讲演说的方式，让模范人物把自己的故事说给村民听，与专家、先进人物的演讲相比更具有感染力，这种形式不仅可以激励那些做好人、好事的人，而且还带动全村的人学习效仿，形成一种积极向上的氛围，村民与道德人物的距离感消失了，而且好人好事都是发生在自己身边的，就会形成一种人人都想被别人学习的竞争氛围，自然而然每个人都会养成良好的道德习惯。这种用身边的典型，教育身边的人的方式是聊城在道德建设方面的一个创举。

最后，实施道德讲堂进机关工程。聊城市文明办专门组织道德模范宣讲团和专家深入政府机关开展宣讲活动，道德模范与广大干部面对面交流，使道德模范走进机关，传递正能量。不仅如此，在开展道德讲堂活动的过程中，各个机关单位也形成了自己的活动特色和目的。例如，高唐县检察院的道德讲堂坚持"五个一"流程，每次活动前唱一首歌曲、看一部短片、诵一段经典、讲一则故事、作一个评论。这样使每一个机关干部都能参与其中，从活动中感悟并实践传统美德。东阿县工商局请聊城大学的专家给工商局干部职工授课，深入浅出地讲解传统美德知识，并以此为起点，大力弘扬"存好心，做好事，当好人，有好报"的价值取向，全面提高工商系统精神文明建设水平。根据民众对孝道故事了解情况的问卷调查数据显示（图2－28），62.86%的受访民众知道4个以上孝道故事，28.58%的受访民众知道2个以上孝道故事。由此可以看出，聊城在传统美德传承尤其是孝德的传承方面取得了重大的成就。

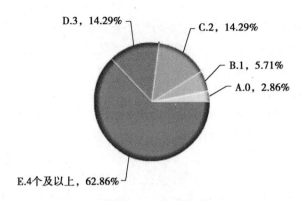

图2-28 民众对孝道故事的了解情况

3. 以旅游业为契机，带动传统技艺发展

聊城是一座历史文化名城，在这片文化的沃土上，孕育了众多非历史文化遗产。但是，如何让这些历史文化遗产"活"起来，真正地与时代相结合，融于百姓的生活中，这些问题在以往的政府文化工作中，并没受到应有的重视，以致丰厚的历史文化遗产与现代社会脱节，使其逐渐失去了进一步发展的土壤。"十二五"期间，聊城在社会主义核心价值观的引领下，结合当地不同地区的民俗特色，打造地区文化品牌，并与旅游业相结合。此举不仅保护了非物质文化遗产，使之得以继续传承，而且也带来了大量的经济效益，为进一步传承优秀传统文化打下了经济基础。

近年来，聊城充分利用地方特色文化，将其与旅游业相结合，打造地区文化品牌，推动文化传承与经济一体化发展。各地区通过整合代表自身特色的地方文化资源，使之与旅游业相结合，逐渐形成了以豫剧之乡、葫芦之乡、杂技之乡、红色老区等为主要内容的文化旅游品牌和旅游路线，使得传统文化的传承和地方经济的发展相得益彰。因为文化与旅游业相结合之后会产生一个有利的连锁效应：随着旅游业的发展，当地的流动人口就会大量的增加，这就会带动餐饮、住宿等其他服务业的产生与发展，其中传统工艺品的制作与销售尤为突出。如东昌借助葫芦文化发展旅游以拉动经济发展。通过建设葫芦一条街，不仅吸引了大量慕名前来旅游的游客，而且吸引了许多葫芦加工户来到镇驻地，不仅开拓了市场，提高了葫芦加工水平，还产生了聚集效益。相关企业高瞻远瞩，结合时代要求，充分利用文化创意激活葫芦产业，把文化资源优势转变为产业优势。文化部门更是大力支持葫芦文化产业发展，东昌府区专门制定了葫芦文化产业发展规划，成立了东昌葫芦文化协会，引导葫芦加工不断提升文化创意水平，而且区里每年都举办葫芦节，更是吸引了大量的游客前来观赏，其中不乏海内外的投资企业和与之相关的集团。艺术节期间各地前来参展的葫芦产业，更是给东昌葫芦的创新与加工带来新的血液。这样不仅使地方的传统技艺得以繁荣和发展，而且与现代文化气息结合，带来经济收益，为传统技艺产业化发展树立了典型。

尤其值得提出的是，莘县在红色文化传承与创新方面进行了有益探索和尝试，并取得了一定的成就。莘县是鲁西革命老区，革命旧址众多。针对当地红色教育资源"点多、线长、面广、内容丰富"的特点，文化部门在宣传红色文化时创造性地将这些红色文化资源统一规划、有效整合，打造独具特色的鲁西红色文化教育长廊项目。① 鲁西红色文化资源数量多，分布散，纵贯莘县南北 80 公里，包括鲁西第一支部纪念馆、冀鲁豫区党委旧址、冀南区党委旧址、鲁西北革命烈士陵园等 16 处革命旧址或项目点。文化部门通过对红色资源的梳理，对红色旅游线路的规划，提炼红色文化的精神实质，打造革命老区特色，强化革命传统教育，搭建了符合时代要求的传承老区精神、锤炼坚强党性的文化教育平台，并形成长效机制。在展陈、讲解、教育方法和手段上，充分运用音像制品、广播电视、互联网络等现代科技手段，让红色文化顺应时代潮流，增强红色文化资源利用的科学性与时代性。莘县的这种文化传承创新模式得到的社会各界的认可。鲁西红色文化教育长廊在冀鲁豫交界周边发挥了红色文化教育基地建设的示范作用，参观人数已超过 10 万人次。近年来又先后被山东行政学院、聊城大学等单位确定为教学示范基地、红色文化教育的第二课堂。当然，莘县在宣传红色文化的同时也为地方带来了显著的经济效益。

（三）优秀传统文化传承的不足

优秀传统文化的传承是一个长期的过程，并没有一个固定的传承模式，这就需要各级政府在实践工作中不断地摸索和总结经验。聊城在优秀传统文化传承的过程中，虽然已经取得了一定的成就，为下一步开展传统文化传承工作打下了牢固的基础，并获得了许多可供借鉴的成功经验，但是其优秀传统文化传承体系并不完善，在实际开展的工作中还存在不少问题。例如，人们弘扬传统文化担当意识还不强；资金投入不足，传统文化传承阵地建设有待完善；一些措施不实、展示陈列不够，而且采取运动式、一阵热的形式，缺乏整体的科学规划和机制建设；有些基层的干部自身传统文化知识修养不够，认为传统文化过于抽象，难以入手；各文化场馆中工作人员的文物讲解不能全面挖掘其历史价值、艺术价值，讲解词照本宣科，缺乏创新，难以打动观众，距离实际工作

---

① 《鲁西红色文化教育长廊》，http：//www. sdwht. gov. cn/html/2013/hjxm_ 1218/12295. html。

需求有较大差距。

首先，干部群众认识不到位。聊城在山东省 17 地市中经济发展水平处于中下游，是一个在经济上正在崛起的城市，所以政府工作的重点是促进 GDP 的快速增长。在干部对传统文化传承认识方面，由于各基层官员的文化素质有限，加之经济增长在政绩考核中所占的比重偏重，从而使得部分官员在传承传统文化的认识上出现了偏差。而且地方政府内部缺乏科学的政绩考核方式，不少领导干部为了谋求升迁资本，在任内急于取得看得见、摸得着的政绩，最直接的方式就是快速提高 GDP。一方面，他们认为只要所统辖的地区经济增长幅度高，则政绩考核的分数就会上升。所以地方在工作中过于追求立竿见影的经济增长，从而忽略了对当地将要发展的传统文化进行分析，盲目地追随文化发展的大流，自我屏蔽了当代社会主义价值观的引领作用，因此在传统文化传承过程中不分糟粕与精华，乱抓"经济点"现象严重，以致给其他地区的文化传承带来错误示范。例如，临清曾主抓《金瓶梅》的宣传，还准备打造一个宣传《金瓶梅》的古城，而阳谷县也有要纪念中国最早的企业家西门庆的想法。这些不仅不利于优秀传统文化的传承，而且会带来很严重的负面影响。另一方面，部分领导干部存在重经济发展，轻文化建设的思想，在工作过程中，为了加快经济的快速增长，牺牲了文化建设。

在群众的传统文化传承认识方面，由于对传承传统文化认识不到位，一些民间自发的组织在传统文化传承方面与政府政策有很大的出入。组建民间传统文化传承组织、开设道德讲堂的人，一般都是回乡的企业家。虽说他们的出发点是好的，但不排除部分人确实有沽名钓誉的嫌疑，他们对于道德讲堂或者乡村儒学活动可以说有点过犹不及。因为他们太注重形式方面的东西，而对传统文化中真正的精髓并没有深入的讲解。据访谈得知，有一个成功的创业家，他回乡捐钱在乡镇上开设了一个道德讲堂，专门教育调皮捣蛋的孩子，规定他们几点起床，对着孔子像磕头等，因为宣传力度较大，很快被确定为典型，他带着孩子给各县的文化部门进行讲演，让这些孩子在台上感恩，跳舞蹈《感恩的心》，演出完成之后，孩子全都跪下了。虽然表面上是传承弘扬传统文化，但是这个道德讲堂过于重视形式方面的东西，孔子所讲的真正的传统文化的精髓根本没有体现。

其次，传统文化传承阵地建设有待进一步完善。由于聊城经济发展的速度和水平处于中下游，在文化建设上投入的资金并不能满足当地文化发展的需求，所以在文化设施建设上存在着一定的缺陷。一是许多文化场馆并未达到国家标准。市群众艺术馆、市图书馆没有一家达到国家一级馆标准，条件较好的阳谷文化馆、图书馆、冠县图书馆甚至也没有达到国家二级馆的标准，东昌府区没有文化馆、图书馆，而市属开发区的文化设施基本是空白，还有一半以上的乡镇综合文化站没有达到三级标准。二是城乡文化投入不平衡。城乡之间存在严重失衡的现象，侧重城市文化发展，农村文化投入较少。而且，农村之间也不平衡，以致有些偏远地区村庄想进行传统文化的传承，但是由于地理位置和经济发展状况，政府不太重视，资金投入也不到位，致使这些地方想要传承优秀的传统文化却无阵地。反之，一些文化设施齐全的乡村，却由于文化资源整合不够，造成文化大院的文化设施、设备、人员闲置，资源浪费严重。这种现象带来的弊端是地区间百姓的文化素质差距增大，某些地区的优秀传统文化可能得不到很好的传承，甚至可能消失。三是基层文化设施利用率低。在各级政府都倡导的时期，传统文化传承设施建设、活动举办得轰轰烈烈，过后却偃旗息鼓，悄然无声，只有检查的时候才开门，形式主义问题严重，而且文化场馆没人"管"、文化站"站"不起来、文化大院没"文化"等现象普遍存在。这在访谈中也有体现。例如许多地方的农家书屋建设形式主义严重，甚至把国家图书馆那一套制度运用到农村书屋里，配备专门的图书管理员，专门的借书卡，借还均需进行登记。这种手续复杂、不接地气的管理模式，使得没有人愿意进书屋看书。另外就是农村书屋来书的方式，通常是一个村一个种类，一下来好几吨，如果来的书籍不合农民的口味，就被全都放置，无人阅读，造成大量的资源浪费。

　　这些情况在调查问卷中也有所表现（见图2-29、图2-30）。据调查问卷的结果分析，有25.17%的受访民众表示其所在地建有文化大院，17.14%的受访民众表示其所在地建有农村书屋，而认为其所在地建有体育场所与设施的受访民众则高达71.43%。同样，仅有17.14%的受访民众表示经常使用文化大院，11.43%的受访民众经常使用农村书屋，而经常使用体育场所与设施的受访民众则高达77.14%。通过对这两组数据的对比可以看出，文化场馆的建设和利用远不及体育场所与设施。这也在一定程度上说明了聊城文化场馆的

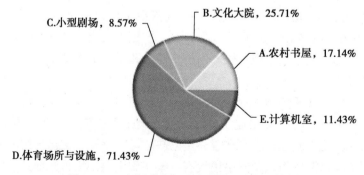

图2-29　农村或社区公共文化设施建设情况

建设并不完善，没有达到全面覆盖，而且已经建成的文化传承阵地的利用率偏低。

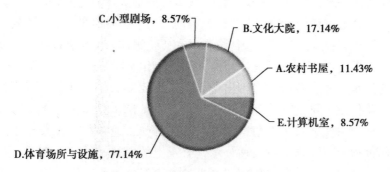

图 2 - 30　公共文化设施的使用情况

再次，文化遗产保护与利用不平衡。一方面，文化遗产保护缺乏整体性和系统性。聊城文物保护工作虽有开展，但保护力度不够，而且在文物开发与利用方面也并没有制定出一个科学的规划，以致一味地重视经济收益，造成许多的文物遗址存在着过度开发、过度整修等现象，使之失去了原本的文化底蕴与依托。例如，古老的城墙是历史在这个地方最好的见证，也是厚重文化底蕴的承载，但现在古城区的改造并没有制定一个科学的规划，古老的城墙被拆掉重建，却被注入过多的现代元素，在很大程度上毁坏了古建筑，使其失去了原本的文化内涵与文化的依托。而且，改造后的古城区并没有给经济发展带来商机，其中好几条商业街都是人员稀少，有许多招商的摊位还有空缺，远不如改造之前。另一方面，非遗缺少开发创新，与旅游业发展结合的深度不够。民俗文化产业发展后劲不足，不能变文化符号为文化产业，而且非物质文化遗产大部分都是通过文化传承，但是如今生存环境发生了变化，这样促使有些非物质文化遗产传承出现困境，致使非遗只能进博物馆。进入博物馆，虽说是有利于保护，但是有些进入博物馆之后，可能就会被搁置，逐渐会被人们遗忘。

复次，人才队伍建设体制不完善。一是基层专业文化人才匮乏，文化人才队伍不能适应老百姓的需要。目前既懂管理又懂业务的文化站长极度匮乏，以致乡镇综合文化站长多为兼职，不能专心投身于文化工作，有一定传统文化水平的基层工作人员还不多见。虽说许多地区文化馆的在编人员有很多，甚至满员超编，但是这些人中80%都是专业不对口人员或是通过各种关系被安排进来的关系户。这些人员文化素质达不到要求，他们根本没有能力组织和开展一些高品质的文化活动，多数都是挂职上班，真正投入工作的寥寥无几。二是技术人员奇缺。有许多县镇，虽然有很多可供挖掘的文化资源，但是由于经济发展落后，文化产业很难落户，即使有几家文化产业，技术人员的空缺也很难弥补，做不出精致典型的文化产品。三是非遗传承人后继无人。虽然国家非常重视非物质文化遗产，而且还有资金扶持政策，但是实际上很少有人愿意去学习并且传承，真正愿意传承的只有自己家族的人。至于一些非手工技艺的、无法带来实际的经济利益的非遗，如传统音乐和传统舞蹈，情况更是不容乐观。

最后，上级部门的政策设计与地方基层工作实际不合拍。为推动优秀传统文化的传承工作，各级政府都出台了一系列政策文件，但是怎样才能把优秀传统文化传承体系建设落到实处，特别是省、市、县级各级管理部门的责任和权利如何去实践，都有值得改进之处。例如，地方在开展善行义举四德榜的工作过程中，要求乡村张贴公示，公示上的内容是村里参选人的姓名和给老人的粮食数目，政府文化部门要求地方遵照这种典型的格式，但这种方法是否适合各个地方的实情，上级部门却没有实地调查过，缺乏具体实践检验。事实上，百姓给父母的粮食数目并没有人真正去调查，真实性有待考证，这可能会造成虚报数目，盲目攀比的现象，形成一种不良的社会风气。再如专项资金的配套问题。当前有关专项资金配套的政策框得太死，上级部门虽然给基层下拨了数量可观的文化建设专项资金，但又硬性规定只能将其用于文化建设方面，不能用于基础设施的建设，而且基层县区只有建成各种文化场馆，上级才下拨文化建设资金。但是对于相对较为贫困的县区来说，在文化基础设施并不完善的情况下就组织开展各种文化活动，这不符合实际。另外，省里拨款的专项资金要求地方配套，但多数地方根本没有能力配套。虽然现在国家已经注意到这个问题了，专项管理资金减少，给地方的一般管理资金增加，但是这些问题还是普遍存在的。① 可见，如果上级政策要求与地方工作结合得不紧密，不但不利于地方能动性的发挥，而且也不利于优秀传统文化传承体系建设的落实。

（四）优秀传统文化传承的建议

如上所述，优秀传统文化的传承是一个长期的过程，它不是一蹴而就的，需要在不断的摸索和实践中，发现问题、改正问题。针对聊城市在优秀传统文化传承过程中所出现了一些典型问题，结合山东省委、省政府打造山东道德高地的指示精神，为健全优秀传统文化传承机制，普及宣传优秀传统文化，让传承真正地落地开花，特提出以下几点建议。

---

① 莘县访谈记录，2015 年 6 月 11 日。

1. 建立科学的政绩考核方式，做好培训与监管工作

一是政府需要对当地准备传承的传统文化进行考察，看是否属于优秀的传统文化，尤其是对民间传统文化传承机构和组织，更要加大监管力度。同时，对地方领导干部与群众开展有关优秀传统文化知识方面的培训，使之明确优秀传统文化的定义，杜绝为取得经济效益或者名誉，乱抓"经济点"的现象。二是建立科学有效的政绩考核机制。一方面，地方政府和官员要以科学发展观为依据，必须强调他们在保护地方历史文化遗产和传承优秀传统文化工作方面的贡献，加大文化工作在政绩考核中的比例。另一方面，对文化部门的工作人员和工作事务也需进行定期考核。政府应该在文化部门之外设立一个长效的监督机构，审查政策的落实情况，同时文化部门自身也要注意定期地对所实行的政策进行反馈信息的收集，做好后期的追踪调查。这样，既可以收到百姓对政策实施的反馈信息，摸清老百姓的需求，为下一步的工作安排提供方向性意见，又能够改变以往文化部门工作人员只坐在办公室里办公，未深入基层实践的弊端。

2. 深化基层文化设施建设，提高文化载体的利用率

一是加大资金投入，进一步完善基层文化设施与文化场馆建设。课题调研结果表明（见图2-31），有71.43%的受访民众希望改善广播室、文化室和农村书屋等文化设施，62.86%的受访民众希望改善乡镇文化活动中心。可见，基层文化阵地建设工作还需继续推进。当然，在完善的过程中尤其需要注意城乡资金投入不平衡的问题，改变以前对偏远地区不重视的做法，加大对这些地方的扶持力度，制定文化扶贫政策，实现文化基础设施的全面覆盖。另外，在文化设施和文化传承阵地建设方面，要给予县级政府部门一定的自主权。政府可以只管发放建设资金，让下一级政府依据自己的需求灵活应用建设资金，让它们依据各地方的实际情况和特色自己规划优秀传统文化传承机制建设。

二是继续深化农村和社区的文化大院、农家书屋等文化阵地的建设，创新其活动内容，真正把这些阵地利用起来，多组织开展一些百姓感兴趣的丰富多彩的文化活动。例如，现在广场舞无论在农村还是城市都是非常受欢迎的活动，文化部门可以在不改变其形式的基础上，改变其歌曲的内容，把一些道德故事、歌谣等编成歌曲，这样既满足了老百姓对广场舞的热爱，又传播了优秀传统文化。在处理农村书屋进书的问题方面，政府部门在购进图书之前需征求一下百姓的意见，摸清楚百姓的需求，买进一些符合百姓口味，老百姓感兴趣的书。在此基础上，还要改变农村书屋的借阅方式，使其尽量地接地气，可以设置管理员，定期去每家每户发放图书，或者农民想看什么种类的书可以提前

预订，这样可以避免因网络、电视等媒体发达致使书屋成为形式。对于"一月一场电影"上座率低的问题，解决的关键还是播放的电影是否符合百姓的口味。总之，要提高基层文化阵地利用率，最重要的就是要多组织符合百姓文化口味的活动。

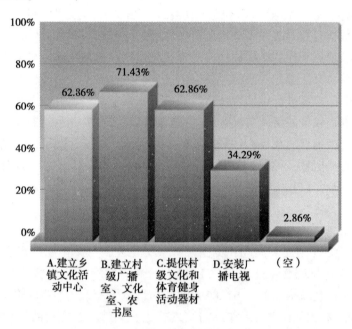

图2-31　民众希望社区或农村改善的文化设施调查情况

3. 科学规划文化遗产建设，合理开发利用文化资源

文化遗产的开发与利用应以科学发展观为原则，以传承优秀传统文化为动力，坚持文物保护和经济发展相结合，依法保护和科学保护相结合，有效保护与合理利用相结合。一是文化部门应该通力合作，在文物开发与利用之前，应与文物局进行协调，听取各部门对此项工作的建议，了解整体情况。开发利用前专家需进行评估，制订一套科学可行的方案，听取与之切身利益相关群众的意见和建议。古老的建筑要以保护为主，开发为辅，禁止大拆大改，对破损的文物尽量还原，保留其历史文化底蕴，使文化传承具有一个历史感厚重的载体。这样不仅有利于文物的保护，而且还能够吸引大量的投资，促进地方经济的发展。

二是加强对非遗的规划与开发。一方面，加大官方扶持力度。对一些无法带来经济利益的传统技艺给予政策性保护的同时，当地政府应该给这些非遗创造市场，特别是传统的舞蹈和音乐，把它们介绍到旅游景点和各市县举办的晚会进行表演，不仅可以带来经济利益，而且又为这些非遗做了宣传。

另一方面，继续深化民俗文化与经济的结合。加大专项资金的投入，加快文化创意和设计服务类产业发展，开发设计具有各地方文化品牌特色的商品，提升产品品质，丰富产品种类，延长产业链条，拓宽民俗文化产业发展空间，实现文化产业化的发展。在以上基础上合理利用好非物质文化产遗博览会，让更多的非物质文化遗产"走出去"。这样，既可以加强交流和借鉴，为其注入新的血液，又可以吸引外资，促进地方文化产业的发展。

4. 完善人才队伍体制建设，提高文化服务水平

据调查数据显示（见图2-32），有48.5%的受访民众希望由文化能人来讲授传统文化，60%的受访民众希望大学教授或专家学者讲授传统文化。由此可以看出，民众希望能够有高水平文化素质的人员来讲授传统文化知识。因此，加强人才队伍建设就成为传承和弘扬优秀传统文化的关键。

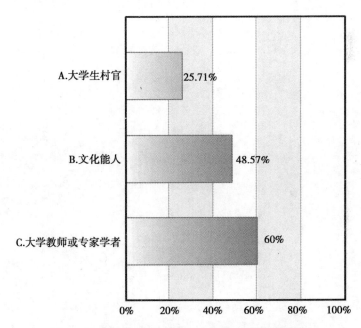

图2-32 民众对于讲授传统文化的人员的选择情况

一是加强基层人才队伍的建设，提高基层工作人员的文化素质。完善文化部门的招聘制度，聘用专业对口、文化素质过硬的文化工作人员，对于各市县的文化站长或者是馆长，也可以聘用民间的文化能人来担任，并充分发挥他们接地气的优势，挖掘地方潜能。一方面，他们本身文化素质水平高，熟悉和了解老百姓的需求，开展的活动能够迎合百姓热情，而且还能发掘基层文化潜力，发挥"引领带"的作用，调动群众参与文化活动的积极性，提高文化馆的服务水平。另一方面，为文化能人解决了生计问题，使他们的文化知识可以

真正地发挥出来，为传承优秀的传统文化服务。二是加强对现有文化部门工作人员的培训，定期设立培训班，不断强化优秀传统文化知识的积累，设立奖惩制度考评工作业绩，避免造成人浮于事或者"磨洋工"。三是加大对非遗传承人的补助力度，把非遗传承人的培养与夏令营等青少年体验活动相结合，增进青少年对非遗的认识，吸引更多的年轻人自愿传承。四是健全人才引进机制，出台扶持政策，吸引高端人才，并与高校联合，培养技术性人才。

九　传承个案之六：优秀传统文化在淄博

淄博市历史悠久，是齐文化的发祥地。战国时期在齐国成立的稷下学宫，被称为世界第一所高等研究学府，囊括了几乎当时所有学派的代表人物，成为"百家争鸣"的重要阵地，为后人所神往。千百年来，齐地所形成的开放进取、兼容并蓄、独具特色的齐文化和尊贤尚功、平等自由的精神，是中华文明的重要渊源之一，对于中国历史的发展影响深远。在传统文化日益受到重视的今天，如何挖掘、继承和弘扬以齐文化为代表的中华优秀传统文化成为淄博市文化建设的重中之重。

（一）淄博地区传承优秀传统文化的举措与成绩

"十二五"期间，淄博市有关部门及各区县文化部门纷纷围绕本区域的文化特色和文化内涵，采取了一系列的措施，在传承与弘扬中华传统优秀文化建设中取得了一定的成绩。

1. 进一步推进齐文化研究与普及工作

对于传统文化的研究阐发是传统文化传承与弘扬的前提。近年来，淄博市积极贯彻落实《淄博市建设文化大市规划纲要》等文件精神，把齐文化的研究和开发纳入社会发展总体规划，并赋予其重要的地位。总体来看，淄博市在进一步推进齐文化研究与普及工作中，主要采取了以下措施：

一是依托专业科研机构加大对齐文化的研究广度和深度。山东理工大学和临淄区政府先后成立了齐文化研究院和齐文化研究中心，专门进行齐文化的研究。其中，齐文化研究院创办了国家级的刊物《管子学刊》以发表相关研究成果；齐文化研究中心编纂、收集、整理了大量的古文献，并先后出版了《齐文化》刊物和《齐国故都临淄》一书，并参与齐文化研究社《齐文化文献选辑》《管子商道》等著作的编辑，为多部影视剧提供史料及学术支持。在政府和科研机构的共同努力下，淄博在齐文化综合研究、稷下学研究、管子学研究、晏子学研究、齐国军事思想研究、齐国经济管理思想研究、齐国科技思想研究、齐国法治思想研究、齐文化与其他地域文化的比较研究等方面均取得了较大成就。① 这些研究成果，一方面能加深人们对齐文化的认识与理解，另一方面则拓宽了传统文化的研究领域，使传统文化多元化、立体化，有利于培植文化产业，促进经济的发展，使齐文化相关产业成为淄博市特色产业，增强淄博市的文化软实力和城市竞争力。

二是精心组织学术探讨会以深化齐文化研究工作。近年来，淄博市先后组织了高青陈庄西周城址发掘专家访谈会、中国北方早期青瓷发现与研究暨发源地论证会、临淄齐国故城冶铸遗址保护展示专家研讨会等学术性会议。通过组织学术研讨会，淄博市不仅从中吸收遗址保护经验，对传统文化的保护有了更明确的思路，而且奠定了其青瓷发源地的地位，并以此为契机，深入开发陶瓷文化，将陶瓷文化和产业升级充分结合，不断提升产业影响力，把"淄博陶瓷·当代国窑"打造成为淄博的城市名片。此外，淄博市还积极在《今日临淄》《鲁中晨报》《临淄民间文化》《临淄文化报》《淄博日报》《齐商银行报》等报刊和"中国临淄网""齐都网"等网络媒体上开设齐文化专栏，向大众普及最新研究成果。

2. 对外文化交流日趋活跃

众所周知，文化要在交流中传播，在交流中创新，在交流中发展。近年来，淄博市积极开展多种形式的对外文化交流活动。2014 年 9 月，由意大利文化艺术中心与淄博市经济和信息化委员会共同举办的"毕加索陶瓷艺术展"在淄博市博物馆开幕，展出毕加索亲手创作的近 50 件陶艺和 30 多件版画艺术珍品及相关图片资料。同时，积极组织市京剧院进行巡演，京剧《诗杰王勃》在北京梅兰芳大剧院演出后备受赞誉；成功举办蒲松龄聊斋文化进宝岛（台湾）系列展览展示活动、"青岛、淄博、九江"三地书画联展活动；"故乡情——李波花鸟画展""蒲松龄聊斋文化扬州展览""江南忆——李波花鸟画展"等也相继在扬州、杭州等地布展，并深受好评。除此之外，民间文化团体交流也不断增多。在一系列的对外文化交流活动中，淄博市借以将齐文化的影响力扩展到全省以至全国。

3. 文化传承阵地建设初见成效

在文化传承阵地建设方面，一是大力推行"图书馆 + 书院"建设模式。目前，淄博市图书馆、沂源县图书馆、桓台县图书馆、张店区图书馆先后建成"尼山书院"，大部分已开始对外开展活动，另外 5 个区县图书馆也正在筹划建设中。从书院的形式、内容和功能定位上看，"尼山书院"以弘扬、传播传统儒家文化和其他中华优秀传统文化为主旨，同时为传统文化研究提供一定的

① 宣兆琦、张玉书：《齐文化研究的现状与发展趋势》，《管子学刊》2005 年第 1 期。

文献和智力支持。

二是稳步推进"四德工程"建设。2014 年，淄博市荣获首批"四德工程"建设示范市。在"四德工程"建设中，淄博市注重走群众路线，围绕"爱国、感恩、友善、敬业、诚信、责任"等主题，大力开展"四德工程""五进"（进机关、进社区、进村居、进企业、进学校）活动，对民众进行道德教育。"道德讲堂"遍布城乡，基本实现了各级文明单位、文明村镇、文明社区、百人以上食品药品企业和窗口单位全覆盖。同时，重点建设了一批"四德广场"，运用道德评议栏、政务公开栏、电子显示屏等形式多样的宣传载体，播放公益广告和宣传语。

三是创新文博单位经营模式。淄博作为一个历史悠久的文物富集大市，博物馆数目众多。近年来，为使齐文化活起来，让百姓亲身接触到齐文化，有效地传播齐文化，淄博市文博单位积极创新经营模式，其中以齐文化博物院最为典型。齐文化博物院共分为齐文化博物馆、足球博物馆、民间博物馆聚落和文化市场四部分，建筑面积 15.2 万平方米，建有一个古玩交流城和 16 家民营博物馆，4 家国有国营博物馆。作为一个立体的、多功能的机构，齐文化博物院集文物收藏、展陈、保护、参观、游览、研究、教育、休闲、传播于一身，形成了一个集文化开发、文化传承、文化传播等多功能为一体的文化聚落。将民间博物馆集中从而形成文化聚落，可以集中民间珍贵文物，整合文化资源，其社会公益性不言而喻，既为后人保存了更多的文化遗产，又能让公众更便捷地接触这些传承历史悠久的文化精华。同时，齐文化博物院还打破了过去博物馆单一的参观游览功能，赋予齐文化博物院休闲娱乐功能，让大众能够在娱乐中受到齐文化的熏陶，亲身感受活着的齐文化，认可齐文化、喜爱齐文化。这种发展方向，是非常有利于齐文化的发展的。

淄博市博物馆同样在市精神文明建设中发挥着重要作用，淄博市博物馆现有馆藏文物 23365 件（套），其中国家一级文物 44 件（套），国家二级文物 99 件（套），国家三级文物 540 件（套）。馆藏文物中以西汉齐王墓临淄和战国商王墓地出土的青铜器、玉器、金银器最具代表性，基本陈列包括《齐文化大展》等，系统地反映淄博八千多年的悠久历史和灿烂的古代文明，尤其是再现齐国在春秋称霸及战国称雄的辉煌历史，体现了齐文化和淄博地方特色。"十二五"期间，淄博市博物馆在全市率先实行对所有游客免费开放的政策，每年举办展览 30 多个，观众达 30 多万人次，其中青少年高达 20 万人次，社会效益十分显著。①

---

① 数据摘自淄博市博物馆网站：http://www.zbsbwg.com/。

4. 文化产业蓬勃发展

将文化与经济相结合，不仅能依托市场这个平台大力推广传统文化，而且能带动地区经济，激发地方活力。"十二五"期间，全市各区县依托独有的传统文化，纷纷建立了一批体现优秀传统文化的文化产业。如临淄区近年来先后建设运营了一批文化馆舍，初步形成了具有齐文化特色的博物馆群，同时打出"世界足球起源地"的名片，深入开发足球蹴鞠文化；博山区和张店区重点开发陶琉、陶瓷文化，高青区致力于打造"中国白酒名城"；淄川区和周村区则分别倾力打造聊斋文化旅游节和旱码头旅游文化节，形成了具有一定影响的节庆文化品牌。此外，"十二五"期间，淄博还建设了一系列具有市场优势和潜力的传统文化企业品牌，如梦琦红木、淄博荣宝斋、周村烧饼、淄砚、齐风韶韵，等等。

在旅游产业方面，各区县都以本地区实际出发，将旅游产业与传统文化相融合，让旅客在旅游中感受传统文化。如周村区通过对景区重新包装，打造古商城品牌；通过增加景区参与性项目和举办活动，活化古商城氛围；通过报纸、网络和电视等多种媒体宣传，扩大古商城影响；通过组建营销网络和打通销售渠道，提升古商城人气；通过完善制度、规范流程和全员培训，提高古商城服务质量；通过开发旅游纪念品和引进老字号品牌，增强古商城盈利能力。目前，周村古商城已成为省级重点文物保护单位，国家4A级旅游景区，并作为山东省"文化历史与民俗"旅游区的开发重点，被列入"山东省旅游发展总体规划"。[①] 随着古商城的走红，周村区将非物质文化遗产融入景区，使一系列丰富多彩的民俗活动也在这片土地上焕发了新的生机。在古商城中，可以看到周村芯子、花灯、周村婚礼、鸣锣开市、五音戏等原汁原味的民俗表演。周村还有各类供旅游者参观体验的民俗活动，如民俗表演、民俗集体婚礼、赏花灯闹元宵、老外周村过大年等活动，种类多样，参与体验性强。此外，淄川区围绕蒲松龄故居打造聊斋景区，桓台县着力建设王渔阳故居景区，这些景点一方面保留了当地传统的民俗活动，使得众多非物质文化遗产得以继承、传播、发展，创新了齐文化，另一方面，众多的民俗活动为景区创收，实现了传统文化的经济效益，对传统文化的传承、弘扬和发展做出了巨大贡献。

5. 历史文化遗产保护和利用卓有成效

一是非遗申报、保护与宣传工作取得重大突破。非物质文化遗产是各种以非物质形态存在的与群众生活密切相关、世代相承的传统文化表现形式。它依

---

① 《全省文化生态保护实验区授牌仪式举行》，http：//www.zcwenhua.com/page_ cn/article_ disp. asp? id =440。

托于人本身而存在，以声音、形象和技艺为表现手段，并以身口相传作为文化链而得以延续，是活着的传统文化，也是传统文化中最脆弱的部分。作为与群众生活密切相关的各种传统文化表现形式和文化空间，非物质文化遗产既是历史发展的见证，又是珍贵的、具有重要价值的文化资源。既有保护的价值，也有保护的必要。

淄博市目前共有国家级非遗代表性项目（含扩展项目）13 项、省级非遗代表性项目 35 项、市级非遗代表性项目 130 项、区县级非遗代表性项目 560 项，共有国家级非遗传承人 2 名，省级 9 名，市级 73 名，区县级 230 余名。① 其中孟姜女传说、聊斋俚曲、五音戏、蹴鞠、牛郎织女传说、周村烧饼制作技艺、周村芯子、阁子里芯子、淄博陶瓷烧制技艺、鹧鸪戏、内画（鲁派内画）、淄博花灯会、琉璃烧制技 13 项国家级非遗项目广为人知。

为了更好地传承和保护这些非遗项目所代表的优秀传统文化，淄博市先后出台了《关于实施中国民族民间文化保护工程的通知》《关于开展非物质文化遗产普查工作的通知》《关于开展全市非物质文化遗产普查工作的实施意见》《关于建立非物质文化遗产保护工作联席会议制度的通知》《淄博市市级非物质文化遗产名录保护考核复评管理办法》等一系列政策文件，并按照国家非遗保护工作的要求，在上级业务部门的指导下，成立了非遗保护项目保护示范基地考察论证小组，对文化生态保护区、示范基地创建进行实地考察，相继建成了一批非遗保护项目示范基地。重要的有：中国陶瓷博物馆、临淄区足球（蹴鞠）博物馆、博山区陶瓷琉璃艺术博物馆、牛郎织女民俗博物馆、周村烧饼博物馆、五音戏保护研究基地、沂源牛郎织女传说研究基地、泰山瓷业陶瓷手工技艺研究基地，等等。其中山东周村烧饼有限公司和淄博泰山瓷业有限公司成为首批省级非遗生产性示范基地，五音戏剧院和淄川聊斋俚曲艺术团成为首批"振兴山东地方戏曲示范基地"，而周村商贸民俗文化生态保护实验区建设也获得了省文化厅的认可。这些基地不仅对该门类的非遗项目进行了有效保护，而且对其他历史文化遗产的保护也起到了一定的示范和借鉴作用。

"十二五"规划期间，淄博市积极开展非物质文化遗产宣传活动，在广大社区、农村、校园都大力宣传传统文化。淄博地区各级政府和有关部门利用各种契机，积极组织民间文化展示，连续举办了庆祝中国"文化遗产日"非物质文化遗产系列宣传活动、淄博市优秀民间剧团大展演等各类民俗展示活动，以及陶博会、国际齐文化节、中国周村旱码头文化节、中国沂源牛郎织女爱情文化节等各类文化艺术旅游节。淄博市政府还积极鼓励社会力量兴办民间文艺

---

① 数据摘自中国非物质文化遗产网：http://www.ihchina.cn/。

社团，对其加强指导和管理，引导它们健康发展，目前全市有近二百个民间文艺社团常年活跃在城乡。此外，根据淄博市《"非物质文化遗产进校园"实施方案》要求，淄博市积极举办"非物质文化遗产进校园"活动，并开展"非物质文化遗产进校园"专题演讲，使非物质文化遗产进校园常态化。淄博市五音戏剧院编写了《走进五音戏》等少儿宣传册普及教材，并在部分学校讲授，而聊斋俚曲、蹴鞠、磁村花鼓等一批非遗项目也纷纷登上校园舞台或走进体育课堂。据不完全统计，全市平均每年组织非遗进校园活动 20 余次，各级非物质文化遗产传承人参与 150 余人次，师生 15000 余人次。通过开展"非物质文化遗产进校园"活动，既加大了非物质文化遗产的传承和保护力度，也为培养未来的爱好者和传承人奠定了良好基础。

二是文物遗址开发和保护工作成绩斐然。"十二五"时期，淄博建立健全了市、区县文物行政管理机构，增加了相关编制，文物保护队伍不断壮大，并积极开展全国重点文物保护项目申报工作，相继完成了第五批市保、第五批省保、第七批国保单位的申报及第三次全国不可移动文物普查工作。目前全市有国家级文物保护单位 18 处，省级 71 处，市级 502 处。仅 2015 年，便有 13 个项目列入国家级重点文物保护工程，10 个项目列入省级文物保护工程。目前全市共调查登记不可移动文物 2374 余处，普查出包括历史文化名镇、村、古建筑、古树、古井和古寺庙等在内的基层点 488 处，其中 63 个村纳入省财政资金扶持，在全省名列前茅。①

大遗址的保护工作更是卓有成效。淄博市先后出台《临淄齐国故城总体保护规划》《桐城遗址总体保护规划》等规划书并得到国家文物局批复，为大遗址保护提供了理论支持和方案借鉴，经国家文物局批准立项，齐国故城国家考古遗址公园启动建设，高青陈庄—唐口遗址公园建设获得实质性进展，完成了齐长城沂源段部分城墙的保护规划编制工作。此外，颜文姜祠等 70 多处重点文物保护单位的文物本体得到了科学保护，周边环境得到有效治理。

"十二五"期间，淄博市于 2011 年成立了淄博市考古学会，并先后配合完成了齐故城冶炼遗址、临淄范家城址、淄川渭一窑址、沂源北桃花坪扁扁洞遗址、张店黄土崖湿地建设项目、开发区隽山战国墓等考古工作。其中，齐故城冶炼遗址首次发现西汉铜镜铸造作坊，被国家文物局列入 2013 年度考古新发现；临淄范家城址为省内首次发现的商代晚期城址，对于研究齐国的建立具有极其重要的文化价值；沂源扁扁洞遗存的发现，将淄博市新石器时代的历史由 7300 年提前到 9000—10000 年。

---

① 《淄博市政府工作报告》2014 年 11 月。

（二）淄博地区传承优秀传统文化的经验

在政府大力传承、弘扬优秀传统文化的过程中，淄博地区积累了许多值得借鉴和发扬的成功经验。主要有以下几点：

1. 明确传统文化优势，突出地方特色

作为齐文化发源地，过去几年中，淄博市主打齐文化这一品牌，以建设国家级历史文化名城为总体目标，以推动文化旅游融合发展为突破口，在大力宣传齐文化的基础上，初步形成了凸显地方特色的文化发展局面。例如，淄川区重点发展聊斋文化、黉山文化、陶瓷文化，临淄区着力发展齐国故都文化、蹴鞠文化，周村区大力建设旱码头商业文化、丝绸文化、烧饼文化、庙宇文化，博山区积极弘扬孝文化、陶琉文化及以鲁菜为代表的饮食文化，张店区重点发展地方戏曲文化，沂源县着重开发古人类文化以及佛教、道教为代表的教派文化，高青县集中发展酒文化，桓台县重点开发名士文化，等等。

2. 在创新和使用中传承传统文化

通过转变博物馆发展思路，齐文化博物院近年摸索开创了一条文化传播的有效路径。临淄区新建成的齐文化博物院，一改博物馆单一的陈列展品的传统文化传播方式，集文物收藏、展陈、保护、参观、游览、研究、教育、休闲、传播等功能于一体，使得博物馆与人民群众拉近了距离，使得博物馆成为全市重要的文化品牌和新的经济增长点，"十二五"期间，博物馆游客数量逐年增加，博物馆收入呈大幅增长态势。

非物质文化遗产本身极度依赖传承人的传承，同时具有很强的活态流变性，是传统文化中最脆弱的部分。对于非物质文化遗产，淄博市并不将其束之高阁供人瞻仰，而是在使用中传承，在创新中传承，在发展中传承。据不完全统计，淄博市共整理国家级、省级非遗项目录音资料200余份，500多个小时，录像资料340余盘，照片资料5000多张，收集珍贵实物1600多件，制作宣传展板500余块，举办各类展览展演480余场次，① 从而拉近了人民群众与非物质文化遗产的距离，让民众亲身体验其魅力所在。淄博市还特别注重对青少年学生的传播普及工作，多次开展了"非物质文化遗产进校园"等活动，让非遗传承人走进课堂，走近学生身边，对学生言传身教，培养学生对于民间艺术的兴趣，为非物质文化遗产的下一步发展奠定了群众基础，使得中华民族珍贵的民族记忆得以保留并传承。

---

① 《淄博市政府工作报告》2015年4月。

3. 文化的传承与艺术相结合、与市场相结合

淄博市在传承中华优秀传统文化过程中，以传统文化艺术化为传播方式，重视将文化与艺术相结合，将抽象的文化具象化，让艺术成为沟通传统文化与民众的桥梁。不仅可以让民众了解传统文化，认同传统文化，喜爱传统文化，还能扩大传统文化的影响力，推动文化相关产业的发展，实现文化发展与经济发展双丰收。可以说，将传统文化艺术化，围绕传统文化创作相关影视作品等文艺作品，小说散文等文学作品，创新传统戏曲剧本，将这些文学影视作品作为传播文化的媒介，是淄博市传播传统文化的一条有效路径。

与传统文化相关的文化产业的发展，使得传统文化搭上了市场这一平台，让市场赋予传统文化以生机，进而让传统文化依托市场载体得以广泛传播。为此，淄博市不断将区域内历史悠久、内涵丰富的传统文化诸如酒文化、陶瓷文化、蹴鞠文化等纷纷借助市场平台扩大自己的影响力。同时，在旅游业发展过程中也注重打造景区人文内涵，使周村古商城、淄川聊斋城、桓台王渔阳故居、临淄齐都城等一系列景区成为传统文化传播的坚实阵地。

（三）淄博地区优秀传统文化传承工作中的不足

综观淄博地区在以往工作中的作为，我们可以看出，淄博市政府和相关部门在继承、弘扬传统文化方面所做的工作取得了颇为明显的成效，但就调研情况和民众反映来说，仍然存在着一些不足，某些方面的工作和问题仍亟须进一步加强和解决。

一是部分领导干部和群众对传统文化的传承问题认识不到位。首先是对传统文化本身的内容认识不清。表现之一即是，绝大多数民众没有将红色文化、革命文化看作是优秀传统文化。在此次问卷调查中，我们在淄博市各区县随机发放了 700 份调查问卷，回收有效问卷 620 份。其中，在对于"当前中华优秀传统文化的传承应包括的内容"一题中，只有两名受访者认为革命文化、革命传统教育是当前中华优秀传统文化所应传承的内容，所占比例低至 0.32%。另一个表现是对传统文化的精华和糟粕分辨不清，对传统文化全盘继承和复制。"十二五"规划期间，虽然淄博市有关部门对于弘扬传统文化十分重视，但部分地区的文化部门对于传统文化去芜存菁的扬弃工作做得不完善，存在着对传统文化全盘继承、全盘复制的问题，一些与时代脱节、与社会主义核心价值观不符的腐朽落后因素和糟粕文化也一并被错误继承和宣扬。例如，某地曾大力弘扬以孝妇颜文姜传说所代表的孝文化，但仔细审视可以发现，颜文姜传说所代表的孝在很大程度是愚孝，是不辨是非的孝。此外，淄博市很多地区都展出并弘扬诸如郭巨"埋儿奉母"、董永"卖身葬父"等"二十四孝"经典

故事，然而旧"二十四孝"所依托的社会环境毕竟与当下有天壤之别，有些已经不适应时代，其中有些内容应辩证地看待，应结合当今实际进行扬弃。

其次，部分部门的领导以及部分学校的负责人对于传统文化的重要性认识不清，导致在事业单位以及中小学校中开设的传统文化相关课程不被重视，形同虚设。继承和传播优秀传统文化，必须重视学校的作用，利用课堂对青少年进行优秀传统文化培养。淄博市部分地区中小学已开设诸如《传统文化》等课程，但实际情况是，因为部分学校领导和老师对传统文化重要性认识不清，导致这些传统文化课程几乎不配备专职教师。即使某些学校配备了专职教师，兼课过多也使得他们分身乏术，无法平均分配给所有兼课课程，以致有关传统文化地方校本课程教学效果收效甚微。

最后，对传统文化的宣传和研究过分重视地方特色。纵观淄博市在传统文化传承方面所做的工作，不难发现，淄博市在传承传统文化时，无论是研究工作、宣传工作，还是实践工作都存在着过分重视齐文化、过分强调地方特色的问题，对于儒家文化这一中华优秀传统文化的重要组成部分不甚重视。齐文化中有重视工商业的传统，使得齐文化中体现出浓厚的尚利尚功的色彩，如果对于这方面不经取舍一味弘扬，恐怕会给当今社会盛行的拜金风气推波助澜，也会使优秀传统文化传承出现一定偏差，并导致民众接受的传统文化不全面，无法用儒家文化中的义利观等相关精神去弥补齐文化的不足。

二是传统文化的传承工作仍有改进的余地。首先，传统文化传承阵地建设情况不尽如人意。从调查问卷所反馈的数据来看，在过去一段时间内，淄博市在传统文化阵地建设方面虽然取得了一定的成果，但仍不尽如人意。例如，受访者在其所居住的社区或村庄，其公共文化设施建设以体育场所与设施为主，其他的公共文化设施几乎完全没有，而农村地区的部分村庄甚至连体育健身场所也没有。最近的调查结果显示，只有不到10%的受访者居住地有农村书屋，只有3.55%的受访者居住地有计算机室（见图2-33），这显然是与公共文化服务设施建设不完善有关。另外，城乡受访者使用最多的公共文化服务设施是体育健身场所，这固然与现代人对于健身的重视有关，但与其他公共文化设施的不健全也不无关系。农村居民观看戏曲、电影或文艺演出的频率较低，有近一半的人平均每年只有1—2次观看经历，有13.73%的农村居民基本没有观看经历（见图2-34），也说明了农村公共文化服务设施建设的滞后性。

其次，政府的宣传工作仍有待改善。表现之一即是，政府部门在传统文化研究和宣传工作上，与群众距离太远。在传统文化研究方面，很多工作集中在专家学者、精英人士身上，普通民众的参与度很差，举办的一些活动过于注重表面工作，没有将传统文化精神传递给人民群众，民众无法从中真正收获到传

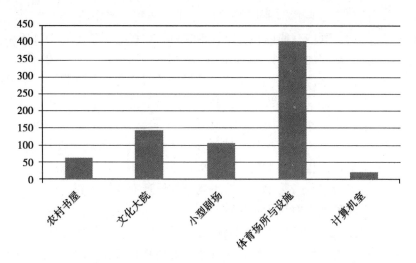

图 2 – 33　受访者居住地设有的公共文化设施

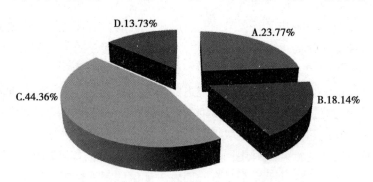

A.平均每年5次以上　　B.平均每年3—4次　　C.平均每年1—2次　　D.基本没有

图 2 – 34　农村居民观看戏曲、电影或文艺演出频率

统文化的知识。在宣传方面，政府存在重研究、轻传播的问题，对传统文化传播活动，政府的宣传工作不到位，造成了人民群众不知道开展了什么活动，不知道政府做了什么工作的尴尬局面。例如，对于全市正在举行的传统文化讲授活动，有高达88.23%的受访者表示根本不了解。而且，政府对于社情民意没有一个行之有效的反馈机制，无法准确把握民众的文化需求和对政府工作的反应，进而无法根据社情民意调节下一步的工作计划。在发放的调查问卷中，表示对政府工作不满意的有203人，占32.74%，对政府工作不了解的有138人，占22.26%（见图2 – 35）。由此可以看出，正是因为政府在传承传统文化方面的活动与群众距离远、沟通少，才没能正确把握群众的文化需要，导致民众对政府在传统文化传承方面所做的工作总体上并不满意。

A.非常满意   B.满意   C.不满意   D.不了解

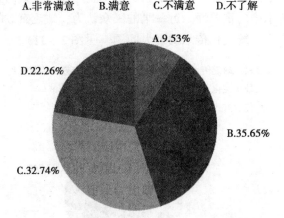

图2-35　民众对政府在文化传承方面所做工作评价

表现之二是，对新媒体利用程度不够。调查数据显示，有45.97%的受访者对传统文化的学习了解主要通过新媒体这一途径，有相当一部分的受访者认为互联网等新媒体是传播传统文化的有效途径（见图2-36）。而目前淄博市有关部门在传统文化宣传工作上，却仍然主要依赖于报刊、广播等传统媒体，对新媒体的利用还处于起步阶段，这也是导致政府工作与群众距离过远的重要原因。目前，全市多数博物馆、剧院、景区都没有采用新媒体进行宣传，而极少数利用了新媒体进行宣传的单位，也存在着信息更新滞后、新媒体建设情况不佳的状况。这固然与新媒体相关人才短缺有关，但更为重要的是相关部门的传播思路和传播理念还停留在传统媒体阶段，对于新媒体传播的时效性和广泛性认识不足，导致新媒体建设相对落后。随着科技的发展和新型电子设备的普及，新媒体在人们获取知识、交流信息中的作用愈发重要。

A.电视　　　　　　　　　B.广播
C.报纸杂志书刊　　　　　D.政府部门文化工作者放映电影
E.互联网　　　　　　　　F.村中文化能人传授

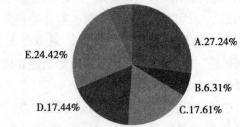

图2-36　受访者心中传播优秀传统文化的有效途径

　　三是文化传承的顶层设计仍需加强。从调查问卷所反馈的数据可以看出顶层设计在文化传承中的重要性。近一半的民众认为，缺乏有效的传承机制和传承方式死板是阻碍传统文化传承的最大问题（见图2–37）。

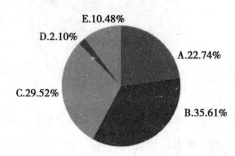

■ A.民众缺乏传承的意愿　　■ B.缺乏有效的传承机制
■ C.外来文化、现代文化的冲击　■ D.缺乏资金
■ E.传承方式死板

E.10.48%
D.2.10%
A.22.74%
C.29.52%
B.35.61%

图2–37　受访者心中阻碍传统文化传承的因素

　　表现之一是专业人才的引进仍然难以突破制度约束。以非遗的传承与保护为例，当前的一个普遍现象是，非遗继承后继乏人，许多民间传统技艺多属独门绝技，往往依靠口传心授传承，必然会出现因人而存、人绝艺亡的问题，而传承人的培养与引进则受到现行人才聘用与管理体制的约束而成为制约非遗传承的瓶颈。据某负责人讲，以五音戏剧院为例，全院70余人都属事业编制，所有正式在编人员均需参加事业单位考试，然而剧院人员的工作性质比较特殊，需要深厚的戏曲功底和演出经验，而五音戏演员没有十几年的积淀是站不到舞台上的。而按照现行人事制度录用的"合格"人员，却不能胜任剧院的演出、编剧及其他专业性工作。此外，五音戏作为一个地方剧种，其唱腔、动作、旋律等方面都有独特性，即使某些艺术类专业院校的毕业生对五音戏的把握也不到位，因此人员的录用出现了"学历达标而能力不够，能力达标但学历受限"的尴尬局面。在目前剧院人员偏老的情况下，年轻后备人才的缺乏便成为制约剧团发展的最重要因素。在宣传方面，同样存在人才的问题。虽然五音戏剧院较早地建立了网页进行相关宣传，但缺乏专业人员对网站进行建设，导致网站更新发展较慢。目前，五音戏剧院正筹划建立微信平台，通过新媒体进行宣传，更需要专门人才负责新媒体建设。

　　表现之二是，相关法律法规滞后严重。当下文化建设的一个困境就是机构的改革创新与法律法规的建设更新不同步，法律法规建设存在着严重的滞后性，这使得新的机构无论在执法权力，还是责任划分上都处于一种混乱不明的尴尬境地，从而不利于文化建设的开展。此外，针对传统文化的保护、传承、发展，以及资金、技术、人才的支持的法律和政策都尚未完善，传统文化传承的责任分担、奖惩机制、资金使用等都没有明确的细则出台。这充分说明淄博市传统文化传承机制建设尚需加强，需要制定专门的政策法规进行规范。

（四）淄博地区传承优秀传统文化工作的建议

综合淄博地区在传统文化传承方面所积累的成功经验以及问题和不足，在下一步的工作中，应该大力弘扬政府工作中的成功经验，并针对以往工作中的种种不足予以改进。

1. 继续深化齐文化研究与宣传工作

要对传统文化中的精华与糟粕予以辨析区分，深刻认识儒家文化的重要意义和历史价值，推进齐文化与以儒家文化为代表的中华传统文化的融合发展。要从更高的视角看待齐文化，要有开阔的世界视野，不仅站在山东看齐文化，更要站在世界看齐文化。要强化齐文化与中华文化、世界文化的融合研究，将齐文化放在中国传统文化和世界古代文化发展的长河中进行考查，进一步明晰齐文化的历史定位和历史影响。集中力量编制齐文化研究开发中长期规划，争取能将齐文化研究开发纳入到省级、国家级重点文化发展工程当中去，使齐文化成为代表淄博的文化名片，使齐文化成为富有影响力的区域文化体系。在政府拨款对齐文化研究进行扶持的同时，积极申请各类研究经费，尽可能多地筹集资金，以便加大对传统文化的研究力度，同时协调各方面力量，让全市齐文化研究成为一个整体，让齐文化研究走向科学、有序、规范的轨道上来。将研究工作纳入政府的年度考核，使各级领导和部门都予以重视。应根据上级相关的法规政策，结合淄博市实际情况，制定出专门针对传统文化研究的倾斜性法规政策，使传统文化研究有政策支持、有资金使用、有专人管理、有专人监督。

同时，应进一步加大对于传统齐文化的宣传力度，挖掘齐文化的价值，让研究者和普通民众能真正知道齐文化的精华所在，做到取其精华去其糟粕，使齐文化能与当代社会相适应，能为建设社会主义和谐社会提供支持，能改善社会风气，激发社会正能量。在着重对齐文化进行研究宣传的同时，要注意兼顾其他文化的传承，理清个性与共性，地方与整体的关系。

2. 更新文化传播理念，加大文化传播力度

一是要积极践行"传统文化与艺术相结合"的文化传播思想。优秀传统文化要想走向大众，阐释其经济效益和社会效益，传播是重点，而传播的途径则在于艺术化。淄博市在继承和弘扬优秀传统文化方面，虽然重视将传统文化

与艺术相结合，然而这一创新性的传播模式思想提出时间还不长，目前大部分还停留在想法上，实践工作相对欠缺。今后应加大实践力度，通过多种形式的创新，将传统文化与艺术相结合，让艺术起到传播传统文化的功效。

二是要加强与人民群众的沟通，切实把握民间文化需要。习近平总书记曾说，要"让13亿人的每一分子都成为传播中华美德，中华文化的主体"。对此，一方面，政府应该增大民众在传承优秀传统文化方面的参与程度，使民众在政府的组织和指导下，真正成为继承优秀传统文化的主要力量和受益者，让民众主动、自觉、自愿地去接受传统文化的熏陶，而不是被动地参加一些表面工作。应加快兴办国学讲堂，印发免费资料，建设社区、乡村公共文化设施，继续实施"非物质文化遗产进校园"，在小学、中学中开设相关课程并认真教授，多举办一些民众能亲身参与、喜闻乐见的文化活动。另一方面，对于民间自发的传统文化活动，政府应给与支持和鼓励。对民间剧团予以演出补助，并组织民间剧团进行集中演出，既能让民众领略传统文化的魅力，又能解决民间剧团的发展资金问题。对于各地年俗、节庆等民间习俗活动，应因俗而行，只要不违反相关规定，尽量不加以限制，让民间发挥其在传承优秀文化方面的活力。多与民间基层进行沟通，完善社情民意反馈制度，摸准人民群众的文化需要和喜好，并据此调整相关政策。

三是加快新媒体平台建设，有效传播传统文化。针对淄博地区文化建设中重学术研究、轻推广普及这一问题，应重视利用新媒体这一传播平台，充分认识新媒体在现代社会传播信息的巨大影响力，利用新媒体加大传播力度。通过新媒体吸引年轻人注意，让年轻一代更加关注、喜爱传统文化，使传统文化的传播在年轻人中获得蓬勃的生机。引入新媒体专业人才，通过各种渠道即时向市民传播优秀传统文化及各项文化活动信息。

3. 进一步完善顶层设计

一要转变人才培养思路，革新人才选拔机制。在齐文化研究、非遗传承、民间国学机构发展、文博单位建设和文物保护等方面，都存在着人才缺乏的现象。因此，人才培养无疑是下一阶段应该引起重视的工作。优秀非遗传承后继人才的培养除了依照旧有的由老师带徒弟的方法进行外，还可以尝试让非遗传承人与各类艺术高校进行联合培养。在高等院校本科培养计划中单独设置相应专业进行招生，由精通这些艺术的专业人员进行小班制培养，最终对学员进行考核，考核达标的由合作院校授予文凭。这一方法既解决了人才培养方面的困境，又解决了传统文化传承人才对于学历文凭的需求。优秀国学讲师的培养可以利用现有师资，从历史教师、语文教师中抽取一部分人到高校或科研院所进行短期专门培训，以提高国学讲师的学术素养。同时，在高校中设置"国学班""传统文化班"，进行专门的培养。考古、文博方面人才的短缺主要体现在区县一级文物保护部门，以致对文物遗迹的保护不到位，发掘考古工作更是难以进行。对此，今后应加大相关政策倾斜力度，加大资金投入和文博人才引进力度。

二要加快相关法律法规建设，为文化传承提供政策支持。由于相关文化建设的法律法规严重滞后，下一步应促进法律法规的更新，争取使法律法规的更新与文化体制的更新同步，并制定与传统文化的研究、宣传、创新有关的导向性政策，从而使得文化部门有法可依，传统文化的传承、创新、传播能有坚强的后盾支持。

三要重视学校教育在传承传统文化中的基础性作用，并由教育部门出台相应政策。要合理安排课程内容和课时，科学整合课程资源，减少课程实施的不必要耗费。要配备专业师资，并定期进行考察，不能让传统文化课程形同虚设。要把握好教育目标和内容，注重培养学生的人文精神，将传统文化中的自强不息、厚德载物、先天下之忧而忧、致中和等优秀传统思想教授给学生，帮助学生形成正确的人生观、价值观、世界观，培养学生的爱国热情和民族自豪感。

十　我国台湾地区及其他国家传承
传统文化的经验

　　我国台湾地区与其他一些国家在保护与传承优秀传统文化方面积累了诸多经验，了解并借鉴这些国家和地区在此方面的经验，对山东省弘扬传承中华优秀传统文化，构建优秀传统文化传承体系无疑具有重要现实意义。

（一）教育先行、多措并举——我国台湾地区实施经验

　　我国台湾地区与大陆同属于中华文化圈，在弘扬传统文化方面颇有经验，形成了教育先行、多措并举的传统文化传承体系。一方面，台湾十分重视发挥教育在弘扬传统文化方面的引导作用，早在 20 世纪 60 年代就倡导"四维八德"为核心的教育，普及传统文化。另一方面，台湾地区"多措并举"的方式也有效地传承了传统文化：引入生态保护视角、运用社区参与的方式保护物质文化遗产；制定政策法规，保护开发少数民族文化资源；利用现代科技、观念改良传统戏剧；大量建设民俗博物馆，传承传统民俗文化。这些举措从整体上对传统文化进行传承和弘扬，使传统文化焕发了生命力，有效提升了民众对传统文化的认知水平，改善了社会整体的道德风气，增强了社会的凝聚力。

　　1. 注重家庭教育影响，重视学校教育传承

　　教育是传播传统文化的最重要途径。台湾地区充分发挥了教育在传承传统文化方面先导作用，早在 20 世纪 60 年代，台湾地区就在教育方面倡导"四维八德"为核心的教育，具体要求是："以'爱国、守法、孝顺、信实、礼节、合作、勤俭、整洁'为中心德目，中等以上学校以'忠勇、孝顺、仁爱、信义、廉耻、礼节、勤俭、合作'等为中心项目"。[①] 在学校教育中传承了中华优秀传统文化的核心内容。不仅如此，台湾地区还注重家庭教育对人的影响，在家庭教育中着重突出忠、孝、仁、和、礼、义、廉、耻等内容，使儒家的伦

---

　　① 陈宏志：《台湾儒学的社会传播与发展》，博士学位论文，南开大学，2014 年，第 125 页。

理道德教育成为台湾家庭教育的核心。① 20 世纪 90 年代初，台湾地区开始推行 "乡镇社区家庭教育"，以社区为单位推动普及家庭教育。与此同时，台湾地区还注重学校教育对传统文化的传承：台湾制定的《国文教程标准》要求对学生进行毛笔字训练，并加强文言文教学。在中小学推行国文教育，要求学生说标准的国语，准确运用国文。小学与中华传统文化相关的课程占据多半；高中教科书《高中国文》六成以上是文言文（不含诗词），大学入学考试的国文科目试题，传统文化的内容占了近八成；并在台湾的大学中设置了与传统文化相关的通识课程。②

2. 多方面保护弘扬传统文化资源

台湾地区为了有效地传承传统文化，多角度地对传统文化进行传承，在进行文化遗产保护时，除了制定相关法律，设置相关机构进行管理之外，还引入生态保护视角，将生态保护与文化遗产保护紧密结合。同时以社区为单位落实传统文化保护，将传统文化保护行动具体落实到位。在对台湾特色少数民族文化的保护上，台湾地区也不遗余力，采取了一系列方式对少数民族文化进行保护与开发，从法律到制度，从旅游开发到文化传承，在多方面进行保护。此外，对于传统文化的表现形式之一的传统戏剧，台湾地区也进行了改良，并取得了良好效果。

（1）引入生态保护视角，重视文化景观遗产

台湾地区保护文化遗产的成功之处在于，重视生态保护与文化遗产保护紧密结合，从而使文化遗产具有持续发展性。台湾人重视保护文化遗产周边的生态环境（如台湾少数民族栖居的山地、海洋环境）与生物多样性，将其与文化遗产共同进行保护。比如，从 2009 年开始，台湾就在少数民族部落内部推行《部落环境永续发展及部落生活新风貌》，③ 促进少数民族部落可持续发展。此外，台湾地区也格外重视对文化景观④的保护。为此，台湾地区专门出台了《文化景观登录及废止审查办法》，并对全台湾地区所有的文化景观进行普查与登记。以文化景观为代表的文化遗产保护，有助于最大程度上保存文化遗产，并且能与当地自然环境有机融合在一起，体现出人与自然的和谐。

---

① 孙德玉：《传统文化影响下的台湾家庭教育》，《安徽师范大学学报》2002 年第 5 期。

② 张鹭：《大陆与台湾高中语（国）文教材的比较》，《语文教学通讯》2015 年第 7 期。

③ 林江珠：《台湾原住民文化传承中政府行为的调查分析》，《厦门理工学院学报》2012 年第 4 期。

④ "文化景观"是《世界遗产公约》中确定的自然遗产、文化遗产、自然与文化复合遗产和文化景观四大遗产之一，它是自然与人类的共同作品。

（2）培育文化遗产认同意识，营造社区参与保护模式

民众积极参与，在基层以社区为单位进行保护，也是台湾地区的特色。台湾"文建会"推出"社区文化资产守护网络计划"，发动专家学者、社区居民，共同保护文化遗产，在台湾逐步建立起以社区为单位保护传统文化资产的体系。"以'家乡守护'的观念"，推动台湾"社区文化资产守护网"的建设，一方面建立台湾地区"文化资产通报系统及完整之文化资产个案数据"。这些举措将文物保护行动落到了实处，并使得文化遗产保护意识深入人心，在社会上营造出保护传统文化的意识的氛围。

（3）加大力度保护少数民族文化，促进少数民族文化传播

少数民族是指台湾最早的开拓者，当地的少数民族，他们创造了具有台湾特色的少数民族文化。近年来，为使本土少数民族的文化得到更好的保护和发展，台湾当局采取了一系列的措施，取得了较好效果：主动搜集、编译并出版少数民族文献；建立28座少数民族博物馆保存文物遗产；扶植少数民族手工技艺的传承；用考试加分等措施，鼓励少数民族传承传统语言，避免方言消逝。此外，台湾当局投资兴建部落文化会所，在所有少数民族部落周围建设基础交通道路网，开发数十条与传统文化相关的观光旅游线路，以促进当地的旅游开发。台湾少数民族则同旅游业者展开合作，发展旅游观光业，以此带来经济收益。虽然台湾地区对少数民族文化的保护存在着没有充分发挥少数民族自主性，政府行为过度化等问题，但是这些举措从总体上看依然促进了族群认同与文化开发，并有力地促进了传统特色文化传承。

（4）改革戏剧形式内容，促进传统戏剧老树开新花

台湾地区当代戏剧的发展以研古与创新为特色，台湾地区的众多传统戏剧改革发展的成功经验值得借鉴。值得借鉴的经验为：其一，在戏剧表现形式方面，结合现代技术进行创新。例如，明华园歌仔戏团、霹雳布袋戏就借鉴了现代舞台与电影的表现方式，运用"蒙太奇"手法表演；兰陵剧场的戏剧《萤火》，运用光纤管束，将萤火虫显现在幕布上；台湾的电视布袋戏则把太空飞鼠和原子人搬上屏幕，使现代科技成果和传统的戏剧有机结合在一起。

其二，在戏剧的内容方面不断创新。一方面，台湾的一些传统戏剧将传统思想与现代社会紧密结合在一起。比如，现代舞剧《鱼玄机》，虽然演绎的是唐代的故事，但是融入了现代人的思维与观念，运用现代思维改编京剧《荷珠配》为《荷珠新配》。另一方面，将中国优秀的传统文化与西方的故事相结合，如"方圆剧场"的戏剧《俄狄浦斯王》就把古希腊故事的与京剧精神结合。这些改变使得传统戏剧发展旧貌换新颜，在保留中华传统戏剧精髓的基础上，增加了新的元素，符合时代发展的要求，在新时代背景下传播了优秀的传

统文化。

其三，在经营理念与培养人才的方法上，台湾戏剧团体的做法也值得借鉴。如霹雳布袋戏团队就借鉴迪士尼商业成功模式，拓展霹雳布袋戏元素的衍生产品：诸如游戏、布袋木偶、Cosplay、图书、道具等，获得了较高的经济收益；在人才培养方面，不像大陆传统戏剧的传人目前逐渐凋零，台湾的霹雳布袋戏开设布袋戏培训班，培养了近千布袋戏人才，使得戏剧发展后继有人。台湾传统戏剧的众多改良举措，使得传统戏剧发展保持了生机与活力，同时也为大陆地区传统戏剧的转型发展提供了一条切实的道路。

（5）建设民俗博物馆，保存传统民俗文化

台湾地区现有的民俗博物馆有87家，① 广泛分布在全台湾地区，台湾的民俗博物馆是台湾传统民俗的重要展示舞台。为了展示传统民俗文化遗产，有效地传承传统民俗文化记忆，台湾地区的民俗博物馆采取了如下三个特色举措：首先，修缮改造古屋古建筑，使其变为民俗博物馆的馆体，与传统民俗有机结合在一起，给民众一种整体观感；其次，大量举办户外民俗文化表演、民俗文化周等活动，向民众宣传传统民俗文化；最后，有效利用博物馆中的剩余空间，在餐厅、桌椅、商店墙壁中充分展示传统文化元素。民俗博物馆中的举措有效地弘扬台湾少数民族文化、客家文化、传统技艺、民间信仰等方面的传统民俗文化，发挥了博物馆传承传统文化记忆的功能。

（二）"法制保障，注重普及"——东亚国家传承传统文化经验

东亚地区受中华传统文化影响较大，文化内容方面具有相似性，以日本和韩国为代表的国家在传承传统文化方面成效显著，其经验值得借鉴。韩国与日本近年来提出"文化立国"战略，为传统文化传承发展创造了良好的环境：在1996年日本政府就提出并制定"文化立国"战略来传承和发展民族传统文化，在1996年7月出台《21世纪文化立国方案》之后又相继出台了一系列的政策用于保护发展传统文化；在1998年，韩国政府也提出"文化立国"的方针，并先后制定了《文化产业发展五年计划》《文化产业发展推进计划》等为传统文化的传承与发展创造了良好的环境。

韩国与日本一方面注重运用法律、制度保障传统文化传承：加强文化法律体系建设，不断修改完善《文化财保护法》保护传统文化资源，确定了"人间国宝"制度从而扶植非物质文化遗产的传承人、传承团体；另一方面，注

---

① 朱雷：《台湾民俗博物馆与文化记忆的传承》，硕士学位论文，华东师范大学，2012年，第14页。

重利用大众传媒制作的影视作品，如电视剧、动画等，广泛传播民族传统文化元素；开展传统节日庆典活动普及传统文化知识，在社会上营造出良好的文化氛围。

1. 完善《文化财保护法》，强化文化法律体系建设

自 1950 年颁布《文化财保护法》之后，日本政府半个多世纪以来不断地对其进行修订：1954 年日本第一次修法，增设了与无形文化财相关的内容，设置了民俗资料的记录保存制度。1968 年修订《文化财保护法》时，废除文化财保护委员会，由新设立的日本文化厅直接负责文化财的保护与管理。1975 年又对《文化财保护法》进行了大幅度地修订，扩大了保护范围，增加了"传统建造物群""文化财的保存技术"等内容。其中"文化财保存技术"是将物质文化遗产的原材料、制作工具等制作技法（比如日本的浮世绘画板技术、歌舞伎的衣裳制作修理、邦乐器原丝制作等技术）也纳入了保护范围，其中最有特色的就是对日本"和纸"相关材料、技术的一系列保护，体现出日本对与非物质文化遗产保护全面、细致的特点。1996 年日本第四次修订《文化财保护法》，此次修订借鉴欧美地区保护物质文化遗产的经验，制定了"文化财登录制度"，对日本所拥有的物质、非物质的文化遗产进行大规模、全面的登记。[①] 纵观这几次日本对《文化财保护法》的修订发现，《文化财保护法》在保护的范围上不断扩大，在保护的方式上更加合理，内容更丰富。《文化财保护法》不断地完善也使得日本对传统文化的保护与传承越来越完备。

韩国于 1962 年借鉴日本也制定了《文化财保护法》，将文化财划分为四类，从而对物质文化与非物质文化遗进行分类保护，为韩国保护文化遗产奠定了法理基础。半个多世纪以来也对法律进行了增改：1970 年修订时增加了重要无形文化财的内容，并且规定，在制定项目时要有传承保护人；1982 年增设"技艺传修教育制度"；[②] 2014 年韩国民间出现扩大《文化财保护法》保护范围的声音，因此今后《文化财保护法》可能会继续完善。

除了不断完善《文化财保护法》，韩国和日本还不断地加强文化法律体系建设，韩国在 21 世纪初还陆续出台了《文化产业振兴基本法》《设立文化地区特别法》《出版与印刷基本法》等等，为传统文化发展提供良好的环境。从韩、日两国的《文化财保护法》多年不断增修的过程来看，法律不断细化，

① 邓超：《日本文化财保护制度的历史审视》，硕士学位论文，华中师范大学，2011 年，第 28 页。

② 许庚寅：《韩国〈文化财保护法〉的构架探讨》，《文化遗产》2011 年第 4 期。

保护范围不断扩大，法律逐渐完备为"文化财"的传承奠定了法律基础，不断强化法律体系建设，这是两国不断增改法律所带来的经验。

2. 确定"人间国宝"制度，扶植非物质文化遗产传承

"人间国宝"是指那些"在艺术表演领域具有突出的表演才能、精湛的表演技艺并愿意将自己的这些技艺传诸后人的杰出的表演艺术家，而在工艺制作领域，则特指那些身怀绝技并愿意通过带徒方式将自己的技艺传诸后人的著名艺人、匠人。"① 日本人和韩国人非常清楚，非物质文化遗产的传承人是非物质文化遗产的活性载体，非物质文化遗产依附"传承人"而存在。因此两个国家都加大力度对"传承人"进行保护。1950 年，日本首次创造了"重要的非物质文化遗产技能保持制度"即"人间国宝"制度，将"传承人"分为个人认定、团体认定、综合认定三种，② 并给予国家级传承人每人每年 200 万日元③（2008 年），约合人民币 10.48 万（2015 年汇率）的经费。韩国政府给予"传承人"及传承团体一系列优惠政策，并按月发放补助，比如给予传承人医疗保障等，免除了他们的后顾之忧。

3. 注重传统文化的普及，现代与传统方式结合

普及传统文化对于提升整体的国民素质，加强民族认同有着十分重要的作用，韩日两国通过电视剧、动画等大众喜闻乐见的传承形式，广泛地传播本民族的传统文化，而传统节日庆典地广泛开展，使民众在热烈的节日气氛中直观地感受到了传统文化的气息。韩国与日本通过这两种不同的传播渠道，使传统文化潜移默化地影响了民众。

（1）运用大众传媒作品，传播普及传统文化

大众传媒发挥作用越来越大，韩国与日本利用大众传媒优势，用电视剧和动画产品作为宣传传统文化新方式积极进行传播。韩国电视剧剧情吸引人、制作较为精良、采取随拍随播的方式，使得电视剧广受欢迎，又由于电视剧受众广、数量多，因此成为向民众传播韩国传统文化的重要途径。不仅如此，"韩剧"还风行亚洲，向海外传播了韩国传统文化。目前，韩国的电视剧已经成为传播韩国传统文化的重要途径。韩剧处处体现出韩国传统文化的特色，比如建筑、服装、美食、还有一些韩国人的思想文化观念，被本土化过的中国儒家传统文化内容。众多的韩剧宣传了韩国的历史名人，如《大长今》《豪杰春香》《明成皇后》《李算》等，有些还反映出极具特色的韩国传统文化——宗

---

① 田艳：《非物质文化遗产代表性传承人认定制度探究》，《政法论坛》2013 年第 4 期。

② 罗蕾：《非物质文化遗产传承人制度研究》，硕士生论文，华中师范大学，2012 年，第 5 页。

③ 冯彤：《日本无形文化财保护体系下"和纸"的技艺传承》，《中国文化遗产》2008 年第 2 期。

家文化。

动画是日本最具有代表性的大众文化。日本动画数量多、受众广、传播途径广泛，具有高度的娱乐性，一直是日本弘扬传统文化的重要渠道。日本动画中蕴涵着传统民族特色的文化：武士道、神道教、被日本本土化的中国儒家文化忠、孝、中庸等思想等，同时也很明显地体现出日本传统文化中的宗教意识、武士道精神、物哀美学、忍者文化。《千与千寻》《幽灵公主》《火影忍者》等日本动画广泛传播，有效地传播了日本传统文化。日本动画在潜移默化中影响着日本民众，尤其是帮助塑造了青少年的民族意识与价值观，达到了寓教于乐的目的。日本的动画也促进了日本文化在世界范围内传播，进而达到了树立民族形象、提升国家地位的目的。

（2）利用传统节日庆典，传承民族传统文化

韩国政府鼓励举办祭祀活动和传统的民俗节日，民间自发举办这些活动，使民众在众多热烈的节日与祭祀中直观地感受到了传统文化的生命力及感染力，这也是传承传统文化极为有效的方法。

传统节日庆典是非物质文化遗产的一部分。韩国在发展中保护了传统文化，就体现在它的众多的"祭"之中，比如春香祭、安东民俗祭、百济文化祭等。其中以"江陵端午祭"最有代表性。韩国的"江陵端午祭"曾引起了国人很大的关注，甚至很多人极为愤慨。但是，经过多年的发展，虽然"江陵端午祭"时间和内容虽然与我国的端午节有某些交叉和相似之处，但是整体上看，韩国的"江陵端午祭"与我国的"端午节"有很大区别：与我国端午节吃粽子和赛龙舟祭奠屈原不同，韩国的江陵端午祭与这些并无关系。韩国的江陵端午祭是江陵民众集各类民众文化发展而来的一项传统民俗庆祝活动，如今已演化为"尝试新文化、探索新生活方式"的一项现代庆典活动。除了借鉴中国，随着时代的变迁，"江陵端午祭"的某些内容也发生了改变。原本的江陵的端午祭有"巫俗祭仪"，其中的"天花巫祭"原本是十分重要的一项，但因现在天花疾病的消失，此仪式也被取消。"江陵端午祭"受韩国法律保护，节日庆祝场面宏大，参与的民众多，极好地宣传了传统文化，"据韩国民俗学会会长介绍，2004年参加活动人数达100万之多"①。

对于一些已经在现实生活中消失的古老的文化活动，韩国政府也不遗余力地进行了保护。端午祭中有民俗活动，其中的民谣演唱是十分重要的活动，"其中鹤山奥道戴歌谣是江陵端午祭指定的'文物活动'。……由于农活改为

---

① 贺学君：《韩国非物质文化遗产保护的启示——以江陵端午祭为例》，《民间文化论坛》2006年第1期。

机器耕作，不再需要用唱歌来提精神，这项活动在现实中业已消失。为保存文化遗产，1985 年成立鹤山农谣保存会，1992 年建立传授会馆，1998 年起每年举行表演会，为江陵端午祭排练，到时进行演出"①。

与韩国相似，日本也有众多的传统节日：元日、盂兰盆节、七五三节等。日本的传统文化节日的庆祝也很隆重，而且利用传统文化节日庆典取得了非常可观的经济收益，"1998 年日本会议和节日的直接收入为 428 亿美元，占 GDP 的 1%。其中传统节庆占 88.5 亿美元，占了五分之一"②。而日本的长崎市 1998 年的节庆活动的收入更是占了旅游总收入的 12%。③ 经济收益的增加促进了人们传承传统文化的热情，促使传统文化更好发展。

（三）"政府主导，民间推动"——欧美地区传承传统文化经验

以英国、法国、意大利、美国为代表的欧美地区在传承传统文化方面发展得较为成熟，从多年传统文化传承的经验来看，形成了"政府主导，民间推动"的特色。一方面，政府主导是传承传统文化的必备条件：在学校教育中增加传统文化的教学内容；设立较高级别的组织开展保护物质文化遗产的活动；拓宽文物保护的资金渠道，提供充足的修缮文化古迹的资金；设立历史街区、国家公园对历史遗迹进行"活态"、原生态保护。另一方面，民间组织的保护与民众的积极参与也是传承保护传统文化的必要条件：众多的民间组织积极保护传统历史遗迹，在搜集鉴定遗产、提高民众保护文化遗产意识，推动政府采取更有效的方式对传统文化进行传承等方面发挥积极作用；民众则自发的保护历史遗迹，为政府提供相关建议。欧美地区"政府主导，民间推动"的方法，全面、立体地对文化遗产进行保护，为我国在保护传承传统文化方面提供了很好的建议。

1. 政府多措并举，保护传承历史文化

欧美地区历史悠久，古迹众多，相关的保护措施较为完善。这与政府采取的多种措施密切相关：设置高级别、专业的组织与机构对文物古迹进行管理；注重在实践中不断完善相关机构；设立"文化遗产日""文化遗产周"等节日宣传文化遗产；建设历史街区、国家公园等，对传统文化物质文化进行立体的

---

① 贺学君：《韩国非物质文化遗产保护的启示——以江陵端午祭为例》，《民间文化论坛》2006 年第 1 期。

② 刘向楠：《简述日本传统节庆旅游的起源及其发展过程》，《吉林广播电视大学学报》2008 年第 3 期。

③ 同上。

保护与传承。

（1）设置高级别、专业组织机构管理，有效保护文化遗产

在法国，文化部是文化遗产保护的最高管理机构。该部下设文化遗产司，专门负责文化遗产的保护。文化遗产司下设四处、三科，专职负责不同类型的文化遗产的保护。而且，法国的修复文化遗产的专业化水平程度极高。在大学有相应的专业开设，培养了一些这个方面的高端人才。涉及雕塑、绘画修复等，还有一些专门的科研机构研究法国文化遗产修复保护的问题。如法国国家科学研究中心就设有文化遗产研究中心。

意大利也设立了专业的文化遗产保护机构，用于保护各个地方的文化遗产，同时也对各地的传统文化遗产进行宣传。此机构可以对于个人和地方政府破坏文化遗产等行为进行直接处罚，地方政府对其有争议则可提起司法诉讼，由法庭裁判。不仅如此，意大利还设立了世界上唯一的文化遗产保护武装部队——文物宪兵队。1969 年，意大利政府设立专门负责打击文化遗产犯罪活动的执法机构和队伍，即"文物宪兵"。文物宪兵共 300 多人，分为 12 支，设有专门的司令部，此部队级别很高，受国防部和遗产部的双重领导：一方面隶属于国防部，属于正规军队，因此国防部支付其经费；另一方面隶属于遗产部，日常工作听从遗产部命令。此部队设置后取得了良好效果："文物宪兵成立以来，开展了卓有成效的工作。1970 年至 2006 年，共查获被盗文物 276754件，从欧洲、美国、日本等国家成功追索文物 8041 件。"①

（2）各界广泛参与节日活动，促进文化氛围形成

法国首创了世界上第一个与文化遗产保护相关的节日——"文化遗产日"。每年的"文化遗产日"，法国各地多达 15000 处②文化遗产都会向民众免费开放，涵盖了国家的历史文化建筑遗产、私人的各种文化宗教等历史文化遗产等。多达 1000 多万民众会主动参与这一盛大文化活动。随后，"1991 年，欧洲理事会确立了'欧洲文化遗产日'，同年欧洲其他数十个国家陆续举办这项活动……'文化遗产日'成为全欧洲的活动"③。与之类似，意大利也建立了"文化遗产周"。在这些特定的时间，当地的公立博物馆、大部分私立博物馆以及众多历史遗址免费向公众开放，包括很多平时不对外开放的古迹。当地

---

① 王莉：《意大利文物宪兵打击文物犯罪追索流失文物的经验及思考》，《中国文物报》2007 年12 月 19 日第 3 版。

② 高永丽：《政府和民间组织的共识与互动——法国"文化遗产日"览要》，《文博》2007 年第3 期。

③ 飞龙：《国外保护非物质文化遗产的现状》，《文艺理论与批评》2005 年第 6 期。

的报纸、电视有众多与本国文化遗产相关的报道，政府也会举办众多与历史文化有关的活动。专门节日的设立，促进了欧洲地区对历史文化的保护工作进一步开展，促进了全社会重视文化氛围的形成，极好地向民众普及了传统文化的相关知识，培养了民众保护传统文化的意识。而民众广泛参与文化活动，在全社会的节日气氛中受到传统文化的熏陶，无疑也是民众传承传统文化的有效途径之一。

（3）为文物保护提供资金支持，同时拓宽融资渠道

欧美地区保护文化遗产的过程中，也遇到了资金的问题，各国政府都积极提供资金支持并且拓宽资金渠道。在英国，国家与地方政府提供了绝大部分的保护文化遗产的资金；法国政府提供资金进行历史遗迹的修缮，"法国政府每年用于维修古建筑的开销就超过 20 亿欧元"。特别的是，在法国，"即使对于所有权属于私人业主的古建筑，国家也要承担 15%—50% 的修缮费用"[1]。与英国、法国不同，美国政府没有直接利用财政拨款投入大量资金进行文化遗产的保护，它拓宽了资金渠道，主要是通过所得税减免等优惠政策从而吸引民间资金进行文化遗产保护：1981 年美国政府颁布《经济复兴税收法》，规定若私人业主对国家登录制度中在列历史建筑进行修缮，政府将为其减免高达的 25% 的税费，[2] 这一举措有力地推动了美国历史文物遗迹的保护进程；意大利政府也采取措施拓宽了资金渠道，利用当地文化旅游景点的门票收入作为文物保护的资金，从发行的彩票和游戏产业收入中拿出一定比例的经费，进行文物修复，"从 1997 年起，意大利政府专设文物彩票，政府从所发行的彩票收入中按一定比例每年增拨约 1.5 亿欧元的资金用于文物保护"[3]。这些国家筹集资金的举措，都收到了良好的效果。

（4）"整体保护、有机融合"——历史街区保护特色

建设历史街区是对物质、非物质文化遗产的立体保护方法。这种方法避免忽视文化遗产的完整性、割裂遗产与过去的联系，同时使得文化遗产与人们日常生活有机融合为一体。法国于 1962 年立法明确了"历史街区"这一概念，开始对有保护价值的古建筑所在特定范围内的区域进行整体的保护，之后又将

---

① 张如彬：《美国的历史文化遗产保护及其与其他发达国家的发展比较》，《中国名城》2011 年第 8 期。

② 贺丰：《20 世纪 60 年代美国历史保护运动研究》，硕士学位论文，华东师范大学，2010 年，第 48 页。

③ 顾军、苑利：《文化遗产报告——世界文化遗产保护运动的理论与实践》，转引龙运荣《从意大利和英国管理模式看我国文化遗产保护的新思路》，《湖北社会科学》2010 年第 7 期。

保护区的范围扩大到"有关景观",最终形成了"建筑、城市和景观遗产保护区"的整体保护方法。美国建立历史街区保护历史遗迹是将其与普通人的生活有机地融合在一起,而不是将其置于博物馆中静态地保护。这种方法使得美国的历史文化与现代人的生活有机地结合在了一起,传统文化生动具体地展现在人们面前,民众对相关的历史传统古迹有了直观的认知。

(5)解决利用与保护之间的矛盾——以美国国家公园为例

正确解决利用与保护之间的关系,有利于保护文化遗产,当前我国存在盲目追求经济效益,对文化遗产过度开发利用的问题,损害了文化遗产资源。美国国家公园在此方面的做法值得借鉴。美国对自然与文化遗产的管理以公益性利用与保护为前提,当公园的资源保护与它们的保护发生冲突时,优先保护。国家公园发展的具体经验是:其一,国家公园管理局不设立创收指标,国家公园内除必要的旅游基础设施建设外,不允许开发项目。禁止建造高层旅馆、餐馆,索道缆车也在禁止之列。其二,管理者与经营者分离,避免了重经济效益,轻视保护的现象。国家公园由美国联邦政府直属的国家公园管理局管理,政府每年大量拨款进行维护,不需要经营者设法筹集资金进行管理。其三,贯彻"公益性理念"。美国国家公园把公益性利用放在首位,且强调可持续性发展。美国绝大多数的国家公园都免费开放,少数收费的国家公园,费用也极低。美国的教师可以带领学生在国家公园开展教育活动,带领学生学习相关知识(美国国家公园的官方网站上列举的"学科"选项有:文学与语言艺术、数学、科学、社会研究①)。

2. 民间力量积极参与,保护文化遗产

民间组织积极保护与民众参与是保护文化遗产的有效方式。从欧美地区近百年保护文化遗产的历程看,民间组织在推动政府对文物古迹进行保护、提高民众保护传承传统文化意识、为保护物质文化遗产提供资金支持等方面都发挥了不可忽视的作用。而民众自发保护文化遗产也是文化遗产得以传承的重要因素,比如美国弗农山庄的保护、殖民地威廉斯堡的整体保护。此外,民众自发参与文化的节日庆典也是十分重要的传承方式。欧美地区国家民间组织与社会公众在保护文化遗产过程中的做法,能够为其他国家地区提供十分有益的经验。

一方面,欧美国家的与传统文化有关的民间组织在文化遗产保护方面发挥着积极作用,是文化保护过程中不可缺少的一支力量。其中美国的民间组织在保护文化遗产方面发挥了引领性作用。民间组织在文化遗产方面的作用主要体

---

① http://www.nps.gov/teachers/index.htm.

现在如下四个方面：

首先，推动制定保护文化遗产的法律。美国的民间组织推动联邦政府立法，如《古迹保护法》《国家历史文化保护法》的出台。而法国的民间组织对国家立法的影响主要是通过向议员提供建议，在自己组织的刊物中发表对国家文化政策的建议等，特别是有些民间组织的成员还在一些政府机构任职，可以对立法直接产生影响。

其次，为文物遗产保护提供资金支持，尤其是美国的与传统文化相关的民间组织，它们支出众多资金进行文化遗产保护。英国的各个与文化遗产保护有关的团体每年也会支出相当的费用，用于古建筑文物维护。

再次，为政府提供咨询与建议。比如在英国，地方政府如果对登录在册的古建筑进行拆除、重修、改建，就必须征求由英国环境部所规定的 5 个民间保护组织的意见作为行动的依据。法国政府曾经组织过大规模的文物普查工作，在此过程中，法国的民间组织为政府直接提供建议，并鉴定、保护了众多文化遗产。

最后，提高民众保护文化遗产的意识。民间组织采用多种方式提高民众保护意识：印发相关书册，出版相关报纸向民众宣传；为民众讲解保护文物的具体方法等，令历史保护的观念深入人心，促进了国家历史保护的发展。

此外，美国的一些民间组织还主动修缮文物古迹，"通过周转基金的方式租赁或购买濒危的文化遗产，对这些建构筑物进行修缮，寻求建筑新的用途"[1]。

另一方面，民众自发的积极保护行为，也是传统文化得以传承的重要因素。在早期的美国文物遗产保护行动中，有识之士自发筹集资金进行保护发挥了重要作用。比如，被认为是美国历史遗产保护的开端的弗农山庄的保护。弗农山庄是美国开国伟人华盛顿的故居。华盛顿去世后，此地日渐荒芜。当时的美国政府无力承担买下及修复此庄园的经费。一位普通的美国妇女坎宁安出于仰慕华盛顿的心态，率先为了保护弗农山庄筹集资金。她组建了一个妇女协会、在各地广泛地以宣传、演讲、发广告等形式进行募捐，经历种种磨难，最终弗农山庄妇女协会出资买下了此庄园并进行了保护。此后，美国民众在历史遗迹保护方面的作用越来越重要，并逐渐对联邦政府的历史保护政策产生影响。

再如美国殖民地威廉斯堡的修复。威廉斯堡位于美国弗吉尼亚州，它保存

---

[1] 张如彬：《美国的历史文化遗产保护及其与其它发达国家的发展比较》，《中国名城》2011 年第 8 期。

着众多美国早期殖民时期与独立战争时期的历史资源。但此历史遗迹并未得到重视，20 世纪初期此地众多古建筑损毁严重。1903 年古德温牧师出任当地一座教堂牧师，意识这座年久失修的教堂亟待保护，于是不久就主持修复。"从1924 年开始，因担心更多的历史建筑被破坏，他发起威廉斯堡历史区保护运动。"① 此后一直致力于威廉斯堡地区历史建筑的保护，在他努力的游说之下，从石油大王小洛克菲勒那里得到了足够的资金支持，他设想的保护方案——整体保护威廉斯堡，完整保留并恢复 18 世纪城镇的特色，在日后也得到了很好的贯彻。并且美国后来的历史遗产保护的理念就直接受到了古德温牧师此方案的影响。殖民地威廉斯堡的修复开启了美国保存整体历史环境的先河。

他山之石，可以攻玉。我国台湾地区和其他国家传承传统文化的成功经验，在传承理念、传承路径和文化发展方向等方面为我们构建中华优秀传统文化传承体系打开了另外一扇窗户，其中建立健全传统文化保护和传承的法律法规、突出学校教育在传承传统文化中的先导作用、将传统文化嵌入民众现代生活、调动民间保护传统文化积极性、对少数民族文化采取保护与开发并举措施、拓宽传统文化保护传承的融资渠道等做法，具有很强的可操作性和示范性，对于山东构建中华优秀传统文化传承体系有十分重要的借鉴意义和参考价值。

---

① 彭长歆：《"活着的历史博物馆"——殖民地威廉斯堡的保护》，《新建筑》2014 年第 3 期。

十一 优秀传统文化传承的绩效评估

近年来，山东积极响应国家大力弘扬优秀传统文化的号召，充分利用山东省丰富的历史文化资源，深入探索山东优秀传统文化传承体系建设，并在开展各项传承传统文化工作中，形成了自己的传承特点，取得了一系列成绩，同时也出现了许多亟待解决的问题。

（一）传承特点

作为孔孟之乡、齐鲁文化的发源地，山东围绕打造道德文化高地的目标，利用丰富的传统文化资源，立足实际，在传承优秀传统文化过程中呈现出以下特点：

1. 引领性——以打造道德文化高地为目标，以践行社会主义核心价值观为导向

山东省在出台的《山东省国民经济和社会发展第十二个五年规划纲要》中明确指出要"加强理想信念教育，切实把社会主义核心价值体系融入国民教育和精神文明建设全过程"[①]。据此，各地市纷纷把社会主义核心价值体系的宣传教育作为开展思想政治教育的主要内容，用价值观引领社会思潮，积极探索传承传统文化的有效途径。其一，融核心价值观于社会治理，树立道德典范，传承传统美德。全省开展了社会主义核心价值体系建设的"四德工程""学雷锋，做山东好人"等一系列活动，积极组织推荐全国道德模范。其中，曲阜市在此期间就将儒家文化和社会主义核心价值观结合在一起，在各乡镇实施"勤善公和"四大工程，张贴善行义举四德榜，让群众自己评、自己选，涌现了一大批孝亲敬老的典范和感人事迹。其二，融核心价值观于群众性精神文明创建活动之中，倡导文明之风。核心价值观中"讲文明，懂礼貌"和传统文化中"崇礼""守礼"融会贯通。为此，山东各地深化拓展文明城市、文

---

① 《山东省国民经济和社会发展第十二个五年规划纲要》，http://sdgb. shandong. gov. cn/art/2011/5/23/art_ 4563_ 871. html。

明村镇、文明单位、文明行业等群众性精神文明创建活动，推行"文明山东"十大行动。其三，融核心价值观于各行各业的行为准则之中，深入开展"诚信山东"活动。儒家历来认为人无信不立，积极倡导讲诚信、重承诺。因之，山东在弘扬传统文化时尤其重视加大诚信宣传教育，大力弘扬诚实守信行为准则。如在城乡各地、各行各业全覆盖式建立"诚信红黑榜"，加快推进"政务诚信""商务诚信""社会诚信"和"司法公信"建设，既弘扬了诚实守信等传统美德，又促使社会主义核心价值体系深入践行。

2. 创新性——实施"乡村记忆工程"，开展"乡村儒学"建设

山东在传承传统文化时，适应时代发展，不断摸索，进行许多创新性的尝试，推出诸多卓有成效的举措，形成了值得其他地区吸收借鉴的"山东经验"。

为弘扬传统文化，保护乡村文化遗产、"留住乡愁"，山东各地启动实施"乡村记忆工程"。其创新性主要表现在：一是理念新。在新型城镇化与文化遗产保护发生冲突时，山东更新观念、转化思维，将保护文化遗产与城镇化建设相融合，实现传统与现代的和谐。省委宣传部、省文物局等九个部门下发了《关于实施"乡村记忆工程"的通知》，选取20个文化遗产保存丰富，具有代表性的村镇、社区进行试点，搞好调研，吸取经验。在此基础上，各地市科学规划、积极部署，通过民俗生态博物馆、乡村（社区）博物馆建设，在原地点有效地保护古建筑、古村落等有形和乡土生产习惯、节庆习俗等无形文化遗产，并且引导各方力量参与支持，整体展示、宣传、保护和传承当地优秀文化遗产。二是方式新。对于该工程的实施，山东创新采取定点保护建设的方法，重点在文化遗产和传统乡土建筑富集、保存基础条件较好、文化底蕴深厚的乡村和社区，建设民俗生态博物馆、社区博物馆、乡村博物馆。如临沂市的十里堡社区"乡村记忆馆"和思源乡村记忆博物馆就是成功典范。十里堡社区的"乡村记忆馆"，里面设有"衣食住行""人生礼仪""节令生活""历史名人"四个展厅，展览展示与人们生活息息相关的各类生产工具、工艺品、生活用品以及各种手艺，充满了浓浓的淳朴的乡村生活气息。值得注意的是，山东不主张新建各种馆舍，而是强调采取利用当地现有的设施进行改造的方法，这样，对于保持文化遗产的完整性、"原生态"保护具有积极意义。总之，这项工程不仅为保护文化遗产提供新思路，破解了新城镇化和新农村建设中传统文化保护的难题，也成为地方文化产业发展，提高民众保护意识的有效途径。

为有效地传播优秀的儒家传统文化，山东积极开展"乡村儒学"建设。在实施这项建设之前，省文化厅、文明办在泗水召开"山东乡村儒学现象"座谈会，邀请省内外的有关专家学者、部分基层群众参加，集思广益、建言献

策。在开展过程中，各地市依托乡镇综合文化站和村文化大院的设施设备，积极引导儒学专家、知识分子，深入民间开设讲堂、推广儒学。同时，为确保"乡村儒学"的有效进行，山东在人员培训、设施设备、教材等方面予以经费支持。近期，山东更是将"乡村儒学"建设纳入现代公共文化服务体系，纳入对各市科学发展综合考核、国家和省级文化先进县评选之中，以此激励着各级政府将"乡村儒学"建设落入实处、产生实效。自开展以来，"乡村儒学"发展迅速，如济宁、聊城、潍坊等地各式儒学活动深受群众欢迎。在泗水尼山圣源书院，已举办"乡村儒学讲堂" 20 多次，参加听讲的农民从本村逐渐扩大到周边，累计达 5000 多人。这样既促进儒学的传播，也使知识分子认识到自己的责任与使命，以更饱满的热情投入到传承传统文化队伍中。

山东创新推进"图书馆＋书院"的公共文化服务模式，建设尼山书院，着力传承弘扬中华优秀传统文化。在建设规划上，山东按照"六个一"标准即各级尼山书院都有一个统一标牌、一尊孔子像、一个国学讲堂、一个道德展室或展板、一个国学经典阅览室或阅览区、一个文化体验室或活动区，坚持标准化建设。以此为标准，各地也有创新。如青岛市就在此基础上，加了一个"1"，形成了"6＋1"的新标准。这个"1"是专指包括国学讲堂、国艺学堂、网上展厅等多个栏目，以文本、视频、图片等为展示形式的尼山书院数字化平台。这样，人们进入数字化平台，就可以阅读到大量的古籍、戏曲、国学经典等。在内容上，主要是包括"五大板块"：经典诵读、国学普及、礼乐教化、道德实践、情趣培养，范围广、种类多，极大丰富了尼山书院的组织形式。基于内容，尼山书院开展了多样的传承传统文化活动，如创新开展国学体验夏令营、"尼山书院艺术体验日"、琴棋书画和传统民间技艺等。青岛市又根据人们的喜好，增添了包括亲子吟诵、剪纸技艺、书画体验、围棋天地、国学讲堂五大板块，让人们在文化体验中，进行道德实践、学习传统文化。截至2015 年上半年，全省所有市级以上图书馆及 1/3 的县级图书馆已启动尼山书院建设，省图书馆及济南、青岛济宁、菏泽、烟台等地已建成尼山书院。该模式既提高了公共图书馆的服务水平，促进了古籍的保护和利用；又传播了优秀的传统文化和传统美德，营造出良好的氛围。

3. 多样性——传承形式丰富，地域特点显著

采取不同形式传承传统文化是传统文化获得社会认同，扩大社会影响力的重要环节。因此，为在更大程度上发挥传统文化的社会效益，山东省各地在深入挖掘地区文化资源基础上，选用的传承形式丰富多彩、独特各异，具体表现在以下方面：

通过主题文化活动，促使优秀传统文化沁人心。为传承优秀传统文化，山

东省各地广泛开展形式多样的群众喜闻乐见的活动。孔子故里的曲阜，依靠人们对儒学和孔子的敬仰和推崇心理，开展"百姓儒学"活动，组织农民去祭祀孔子，使人们真正地"学儒学、用儒学"。作为王羲之、诸葛亮故里的临沂成功举办多届书圣文化节、诸葛亮文化旅游节，以及各项书法比赛，集中展示了各项传统文化成就，让人们在游览同时也感受到了临沂文化的无限魅力。济南市推出公共文化进社区一系列活动——"社区广场电影节""泉水节""济南社区中老年舞蹈大赛"等，既丰富了人们业余生活，也进而发挥了优秀传统文化的实际作用，促进了人们良好行为习惯的养成。

建设传承的场所工程，开拓文化传承新平台。各种场所和工程建设的目的往往出于公益性，是政府通过完善公共文化服务设施，建设公共服务体系的重大举措，而这些恰恰也成为传播传统文化的平台和载体。目前山东省文化馆、博物馆、艺术馆、图书馆等数量不断增加。其中，博物馆事业获得飞速发展，展示内容不尽相同，如烟台的张裕国际酒文化博物馆、青岛的啤酒博物馆、淄博周村的民俗博物馆等，既是休闲娱乐的好去处，也是保存文化遗产的最佳场所。为开拓文化传承的平台，激发农民参与文化传承的积极性，各乡镇也不断加快文化大院、文化站、农家书屋等公共文化设施建设，实施各项如公共电子阅览室建设工程、文化资源共享工程等重点文化惠民工程，促使城乡共同传承优秀文化的新局面不断形成。

凭借文艺剧团演出，促进文化传承入民间。随着人们的精神文化要求不断提高，传统文化的传承方式也呈现出艺术化、生活化的趋势。山东省地方戏曲剧目种类众多，为保护好这些地方珍贵剧种、满足人们日益增长的文化需求，各地根据群众喜好、编排剧目，送戏下乡，积极推进柳琴戏、吕剧、五音戏等地方戏等在农村社区定期进行展播演出。其中，山东曹县巧妙地将抽象深奥的传统文化与戏曲相结合，成功举办了"千村文艺演出"文化惠民活动，挑选出色的演出队到各行政村进行巡演，为人们带去了一场场丰富的文化盛宴。

作为传承传统文化重要方式的新媒体和国民教育的地位更加突出。新媒体技术在山东起步晚，却存在巨大发展潜力。它的不断使用，虽然在一定程度上削弱了传统媒体传播的地位，却凸显了移动新媒体和个体传播的优势。一些红色纪录片，优秀的电影、电视剧如《孔子》等通过新媒体形式为人们所熟知，成为茶余饭后津津乐道的话题。此外，国民教育的作用在传承传统文化中不断增强。山东省各地充分意识到了教育在传承传统文化中直接有效的特点，纷纷将发展教育作为传承传统文化重点推进。曲阜的"乡村儒学"活动，一村配一名乡村教师；济南的"泉城大讲堂""非遗大讲堂"、道德模范主导的"道德讲堂"等教育形式广泛推进；各地的尼山书院、孔子学院、大大小小的

"国学班""读经班"加快建设；各类教育活动开展的内容越来越与弘扬优秀传统文化相挂钩，拓宽了文化传播途径，把握住了文化传承的关键所在。

4. 不平衡性——地域重视度不同，群体参与度有异

一是地域之间重视度不同。首先是政策法规的制定、出台、实施，财政支持不平衡。尽管大部分市县的政府部门能积极规划制定传承优秀传统文化的相关政策，认真落实省各项指示和政策，并设立专项资金来支持文化传承发展。但仍有部分地区对传承传统文化不重视，出现了政策法规不配套，过分注重物质文明建设、追求经济利益而轻视精神文明建设，资金投入比例失调等问题。其次是传承力度不平衡。东西部在传承优秀传统文化方面有差距：济宁特别是曲阜弘扬儒家文化的活动较多，诸如一年一度的孔子文化节、祭孔大典、隔三岔五地举办的学术研讨会、尼山论坛、民间自发组织的讲座、祭孔，学校的儒学特色教育、大学生自发组织的"孔子文化月"等。而地处沿海、现代化水平较高的青岛、烟台等地区，则仅有零星的学者涉足孔子及儒学，至于官方、民间则少有尊孔的活动。城市、农村之间亦是如此，城市在传承优秀传统文化中较农村而言，传承力度更大、资金投入更多、开展活动更丰富，成果显著。在青岛、烟台地区做调研时，发现这里的商店门头、文艺活动广告牌、宣传窗、路标、灯箱都标识着现代性的元素，从中几乎捕捉不到儒学的影子。而作为山东的政治中心——济南则处于两者之间。坐落在济南的一些高校，如山东大学、山东师范大学、济南大学等有专门研究和弘扬儒学的文化机构，许多在济南的企业和公司也用儒家思想来诠释它们的文化品格。

二是社会各界的表现也存在着很大差异。一些人文知识分子、相关研究专家、儒者表现得较为积极，能自觉地参与到文化传承实践中，开拓创新，为传承提供有效的智力支持。而大部分普通民众则表现得较为冷漠，特别在乡村地区，真正参与到传承优秀传统文化队伍中的人数远远不够，人们传承的意愿不高。因此，如何发挥人民群众传承传统文化的积极性，力争使他们成为山东省传承优秀传统文化的主力军，是下一步开展传承优秀传统文化工作的重点。

（二）传承成绩

山东结合自身传承特点，充分挖掘齐鲁文化资源，着力打造"首善之区""文化圣地"；积极培育"新时期山东精神"，弘扬传承优秀传统文化，取得了一系列成绩，以此激励着人们以饱满的热情投入到传承文化过程中。

1. 深入挖掘阐发了传统文化传承的时代价值，并赋予其新的内涵

在改革开放的今天传承传统文化，不能照搬原有的内涵，重中之重的是对传统文化的内涵进行研究和阐发。所以，想要做好传承工作，首先就要辩证地

分析传统文化，对其内涵进行时代性解读，弄清到底该传承什么，只有这样才能更好地促进传统文化的发展。山东省委、省政府充分意识到这一点，它们在核心价值观指导下，立足实践、解放思想，对齐鲁文化进行了创造性的解读和发展。一方面，通过深入汲取传统文化精髓，对那些至今仍具有积极意义的传统文化内涵加以改造，从而推动精神文明建设。齐鲁文化历来尚仁重德、崇礼厚德，而作为儒家文化发源地的山东，在保留了儒家"德"符号的基础上，赋予其内容以新的时代含义，使其与当今培育践行社会主义核心价值观相融合。如从 2008 年开始，全省创新实施社会公德、职业道德、家庭美德、个人品德"四德工程"，并不断总结道德模范评选的经验方法，建立起评选表彰道德模范的长效机制。莱芜市就提出了以"孝、诚、爱、仁"为重点加强公民道德建设的工作思路；泰安肥城市成立以提高农民道德水平为目的的"三个三"工程，使公民的道德素质和城乡文明程度显著提高，青少年思想道德建设取得新进展，和谐的家风、村风、民风正在形成。随着"四德工程"深入拓展，善行义举四德榜在各地广泛建立，为群众"树碑立传"，以此来激励他们更加主动地投入道德建设的队伍，对提高整个社会人们的精神文化水平，推动精神文明建设具有积极意义。

另一方面，讲仁爱、重民本、守诚信、崇正义以及自强不息等优秀的传统文化在今天也以现代的表达方式增强了生命力，融入各级政府服务民众、发展生产的过程中，积极培育新时代"山东精神"，使各项建设在先进文化的指引下，沿着正确的方向推进。另外，我们也应该看到对传统文化的研究阐发离不开专家学者的努力，因此各类研讨会在各市纷纷举办，如济南市由企业界人士、国学爱好者共同组织起了传统文化民间研究协会，淄博市开发陶瓷文化等。此外各地市也积极挖掘区域文化的精髓，立足实际，发挥应有的时代价值。例如，文艺工作利用传统的戏剧、发挥精神的力量，创作出大量优秀的影视作品，涌现出《沂蒙六姐妹》《寻找微尘》《闯关东》《聊斋》等一系列群众喜闻乐见的作品；山东梆子《河都老店》，柳琴戏《又是一年桃花开》《王祥卧鱼》，莱芜的木偶戏，淄博的五音戏等在各地上演，深受群众喜爱。这些都是山东各地在阐发传统文化价值过程中，努力做出的成就，使得传统文化的价值在新时代下发扬光大。

2. 传统文化的保护开发呈现出良好的发展态势

山东的文化遗产种类丰富，无论是有形的物质文化遗产，还是无形的非物质文化遗产。近年来，山东在保护传承文化遗产方面做了大量积极的工作，积累了宝贵的经验，使传统文化的保护开发呈现出良好的发展态势，尤其在"非物质文化遗产"保护方面形成了独特的"山东模式"，为全国其他地区更好地保护文化遗产提供了重要参考。

　　物质文化遗产是从古代遗留下来的，可以看得见、摸得着的实物。山东境内广泛存在古遗址、古建筑等不可移动文物，手艺、文献、手稿、档案等可移动文物，以及富有山东特色的历史古城等，这些都构成了山东珍贵的物质文化遗产。针对这些文物的自身情况，山东采取了相应的保护措施。制度法规层面，遵循"保护为主、抢救第一"的原则，山东根据全省区域文化分布，提出了"七区两带"文化遗产保护片区规划、曲阜片区文化遗产保护规划、"大运河历史文化长廊"规划。同时也制定出相应的制度法规，深入落实《山东文物保护条例》，不断完善不可移动文物保护县、乡、村三级网络和重点文物保护单位"四有"工作，建立起预防和打击文物违法犯罪活动的机制，积极开展抢救性保护工作，从而为文化遗产保护提供制度法规保障。项目工程层面，根据文物面积大、范围广的特点，山东大力推进大遗址保护工作，实施了一系列重大文物保护工程，如推进黄河三角洲高效生态经济区文化遗产保护片区建设，推进大运河、齐长城和齐国故城、鲁国故城、两城镇遗址、城子崖遗址、桐林遗址等9处大遗址保护工程，加强对文物的整体保护，形成了山东大遗址保护的新局面。技术保护层面，山东充分利用科学技术开创文物保护的新形势。以泰山和"三孔"为例，泰山上有许多石刻，但由于风化、侵蚀等自然原因，导致泰山石刻遭到不同程度的破坏。山东依靠科学技术手段，采取"加固部分破碎块体，封护风化刻经表面"的物理保护方式以及各种化学保护方式相结合保护各种石刻文物；在保护"三孔"方面，借助科学技术为曲阜"三孔"建立了监控报警系统、有线无线通信系统、安全地缆供电系统、消防给水灭火系统、计算机文物管理系统五大安全保护系统[1]，从而在很大程度上推动"三孔"的保护。利用开发层面，山东依托丰富的文化遗产资源，建成以古建筑、古城为主体的考古遗址公园和遗址生态公园，如泰山、"三孔"、鲁国故城遗址公园。曲阜和邹城基本实现文化遗产的完整性，从而使孔孟文化旅游具备了旅游、朝圣与怀古的"三位一体"的特色，保持了传统文化的韵味。

　　非物质文化遗产相对于文化遗产而言是一些无形的，一般存在于人们的口头传述、艺术表演、民俗文化中，越来越被人们所重视。山东在如何传承非物质文化遗产方面创造出了属于自己的"山东经验"。

　　一是加大普查力度，制订规划和保护机制。为全面了解山东非物质文化遗

---

　　①　李明：《山东文化遗产的保护和利用》，硕士学位论文，江西师范大学，2010年，第21—22页。

产的种类、分布、数量，山东省采取"边普查、边抢救、边保护"的做法，运用文字记录、音视频技术和数字多媒体技术等多种手段，开展非遗普查工作，建立起非物质文化遗产的档案和数据库与国家、省、市、县四级名录体系和保护机制，使得一些稀有的非物质文化遗产如泰山的皮影戏、黑陶烧制技艺、烟台剪纸、戏曲大弦子戏等得到及时的保护。

二是扎实推进非遗传承基础设施、载体建设，积极开展整体性保护。山东遵循非遗保护规律，设立文化生态保护实验区，如周村商贸民俗文化生态保护实验区、台儿庄运河文化生态保护实验区等，对非物质文化遗产以及其周边环境进行整体性保护；建设各类非物质文化遗产基础设施，包括非物质文化遗产馆、传承所，以及建设一批非物质文化遗产研究基地、保护基地、传承基地、非物质文化遗产博物馆等，积极争取将非物资文化遗产基础设施建设纳入当地公共文化服务体系，为发挥非物质文化遗产弘扬优秀传统文化的作用提供便利和载体。

三是保护扶持传承人，大力推进非遗项目的传承工作。为加强对传承人保护，缓解非遗传承后继无人的局势，省文化厅依托建立传承基地、提供传承场所和资金补助等方式，鼓励各级传承人开展收徒传艺活动；各区、市也陆续开展了非物质文化遗产项目代表性传承人的认定与命名工作，从而在全省基本建立起传承人扶持机制。此外，为提高传承人的本领，山东举办培训班，对各级传承人进行全面培训；建立考核、激励机制，对优秀的传承人采取表彰奖励、授予称号方式予以肯定，对于传承不力者予以相应的惩罚，以使其更好地履行传承义务。

四是合理开发利用，积极开展生产性保护。山东深入落实生产性保护的指导意见，大力实施生产性保护示范项目工程，将非遗保护与旅游业相结合，就地保护。如淄博市开展"民间戏曲进景区"等活动，使五音戏、聊斋俚曲等民间戏曲得到较好保护传承。这样游客在游览时可以欣赏民俗表演，戏曲演出，以及购买如剪纸、年画、美食等纪念品。

五是搭建平台，推动非遗的宣传推广。充分利用教育平台，在学校中，实行"非遗进校园""非遗进课堂"，将戏曲、传统手艺列入教学科目，增强体验性；在社会上，启动了"齐鲁非遗大讲堂"，坚持"讲堂教学"和"现场教学"相结合，增强互动性。在这方面青岛市做出了典范，通过"传承人导师聘任制"使传承人走进校园传授民俗艺术，并创新提出"用非遗方式保护和发展非遗"模式，培育庄户剧团这一民间传承力量，促进百姓对传统文化认同。充分利用科技平台设立非遗网站、建立声情并茂的非物质文化遗产数据库、非物质文化遗产数字博物馆等，让非遗与科技融合，加大传承力度。充分利用各种展览展示活动：举办非遗博览会、世博会、孔子文化周、文博会等节会，鼓励传承人在省内或国外进行展览、展示、现场表演来更好地保护宣传非遗成果，推动非遗走出去。

3. 传统文化传承的教育机制初步形成

作为传承传统文化的主渠道，教育通过系统完整的框架结构更加有效地开展传承工作，使优秀的传统文化历久弥新、代代相传。山东省也充分意识到教育在传统文化传承过程所具有的特殊作用，抓好教育工作，初步形成了传承优秀传统文化的教育机制。

如何将祖先的智慧结晶传扬下去，青少年的教育不容忽视。因为他们是在西方文化充斥的今天成长起来的新一代，传统文化对于他们来说既遥远又陌生。所以，传承优秀的传统文化的关键就在青少年，而青少年受传统文化的熏陶主要来自学校。我省各中小学校始终把优秀传统文化的教育作为学校教育的一部分，通过编辑传统文化教材、融入德育课程等方式激发学生兴趣，研究、挖掘、传承和践行传统文化。各高校也纷纷设立国学堂、国学院，开展各项活动、讲座等。曲阜师范大学就建立了国学院，历史文化学院在每年春天都要开展为期一个月的孔子文化月，在这期间学生自己规划组织活动，参与其中，感受传统文化韵味；并且经常请各高校的教授专家开设讲座，学生和老师一起讨论，使其对儒家文化有了转型升级的新的认识了解。周村为保护非物质文化遗产，在中学开展非遗进校园活动，日照也举办了"非遗大讲堂"活动，从而使中小学生感受非遗内容，增强学生对文化遗产的保护意识；《聊斋俚曲》《蹴鞠》《磁村花鼓》等一批非物质文化遗产项目也纷纷登上校园舞台、走进体育课堂。另外还有戏曲进校园，柳琴戏、吕剧进校园，让学生在感受传统文化魅力中喜爱戏剧，激发学习兴趣，以便培育接班人，将优秀的传统文化更好地传承下去。

普通老百姓文化水平比较低，受传统文化的影响深，素质提高难度大，因此，优秀传统文化在民间传承工作显得极为重要、迫切。山东各级政府充分认识到这一点，采取各种措施在民间来传承传统文化。如"山东乡村儒学"活动，一村一个儒学教师，请当地的能人、德高望重的老人、专家学者深入乡村通过一些通俗易懂的形式讲儒学，让儒学深入民众、走进群众，促进了儒学研究和传播。"书香聊城"开展了全民阅读、传统美德经典诵读、美德聊城征文等活动。除了静态讲堂之外，聊城市韩屯镇探索出"流动大讲堂"创造性举措，在农闲时，流动播放孝文化、孝故事。另外，各地按照"六个一"标准，普遍建立起尼山书院，并在其中组织学习经典文献、进行礼乐教化和道德实践、组织文化体验及情趣培养等公共文化活动，进一步发挥传统文化传承教化的功能。不仅如此，山东基于民众的认知特点，采取民众喜闻乐见的形式，举办传统文化知识竞赛与演讲、参观名胜古迹等活动，让民众参与其中，大大增强了人们对传统文化的自豪感、自信心，促使一些优秀品质内化为民众的品质，外化为社会行动。

4. 传统文化的宣传普及工作取得明显成效

要加大传统文化的影响力和覆盖面，增强人们对传统文化的认同，就需要通过各种渠道传承优秀的传统文化。尤其在当前，"一个民族的文化影响力，取决于其包含的思想内容和其所具备的传播能力。文化传播能力越强大，其文化覆盖的范围就越宽广，他们的思想文化和价值观念就能在全世界的范围内得到广泛的传播，也就必然更有力得影响这个世界"[1]。因此，山东积极创新传承的方式、渠道，构建现代化的传播机制，打造综合性的传承平台，促使传统文化的宣传普及工作取得明显成效。

丰富多彩的传承传统文化活动积极举办。山东各地积极举办一些具有民间特色的活动或工程，让人民群众参与其中，了解文化、传播文化、享受文化。为弘扬诚信这一传统美德，省企业和机构开展"千家企业诚信宣传活动"，各地市也陆续开通诚信网络，如济南等地开通了价格诚信网。此外，各乡镇举办多届星级文明户、文明信用户、好媳妇、好婆婆的评选活动，"学雷锋，做山东好人"活动，激发群众投身道德建设的积极性，弘扬了尊老爱幼等传统美德，在全社会兴起了学习、崇尚、争当道德模范的热潮。同时各项文化惠民工程普遍实施：送戏下乡活动，戏剧展演活动，推进低票价文艺演出。除此之外，各种体现民风民俗的传承活动也广泛开展，形式独具地方特色，规模影响不断扩大。曲阜围绕孔子和儒学开展各项活动，例如每年举办的"背论语免费游三孔"活动，用适当的激励机制调动起人们学习儒家文化的积极性。青岛则着力打造"欢乐青岛"，举办欢乐青岛大舞台、文化四季歌等艺术活动，极大丰富了市民的精神文化生活。淄博市举办了优秀民间剧团大展演、国际齐文化节、中国沂源牛郎织女爱情文化节，使群众在节庆活动中感受传统文化的魅力。"中华优秀传统文化故事会征集展演"活动是山东于2015年重点开展的，借助戏曲、曲艺、手工艺、视频等手段和形式，征集具有重要时代价值的民间故事、经典故事，深入挖掘了传统文化资源。这一系列的传承活动的开展，推广了蕴含浓厚传统文化气质的民风民俗，也使民众加深了对传统文化的认识。

---

[1]　李超：《我国优秀传统文化传承机制研究》，硕士学位论文，河北师范大学，2013年，第32页。

　　传承传统文化的阵地建设广泛开展。山东省通过努力，基本形成了省、市有公共图书馆、艺术馆、博物馆，县有图书馆、文化馆，乡镇有综合文化站，村和社区有文化活动室或文化大院的五级公共文化服务网络；初步形成了以图书馆、文化馆、博物馆为骨干，以基层文化设施网络为基地，以文化广场、农家文化大院为补充的公共文化服务设施网络体系。2013 年围绕"十艺节"又进一步建立了一批文化设施，"十艺节"的主场馆——三馆、一院组成的省会艺术中心也适时启用。各地的场馆建设在形式、内容、风格等方面别具一格，展示了本地区独特文化。如开放程度高，西式建筑尤多的青岛市，投巨资建设了"十五分钟文化圈"，新建了青岛大剧院、青岛大学音乐厅、美术馆等场地，并为"十三五"规划提出"一城三带十群"的长远之计；淄博市创新推行"图书馆＋书院"建设模式，打造了齐文化博物馆、足球博物馆。不同类型的博物馆本着为社会服务的宗旨，借助免费开放的形式，充分发挥教育的功能，让更多的民众走进其中，较好地发挥了公共文化设施的服务功能，建立健全公共文化服务体系。

　　依托现代科学技术和网络媒体的传承方式初步使用。随时代发展，科技、互联网进入千家万户，极大地改变了人们的生活方式。山东省根据当前的新形势、新趋势，抓住机遇，积极响应时代要求。通过充分利用手机、微信、网络等工具，将数字化、新兴媒体应用到文化传承中，采用人们喜闻乐见的方式传承文化，拓宽了文化传播渠道，加快了文化在各地区传播的速度，改变了以传统纸张传承优秀传统文化带来的弊端。同时随着互联网等新兴媒体的发展，山东积极拓展了网络报刊、网络广播电视覆盖范围，使科技渗透到文化传承各个领域，如创建非遗网站、文化信息资源共享工程，推进文化信息进校园、进企业、进家庭活动。各村镇广泛推行文化信息资源共享工程和公共电子阅览室建设工程、广播电视"村村通"工程、农村电影放映工程，为基层群众特别是广大青少年提供了上网、培训、文化娱乐的好去处。有些博物馆为了解决人员不足的困境，创新出扫描二维码自主听讲解的形式，很好地发挥了技术的作用。

　　文化产业化的传承方式成效显著。山东以文化产业为纽带，增加传统文化的附加值，发挥传统文化对经济的重大影响。一是一批文化产业示范园区、文化产业基地相继建立，实现了规模生产，集约化、集群化发展，为传统文化传承提供载体。例如，鲁文化产业园区通过充分挖掘儒家、墨家文化资源，形成了大型孔子文化剧目、孔子文化动漫、孔子文化影视、孔子文化旅游、孔子文化艺术品等项目。齐文化产业园区依据齐国故都、聊斋故里、陶瓷名城、足球故乡资源，以齐文化为重点，形成以淄博为中心，包含潍坊、滨州、东营等地的齐文化产业园区。二是培育了一批以提供影视、演艺、出版等为主的大型文化创意企业。山东以创造力为核心，大力发展新兴文化业态，打造"文化创意"新优势，制作出了大量具有山东地方特色的深受群众喜爱的文艺精品，并在全国获奖。2014 年，山东又制定了《山东省舞台艺术创作规划（2014年—2016年)》，实施舞台艺术"十百千"计划，面向全国征集剧本，新创优秀剧目 50—60 台，进一步提升剧目的观赏性、艺术性。一些影视作品如《沂蒙六姐妹》《沂蒙魂》，吕剧、柳琴戏、柳腔、五音戏等都获得提升改进。出版业方面，临淄区政府成立了齐文化研究中心，收集、整理了大量的古文献，并先后出版了《齐文化》《齐国故都临淄》等书。济南市的济阳县成立了民间艺术家协会，定期出版了《济阳文艺》等杂志。总之，这些文化产业力图与人民文化水平相适应，扩大了发展空间，加快了传承速度，起到了不可忽视的作用。三是山东旅游资源丰富，文化传承也紧跟时代潮流，与旅游业融合发展，转变了传统的文化发展模式，很好地发挥了文化的辐射带动作用。近些年，山东规划建设了一批文化旅游景点、考古遗址公园。2013 年又加快推进曲阜"文化经济特区"建设，打造成儒学文化传承创新区；在周村古商城中，一直以来坚持做好商贸民俗文化的抢救保护与传承，人们可以一边游览，一边欣赏周村芯子、花灯、周村婚礼、鸣锣开市、五音戏等原汁原味的民俗表演；聊城阳谷县以仿宋一条街为主，依托名著文化优势，发展名著旅游；临沂市利用沂蒙山红色文化建设起沂蒙山区乃至山东省最大的红色旅游景区，打造出知名的"中国唯一的平民红色文化旅游区"。这些措施，都使文化传承与市场经济紧密结合，既促进了经济的增长，又使人们在游览休闲同时体验传统文化的韵味。

5. 传统文化的对外交流活动取得新进展

山东省充分挖掘孔子文化、齐鲁文化，通过举行各类节会、实施各项工程，策划实施了一批富有山东特色的对外文化交流项目，加大和国际、港澳台等地区文化交流，从而进一步推动齐鲁文化走出去，扩大其国际影响力和知名度。

在本省境内加强同其他国家、地区的交流。一是举办各类节会和论坛。以弘扬传统文化、促进中外文化交流、推动建设和谐世界为目的的尼山论坛，如今在山东已经举行了三届。从以"和而不同与和谐世界"为主题到第三届的"不同信仰下的人类共同伦理"，各国知名学者、专家集聚山东，组织开展了多场学术演讲和文化对话，让人们在相互交流借鉴中领略齐鲁文化的丰富内涵，取长补短，使其凝聚新的时代精神。世界儒学大会、世界历史学大会等对话平台都选在山东举行。国家领导人给予关注，并对大会取得的优异成果予以高度评价、赞扬。二是为加强与沿线国家、地区的文化交流，山东积极制订"一带一路"的计划方案，参与工程建设；举办"丝路梦．齐鲁情——山东首届丝绸之路文化活动周"，促进东部与西部、沿海与沿边的文化资源、旅游等开发，打造"一带一路"的重要文化中心。

　　同时也加强同海内外、港澳地区的交流。一是开展各类文化交流活动、建设文化工程。为传承儒家文化、宣扬孔子，山东整合文物、非遗、演艺等资源，在各国举办"孔子文化节""孔子文化周"，开展"孔子文化展"，讲好孔子故事、山东故事、中国故事。另外，山东在俄罗斯、波兰、澳大利亚等地加快实施海外"尼山书屋"建设工程，组织开展"尼山讲堂"；筹备设立"海外山东文化中心"并在巴黎等地设立"山东书架"，内容包括山东政治、经济、历史、文化等，成为向外展示山东形象，了解山东文化的重要平台。二是办理访问组出国演出。山东组织多场出国演出，圆满完成文化部海外欢乐春节、朝鲜"四月之春国际友谊艺术节"活动。如济南市杂技团就赴美国、法国进行专场演出，组团赴俄罗斯参加国际民间手工艺术品；青岛市组织歌舞剧团赴澳大利亚参加艺术节演出《红高粱》。三是借助文化贸易之路，推动齐鲁文化走出去。山东省鼓励和支持文化企业积极开拓国际市场，培育了一批文化贸易企业，促使地方戏曲、非物质文化遗产如杂技、文物、非遗、歌舞等具有山东地域特色的文化活动项目在国际舞台上多次展现，既扩大出口，提高文化产品竞争力，又使凝聚山东优秀传统文富内涵的产品为人们所喜爱。四是加强同港澳台地区的文化交流合作。山东利用港澳台等地的华文媒体、机构，积极向当地侨社取得联系，宣传齐鲁文化。例如在港澳台举行联谊活动、海峡两岸孔庙文化研讨会、各种书法、艺术展等，都取得了良好成效，其中高唐县李奇茂美术馆更是被文化部、国务院台办命名为全国首批海峡两岸文化交流活基地。济南市也先后在府学文庙举办海峡两岸经典文化推广会、海峡两岸师生成人礼、祈福活动，不仅促进了内地和港澳台地区文化交流，而且也促进了两岸对优秀传统文化的理解和认同。

　　6. 传统文化传承的管理考核机制基本到位

　　传承传统文化是一项艰巨的任务，需要各级政府从宏观出发，在制度方面做好保障，加强管理考核，避免传承中的随意性、盲目性，循序渐进，重建优秀传统文化传承体系。山东各级政府以此为目标，加强顶层设计，在这方面做了一系列的工作，使得传统文化传承的管理考核机制基本到位。

　　加强对传统文化的管理，首先，各级组织机构的职责必须基本明确。传承传统文化的工作涉及宣传、文化、教育、文物、建设、旅游等多部门，所以政府要将工作落实到人，各级部门在传承传统文化中该做什么、达到怎样的效果做到心中有数，切实把思想和行动统一起来。山东在文化管理体制方面进行了创新，推进政企分离、政事分离；强化市场的监管、社会管理，使文化企事业单位更加明确职责，进一步理顺了文化行政部门与所属企事业单位的关系，给予其更大的传统文化传承空间，促进企事业单位的发展。

其次，文化市场的管理取得新进展。传承传统文化更加需发挥市场的作用，但也不可避免要受到市场本身弊端的影响，因此，加强市场管理、监管，显得尤为重要。在各级党委政府领导下，文化市场综合执法部门，加强规范化管理、市场综合执法，在营造良好的文化市场方面不断探索、总结经验，做了大量有效工作。随着青少年对网络的依赖性大大增强，手机、微信、互联网等日益成为新型传承传统文化的工具。但也应看到，这是一把双刃剑。所以加强对文化市场中互联网的管理，责任重大、极为紧迫。山东执法部门重大打击网吧超时经营、接纳未成年人等违法行为，提高文化市场监管水平，打造优越的文化传承环境。

最后，文化传承的考核评价体系也进一步改革创新，尤其是在公共文化服务体系建设方面。从 2005 年开始，山东省每年都进行公共文化体系调研督导行动，对结果进行通报，以正确的指标对其进行评价、评估，并不断改进，增强文化体系的活力。各级党委、政府将对各部门对传统文化的保护、研究等工作情况，纳入到该单位年度工作考核体系中，激发文化工作者增强文化责任意识，提高传承传统文化积极性，使传统文化的传承工作落实到位，发挥传统文化对人们的引领作用。

(三) 问题不足

近些年，山东省在弘扬优秀的传统文化、促进文化传播方面做出卓越成绩，但仍然存在一些问题和不足，传承传统文化的形势仍然严峻。主要表现在以下方面：

1. 理论和实践脱节，未能把握好传统文化传承的基本向度

在理论与实践的双向互动中，理论研究应从现实出发、为实践服务，这对传承传统文化同样适应。弘扬传承传统文化在现时代的价值，只靠理论研究，是不可能实现的。没有立足社会实践，没有在实践中的交流互鉴，传承传统文化只能成为空谈。这要求我们传承传统文化要坚持理论联系实际，将文化的传承落实到实处。同时更要了解传统文化当前的状况和发展程度，在"向"和"度"协调中传承文化才能达到理想的效果。可见对传统文化内容的研究阐发，以及让人人参与到文化传承中，使传承文化与群众生紧密结合是传承传统文化的关键所在。但我省在这方面的工作有些欠缺，还需努力。

在理论与实践层面，有些地方传统文化传承只谈理论、经验，"重计划轻践行"，并未真正深入实践。例如对传承传统文化的规划、计划大而无当，脱离实际、脱离群众，往往只是走个过场，做足官样文章，使得优秀的传统文化不能有效传播出去，有益的文化因素没能普及，优秀的传统文化失去了教育人们的社会影响力。在基本向度层面，传统文化研究阐发仍不充分。传统文化有精华也有糟粕，如果漠视了这一点，文化的传承就会出现差错，让低俗的思想钻了空子，进而产生不好的影响。在新时代，为使传统文化保持生命力，将传统文化中一些积极因素进行研究阐发，使其适应时代发展、与时俱进，是必不可少的。然而，在现实中，一些旧的"二十四孝"、旧的《弟子规》没经研究、不加辨析地就宣传下去，在实际中产生了误差。用错误的信仰去对抗以儒学为主的优秀传统文化，使文化中一些消极的东西被放大，偏离了先进文化的方向。对于一些愚孝文化，政府意识到了其消极因素，但是清除工作进展慢。尤其是乡下地区，旧"二十四孝"仍可见。传统文化研究阐发不充分，不注重成果的创造性发展，致使优秀传统文化与时代发展相脱节，缺少有效融合。

2. 泛商业化现象严重，影响优秀传统文化真义的传播

中华优秀传统文化适度商品化，将有助于增强整个民族的商品意识和文化竞争力，从而将中华优秀传统文化引上健康、发展的轨道，使其更符合现代发展的气息。用美国著名的旅游人类学家格雷本（Grabum）的话说："民族文化商品化就是民族传统文化在商品经济背景下的过渡和转型。"① 但是在改革开放之后，随着市场经济制度在中国的逐步确立，市场化、商业化迅速蔓延到社会生活的各个领域，造成经济的成分在传承传统文化中占据高位，进而影响了优秀传统文化真义的传播。

近年来，随着文化产业日益繁荣，文化市场愈加开放，各地的经济水平在不断提升的同时也带来一些消极现象：对"利"的无限制追逐，人们道德滑坡；人与人之间的关系越趋紧张，优秀传统文化核心价值体系作用在下降。例如，在"文化搭台，经济唱戏"的文化产业发展理路指引下，儒学经济化、产业化的趋势增强，借助传播儒学文化为名，过度追求经济利益。就孔子文化节而言，一位参加了第一届世界儒学大会的马来西亚学者指出，"一年一度举行'大庆典'，称为'文化节'，从历年来的'文化活动'，可以看出主办当局没有意识把这个孔子诞生地，提升为文化圣地或文化中心，反而更加扩大'文化'活动，为一年一会赚多点钱"。曾经有人说过"很多跟孔夫子有关的

---

① 张晓萍：《从旅游人类学的视角透视云南旅游工艺品的开发》，《云南民族学院学报》2001 年第 5 期。

都打上了孔家的标记"，甚至"许多与孔子不相干的粗制滥造的东西，都冠以孔子的名号兜售"①，这样就使"尊孔兴儒"活动披上了商业经济的外衣。再如，不少地方缺乏全局意识，仅从当地利益出发，互相争抢资源。例如各地过度追求经济利益，出现了互相争抢名人故里的现象，这就在一定程度上破坏了传统文化资源的完整性，致使传统文化资源的开发形不成合力，难以形成巨大影响。总而言之，虽然我们并不排斥文化所带来的经济效益，因为文化本身和经济就是相互影响的、相互交融的，但我们坚决反对那种盲目的、非理性的逐利行为。在这种情况下，优秀传统文化中"义"的内涵与价值更加凸显出来，即在社会主义市场经济下，应确立"义利兼备"的价值导向，发挥优秀传统文化对现代社会的纠偏作用，从而使各利益群体在文化市场的大舞台上，理智地追求资本盈利。

3. 官方、精英与民间互动较少，未有形成传承传统文化的合力

传承传统文化人人有责，单靠政府、精英或者单靠民间都不是合理的方法，毕竟一方的力量是有限的，而文化传承需要合力，需要多方参与。

文化传承停留在官方、精英层面，与民间联系少。政府是传承文化的领头人，是一切文化传承政策的制定者、实施者。然而，政府规划指导得再好，政策没能落地开花，那么传统文化的传承只能是一纸空文，没有任何实质性的效果。政府讨论得热火朝天，民间却平静如水，这是每个省份在弘扬传统文化路上遇到的不可避免的挫折，山东省也不例外。政府制定政策时，由于没能有效地听取民间各方的声音，和民间联系少、多停留在官方层面；对于政策实施结果，没有及时地调查、回收反馈，使传承文化陷于僵局，没能取得理想效果。此外，文化直接的推动者和参与者大多交给了精英阶层，普通民众大多没有这样的机会，即使有了时间和精力也未必落实好、学好儒学。但是，正如雅各比指出："年轻的知识分子再也不像以往的知识分子那样需要一个广大的公众了：他们无一例外的都是教授，校园就是他们的家；同事就是他们的听众；专题讨论和专业性期刊就是他们的媒体。"② 正是由于这样的渐进式转变，使得学者和民众的交流趋于平淡，从热心交流分享再到最后的形同陌路，这是整个民族的悲哀，同时更是文化的伤痛和苦楚。他们缺少对文化的担当感，一旦民众遇到不懂的问题想要请教时，便逃之夭夭了，多一事不如少一事的惯常心态在当今传统文化研究者中真真切切地存在着。因此，尽管专著和著作一本本相继问世，尽管文化工作者付出了很多心血，但由于民众不认同，无法从中找到

---

① 李径宇：《另一种孔子热》，《新闻周刊》2004 年第 8 期。
② ［美］拉塞尔·雅各比：《最后的知识分子》，洪洁译，江苏人民出版社 2002 年版，第 4 页。

自我归属感，所以说，理论的问世仅仅感召了一部分人，这一部分人大多数还是知识分子。

民间传承不受重视，群众传承意愿不够。民间传承的任务多由一些德高望重的老人或者一些乡村能人来承担，但由于自身知识水平和身体状况的局限以及政府对民间传承不够重视，使他们在农村组织活动时缺乏资金、设备不够，文化传承活动难以开展下去。此外，群众则表现出较低的传承意愿，使传承传统文化的受众面变窄。特别是大部分农民群众，他们由于受封建落后思想影响比较深，赚钱养家糊口成为生活的重心，无暇顾及精神追求。他们一方面认为传承优秀的传统文化并不能解决生活问题，不能带来实际效益，从心底就不愿意花时间精力去做这件事，因此出现了农村中一些文化设施没有得到很好的利用、书籍无人问津、形同虚设的现象。另一方面民众对传统文化理解有误区，如儒学在历史受到过人们的抨击，"批林批孔"使人们谈孔色变，人们在心底不愿去谈儒学，更谈不上去传承儒学了。近些年，文化"垄断"给广大民众造成了一定的错觉——儒学似乎和自己没有太大的关系，那是有知识有涵养的人摆弄的。另外，传承传统文化的著作枯燥、晦涩，对于普通民众的理解力来说，不能不说是一个严峻的考验，导致很多人就知难而退，直接影响了群众的传承意愿。群众受众面窄也是一大问题，一些村庄的青壮年外出打工，导致传承传统文化中最有力量的一部分人丧失，而留在家乡的往往是小孩和老年人。青少年沉迷于手机、计算机等新科技，追求新时尚、高品位，对传统的东西不热衷，使弘扬传统文化的受众减少。就拿送戏下乡来说，来听的大多数是老年人，青少年却寥寥无几。总之，民众传承意愿不强，是导致官方民间出现断层的一个不可忽视的原因。

4. 重形式、轻实效，传承传统文化的效度难以保证

山东传统文化的传承起步比较晚，处于试探、摸索阶段。所以一开始，山东未能充分认识到传承传统为文化是一个长期过程，因此难免存在急功近利，重形式、轻实效的现象，这违背了传承传统文化的规律，导致传承传统文化的质量、效度低，出现了一系列的问题。

首先体现在各类传承传统文化的场馆建设上。传承传统文化离不开物质载体。近年来，各类场馆建设如火如荼，省级博物馆、艺术馆、图书馆、乡村民间的文化站、文化大院、农村书屋的数量不断增加，然而在现实建设中却往往陷于重形式、轻实效的误区。口号喊得很响、政策规划得很好，却没有产生应有的效益，群众没有获得好处。一方面，政府之间的盲目竞争，造成场馆的高投入、高规模，却忽视其产出和应有的社会效益，导致部分场馆形同虚设、服务水平低，呈现出空壳化、地产化或同质化的趋势。一些博物馆、尼山书院、

儒学讲堂按照"六个一"标准建成，外形富丽堂皇，传统文化的内涵却很少，来参观、听课的人寥寥无几。另一方面，各级干部在建设时没有充分考虑受众群体的需求和知识水平，致使农村地区的一些场馆仅做摆设，流于形式，没有真正发挥作用。如一些农村书屋往往在短期建成，没能真正听取农民的需求，里面陈设的书籍陈旧，书中内容与群众需求不符或者超出他们的知识水平，阅读率不高、"少人问津"。另外，农村中许多青年人外出务工，留下来多是儿童、妇女、老人，但是涉及儿童、妇女健康等方面的书很少。而且，农民忙于解决生计问题，大多无暇顾及读书，思想陈旧，很少有人有读书的习惯。这种种情况显示出农村中公共设施建设不能忽视农民这一主体，要充分考虑他们的需求，不能强送硬塞，否则只会造成公共财政浪费、资源浪费，脱离实际、脱离群众。同时，各种场馆传承传统文化的作用大大降低，优秀传统文化中有益的文化因素未能普及，优秀传统文化失去了教育人们的社会影响力。

其次表现在传承传统文化的各种管理、监督等制度的制定实施上。一是传承传统文化的制度或政策的制定有的只是模仿照搬，框架空洞死板，过于笼统、宽泛，脱离本地区的实际情况，缺乏针对性，导致地方缺乏活力和自主性，政策制度难以执行。就文化遗产保护而言，由于管理政策机制制定时不完善，文化遗产资源归属多个部门，没能形成相互配合的工作机制，频繁出现机构重叠、资源重复使用现象，使传承传统文化工作难以开展。而且，一些新出台的传承传统文化的政策制度执行后，没能及时对人们的反馈进行整理，政策法规没能及时修订，导致制度法规滞后，成为传承传统文化的阻碍，最终只是个形式。二是在传承传统文化政策制度制定后，没有落实到实处，管理监管不到位，最终导致部分政策制度走向形式化。如许多图书馆人员大多数是兼职、非正式在编人员。在聊城的一些文化站中，一些不具备本领域知识的人员被安排进来，他们的文化素质、专业知识不足或者跟该职位不符，常常只是挂职而已，没有认真履行职责，因此传承传统文化的实际效果可想而知。另外，传统文化传承过程管理宽松、考核不力，相关制度没有落实到位，渐成一纸空文，直接影响了传统文化评估结果的准确性。如有些尼山书院的考核流于形式，一些设施齐全、应有尽有，但真正考核起来，却漏洞百出。专岗人员是否到位、资金是否投入到活动中而没有乱用到别处等一些实质性的问题没有考核到位，使得部分政策制度停留在形式层面。

5. 重开发、轻保护，传统文化资源遭到"建设性"破坏

山东省传统文化资源丰富多彩、种类繁多，物质形态和非物质形态的传统文化资源应有尽有。它们是优秀传统文化的源泉，对人们的价值观念影响深远。然而现实中，文化遗产的保护却面临着新型城市化和新农村建设的挑战，

在开发过程中，没有及时采取相应的保护措施，使传统文化资源遭到了"建设性"的破坏。

首先，优秀传统文化传承同样也有来自城市化建设的挑战。随着经济的发展，城市化进程和传统文化的传承之间的矛盾日益加深。城市记忆是对文物保护的一个特殊方式，一些古建筑、古村落是我们探寻古老的民风民俗的重要载体，里面的人员，他们口头相传的非物质文化遗产更是极其珍贵的传统文化财富。然而，现实中有些地方由于追求建筑的现代、美观、整洁，重开发轻保护，在"旧城改造""危旧房改造"中，受经济利益驱使，造成一些珍贵的古建筑、古村落未能得到合理利用，反而遭到了不同程度的破坏，"空村化"日趋严重。"以联合国教科文组织非物质文化遗产——鲁南皮影戏为例，皮影戏是乡村娱乐的组成部分，皮影戏的传承和发展主要依靠口头传授，它的生存是依存在乡村对于皮影形式和内容的文化需求上的。近几年来城市化的发展推进乡村变迁的步伐，皮影戏在变迁的过程中丧失了生存和发展的生态环境。"① 所以，要正确处理好城市化建设和文物保护之间的关系，使文化保护与城市化建设有机融合，达到双赢的效果。

其次，山东省保护文化遗产、传承传统文化与新农村建设等方面的矛盾仍较突出。一些历史文化浓厚的乡村，存在"重开发轻保护，重眼前轻长远"的现象，不能正确处理好文化遗产保护和新农村建设的关系，在某些人看来，改善居民生活远比保护文物更加重要，而对传统乡村风貌及其蕴含的文化价值未能正确认识，以上种种情况，使得文化遗产的真实性、完整性遭到破坏，宣传传承传统文化的作用也随之大打折扣。总而言之，无论是处理好文物保护与城市化建设的关系还是与新农村建设的关系，都是山东省传承传统文化不可回避的问题。

最后，我们应注意到，这种过度开发是一种片面化开发。在开发过程中不全面、不系统，一些文化资源未被或者没有得到相应的利用，自然也就毫无保护意义可言。如对儒家文化的开发，主要集中在孔子文化上，而对同属儒家文化的孟子、荀子、颜回等优秀的传统文化资源开发不足。作为历史文化资源丰富的临沂市，由于市文物保护单位相对独立、合作不紧密、对文化资源的开发意识不够强，在资源开发上只限于对古建筑、寺庙原样的保存，没有挖掘其特色，未能转化为文化品牌，阻碍了传统文化的广泛传播。如王羲之故里陈列的一些书法，只为人们提供了观赏的途径，周围的文化氛围难以达到书法圣地要

---

① 孙倩：《枣庄市城市化进程中的文化传承与保护研究》，硕士学位论文，山东大学，2013 年，第 29 页。

求，而且有些名人建筑甚至出现历史人物的姓名、年代写错的现象，大大阻碍了传统文化地传播。不仅如此，由于专业人员缺乏，对传统文化研究不够，方法不多，传统文化资源的开发形式单一，手段陈旧。有的传统文化开发主要集中于旅游方面，而对其他方式的探索不够。此外，一些博物馆、传统文化旅游景点只是采取展览展示的形式来宣传传统文化，更偏重视觉体验而非互动。在方法上，无非是讲解员解说或附有照片文字，形式单一、内容枯燥，这样，人们很难真正体会感受传统文化的内涵和魅力，很难形成长期记忆并进而影响实际行动。

第三部分　访谈实录（节录）

一 济宁地区访谈实录

访谈（一）

访谈时间： 2015 年 4 月 14 日 星期二
访谈地点： 曲阜国家级文化产业园管委会
对话主题： "十二五"曲阜市传统文化传承弘扬经验总结与研讨
访谈对象： KP（曲阜国家级文化产业园管理干部）
访 谈 人： 成积春、李先明、王京传、姜修宪
记 录 人： 刘芊、张美、胡安娜

成：曲阜师范大学承担了山东省文化传承体系重点研究项目，需要在大量调研基础上开展研究工作。此行的目的主要是了解儒家文化在曲阜的传承创新情况，总结曲阜在传承优秀传统文化的做法和经验，找出存在的问题和不足，从而为"十三五"文化发展规划的制定提供依据。曲阜在中华优秀传统文化弘扬和传承方面一向走在全省前列，一定积累了不少经验，所以特地前来曲阜国家级文化产业园区考察学习。

KP：学习不敢当，大家可以在一起交流。我党的革命工作与传统文化尤其是儒家文化的结合点在哪里？这是值得研究的一个新的方向。也可以说是我党革命的合法性问题，即在中国传统文化中能否找到我党革命的理论渊源和建立政权的意识依据。

下面我想先介绍一下国家级文化产业示范园的大致情况，再谈一下曲阜这两年的文化建设情况。我们曲阜在 2008 年被评定为国家级文化产业示范园，截止到 2014 年年底，国家级的产业园全国仅有 10 个。从 2006 年以来，两年评一次，一年评两个，原则上每省一处。从十七届六中全会中央提出文化大发展、大繁荣，尤其是十八大以后，我们的文化产业示范园也得到了我市领导的切实认可和重视。

　　曲阜作为儒家文化的发祥地，历朝历代都重视它在传统文化发展中的作用。多年来，虽然上级不断呼吁，下面也知道文化的重要性，但在前几年没能受到各级政府的重视。2012年春节后，省里召开两会期间，省委、省政府领导给济宁市委、市政府提出放弃运河文化、转向儒家传统文化建设的建议。会后，我市市委李书记指派我和原宣传部长共同负责我市的文化建设工作。5月26日济宁又在曲阜召开了文化建设"突破曲阜"常委扩大会议。从那时起，曲阜才真正把文化建设纳入议事日程中去。当时文化的建设由于缺乏固定的机构和组织，也没有相应的政策，因此我们进行的文化建设工作颇有些名不正、言不顺。尽管如此，我们当年就打造了7个文化项目，如儒家文化基地、动漫体验馆、葫芦套、影城等，受到省、市领导的认可。

　　2013年年初，省里两会又提出"文化产业突破曲阜"的口号，而且在省长姜大明的工作报告中又提出建设文化经济特区。为此，我市开始改变产业园以前"只有机构没人办事"的状况，搭建起文化产业园的领导班子，包括发展局、招商局、财政局、中华文化标志城办公室等5个正局（科）级的单位。作为一个正县级的机构，由赵书记兼着副主任，我兼着党政办主任。

　　组织机构搭建起来以后，省和济宁市开始积极进行文化产业园的建设方案规划工作。目前就基本上停留在这个层面上。省里先请省社科院做规划，后又让深圳王志刚工作室做规划，春节前已经在省内基本通过。然而，就这个规划来讲，省里对文化产业的发展基本上没有什么政策，济宁虽然出台了相应的文件，但也无法落实，如土地、人才、扶植资金等。我们现在就在等上级部门的规划。

　　我们也做了曲阜自身的规划。当初在申报国家级文化产业园时，是按照整个曲阜现有的64万人口和896平方公里的土地来规划的，把这个范围作为文化产业园的整个范围。然而，此规划显然有点虚，太大。后来根据曲阜实际，提出一区多园，一区是指文化产业发展核心区，范围18公里，从济宁学院西墙顺孔子大道向东到立交桥，北过沂河，南过寥河。多园是指人文始祖文化产业园、儒家文化旅游体验园、农业观光旅游产业园等。

　　在确定核心区以后，接下来，曲阜就明确了"一轴一线双城（明故城、曲阜新城）四山"的文化产业发展空间格局。一轴是以孔孟中轴线（孔庙向南沿104大成桥往南）为轴，以东西向孔子大道为线，南北轴形成了文化产业聚集带，东西线打造以休闲、娱乐为主的一条线。双城是指，把明故城打造成儒家思想文化体验、休闲区，把国家级文化产业示范园（即新城的位置18平方公里沂河南、高速北、桥洞子、济宁学院）建成曲阜新的文化城市综合体。把四山（尼山、石门山、九龙山、九仙山）发展成以休闲、娱乐、农业观光和教育培训为一体的产业。从文化产业形态上来讲，准备打造文化旅游、教育培训、休闲体验、园林古建、动漫创意、会展演艺、艺术品交易七大特色产业。

近两年，有了规划之后，我们的文化产业园也开始慢慢规范起来了。第一，理顺了管理体制。但还没有完全理顺，一是因为产业园是正处级单位，但现在上级部门济宁市却没有给我们配备正主任，而是由我市赵书记兼任副主任。另外还有一个存在的问题，产业园只有一个大架子，不是实体单位，虽然核心区归产业园管理，但如土地等还得归土地局、公安局管，人财物方面都很空。为了避免这方面的困难，我们成立了文化旅游发展投资集团有限公司。它是产业园下的投融资平台，在山东省小有名气，主要是因为信誉度高、口碑好，到目前为止9家企业的总资产达到了23.4亿。其作用主要是用于文化项目建设，也缓解市里的财政周转。通过这个投融资平台，我们做了许多的项目。

其他方面，如文化事业，包括文化建设和文化产业。

就文化事业而言，我们做了以下工作：

一是曲阜市为弘扬优秀传统文化，同时为了加快推进东方圣城·首善之区建设，我们开展了"彬彬有礼道德城市"建设。在习总书记2013年11月26号来曲阜的前一年，我们就提出了。之所以提出是因为，1986年谷牧副主任来曲阜时，就提出曲阜应该做到"人人彬彬有礼，处处干干净净"。在此期间，中宣部王部长又提出了应该进行"勤善公和"四大工程建设。他认为，可以用这4个字浓缩社会主义核心价值观的24个字。2014年春节过后，就在曲阜召开了全国性的"勤善公和"现场会，想通过这四个字来体现社会主义核心价值观。针对"勤善公和"这个工程，曲阜也出台了各种意见，开展了很多活动——全民敬业、全民修身、全民守礼等。虽然进行"勤善公和"四大工程建设，但还是以"彬彬有礼道德学校"为依托。现在曲阜市每个行政村、单位都建立了"彬彬有礼道德教育"学校，共675所。基本上曲阜全体市民培训了两三次，但根据不同的人群培训内容不同。例如，在农村提倡讲孝，提倡农村里全让老人住正房，做到这一点很不容易。再一个，多长时间回家看一回老人。现在村村有善行义举（诚、孝、仁、爱）四德榜，城市也有。比如，是否给家里钱了等内容，都会上榜，因为不能光嘴上说孝敬，要体现在行动上。如果村里有虚假不实的地方，会有人举报，得改正。这个在全国都很有名气，全省和全国都在这里召开过现场会。仅去年一年就有来自江苏、辽宁、贵州等省市的90多个考察团来这里考察学习。另外，曲阜的文化底蕴很丰厚，找个老百姓都能来一两句《论语》。

二是开展了"百姓儒学"工程，全民学儒学。在全市 405 个村庄、统一按照"四个一"标准设立孔子学堂、配备儒学讲师、常态化开展百姓儒学培训。学习儒学有什么用，王部长提出"全民学儒学，百姓好活法"，因为最终的落脚点还是生活。学了儒学，就可以把一些道德建设构筑起来了，例如与人为善了，等等。举个里例子来说，什么是幸福？幸福无非就是上班和同事相处融洽，下班回家和和美美，这就是幸福。去年（2014）我们在新建体育馆搞了为时一个月的儒学节。期间，全市市民免费看"三孔"，感受传统文化的氛围，每个部门、村、乡镇到孔庙祭祀孔子。还搞了一些反映儒家思想的文艺演出、论语背诵等活动，均取得了很好的效果。这一工程从不同的形式来展示传统文化，对人都有启发，曲阜市民的素质整体上有了很大的提高。例如，我们宣传部也建设了体现居民文化素质的工程——诚信小木屋（后作街、孔庙、双龙购物广场各一个，下一步想再多弄几个），有公益性的公司负责打理，木屋里生活用品一应俱全，分别标明了商品的价格，屋子的正中间是一个收钱箱，全程无人监督，也没有摄像头。据有关部门统计，小木屋从运行到现在，基本上未出现亏损，甚至出现了盈余；因为有的人可能拿 4 块钱的东西，却交了 5 块钱等。这就是诚信，就是儒家讲求的"慎独"，人不能亏了良心。这个小木屋的效果不错，也检验了市民的诚信和道德素质。

再一个通过儒学传承这一块，曲阜的诚信体系建设也做得很好。曲阜市推行了《加快诚信体系建设的意见》和《实施方案》，建立了企业红黑榜。当企业出现拖欠农民工工资、生产销售假冒伪劣商品等问题时，由宣传部出面，一季度通过报纸、网络、电视等渠道对企业进行曝光，加大监督，促使整改。目前没有出现企业因诚信问题而被央视等媒体曝光的现象。

通过加强道德建设、百姓儒学工程和诚信体系建设，效果很明显。例如，我们创全国卫生城市，从提出到建成仅一年多时间，而其他大城市都八九年才成功。当时创卫期间，机关干部都到下面打扫卫生时，出租车司机一看到我们，打出租车司机也都不要钱。

下面介绍一下曲阜的公共服务体系建设：

一、完善公共文化服务设施。例如，文化馆、体育馆、蓼河四德公园、孔子文化园、论语碑苑、游客集散中心、体育公园等，都是政府投资，一共在城区投资了 16 个亿。宣传部和组织部通力合作建设文化惠民工程，如以前搞的远程教育。前些年曲阜还提出农村实行"八个一"：一条大街、一个图书馆、一个健身广场等，给老百姓提供活动、娱乐、学习的场所。现在每个乡镇中都有十个、八个乡村建立了这样的公共服务设施，在农村 1/3 以上的设施都很健全。还有电影下乡、送戏下乡等，这都是由政府给予补贴。

二、文化惠民工程。曲阜文化局组织大学生下乡辅导老百姓跳舞、唱歌。2014年，曲阜提倡"人人唱村村演"活动，每个村都唱戏唱歌，去年大大小小的演出达到了5000多场，也都是政府拿钱补贴。通过搞这些文化活动和以前的教育，不但净化了个人心灵，而且人们没有时间从事赌博、吸毒、偷盗、抢劫等非法活动。

三、文化遗产的保护。就目前来说，我市有国家级文化遗产项目5个，省级16个，而曲阜市级文化遗产已达到了119个，在全省的县级市里名列前茅。针对非物资文化遗产，下一步我们还想打造一个网络平台。因这部分内容属于文化馆，就不说了。

再一个谈谈加强国际儒学研究与交流这方面。2014年四五月份，我们到贵州、上海、四川、济南等国家汉办认为推行孔子文化比较好的地方实地考察。我们已经与国家汉办联系，把世界孔子学院总部基地设在曲阜孔子研究院，我们目前正在积极打造、提升这一块。截至2014年年底，中国已经在全世界123个国家成立了475所孔子学院和近800家孔子讲堂。孔子学院实际上是中国传统文化的推广机构，不单单是传播孔子。汉办每天有许多学生来中国要求学习传统文化，而汉办就随机分配给各个地方。在这一块我们做得较好。

有人在曲阜九仙山搞了孔子学苑，金辉的儒源、国学堂、老二中搞的一个，仅大型的机构就有五六家。老师们也出去讲课，给全国全世界各地企业家培训，对传统文化的弘扬和推广起到了一定的作用。

加快儒家文化走出去步伐。比如每年在"孔子文化节"期间举办世界儒学大会，每年都有几十个国家的人来参加。再一个祭孔大典，其他地方的都以曲阜为模本。还有世界各地到曲阜来取圣土、圣水、请孔子像活动。这些活动由三孔旅游服务公司来承接，它们做得很好。

以上是从文化事业上来说的，从文化产业上来讲，这两年我们也搞了一些项目，如2012年开始的尼山圣境、百花谷建设。另一个是孔子博物馆项目，是由我们文化产业园出钱。其整体呈北斗七星，由一个主馆，六个分馆组成。建成之后，投资约17亿。可以把文物局的文物存放此，更好地保护。再一个搞了明故城复兴工程，但目前因文物保护原因处于停顿状态。下一步打算将周围房屋改造成仿古建筑，打造家庭旅馆。第四个项目是开发蓼河二十里清明上河园项目。还有鲁国故城考古遗址公园工程。

再看文化企业。目前我市文化大小企业达860多家。它虽然见效慢，投资大，但对社会整体效益和文化氛围的营造十分重要，在几十年以后会逐渐显露出来。我们目前想把曲阜文化经济特区建设纳入到"十三五"规划当中去，但目前山东对文化产业不太重视。2013年11月26号习总书记亲自来到曲阜视察，2014 年 5 月又在北大接见汤一介教授时谈到儒家文化；9 月 24 日在人民大会堂召开的世界儒学大会又发表讲话。一年之内连续发生如此有影响的三件大事，但山东省却还迟迟没有行动起来，没有抓住大好机遇。然而，其他省份对传统文化的热度却比我省要高，如四川、贵州、河南、云南等省。比如，贵州利用王守仁的声望，打造大成殿、奎文阁、万仞宫墙等仿古建筑。除此之外，他们还定期邀请大家向市民免费宣讲儒学，市民事先在网上报名，但一次不来就会被拉入黑名单。事实上，我们孔子后裔联谊会在弘扬儒学的作用甚至比政府的作用还重要，外界对我们曲阜孔姓人很尊崇。

目前我市在文化产业人才引进方面也做得很好。已经连续三年引进毕业于 985、211 高校的研究生，每年引进 100 名。今年我们打算引进 20 名文化创意、管理方面的人才。还想建立一个博士后流动站。

尽管做了这些工作，作为一个县级市，我们所进行的文化产业建设还是有些先天不足。这些制约因素主要有：其一，没有对土地的使用权，有的文化产业着实需要土地作为保障。其二是人才。因曲阜城市小，高端人才来不了。其三是政策。县级政府不能自主制定相应的如税收等政策。其四，缺乏扶植资金。2012 年时，我们曾向省政府建议了 13 条，大概表明了这些困难，我们要求：第一，在曲阜以山东省委、省政府名义召开省级的文化建设大会。第二，在省层面上，由省级领导挂帅成立省级文化特区建设领导小组。第三，发动全省企业来曲阜参与文化建设，可以给其适当政策，让其在曲阜投项目。最后，因不让曲阜上马大型企业，没企业就没税收，没法发工资，没法搞城市建设，故应该给予相应的扶植资金。如果按照以前每年曾经给过的 900 万折算，省里目前至少应该支持 2 亿用于文化发展。此外，还应该给予一些土地、人才、税收等政策。我们估计今年可能有一个大的改革，我们也在积极地争取这些政策。

曲阜文化建设还没有形成一套体系。例如，弘扬儒家文化应该吸收其他宗教的先进经验，有教义、教材，除了《论语》等外，我们也应该编撰适应不同层次人群需要的教材。另外，要有像古代文庙那样的相应的场所。再者，还应有严格的一套仪式，要有制度，用仪式引导人们对孔子的崇敬感。

总之，现在全国儒学热了，但曲阜没有起到领导作用，没有带好头。

关于圣坛剧场，现在在积极推进，我们的目标是想让节目做到雅俗共赏，只要能反映儒家文化就行。现在也有好多家企业在和我们谈合作经营这个问题。以前每年财政补贴 300 万左右。我们有最早的大型实景演出，因流动人口少，文化体制也不行，经营方面也有问题，故一直是亏损。

李：您作为一直在做文化传承的干部，您认为应当传承优秀传统文化的哪些因素？

KP：正如刚刚我们在谈话中所讲述的，要把社会主义核心价值观和儒家文化真正结合起来。我认为，道德层面的东西是最重要的。怎样弘扬传统文化？传统文化大部分都是优秀的，我也不是全面的肯定，只是个时代的转化问题。只要道德上去了，一切问题就解决了。法制是弥补道德建设的不足。道德高尚了，没有偷盗了，就没有法律了。如果达到这个地步，社会就和谐了。比如，孝是最基本的东西。法律是被动地处理道德问题，这样就把人引向另一个歧途，实际上人的人格降低了，而不是提高了。评价毕福剑事件，我认为也是道德问题。人只要道德不行，就一定会出问题。只要道德建设上去了，一切问题都迎刃而解了。

李：咱们的工作，是否对老百姓的素质有很大的提升？

KP：是的。例如，从农村里来讲，只要孝做到了，一切问题都迎刃而解了。只要有了孝心，家庭就和谐，其他一切素质也提升了。如能孝敬我的老人，也就会对其他人员产生爱心。现在法院判决的赡养案例少多了，让老人住正房的多了，再者给老人钱的也多了。因此，从机关来讲，这两年通过学儒学，加强道德建设，机关干部和市民的素质确实也提高了很多。现在虽然也有自行车闯红灯的现象，但与三年前相比有很大的改变，而且犯罪的情况也少很多了，这都充分说明了我们的工作成效。

成：对于儒家文化建设，您认为还有什么不足之处或遗憾？有哪些还需要改进的？

KP：第一，从五四运动提出"打倒孔家店"以来，并没有完全割裂传统文化，但"文化大革命"却把传统文化完全割裂了。更严重的是，改革开放以后，西方东西进来了，中国人惊讶了，觉得外国各方面都很好，觉得中国什么都不行。再加上一部分人先富起来，却并没有带领其他人走向共同富裕，从而产生两极分化，进而导致犯罪率提高。正如农村讲的光脚的不怕穿鞋的。改革开放以来，之所以出现这些问题，就是因为把传统给割裂了，经济虽然上去了，但道德滑坡了。经济上的不足，可以通过制定合理的经济政策来弥补，几年内就可以有效恢复起来。但道德的构建却不是两三代人可以完成的。至于说到有什么遗憾，那就是我们弄晚了。即使现在加班加点地抓，也需要一个过程。

成：原来咱们的宣传是"彬彬有礼"，现在又加上"勤善公和"，是否会产生矛盾和不协调之处？

KP：我们的主题就是打造"彬彬有礼道德城市"，这是大的原则，在这一大的原则之下，搞一些主题活动，如"四德"建设、勤善公和。宣传口径不能乱，提得越多就越乱。

成：另外，咱们曲阜对山东省提倡的组建尼山书院有什么态度？据说在每个县图书馆要设一处尼山书院。

KP：书院这一块，我们曲阜也想好好地抓一下。例如，夫子洞往北的周庄村，打造得比较好，儒学讲得也比较好。

不能把儒学与国学混淆，儒学是国学的重要组成部分，都是中国的传统文化的组成部分，虽然主流是儒家文化，但也融合了其他文化。首善之区，曲阜提，济宁也提，但实际上指的是让曲阜打造首善之区。对于儒家典籍，背诵是必不可少的，《四书》《五经》《论语》等。只有背会，才能更好地加深对儒学的理解和感悟，否则很容易断章取义，这不利于我们传播儒学。

访谈（二）

访谈时间：2015 年 4 月 17 日
访谈地点：曲阜市市政府
访谈对象：YRY（曲阜市委宣传部干部）
访 谈 人：成积春、李先明、姜修宪
记 录 人：韩港、尚倩、兰菲、刘鹏

YRY：下面我主要谈一下曲阜"坚持两创方针，继承和弘扬传统文化"的一些具体做法。

第一个方面，从 2012 年起，我市的道德建设便由"散兵游勇"步入了正轨，标志是 2012 年 8 月 18 日，我市以孔子礼仪学校为依托成立了"彬彬有礼道德教育学校"，校长是我市党委常委、宣传部长。为何成立这个学校？这是因为孔子礼仪学校落户曲阜以后，有百余人的讲授传统文化的师资队伍，但因其刚刚迁来，招生存在一定困难。当时曲阜又需要弘扬传统文化，而我们的知识水平却有限，讲不好、讲不透传统文化，所以，我们就决定以孔子礼仪学校为依托，把该校的师资力量作为我们的骨干，到村镇、企业去宣讲传统文化。我们的干部群众对传统文化有需求，孔子礼仪学校又有师资。这样，满足了双方的需求。所以，我们觉得我们的路子走得正，方法对。因此，只用一个月的时间，全市所有村居和企业都成立了"彬彬有礼道德教育"学校，一共是675 所。

我们对"彬彬有礼道德教育"学校的定位就是弘扬传统文化。农村地区以孝德为主。用孔子的礼义，用儒家的思想，用《论语》里面的精辟语句。因为在两千多年前的孔老夫子就对孝道作了精辟论述，两千多来年又进行了传

承，这才使我们文明古国永葆青春。对城区，重点是讲诚信，讲诚德。从 2012 年 8 月 18 日至今，我们已经对 64 万居民培训不止一次，部分重点单位、人群（比如旅游从业人员）、地区已经培训了两三轮了。随着两年以来"彬彬有礼道德教育"活动的开展，我市社会风气有了明显的变化，其中有两个显著的标志，一是犯罪率明显减少，二是农村中虐待父母的人员明显减少。这是从大的宏观教育方面的情况。

第二个方面，2013 年 11 月 26 日习总书记的曲阜考察之行，使我市的道德建设有了一个大的飞跃。习总书记的这次来曲阜，创下了"四个第一"。一、习书记这次是专程到曲阜来祭祀孔子、来朝圣。专程体现在其行程路线上：他在 25 号上午结束临沂的考察之后，舍弃了从临沂经曲阜到济宁的近便路线，而是从临沂直奔济宁，26 号才正式来曲阜。这说明他作为党和国家的领导人是在正常的工作时间专门到曲阜来。以前的国家领导人如毛泽东曾来曲阜两次，江泽民总书记也来过，但都是在休假期间。习总书记的这一举动，向全国表达了"弘扬传统文化，重视儒家道德"的这样一个态度，而这也是他开座谈会时说的第一句话。二、新华社、新闻联播当晚就习总书记的考察活动及时发布了相关报道。其他领导人来曲阜后并没有这样做。三、习总书记在曲阜看了，听了，重要的是讲了，而且讲是带着稿讲，说明他是有备而来。四、习总书记不是在休假时间来，而是在工作时间正式来到曲阜，把到曲阜视察作为一个工作。自从习总书记到曲阜以后，从 2013 年 12 月到 2014 年年底还 4 次讲到传统文化，在孔子文化节前夕又专门发表了一次重要讲话，可见他对弘扬和传承优秀传统文化的高度重视。

从 2013 年习总书记来曲阜后，曲阜也有一个转折性的变化：从市委、市政府的决策，到各个镇、街道中层干部都对这一问题提高了认识。例如，农村中的 405 个行政村，村村都有善行义举四德榜。2012 年年底，曲阜提出这么几句话："不孝不能提拔，不诚不能重用"，把它作为领导干部选拔、任用的重要依据。对农村是划底线，农民需要孝敬父母的，必须每月至少给老人不低于 50 元的赡养费，城区的一般工人是 120 元，干部是 200 元。这一标准后因受社会舆论的压力而改为"温馨提示"。自 2012 年年底搞了四德榜后，对农村孝敬父母是正能量，至少是对人们底线的约束，不是政府在作秀。现在机关提出，每月至少回家一次看农村的父母，而且要求农村父母住正房。从这段时间来看，曲阜的变化非常大。

习总书记来曲阜后的第二个变化是，2014 年 10 月份我们成功地举办了首届"百姓儒学节"。从 1984 年到 2014 年的 30 多年中，孔子文化节是官办的，普通老百姓很少能到孔庙观看盛典，只有极少数的老百姓中的劳动模范有这个机会。去年我们用了一个月的时间，组织全市三万农民都到孔庙祭祀孔子，而且与官办形式一样。让他们观看盛典，使他们感觉到作为一个曲阜人应该弘扬传统文化，而且是自己的责任。针对学生，我们在颜子诞生的那一天（农历）在颜庙前举办"师生节"。之所以在这里举行，是因为颜子对孔子不是一般的尊师，应该是历史上尊师的楷模，而且他的最大优点是犯错误不犯第二次，是个非常有修养的人。当时全市共有 1 万多名学生参加，差不多城区内的学生都去了。第三个就是，百姓儒学节期间，在孔子会展中心举办了持续 10 余天的文艺会演活动，让大家都来看。第四个活动就是举办书画展。这次书画展创历史之最，收集对联 2300 多份，悬挂 1500 余份。这些说明了习总书记来曲阜后，我们做的一些工作。

第三个方面就是我们的各种培训班。人民大学、清华大学、北京大学的知名教授，都相继受邀来曲阜进行各种高端讲学，以优秀传统文化为核心内容。现在曲阜市内几乎每周都有一名国学大师作讲座。我们政府只负责组织人参加，社会上的文化培训机构负责联系、邀请，并支付专家讲学的费用和开销。因为政府也难以承受（这些费用）。曲阜师范大学也助推了国学的发展。去年"彬彬有礼道德教育"学校及其他各种学校在曲阜的培训达到了 3 万人次。

虽然现在上级部门有各种要求，尤其是省文化厅推广乡村儒学的要求，但我们不可能在村村都设置各类学校，因为已经有"彬彬有礼道德教育"学校的存在了。所以我们根据上级各部门的工作性质、特点和具体要求的名称，将乡村儒学、廉政大讲堂、道德大讲堂等挂一块牌子，一室多用。

关于孔子学堂，在农村，村村都有一名儒学老师，老师的来源均经过"彬彬有礼道德教育"学校的相应培训，成员组成主要包括在职教师，各类乡贤如有较高文化素质的离退休干部或德高望重的老人，以及以大学生和研究生为主的村干部，他们对儒学有较深的文化底蕴。开展讲堂的频次视各村实际情况而定，基本上能够达到每半月一次。当然，各村因具体条件不同，也有或多或少的差别，有的村支部书记工作能力强、热衷传统文化的，就搞得更好一些。

我们去年与省里联合搞了"圣贤之光"，让被评出的道德模范，如好媳妇、好婆婆、劳动模范等，给先模人物颁奖，让农民给农民颁奖，不再是由领导干部颁奖，这是贴近百姓的好形式。

实际上我们的善行义举四德榜是在原来在农村要求子女提供父母赡养费用基础上发展而来的，原来只叫孝德榜，当时只公示子女给父母的费用，不像现在这么详细。最开始推行这个工作的时候确实存在一些困难，主要是三个方面：有的村民不想公开自己支付的数额，也有不孝顺的确实不想缴纳，还有的村庄支部书记不想开展这项工作。鉴于最后一个方面的问题，我们在布置和开展这项工作的时候，采取试点进行的方法。在一个乡镇里确定出 5 个村庄，通过提供奖励和公示的方法进行引导：对那些村里财政较好，且支部书记威权较强的，如果子女每月给父母 50 元钱，村里再拿出一部分钱（20 元）来奖励；另外，在公示时先公示一个组，交的就交，剩下两三户不交的，就画个 0。农村人讲面子，看到别的人都交了，自己也就坐不住了，再经村里一劝就不好意思不交了。如果村里的支部书记威权较弱，那就耐心细致地给这些极少数村民讲道理。实践证明这些方法十分奏效。通过这些方法的引导，到 2013 年 6 月时孝德榜的推行工作就已经没有阻力了，就在全市彻底推开了。所以，省里就在我市召开了善行义举四德榜现场会，后来国家级的现场会也在我们这里召开，并且感觉很好。这些工作都是我们在摸索中进行的。

这些赡养费都交给村民自己的父母，不交到村里，留下个记录就行。为了尊重村民，不让村民们交到大队里，再由大队转给父母们，也不太好。一开始的提法是随便交，后来规定的标准就越交越多，最后规定最少 50。另外，有时公示也要尊重村民的个人意愿，在很特殊的情况下，如果村民实在不愿让公开的，那就不公示。

成：看来曲阜所做的工作很扎实，而且你们的工作已经深入基层社区，很民主了。

YRY：我认为，地方的民风与传统文化道德建设的开展有一定的关系。以北京地球村环境文化中心创办人兼主任廖晓义为例。他在泗水建设"乐和家园"工程，但开展了一年都没能在哪怕一个村中成功推行。但在曲阜，不到一个月就在五六个村全部推行开来了。"乐和家园"工程的主要内容是：帮助解决邻里矛盾、传承优秀传统文化、回忆农村生活。如在晚上让村民读经典、唱传统歌曲、编排小节目、搞乡愁记忆，等等。另外，泗水的国学教育虽然开展得很早，由山东大学的颜炳罡等人所创设，但最后却没有推开，都搬到曲阜来了，即使在尼山书院附近的圣源村里也推行不动。但我们当时只开了一个动员会，公布了一个章程，却能够在一个月内就建成 675 所"彬彬有礼道德教育"学校，这是一个奇迹。当时我们要求村村都要挂上"彬彬有礼道德教育"学校这块牌子，之所以这样，是提醒大家一旦进入这个教室就应该觉得是一种约束，不应该再发生随地吐痰、大声喧哗、举止不文明等现象，否则与外面挂的这个牌子不相称。

再如孔子学堂。根据去年中宣部的要求，我们孔子学堂用一个星期就实现了在全市的乡镇、市直部门和 405 个行政村均建有一座孔子学堂，确定了"孔子学堂门牌、孔子学堂章程、专职儒学讲师公示、培训计划公开"的"四个一"标准。孔子学堂与"彬彬有礼道德教育"学校是一室多用，但主讲教师的师资来源不一样。"彬彬有礼道德教育"学校没有专职教师，因为我们已经依托了孔子礼仪学校。孔子学堂用的是专职教师，即在职教师、村干部和乡贤。因为它的要求相对不是太高，内容也不用很系统，旨在用身边的人说身边的事，教育身边人，用儒家思想、传统的道德、理念、思想去教育身边的人。农村百姓对旧"二十四孝"很熟悉，很认可，因此我市90%的村悬挂宣传的也是旧的。之所以没有硬性要求推广新的，因为旧的更符合当前我市农村的情况。当然，现在也有10%的村在慢慢向宣传新"二十四孝"转变。

再比如，现在四德榜上的好媳妇、好婆婆，也在农村的墙上挂着。关于各村评选"好媳妇""好婆婆"这个活动我们很早就已经开展，这个事情至少在1998年时我们就开始做了，当时是我在市文明办主持这个工作。所以，我市自1998年以来一直坚持打造孝贤文化，打造了孔子名言一条街和文明一条街。最近我们也在提倡和打造"勤善公和"工程，因为这四个字可以比较容易地把社会主义核心价值观的24个字统率起来，但最基本的工程是坚持"人人彬彬有礼"工程。

李：曲阜在传统文化传承中存在什么阻力，有什么制约因素或困境？

YRY：一是缺少用于面向群众宣传优秀传统文化的教材，最好是那种通俗易懂接地气的小册子。由于我们是对普通老百姓弘扬传统文化，又不可能用之乎者也给老百姓讲，如果没有一个接地气的小册子来宣讲不太好。像你们大学，应该针对不同的人群，写出不同的小册子来，既要有古代的小故事，又有现在的身边的鲜活的例子。我们从2012年就想做这个工作，但始终做不来。所以，现在国家弘扬传统文化应该需要接地气。

二是传统文化的弘扬路子还是靠着政府的推动。虽然提出要多元化，但当前却没有做到多元化。比如，企业有没有从企业文化方面讲诚信、讲孝，只靠政府的推动，有可能成为类似于意识形态的形象工程。也就是说，民众对这一问题还没有真正地动起来，对传统文化的需要不是很迫切。

三是政府引导无力，政策支持不够。比如，曲阜作为一个特殊的地方，济宁从2012年就提出"文化突破曲阜"，但却没有给予相应的宽松政策，如人才、税收等方面。在2012年的一个报告中我曾经提出，1987年国家和省财政用于曲阜的文化建设包括"三孔"的维修资金为680万，那时曲阜财政不过1亿多。但从1992年后，国家和省财政用于曲阜文化建设的费用就没有了。2012年我们想要求3亿元的文化建设费用，但即使这个数目也不如1987年的投入。上级政府虽然在态度上很重视，但却没有实际的措施。即使基层地方对传统文化的传承很有热情，但上级没有相应的配套政策、没有对的路子，也不行。

四是人才储备不足，人才队伍建设仍然比较薄弱。由于我国教育中存在的问题，导致青少年对国学的学习放松了，国学基础教育不够。国学只是在近七八年才热起来，大学里也是近几年才开始重视国学的教育。

五是现在传统文化的传承仅停留在研究层面，还没有开始推动。部分领导干部对儒学价值和优秀传统文化价值的定位不够清晰，只是在口头提倡，并没有身体力行。其中原因之一是，省部级干部大多数都是"文化大革命"时期打倒"孔老二"的文化氛围中诞生的，思想方面过于老旧，有的不是很支持传统文化建设。

李：请问曲阜传承传统文化的做法中，有没有一些创新点能够写入"十三五"规划中推广？

YRY：3 月 3 号人民大学成立了礼仪研究中心，文化部便把它作为一个舆情信息让中宣部使用了。故中宣部把曲阜的礼仪作为国家级科研项目。所以，我也主张从礼仪上开始推广，要外化于形。我们现在正在机关推广"微笑曲阜"的建设。陌生人之间一个微笑，将大大提升曲阜百姓的幸福感和人与人之间的亲近感，同时也为传承和弘扬优秀的礼仪文化创造了良好氛围。我们希望在这个方面成为另一个标志。

访谈（三）

访谈时间：2015 年 4 月 29 日
访谈地点：曲阜市尼山镇西白村
访谈对象：LCB（尼山镇西白村干部）、WJW（尼山镇科技文化站干部）、
　　　　　　SHL（村委委员）、YBL（村委委员）、WJ（乡村儒学讲师）、
访 谈 人：成积春、李先明、徐峰、姜修宪
记 录 人：刘鹏、韩港、王伟

LCB：首先向在座各位汇报一下我村的各项情况。西白村现有村民 926 人，处于尼山镇的中心位置，南面是滨河大道，北面有曲尼公路，交通十分便利。西白村有"三美"，分别是"山美""水美"和"人美"。所谓"山美"指的是北面尼山山脉的西头，我们称"尼山头"，这个山脉一直是原生态，没有遭到过破坏，是块风水宝地。而"水美"，指的是大沂河，按照规划，沂河是以后重点治理的对象。第三是"人美"，我们村民风淳朴，近 20 年来没有发生过刑事案件，即没有一个人因为刑事犯罪而进入监狱接受社会改造。

我村目前开展的工作包括：（1）开展"百姓儒学节"，目前已经开展了五

期，具体授课由王娟老师负责。（2）按照市委市政府要求，开展"全民修身、全民守法、彬彬有礼"活动，我们还聘请了"彬彬有礼道德教育"学校的老师，一般利用晚上的休息时间在村里为村民上课，让村民接受教育，努力为曲阜市创建全国文明城市贡献一份自己的力量。（3）大力发扬"敢为人先、众志成城、锲而不舍、追求极致"的创卫精神，大力搞好环境卫生，争取让西白村实现"人人彬彬有礼，处处干干净净"。（4）为了实现城乡一体化，建设美丽乡村是我们当前的主要工作。

由于原先村庄整体规划比较乱，我们于1996年进行了村庄的整体搬迁。老书记把我们村庄260多户整体搬过来。现在村庄基本上实现了"科学规划布局美、村容整洁环境美、创业增收生活美、乡村文明和谐美"，2015年我们村被评为"尼山镇生态文明建设先进村"，镇里还打算将我们村作为典型村进行重点建设。我们的环境卫生整治采用的是"点线面"结合的方式，一户为一个点，门前三包；村里的党员划片，成为一个面；一个村干部负责村里的一条街道，为一条线。像这样点线面结合，努力实现每条街都一尘不染，干干净净。目前，我们村的目标是：适应新常态，面对新挑战，抓住新机遇，实现新作为。

成：咱们村发展起点早，但文化建设相对缓慢，我们想了解一下我们这样的村在传统文化传承和文化建设工作方面的基本情况以及村子在今后几年在文化传承发展上有没有自己的想法。

LCB：关于举办"百姓儒学节"，我们村和尼山镇党委都很重视。每个学校都会推荐一个老师出来作为讲师，利用晚上的时间到村子里为村民作讲座。讲座一般在孔子学堂进行，基本上每个村委会都设有一个孔子学堂。

WJW：是的，我们尼山镇一共42个村，每个村里都有一个孔子学堂。孔子学堂依附于"彬彬有礼道德教育"学校在去年（2014年）举办"百姓儒学节"时建成，而"彬彬有礼道德教育"学校的建立已经有四五年了。咱们孔子学堂的老师都在"彬彬有礼道德教育"学校受过专门的培训，讲座的时间一般在农闲时候，冬季夏季举办的讲座比较多，春季比较少，原则上是每月进行三次讲座；讲座的参与人员，主要由村委会负责用大喇叭召集，参与进来的大多是老人、妇女、儿童和学生。青壮年大多外出务工，极少参与。

LCB：对，因为我们这个村，经济不是很发达，青壮年大都外出打工赚钱，家里留守的都是老人、妇女和儿童。

SHL：实际上，让妇女和老人来听听讲座对家庭和睦特别是孝道文化的传承和弘扬很有帮助。这样能够缓解婆媳矛盾，促进家庭和睦。

WJW：结合百姓儒学节，村里还举办了评选好媳妇、好婆婆、孝贤儿女和五好家庭等活动。村里公示张贴四德榜,主要将儿女一年给了老人多少钱,让老人住什么房子,为老人买了什么东西等具体情况进行公示。还有公德,包括见义勇为的和热心公益事业的一些好人好事,这些我们都是一季度公示一次。

李:评选好媳妇、好婆婆这件事儿大约是从什么时候开始的?

WJW:这个评选活动我们已经开展了很多年了,和过去相比,我们现在评选的范围大大变广了。比如我们现在增加了孝贤儿女的评选。

李:我们在以前调研的时候,发现老百姓对这样的评选活动并不感兴趣,不热衷,认为"抓啥不如抓经济,抓其他的都白搭",对于老百姓这种观念,你们是怎么认识的?

LCB:老百姓的观念通过咱们老师的讲课已经在逐步改变,他们以前感觉这样的活动不实在,还不如说年底给发多少面多少油实际。针对这种情况,镇里也提供了一些经费、物质奖励。受表彰者,村里会给发个大奖状,为他佩戴大红花,物质上也给予一定的奖励,这样不使百姓觉得这种活动没有意义,让老百姓多少有个奔头,让那些孝顺的儿女能够感觉到他们与那些不孝顺的儿女是有区别的,这样一来,就有了好的示范作用。

成:农村人都讲脸面。

SHL:对,农村人都好面子,这样一来,原本不孝顺的也多少要收敛了。

李:评选程序和评选过程是怎样的?

LCB:一般是以生产组或者以街为单位,通过推荐产生。我们村有33个村民代表,有30多个党员,先由村民代表开会推荐,再由党员开会研究,最后由党支部会议和村委会议形成决议,予以公示。如果老百姓对公示结果存有异议,村党委会予以考虑酌情修改,如果没有异议,就张榜公示。我们村许多重大议题都经过四议、两公开、一监督这么个过程。我们村还设有村务监督委员会。

成:请王老师介绍一下在孔子学堂为村民授课的情况。

WJ:为了积极响应市政府"一村一名儒学讲师"的号召,我校以普及儒学知识,提高村民素质,营造和谐村风、民风为目标,大力弘扬优秀传统文化,深入开展了百姓儒学活动。根据实际情况,现已开展了五期活动。活动开展以来,西白村广大百姓群众对儒学有了更加直观立体的理解,"学儒学""用儒学"的氛围初步形成,广大群众的文明素养有了很大的提高。

儒家文化是中华传统文化的精髓,孔子思想是儒家文化的精华。为了让广大群众对孔子和孔子思想有一个系统的认识,我们根据群众的需要和实际情况,首期儒学讲堂我们选取了传统文化的入门知识,开讲了两个方面的内容,分别是孔子生平和有关孔子的神话故事，还结合实际简单介绍了尼山圣境的开发对大家以后生活的影响；第二、第三期主要介绍了孔子思想和智慧，分别是以"仁"为核心的哲学思想、"中庸"的思想、重人道轻天道的思想、"为政以德"的思想；第四、第五期的主题是《儒学与百姓》，其中第四期我结合论语中与百姓密切相关的"礼之用、和为贵""里仁为美""弟子入则孝，出则悌，谨而信，泛爱众，而亲仁""仁者爱人""远亲不如近邻""亲望亲好，邻望邻好"等经典语句进行讲解和阐释，突出孝敬老人、关爱子女、和睦邻里的现实主题；第五期我结合典故和实例讲解了仁、义、礼、智、信和"勤、善、公、和"等社会主义核心价值观。在介绍孔子思想的时候，我努力做到深入浅出，联系实际，将儒家传统文化和百姓生活联系起来，争取让大家把学到的东西能用到生活中，真正做到"学儒学""用儒学"，让广大群众自己从内心里想做一个仁爱、恭和、孝亲、爱老的人。以上几期活动得到了西白村村支党委的大力支持，群众参与热情很高，受众人数达 500 多人。

以上几期儒学讲堂活动，使广大群众在儒家经典文化的感人故事中陶冶了心灵，积极营造了"学儒学""用儒学"的浓厚氛围。下一步，我们还要继续学习《弟子规》《千字文》《孝经》等国学经典，不断引导广大群众成为儒家经典文化的传播者和实践者，为把我市建成"东方圣城""首善之区"，形成"村村讲儒学、户户颂和风"的新景象而贡献自己的力量。

在讲解过程中，我发现老百姓都对神话故事和尼山圣境等方面比较感兴趣，我就多从这方面入手。

成：听了王老师的汇报，我觉得王老师在讲解的过程中注重由浅入深的讲解，贴近实际生活。我想问，来听讲座的都是老人、小孩和妇女，青壮年就没有来的吗？

LCB：村里的青壮年大多到外地打工不能回来。

成：咱们村大约有多少人外出务工？

LCB：每家大约至少一人外出打工，大约有 260 个人吧。

SHL：目前在农村过得比较好的是那些举家出去打工的，然后过春节的时候再回来过。有的家庭外出打工能够买辆车开回来，这样就很有面子。自从1996 年搬过来，我们村 80 后的青年找不到媳妇的都很少。

李：咱们这个儒学讲堂活动更多是政府层面推出的，部分老百姓有走形式、摆样子的看法，认为存在下面糊弄上面的现象。如果存在这种现象的话，你们认为政府层面如何真正把弘扬儒学传统、传承传统文化落到实处？该做哪些事？

LCB：在开展"百姓儒学节"之后，尼山镇镇政府首先组织村"两委"

到曲阜孔庙去朝圣，后期也有党员去孔庙朝圣。还有曲阜市民免费参加祭拜活动。许多村都把《论语》《孟子》等著作的经典名句刻在墙上。甚至有的家庭不再摆老式贡堂，而将孔子像悬挂在中堂，家里墙上也挂上《论语》的句子等。总体感觉，虽然仍然有部分百姓对儒学存在片面认识，但从大面上看，自从习总书记到曲阜考察，讲了"人无德不立，国无德不兴"这句话后，许多老百姓知道国家主席来曲阜了，他要用儒家思想治理国家，老百姓找到了信仰。许多老百姓甚至还专门购买讲解《论语》的书籍。当然，具体到每家每户都讲儒学还有一个过程，我们村希望能让百姓户手一本论语，并带有释义，这样能让老百姓读懂它。

WJW：对于这点，其实一开始我也确实不能接受，让家家户户的老百姓去背《论语》，听上去有些可笑，我也认为，办这样的活动无非就是走个形式。但后来我去参加儒学讲堂的讲座培训，听的时候，一开始场面非常混乱，喧哗、吵闹。大概讲了有20多分钟的时候，全场都在安安静静地听，讲到一个小时的时候，有个老太太就哭了，老太太说如果你们早点讲这个就好啦（婆媳关系的处理）。所以我开始意识到，这个真不是在做表面功夫，如果能将工作落到实处，老百姓的确受益，一点儿也不虚。而我开始觉得老百姓听这个哪能听懂啊，现在发现不是这样。

姜：王老师，我想问一下，你在讲课过程中，有没有什么困难？或者有什么困惑的地方？比如没有教材，对《论语》教材理解得还不是很深等，有存在这样类似的困惑吗？

WJ：我们定期出去培训，培训的时候，给我们培训的老师讲传统文化的时候也没有固定教材。没有教材，我们就讲一些孝敬老人、爱护子女、处理好婆媳关系和邻里关系这样的内容，在这些方面，争取让老百姓能有更高的认识。然后每期根据确定的主题自己查资料，查完资料之后再给村民宣讲。有些深层次的知识只能够浅着来讲，主要还是举一些实际的例子来帮助他们理解。

姜：组织群众的时候有没有什么困难？有没有类似资金投入不够等困难？政府投资又有限，在这种情况下我们怎么做？

WJ：组织上都有村委会进行召集，没大有困难。

LCB：我们在资金上很困难。村"两委"办公情况很寒酸，条件比较简陋。讲堂上没有投影仪之类的东西，讲课效果差一些，老百姓很难直观地学习和感受。我们在教育素材上也缺少一些类似教育短片的东西。村里条件有限，图书柜里图书也不足。

姜：咱们村打算想让村民户手一本论语，资金上支持吗？

LCB：虽然资金不足，但我们仍然希望做到"户手一部论语"，其实这个相对村里来说还不是很大的开销，主要看你想干不想干。但我们村经济刚刚起色，确确实实说不是很宽裕，但是一些我们自己能解决的问题我们就尽量自己解决。

王：王老师，孔子讲堂已经办了五六期，每次来参加的人是固定的呢，还是越来越多呢？

WJ：越来越多。

王：刚才参观了隔壁的孔子讲堂，教室的面积并不是很大，如果人越来越多该怎么办呢？

WJ：有的时候就在院子里讲。夏天的时候直接在大街上讲。

韩：王老师你好，我想问问村里的学生对我们这个讲座反响怎么样？讲一次大概多长时间？

WJ：学生们都来，他们放学的时候我就和他们说，我晚上要到村里讲课，你们都去听吧。他们就说，老师讲课，我们都愿意去听。学生来得多，也叫着一部分家长来。每次讲课持续四五十分钟到一个小时左右。讲的时间太长，大家听得也会觉得累。

WJW：后来讲的次数多了，听的人也越来越多。

WJ：因为我们学校也组织这方面的活动，比如"传统文化在身边"、传统文化诵读活动等。我们每天都组织学生诵读传统文化经典，上课提前三分钟大家都在背。放学时候站队，同学们都在背《论语》和《三字经》。家长也特别喜欢，觉得孩子都是背着书离校的。而且背着书走，队伍也不会乱。一年级背《三字经》，比较简单。二年级背《弟子规》，三四五年级背《论语》。学校组织"传统文化在身边"活动，同学尊敬老人，给老人讲故事、削苹果、打扫卫生、帮助老人洗衣服类似这些。同学们把活动的心得体会写出来交上来，我们学校都收集起来做展览。只要你每天做了这些事情，你就可以拍下来写出来交给老师。老师在升国旗的时候会特别表扬这些学生。

李：其实这样实实在在的活动，更贴近实际，贴近百姓生活。

WJ：这样的活动，不仅同学们自己上心，而且学生家长也跟着上心。

成：王老师，在孔子讲堂的学习内容上，用的是新《三字经》还是老《三字经》？

WJ：新的。

成：怎么新的"二十四孝"没有推广下来，而大都沿用老"二十四孝"？

徐：可能是老百姓原来对这部分内容熟悉，猛地一改，会接受不了。

李：咱村委会院子里的"二十四孝"图是什么时候绘在墙上的？

WJW：时间挺久的了。2009年的时候我记得就有了。

李：根据我的观察，像搞孝贤文化，评选好媳妇、好婆婆这样的活动从2000年之前到现在一直在搞，形式发生了一定变化，实质内容一直没有变。我很困惑一直在说，一直在搞，一直在强调，怎么反而感觉世风日下？如果世风变好了，是什么原因真正起了作用？

WJW：说实在的，以前做的，总是有些表面化。

徐：社会和经济变化比较大。

YBL：人跟着想走正道，想和那些先富起来的人过得一样好，就会跟着学习打听摸索。

李：我个人觉得自改革开放以来，传统文化和传统美德越来越不被人所重视，人们不太在乎这些。这时候我们才开始意识到应该弘扬传统文化，重新捡拾起传统美德。这是我们真正思考的，如何真正行之有效地弘扬传承传统文化，而不是走走形式、摆摆样子。不仅仅是过儒学节，办孔子讲堂，以为这样做老百姓就改变了。

成：这需要一定的文化形式和文化氛围。

李：比如"两委"要选，首先你孝不孝，你贤不贤，和邻居和睦不和睦，为人是不是正派，这样真正的民选才有可能使教化和宣传更能起到作用。和切切实实的利益结合起来。就像原来农村青年娶媳妇，首先要去女方家里看看了解人品如何。

LCB：李书记在全市农村工作会议上特别强调了这点：国家讲"依法治国"，农村就是"依孝治村"。你连家中老人，你最亲的人都不孝顺，你还能有朋友吗？你对你的兄弟姐妹都不能包容，你的心胸还算得上宽广吗？

姜：所以我们村现在主要还是重点宣传以孝为主的传统文化、孝文化对吗？

LCB：对，重点就是孝。我们说"百善孝为先"，这个贴近农村农民的生活感受。另外，仁、义什么的在其次。

姜：咱们村很多青壮年出去打工，而这些青壮年恰恰是应该接受教育的主体，因为他们上有父母，下有孩子。对于这些青壮年该怎么教育？

LCB：只能靠媳妇的思想观念带动了。媳妇是稳定家庭关系、保证家庭和谐的重要因素。家庭成员之间需要相互包容，相互担当。这样家庭就能其乐融融。

李：咱们村都有什么文化设施？

WJW：主要还是资金问题，文化设施不多。不过现在村民大都喜欢跳广场舞，基本上是"人人唱，村村演"。

李：什么时候儒学传承能够像跳广场舞一样普遍和令人愉快就好了。

LCB：这个广场舞一跳，还能促进家庭和谐。有的媳妇和婆婆一起晚上出来跳舞，增进感情。

WJW：我认识一个大夫，他说最近这几年跳广场舞跳得医院床位都空了。

李：像广场舞这样喜闻乐见的艺术形式，我们可以灵活借用。不如就把广场舞里的歌词改成一些儒学经典名句。

刘：在咱们这几年的过程中，你们觉得在传播传统文化方面有没有什么困难？另外一个是认识传统文化传承传播的过程中，一开始是你们主动认识到需要传播传统文化还是通过上级领导的指示？这当中存不存在一个自发自觉的过程？最后一个是您几位作为刚换上来的领导干部，在未来几年中有没有构想过有我们村特色的文化传承传播活动？

LCB：困难主要是资金困难，想干事没有钱是极为困难。比如计算机设备等很缺乏，如果我们能有投影机给群众播放短片，这样对百姓就有更大的吸引力。我们想在儒学方面打造一个亮点，就是如果上级能够给予资金支持配发相关经典书籍，我们会积极响应，但是如果上级不能提供足够的资金支持，那我们也会主动去筹措资金购买相关书籍，真正发到每家每户当中。能够让每家每户的群众说几句经典的名句。在曲阜这里，作为曲阜的老百姓，你有责任和义务来传播儒家思想。我们想让老百姓不仅能诵读几句经典名句，还能够说出名句的意思，并把这些思想运用到自己的生活和工作中，要让我们的传统文化深入到每个家庭当中，成为老百姓脑海中的魂。要把书本上的思想和实际生活结合起来，最终为了我们的社会和国家。我们相信以后会越来越好。

WJW：20 世纪 80 年代的时候，虽然没有电视没有电脑，但那时候村民业余文化生活特别丰富，舞龙、舞狮、扭秧歌、踩高跷的很多。但后来受市场经济冲击，觉得玩这个也没有钱，还不如出去打工，相对来说就衰落，很多传统的文化形式就衰微了。很多文化形式断了传承。这几年政府不断号召宣传保护，这些才稍微有了些起色。还是靠政府文化投入支持，但到了农村和基层还是比较薄弱的。

成：生活方式变迁对农民生活影响很大。居住地和劳动地分离，许多青壮年去外地打工，直到过年才回来过节。我们还是应该抓住青壮年这一主要的文化受众群体进行教育影响。

李：我们应该用群众真正喜闻乐见的文化去影响带动他们，这样才能够真正传承下去。

SHL：农村在标语墙上刷上传统经典名句，这样起到的宣传效果会好很多，影响会更加深入人心。

李：传统文化的传承还得主要靠组织动员和媒体动员两个方式。

室外考察一：

受访者： WJ（尼山镇西白村孔子学堂讲师）
采访者： 王海月、王伟

问：王老师，除了您以外还有其他的讲师吗？
WJ：还有一个，讲师采取就近原则分别负责东、西白村两个村。
问：王老师，请问成为孔子学堂讲师需要选拔吗？
WJ：先是报名，然后再选拔。
问：那做讲师发工资吗？
WJ：不发工资，是义务的。
问：听您介绍说孔子学堂已经开办了五期，五期是什么意思？
WJ：五期就是已经讲了五节课。
问：听刘书记介绍说孔子学堂是去年九月开办的，每月讲三堂课。为什么到今年总共才讲了五节课。
WJ：每节课的时间原本是 20 分钟左右，我们把好几节课合在一起讲，一节课不到一小时。村民农忙时间不讲课。
问：您说孔子学堂受众达到 500 多人，这是统计后的数字吗？
WJ：是的。
问：西白村有 960 人，上课的有 500 人，外出打工的，据刘书记讲有 260 人，剩下的一二百人是从来没来上过课吗？
WJ：总会有例外，而且还有一些老人啊也有身体不允许实在来不了的。

室外考察二：

受访者： 西白村村民（两位中年妇女、一位青年妇女和一位五年级小学生）
采访者： 王海月、王伟、刘芊

问：阿姨，您听说并去过村里的孔子学堂吗？
阿姨表示知道，就是在村委设立的那个讲堂。但是三位阿姨及一位小朋友均没有去过。
问：没有去过孔子学堂的原因？
有阿姨表示说一天的劳动已经很累，没有精神再去听课。
问：小朋友是否认识王娟老师？

答：认识，王娟老师教我们英语课。

问：家里的孩子有没有受学校的号召回家主动帮家长劳动、做家务？

阿姨表示有，还应学校要求拍了照。

问：村里的好婆婆、好媳妇选拔是怎么选的？有奖励吗？

阿姨表示评选都是村委会评选，不知道奖励的事。

问：晚上是否跳广场舞？一次有多少人跳？一次多长时间？

阿姨表示每天晚上都跳广场舞，多的时候有几十人左右，一晚上一般跳两个小时左右。

问：认为孔子对自己以及生活的环境有影响吗？

一位阿姨表示没有影响，另有一位阿姨也简单说了一下孔子的一些事迹，但未明确表示孔子对其生活有影响。

问：小朋友你读几年级？在学校里有没有背《论语》《弟子规》一类的有关国学的传统书籍？

答：我上五年级了，学校里有要求背《论语》。

阿姨们也表示知道学生在学校里背这些传统书籍。

小结：就访谈村民的情况而言，很明显他们对于孔子学堂以及孔子都不怎么感兴趣。孔子学堂的村民参与情况并没有村委会成员讲的那么成功、有影响力。不去参加孔子学堂的原因主要是没兴趣，从每晚即便是农忙时间受访村民都会去跳广场舞这一点可以看出，村民更加喜欢一些放松、欢快的娱乐活动。学校对于学生的传统文化教育是有积极作为的，传统文化通过在学校学习的途径传播、弘扬是比较切实有效的。

室外考察三：

受访者：西白村村民

采访者：刘鹏

A户：家中6口人，没有外出打工者，都是在农村种地谋生。没有听说过"百姓儒学节"这一活动，听说过村里有孔子讲堂，但没有亲自参加过。知道生产队组织广场舞，家中有人参加过，每天晚上去跳。了解有好媳妇、好婆婆这样的评选活动，从日常相处上觉得他们的表现确实好，但不太熟悉评选推荐的流程是怎样的。整个村子社会治安比较好。

B户：家中5口人，没听说过、也没参加过孔子讲堂和"百姓儒学节"，主要的文化活动是在家看电视。见过有邻居被公示出来是好媳妇或好婆婆，但不知道是怎么选出来的。整个村里贫富差距也蛮大的，自己家里务农，兼顾着养殖业。整个村子社会治安比较好，没有邻里纠纷。

C户：家中5口人，儿子作为家中青壮年劳动力外出打工挣钱，自己和老伴以及儿媳妇在家务农，孙子在上幼儿园。没听说有孔子讲堂活动，也不了解好媳妇、好婆婆活动，家里人一般都待在家里，不太外出活动。

D户：知道有孔子讲堂，一开始参加过几次后来就不参加。讲的时间是晚上5点到8点，最开始能有20多人，后来只有七八个人。觉得老师讲得挺好，也愿意听，挺喜欢的，但不知道老师具体讲的是什么。知道有"百姓儒学节"，但没有去过孔庙祭拜。知道村子里评选好媳妇、好婆婆，但不知道是怎么评出来的，也不知道评选标准，但觉得评出来的都挺好的。

室外考察四：

受访者：YBL（村委委员）
采访者：刘鹏

刘：1996年的时候为什么要村子整体搬迁？

YBL：当时村子里规划比较乱，也没有比较好的公路，卫生环境条件比较差。后来村里下决心搬过来之后，重新修的公路，路比原来宽了很多。

刘：从村子整体搬迁过来之后，新环境对村民生活方式有了哪些影响？

YBL：主要是刚搬过来之后许多村民负债建新楼房，那时候要建小院落和楼房一家没有个两三万拿不下来，所以村民负债情况蛮重的，这样村里青壮年劳力就靠外出打工挣钱还债并且补贴家用，在村里无所事事的人少了。另外就是村里的青年有对象的人多了，盖了新房子让对象家里觉得不会太寒酸，所以有媳妇结婚的多了，这样一来家庭关系就稳定了。

刘：农村里的人情关系是个怎样的情况？是不是比较重视面子？

YBL：农村农民之间是个熟人社会，比较重视人情关系。比如结婚，普通朋友一般就是送200元或者300元，再铁一点的朋友能给个500元或者600元。而如果是亲戚的话，一般就得一万起。再可能如果你在外面挣了大钱或者发达了，近亲属结婚给个两万或者三万也是有的。

刘：村里老百姓的生活水平怎样？

YBL：粮食也就是糊口。粮食收入很大程度靠国家补贴，粮食价格跑不过物价的涨幅水平。村里百姓想盖个新房子或者买辆车，一般都需要出去打工挣钱。多是家中的儿子出去打工，也有一家三口出去打工的，这样的情况能少一些。家里有小孩的，多是母亲在家里照顾孩子，父亲出去打工。

室外考察五：

受访者：西白村村民
采访者：尚倩

　　访谈以"村民对村里是否开办儒学讲堂，好婆婆、好媳妇的评选方式，广场舞的开办"为主要内容。

　　访谈的第一个是严大爷，对于村里开办儒学讲堂的问题，严大爷表示这个讲堂是有的，他经常晚间带着小孙女去听，但是都是在农闲的时候，农忙的时候大家都忙地里的庄稼，经常耕作到很晚，就不会去听课。我问他听课的年龄群和性别比例，他的回答显然和讲课的 WJ 老师有出入。严大爷说，来听课的大多是老年人带着孩子，青年人和中年人很少，男女比例也是女的多男的少，村里的年轻人能出去的都出去打工了，剩下就是老年人和孩子了。好婆婆、好媳妇的评选方式，严大爷说这个是由党员和村民代表推荐的。我们问他如果村民有异议怎么办，他表示村民基本上没有异议，都赞同。问到有没有奖励时，他说只是公示没有奖励，但是也很高兴，有面子。关于广场舞的开办问题，他说，村里的妇女都积极地参加，他的媳妇就是热衷广场舞的其中一员，一跳通常就是三个小时。

　　接下来的是一个在尼山中学上学的初中生，他表示没有听说过儒学讲堂，另外两个问题他也不知道。

　　最后是刘大妈，刘大妈也表示没有听说过儒学讲堂，更不知道在哪里讲课。关于好婆婆、好媳妇的评选和广场舞的开办，她的回答是和严大爷一样的。中途过来的张大叔也没有听说过儒学讲堂，因为张大叔刚外出打工回来没几天，所以很多事情并不知情。

访谈（五）

访谈时间：2015 年 8 月 7 日
访谈地点：济宁市博物馆
访谈对象：DQS（济宁市委干部）、SYW（济宁市政协文史委干部）、DWH（济宁市文物局干部）、ZCS（济宁市博物馆干部）、LFL（济宁市文广新局干部）、LIM（济宁日报记者）
访谈人：成积春、樊存常、李先明、姜修宪

记 录 人：张金丹、韩港、苏宝凤

樊：我先介绍一下，今天是曲阜师范大学历史文化学院院长、国学院副院长成积春教授，带领历史文化学院的李先明教授等前来参加座谈会。为了完成省里的调研任务，他们前天还在临沂，今天就来了济宁，我跟他们商量请了各位专家干部主要就以下几个问题谈谈。第一就是能否谈一下应该传承哪些优秀传统文化，传统文化很多，济宁这块有哪些？第二个是过去在传承方面有哪些好的做法？谈谈经验教训。第三个是宣传传承的难题？第四是在传承优秀传统文化中你对上级政府的政策有何建议？有哪些工作做得还不够？上面的精神和贯彻落实上有哪些需要做的？第五个在贯彻和传承中华优秀传统文化上如何做得更好？有哪些渠道和建议？成院长看看还有什么要求？

成：今天非常感谢各位专家领导能够莅临这样一个座谈会，专家之中有我老早就敬仰的老领导、老专家，也有一些优秀的专家学者还有记者，大家都很忙，在百忙之中抽出时间参加座谈会，为山东省的"十三五"规划在文化传承方面的问题参加研讨，首先我代表课题组对大家的到来表示衷心的感谢。咱济宁是我们课题组地市级访谈的最后一家，因为济宁太特殊了，孔孟之乡，历史文化资源特别丰厚，在全省中华传统文化传承工作领先，因此要先摸清其他地市的，然后看咱自己的，进行对比。今天到座谈会的专家长期奋战在文化建设一线，都是在济宁中华优秀传统传承中做出贡献的专家和学者，非同一般，非常期待。希望大家畅所欲言，不局限于提纲，想到哪就说到哪里，把自己所思所想所见的和今后需要对政府提出来的一些意见建议全部贡献出来，我们呢认真做好笔记，回去好好整理吸收。

LFL：成教授你好，因为有个小型会演，前天晚上和昨天晚上各一场比赛，今晚颁奖，上午十点钟彩排，我负责这件事，所以我先发言。

成：这个会演是什么内容？

LFL：济宁市首届小戏会演，这是十多年没搞过的。上次山东"十艺节"结束后，济宁市投入50万作为群众文化创作演出经费。十多年没组织，因为文化体制改革，各县的宣传基本上没有了，剧院水平也参差不齐。

我们（文广新局）围绕优秀传统文化传承做了这么几项工作。一个是省文化厅在图书馆建成尼山书院，这也是响应中央和省里的徐厅长提出的（要求）。（他说）全省哪个地方不抓你们济宁也要抓，全省哪个地方做不好，你们济宁也得先做出来。这个图书馆建设尼山书院的模式，是在省图书馆、地市图书馆，有条件的（开展）国学诵读、礼乐教化、道德培养、情趣培养这么几大块活动，经过一年的努力，汶上馆、金乡馆这些县市区的把尼山书院建设完了，然后邹城围绕孟子研究院，在图书馆进行成人礼、加笄礼等礼乐的展示，主要针对图书馆的读者来（让他们）体验成人礼，效果很好。（另外）省里有一个尼山书院的数据库，县市区申报，把济宁市的各位专家学者组建成一支比较高端的高级讲师数据库。

第二个是在曲阜和泗水推广乡村儒学计划，建立乡村儒学讲堂，全市说的这个讲堂实践点 30 个，每一个乡镇 1—2 个点，把优秀传统文化在民间深入一下。泗水比较实，一个乡镇选了 2—3 个村，没选多，选的都是村里群众文化开展比较好的，尤其是结合着广场舞，村里比较有向心力选了 20—30 个村，他们依托曲阜中小学教师、尼山书院老师和当地老师组成一个 50 个人队伍，每个老师补贴 100 元，义务性地（授课），效果不错。前边省里领导来济宁市，领导说，一提传统文化各地方都开讲座，图书馆、文艺馆、博物馆和报社、宣传部、妇联都有讲座，讲座太多，组织观众都成问题，所有讲座必须是群众愿意去听的、愿意去做的，所以挑村的时候挑选那些广场舞开展得好的。汶上县义桥镇是个典型，这个在中央电视台都有报道的。我们文化局认为做优秀传统文化一定要有载体，文化很虚的，一定要有载体。义桥镇的文化广场建设得很好，（他们进行）"舞前一堂课"，比如晚上 7 点半跳广场舞，他从七点开始召集人，邀请济宁市、汶上县的专家，安上投影仪，有时讲课，有时放电影，有时候集中宣布村里的大事，把儒学课堂挪旁边。（广场上）除了老太太、农村的小媳妇们跳舞的多，旁边还有小孩子骑着小自行车玩的，成年男人玩的很多，甚至形成了地摊，所以说我们对"乡村儒学"这一块有信心，列入了为大家办十件实事，列入乡村文明建设。

第三是非物质文化遗产的传承与保护。济宁优秀传统文化非常多，有儒家文化、运河文化、梁山文化之类，济宁市的非遗保护得还不错，国家级项目 18 个，省级项目 38 个，咱市里建了两批名录，除菏泽比咱多一点外，全省能排第二，山东省的项目咱占山东 1/4，总共是 150—160 项。前一段时间，省人大今年打算出《非遗法》，（我们也认为）《非遗法》这个事情好一点。有个问题是我们实际专家申报的（非遗项目）不很受宠，受宠的是有一定资金又积极地想要这样一个名号的。申报国家级的非遗项目什么项目最受欢迎，（是）手工技艺类的、医药类的，咱们济宁的药厂、酒厂，它们对于国家项目的申报是很舍得花钱的。但是你像运河文化，你像戏曲啊曲艺类啊这样的你却不保护，现在这个社会没有办法，他有钱就容易找人论证，所以说有钱人更易成功。在非遗保护这块，省里还给了济宁一个命题作文，（叫做）"总体性保护"，涵盖文物的涵盖非遗的、旅游、环境，全国大概是有 15 个"文化生态保护区"，济宁市现在有一个省级的"邹鲁文化生态区"，省里讲要尽快将邹鲁文化生态保护区跟其他的文化旅游规划啊，生态规划啊，文物规划啊，所有的规划都综合起来，打一个大总包，省里运作，让山东成为唯一一个能有两个国家级生态保护区的省。我们正在做这个事情，下一步还需要各位专家的指导。

其他方面，艺术创作、精品创作也是咱们优秀传统文化很小的分支，简单地汇报一下就好了。去年（我们）围绕山东梆子做了一个《圣水河的月亮》，获得了优秀剧目奖，然后吹打乐啊什么啊有一些获得省里的金奖，还有邹城阴阳板等……不说了……

成：挺好的，您对济宁传统文化传承和发展太熟悉了，谢谢。

樊：需要什么资料，到时候再具体联系。今天情况特殊，主要是 L 等会还有事情……再请 D 谈谈。

DQS：我对文化情有独钟，现在是弘扬优秀传统文化的最佳机遇，以习近平为首的党中央对传统文化高度重视。过去由于对传统文化的忽视，对传承社会道德（的忽视），造成好多问题，我觉得习近平这个决策是高瞻远瞩，非常切合实际，关于打造弘扬优秀传统文化首善之区，这些都有见于有关的报纸、杂志、电视、电台。文化这块，包括文化事业、文化产业。（我）从发展文化产业谈一谈想法。你来的时候我们也讲过，我们济宁的文化资源丰富，号称是全国文化资源最富足的地区或者地区之一，（济宁这里）从源远流长的始祖文化到博大精深的儒家文化，到源远流长的运河文化，到忠义刚烈的水浒文化，到感天动地的梁祝文化，也包括红色文化，几乎囊括了我们中华民族所有的文化形态。（这些）文化（形态）怎么分布的呢？东有"三孔"儒家文化，西有梁山文化，南部有山东省最大的淡水湖微山湖，北部也有我在汶上干县委书记期间发现的佛牙舍利，带动了这一地区佛教文化发展，中间这块有大运河。这些年，（济宁）对传承弘扬（优秀传统文化）有很大进步，但是我们感觉还是很浮，文化产业总体发展情况是一家独大、独树一帜，儒家文化这块声名鹊起，讲儒学和国学也好，在全世界办孔子学院也罢，都风生水起，包括旅游，济宁的旅游儒家文化这块也是旅游大头，就儒家文化这块而言是主要成就，但是也不是世界级一流的旅游目的地，到曲阜来的人好多时候都是借助泰山。其他文化（发展）远不够，造成了文化旅游产业（发展不平衡）状况。来的人多留下的钱少，他来旅游要吃饭、住宿啊，他留不住人，有种说法是"旺名不旺财"。那么要解决这个问题，我们就感觉到我们还需要对济宁的这个文化资源进行整合，打造济宁世界级旅游目的地，才有可能更好地解决"旺名不旺财"的问题，只有这样这里的文化资源才能够在济宁市的发展中发挥更好的经济、礼仪等方面的作用。思路是这么思路，但有些地方还需要突破，我们经过多年实践，经过多次讲话，把济宁城区作为济宁生态旅游目的地，为什么呢？因为运河在这里，运河之都在这里，新运河也在这里，（济宁城区）是济宁运河文化资源的富集区，我们打算从（这么）几个方面突破：第一个是从水上突破，我们运河的优势是水，建成四水畅通或者九水相通的样子，然后搞水上旅游，完全可以拉动当地（文化旅游经济）。第二个呢是从运河突破，在运河建游客景点，形成"船在水中游，人在画中走"，要有看头。有些非常有名的景点包括太白楼，李白在这里住了23年留下了50—60首诗，而且梁祝在全国也是比较著名的传统文化资源。再一个是两个运河建成水城生态系统，但是填什么内容呢，最好是院落众多，小桥流水，杨柳扶风那样一种北方地区造就的南方风光，我们建议在河道两岸留下200来米空间，把苏州特色园林加进一批，包括国外的园林加进来一批，达成"游运河之都，赏天下园林"（的目的），就是来到济宁就能看到天下园林的风光。但是在这样一个过程中，（首先需要）解决许多社会问题。解决哪些问题呢？我感觉至少要解决至少3个方面的问题。第一个，认知方面。虽然有些地方发展文化产业、文化事业的口号喊得很响，但是做到的有实际效果的，与文件上讲的相去甚远。什么问题？（就是因为）没有认识到发展文化的重要性，没有把握发展文化产业、文化事业的规律。不少高层团队到济宁来帮着设计文化产业发展规划或者是旅游产业发展的规划，（他们）第一不了解历史，第二不了解（当地）特色，不接地气，规划不对点，当然改进了的还是好的。另一个，文化产业、文化事业的发展是关键，但一个地方发展的今天都是由昨天而来的，所以呢必须了解这个地方的历史，了解这个地方的特色，了解这个地方的文化，只有这样才能准确、科学、完整地规划这个地方的名片，所以开始说了一句"不忘本来，才可规划未来"。好些领导忙于事务，对于这个地方的历史和传统文化知道得少，包括设计团队研究少。（所以）首先要求领导同志对于这个地方的事情一定要吃透，要有文化自觉，有使命感，正义感。第二个呢是机制要精。好多都说要文化自觉发展文化产业，但是我说的这个呢是能够调动各个方面积极性，能够调动各个参与方，共同出力，借鉴运河发展的理念，做到融合发展。整个大运河本能就是沟通，由这个本能发展而来的包容、创新这是它的特色。这种本能作用非常巨大，从历史来看，由于沟通便利，政治上统一，形成了集中繁盛的（面貌），包括清代的康乾盛世、唐代的贞观之治，这就是运河交流，没有那样一种（交流）就很难有政治繁荣。这种文化的作用我们一定要借鉴好、发展好，综合各方面因素，用现在的话说就是融合发展。文化和旅游要融合在一起，城建中融入旅游元素，旅游城市，生态意境，天然城市非常漂亮，"天然水清，粟米荷香"，风景如画，要有意境，天人和谐，人也兴旺。（实现）"运河梦"，在运河沿线沿途（要）发挥好各种要素，融合发展，（既）要抓经济，（又要）抓文化。第三个，文化产业的规划必须成为党政规划，人大正式确立，要具有法律效力，绝对不能让任何人轻易改变。河湾那地方本来建绿地，南岸建广场，建成之后面目全非，成为一个商业的东西，规划得好好的，怎么成了这个样子？就因某市长一句话。所以，省文件里文化规划要符合当地特色，具有法律效率，要有刚性，否则永远建设不好。人家聊城现在是"江北水城"，济宁市运河之都本来应该是你的，为什么成了聊城的，就是因为你不重视，才抓不到。枣庄台儿庄古城是大功一件，把古城恢复，把老祖宗的东西保留下来，留存万世。还有一个观点是，利用是最好的保护，大运河对我们国家政治的稳定、经济的发展、文化的交汇发挥着重要作用，经过我们多年的呼吁，引起了国家文物局的重视，在南旺建成遗址公园，建成后里面没有水，我们一直讲到是全面修复，但是河流没有水还能叫什么保护，就那么一个干涸底，它怎么能够永久保护下来？2008 年的时候国家文化研究院的院长等众多专家为怎么保护而发愁，为什么不（把它）加以利用，形成"三分下江南"的情形，拐拐曲曲 80 道弯 70 多公里，有了水以后形成旅游亮点，（再把）汶上镇，历史上很有名的镇把它恢复起来，这样，让当地政府在全力发展文化旅游中得到实惠，否则没有这个东西老百姓实际上是不会去保护的，光靠行政能力是解决不了问题的，所以说利用是最好的保护，如果这个观点在将来的"十三五"中能有体现，这将是一个大的飞跃。有些部门关于文物保护的观点不一样，规模非常大的龙王庙，有部分毁掉、坍塌，不严重的就修复好了，没有修复好的那一部分就全用玻璃盖上，花了这么多钱又加上土加上草盖上，这样的维修有什么用啊？我们像台儿庄古城一样保护起来不就好了吗？这是一个禁区，突破这个禁区之后对于文物保护有很大作用。

成：好，非常感谢。

DWH：非常感谢成教授一行，组织这样一个调研，昨天下午樊局长跟我说这么一个事情，提到传统文化，但是什么事我不清楚，现在我才知道是个什么事，我个人没有准备，想到哪说到哪了。

成：平时思考的就可以。

DWH：想哪是哪吧，不一定有借鉴意义或者不一定对，我感觉文化特点本身就是一个意识形态的东西，文化的传承实际上是以文化人为主的一个过程。通过这个过程把一个文化主导思想流传于后世，这是文化建设或者文化发展的一个方法。咱们国家近年来对传统文化或者是优秀传统文化提得非常多，这正好是发扬传统文化或者优秀传统文化的一个机遇，文化既有区域性、国别性，也有人类共有的东西，比如说正义这个事情，诚实、善良的东西，整个人类文化共有的东西。咱这个课题呢不应该是山东省的传统文化传承体系而应该是一个泛泛的东西，不局限于山东省。文化是一个多元的东西不管是外地的佛教文化还是本地的道教文化或者是儒家文化，都各有特色，（同时）还有好多共性，我个人认为，优秀文化的传承应该是传承各家共有的、美好的核心的传承，这个是文化建设传承体系最核心的东西，就目前来说，咱们山东文化在山东提的是齐鲁文化，但是实际文化建设中处于割裂状态，就是各家做的各家的文化，各地做的各地的文化，这实际上对于体系建设是有害的，这是一个现象。第二个现象呢是文化建设，说起来非常重要但是当做的时候往往是依附于或者是附着于再或者是让位于经济发展，存在不好的现象。第三个是每一家都做传统文化培训也好讲堂也好，往往会出现一家之言的东西，没有一个正统的或者是整个完整体系，如果在学术研究上应该是百家争鸣，但是在传统文化的传承上应该是一脉相承。针对这种现象，在优秀传统文化的体系建设中首先第一条就应该是把优秀传统文化理清，（知道它）包涵那些东西？最后要发扬或者是传承哪些东西？国家提出的 24 字的社会主义核心价值观不一定全面，但是至少比较明确地提炼、概括了（我们要继承和发展的东西）。但是这 24 个字，有些官员或者是文化工作者不一定能够完全说出来，针对这个现象，对于传统文化建设或者传承来说至少应该做到三点。第一个是政府主导层面，或者说是单项灌输，包括政府行为，强行要求哪些人员进行教育？怎么教育？哪些途径学习？怎么学习？这是政府的层面。再一个重要的是教学，怎么把优秀传统文化或者是核心价值观建设融入课堂教学中，这是一个重要的（途径）。政府渠道的另一个是各级培训学校在进行业务培养的同时增加优秀传统文化或者是核心价值观方面的，我们大家都知道，但是不经过系统地学习可能就不可能深入理解贯通。我个人感觉我们虽然不能算是文化人但是我们多少从事文化工作若干年，我们都不熟，何况他们。这个层面上也包括一些讲堂，社会性的讲堂。说起来应该是好事，但实际上（现在却）是一种政绩。第一个（政府引导）是主渠道，第二个（渠道）应该是社会的环境、氛围的事，包括媒体、各类媒体进行优秀传统文化的解释、宣传，现在的媒体影响太大了，特别是新媒体、微信，现在哪一个人没有微信朋友圈？说到朋友圈，这就有一个选择性，（朋友圈）选择的这个类聚、群分非常明显，我喜欢什么就在微信中加入（什么）朋友圈，这个影响非常大，我们能不能通过一个文化人角度去普及这个，我觉得这个影响是潜移默化的，这是第二个渠道的第一个方面。第二个（方面）是艺术作品、文化艺术品，咱们进口大片被停掉，但是呢特别是好莱坞的一些片子往往显示出正义战胜邪恶，正面的东西，《泰坦尼克号》《侏罗纪公园》等这里宣传的是人类共有的一个正义感，咱们排斥的，实际上是它对我们文化市场的占有吧。我们的过去一个电视剧《渴望》，它反映的是小人物的善良，还有一个电视剧是《大宅门》，它反映的是一个诚信经营的事情，以德报怨，咱们近两年来这个鲁剧或者是鲁电影在央视或者其他好多台都播出，它反映的是一种自强不息的精神。第三个渠道是做不动产的事情，文化是一个以文化人的事情，（发展）旅游（是一个很好的）渠道，旅游越来越受到重视，旅游，除了纯粹的自然风景的旅游之外，目前旅游景点或者说旅游人群所到达的地方，现在有 80% 左右是由文化承载，原先说用文物景点做载体发展旅游，现在我个人认为，80% 应该是用文物作为旅游景点的核心，为什么呢，因为它有文化，它就传承了一种思想，它就传承了一种文化体系。我们谈一些文化旅游景点，特别是一些文化遗存，如果它没有得到社会或人类的认可，它就存在麻烦，只有被认可它才是优秀文化的载体。通过文化旅游，让游客参与进来，让他们在参与过程当中得到潜移默化的历史文化的熏陶，应该是很好的传承文化的方法。第三个渠道的第二个方面呢，就是我们的社会生活环境，比如说我们的城市建设，各地都有各地的不同的文化，在城市建设中，反映自己的文化，也就是我们优秀文化的一部分，你比如到一个城市，除了建筑能反映一个城市的文化之外，一些雕塑的存在，或者是，像我们济宁，为了迎接省运会，道路上造了一些"黑白墙"，黑砖的墙，然后上面贴出来白色的一个东西，上面写着"仁义礼智信"，好像很简单的几个字在那里，但是有大人领着小孩过去，小孩就问这个"仁"是什么意思，大人就给他解释，这一解释，就传承了一种思想。我们有雕塑，游人在那里或者市民在那里玩耍，这个雕塑存在的是什么东西，是哪一个人物，他就往往伴随一个思想体系，所以我们在文化的建设传承方面，至少政府层面，舆论层面，市民参与方面，这是必不可少的三个层面。成教授，这是我一些个人看法，想到哪里说哪里。

成：很有思考。

SYW：我不是什么专家，成院长才是真正的专家，对传统文化的认识专家都论述得很深，刚才几个同志也谈了，这个我就不谈了，我谈一下，近几年啊，我通过实际工作有一些体会，探讨下这个问题。我们在 2010 年开始驱动搞了一个济宁市历史文化丛书，这样的话现在已经完成了，一共搞了八十卷，我们搞的这套丛书，应该是有一定的生命力的，全面系统地挖掘了济宁的历史文化资源，应该是济宁历史以来，搞传统历史文化方面最全面最深刻的，不但是总结了原来，还填补了许多空白。这是我们这套丛书，我简单地说一下。下面呢我们搞这个"十三五"时期传统文化传承体系建设，我谈谈对这个现状的认识，近几年，从习总书记曲阜谈话以后啊，应该说重视程度提高了，但与实际状况差距很大。从这么几个现状来看，第一，在传统文化方面，保护开发运用，应该是喊得多，做得少。特别是牵扯地方当政领导的政绩问题，牵扯到发展问题，个人的升迁问题，这个方面，这个文化的保护开发，它是个隐工不是显工，应该认识到它不是一天两天见到实效的，所以说这个事做的是前人栽树后人乘凉的事，当地领导三年五年，如果你做不出政绩来，就影响你个人发展问题，如果你是县委书记你就当不成市委书记，如果你是市委书记，你就当不成省委书记，所以说干什么就要干显绩，这就对传统文化的传承、保护、开发和利用形成了非常大的冲击，这是政绩观，政绩考核趋向问题，这是一个根本的问题。这个呢，我有大量的例子，济宁的文化讲得很多，在全国都有重要影响的是汉画像石，在全国有重大影响的汉画像石，一共有三大区域，济宁市一大区域，徐州，徐州和济宁应该算是一个区域，滕州，这两个区域保护得都比我们济宁好，再一个是南阳，南阳我去了，徐州我也去了，从汉画像石它所承载的历史文化，起码说，和我们不相上下。举几个例子。一个是两城，两城的汉墓全是贵族墓，每一个汉墓都是现打现刻，它都是工艺品，艺术品，它这个汉画不管是孔子老子也好，三皇五帝也好，它都是历史故事，结果它那个棺椁基本上没有了，弄哪里去了，让徐州买去了，让滕州也买走了，这个梁山汉画也很丰富，他们说曾经来过一辆拖拉机在 20 世纪 90 年代的时候，拉走一车，卖了 4000 块钱，这些都是无价之宝啊，微山的杨馆长曾经发现过一个汉墓（成：两城的位置在？答：马坡南边，微山的），它是汉画像石非常重要的地方，它不次于武氏祠，如果说当时全面地进行保护的话，它的地位不次于武氏祠，只是说武氏祠集中，它不集中，我这样说不夸张，甚至建立一个博物馆都可以。还有一个，那次上梁山我们发现一个汉画像石，一个羊头，我跟××说，你这个得想法弄走啊，他说我不能保护，如果少了是我的责任，我报告了以后，我又一分钱经费没有，我得拿 200 块钱 300 块钱找车把它运走，运走以后也没有发票，这个钱没人给我报，我装不知道，这个事没有就算完了。这是没钱的县，（但是）你比说兖州，它有钱吧，其实它搞旅游文化，搞那个佛像，（曾经发现了）100 多块石碑，风吹雨淋，它们那里的博物馆馆长，找的县里，说你拿个十万二十万，我们搭个棚子，别叫雨淋，这个碑刻要是被暴晒，然后下雨再被雨一淋，几个月下来就完了，但是就这个样，想要个 20 万都要不来，这是有钱的县，可见这个地方领导的认识程度，你说他有文化吧，他有文化。

LIM：那不是有文化，那只是有学历。

SYW：我还陪着一个搞民居的教授到南阳去，他看了之后说你们这是败家子，状元胡同你们知道吧，导游讲的时候讲半个小时都津津有味，但是叫它拆得干干净净的，它拆这个想学台儿庄，台儿庄它也没学成，现在建了一个五层的居民楼，全拆干净了，就剩下一个房子没拆，我说为什么没拆啊，那一家是钉子户，说你要拆给我 400 万，带着汽油上了屋顶。后来怎么治的呢，马书记去了，我们的市委书记去了，异常重视，说你们这个搞法，把这个古镇这样毁了，是让人来看你们新盖的房子吗，这才知道（后果），县委书记、县长马上把责任往下推，就说我们不知道这个事啊。对这个文化的保护啊，济宁文物太富集，顾不过来，咱从根本上讲，主要还是政绩观的事，这不是说你宣传你呼吁，就能解决的问题。我再跟你们说一件事，那次一个搞园林，搞美学的教授来南阳，我跟着去了，正好大太阳晒着，我问镇里书记在这个河边怎么不栽树啊，应该是杨柳青青啊，他们就说××教授设计的不栽树，我就问那个教授了，我说栽树为什么不对，这就是胡说八道，河边不栽树真是胡说八道，说他们不让栽果树，我说你栽果树，游人来了凉快凉快啊，看看风景，你不栽树你从哪里看出风来啊，你没树你怎么有风景啊。所以这专家连普通老百姓都不如，农民都知道栽树，这是一个实际的例子，我专门落实的这个事，我问那个书记为什么不栽树，他说这是人家××大学的设计，你说这多么害人吧。第二个问题我要说下，传统文化的主干是儒家文化，这就关系到儒家文化经典的一个解读问题，咱们说最典型最经典的就是《论语》，《论语》这个事情现在就乱，咱一般认为比较权威的版本是宋本和清本，但是呢，这两个版本都有问题，有什么问题呢？它是维护封建统治的，一开始对待这个《论语》是比较公正客观的，但是呢，对《论语》中的糟粕它是回避的态度，《论语》的解读不是公正的，孔子说的全好，全是优秀的，这样就出现一个问题。你比如说我举两个例子，××教授他就这样讲，"劳心者治人，劳力者治于人"，他那里有专门解释的说孔子不是那个意思，还有一个，"唯女子与小人难养也"，说他是标点符号错了，是唯女子与小人难，逗号，养也。说是好像是在维护孔子，实际上反而是对孔子的不尊重，你愿意怎么解释就怎么解释了。我感觉应该是，咱的传统历史文化第一你谁也代替不了，对于这样的经典，怎么弄？应该组织相关高校相关专家对那些有争议的，那些无争议的当然不用，对那些有争议的东西要搞清楚，你不能今天这样明天那样，你个人学术研究行，但是你不能把咱的《论语》注释搞出各个版本，今天这样整，明天那样整，这样造成一个后果，说不准社会上又把孔子给打下去了，我不是高校的，但是我也发现了一个问题，前几天甘肃一个政协的副主席带着几个大学的教授上曲阜，我给召集了几个专家在曲阜座谈，咱普通话也有困难，他说到现在中央没有文件，就是恢复孔子的地位，中央怎么能下文件恢复孔子的地位，历史人物多了，都恢复地位啊？你作为学术研究，中央形成历史决议，那只是一定的历史阶段，一定时期的历史阶段，你怎么能说中央下文件恢复孔子地位呢，所以说，我觉得在这个传统文化的传承方面，特别是对这些儒家经典来说，应该怎么样，应该有一个权威的，你比说像新华字典那样，有个相对权威的，也不是说绝对权威的或者说叫做推荐版本，有一个大家公认的这么一个版本，这个很重要，看上去是小事，但是很重要。你比说我刚才举的那两个《论语》中的例子，有很多这样的问题。还有就是我认为我们的传统文化如何与这个核心价值观对接的问题，实际上咱现在搞传统文化，咱是有病乱抓药，"文化大革命"以来，造成价值观念坍塌，信仰缺失，你承认也罢不承认也罢，现在中国是最没有信仰的。谁说的一句话最好，就是邹有光，他说中国传统文化最好的年代就是20世纪30年代，邹有光老先生100多岁了，他是过来人。我感觉在传统文化传承这个方面，像我们这一代人没有希望了，你包括这些博士生硕士生搞传统文化研究的，搞不过那些只上过几年私塾的，邹有光先生通读了五遍二十四史，上小学的时候，四书五经全会背，四书五经涵盖了大量的历史典故，现在咱说搞历史文化研究的，国学院的博士生硕士生通读过四书五经的有几个？所以为什么文化断送在这里，他不是硬啃，硬啃白搭，现在说不好听的80后90后啊你也指望不上，你只能挖掘挖掘前人研究的成果，前几年上海搞课改，把古文都删了，这个事能对吗？中小学诵读经典，不是语文课上一篇古文那样简单，古文这个东西，单学实词虚词那样不管事，白搭，咱都学过。

ZCS：我是搞历史的，也是搞考古的，我是考古专业毕业的。我在这里从事文化工作40年了，也研究地方史，知道一点东西。您接的这个课题是省里一个课题，如何构建文化传承体系这方面，我以前没大考虑这个问题，我考虑的比较细，因为搞历史研究的需要大量的细致的研究，宏观的东西考虑得比较少，不过呢，说到这个事了，我也谈一谈我的看法吧。咱省里制定"十三五"规划，其中呢，这是一个重要的方面，就是搞这个文化传承体系，因为是省里制定的这么一个规划，所以呢应该是以本省为主，但是呢，也离不开全国的这个文化思想体系，所以，我想，搞这个体系，前言首先应该明确传统文化的内涵，我觉得，我们的中华文化很丰富，丰富多彩，但是如果要正确地表述，弘扬传统文化应该是以儒家文化为主干的包括其他文化的各方面组成的传统文化思想体系，如果再进一步，包括儒家思想的仁义礼智信，诚信啊，友善啊这些，当然目前中央发布的这个二十四字的核心价值观，基本上相当多的部分反映了传统文化，这个基本上反映得还是比较准确的，传统文化的思想内涵基本上大体上都包括了，我觉得这是弘扬传统文化，这样表述。几千年来，这个儒家思想实实在在的地是传统文化的主干，影响了中国人民几千年的思想观念以及道德观念，这是从传统文化的概念来讲。

再一个讲到齐鲁，我认为，齐鲁地区，应该大体传承两方面的内容，就是以弘扬儒家文化为核心的儒家文化思想体系和以孙武、孙膑为首的他们创立的武学文化，这两方面结合在一块，我认为才是一个完整的，比较优秀的，才能被一代人接受并且应用的一种思想体系，自从习近平担任总书记以来，他大量地讲到中国传统文化，实实在在的，他理解得比较深比较透，从为官之道一直到人民的思想修养，他都经常地运用传统文化来阐述观点，同时呢，我认为一条很关键，你像他跟军队讲话的时候，经常提到，我们的军队要有血性，我们的士兵都应该是男子汉，我们如果出去打仗，这个血性是必须得有的，当然呢，这个血性，存在于儒家思想文化当中，也存在于兵家文化中，你像孟子他的气节精神，反复阐述，所以呢，这个军队要有血性应该是儒家文化思想体系和兵家文化思想体系中一个比较重要的闪光点。所以，我觉得山东，应该弘扬以儒家思想和兵家思想为主要导向，其他的还有许多思想家，农家、科学家，还有像诸葛亮一样，智慧的化身，提倡人们学会更多的知识或者技能，不过总的来说应该是这两家，山东省如何推进传统文化传承体系，这是大家共同的任务，不是说这只是政府的事，政府是政府，民间是民间，还有学术界，都有共同的职责。但是呢，如果真正地说，传承中华文化，政府有官职官责，应该核定政府官员的职责，其次呢，就是群众性的或者传承文化，或者学习文化，或者潜移默化地接受传统文化的过程了，这是从人群面上，我觉得应该是这样。

再一个呢，是从形式上，这几年，传承文化可以说形成了一个热潮，可以说，自从"文化大革命"以后，形成了传承传统文化和学习传统文化，形成了一个前所未有的高潮，"文化大革命"以前没有这样的高潮，"文化大革命"期间，对传统文化是摧残破坏，自从1978年改革开放以后，对这个传统文化也没有提到一定的高度，真正地提到高度，是2000年以后，首先从学术界开始，比以前更加重视传统文化的研究宣传解读，这方面形成热潮首先是从学术界开始的，现在又影响到了政府党委，近些年官方的重视程度达到了改革开放以后30多年的一个新的高度，咱可以想一想，自从新中国成立以后，从毛主席那时候开始，他就重视传统文化，到现在领导也很重视，但是，毛主席重视传统文化，他的目的和习书记不大一样，毛主席那时候是学习中国的传统文化，从他小时候读私塾开始，传统文化就深入到他的脑海当中了，但是当时他学习传统文化的目的在于打破打碎旧世界，所以他过多吸收了造反精神，对中国传统主干文化也了解得比较多，但是呢，他更多地倾向于打碎旧世界，如果按照现在看，我认为，他的这种思想不适合今后的社会主义建设，习近平现在提出的重视传统文化，研究、学习，或者传承，他属于站得更高看得更远，所以呢，中国人现在经过几十年的经济建设，中国人富裕了，但是思想自从"文化大革命"以后，思想比较混乱，为什么这样说呢？因为在"文化大革命"以前，以马列主义思想为主导思想的思想教育大量地占领了，但是传统文化被削弱了，到了现在，正儿八经属于正本清源，恢复思想文化的本来面目。中华民族拥有灵魂，灵魂是什么呢？是中国几千年来形成的优秀文化，我们也吸收了马列主义的一些精髓，但是我们的根是中国的优秀传统文化，应该还是要以我们的优秀传统文化为灵魂的塑造主体。这是我想到的这一部分。

再有呢，就是如何传承和发扬优秀传统文化，我刚才已经说了，这是从官方到民间都应该努力的事，如果谈到形式，我认为有这么几种形式需要利用，一种是属于教育形式的，这个是任何时候都不能丢掉的，应该在学校课本当中，从小学中学大学，一些课程当中，传统文化的分量不能减少，去年上海修改小学语文课本，大量的古代诗词被全部删除，当时我看了之后，我也觉得很生气，小学期间是人们塑造灵魂的时期，你把这一部分给抽掉了，那这一代人成长起来，脑袋里思想文化是空白，接受的全是西方的或者是其他方面的思想，这样就肯定不利于中国传统文化的传承，同时也容易导致人民思想的混乱，像中国人，脸长得是黄脸，头发是黑头发，但是你如果变得跟西方人一样，包括过个节都只过西方的节，中国的节日都没了，还有什么中国味啊，他就没有什么向心力了，所以呢，我认为从这个学校课程上，不能减少传统文化的分量，包括古诗词、歌赋、一些文言文、一些历史常识，这些应该灌输到中学小学的课本当中去，适当地选择，我们现在时代发展了，并不是以这个为主，但是不能少了这一块，这是一个方面的形式。第二方面的形式，就是现在由省文化厅抓的在各县和县级以上城市图书馆建立尼山书院，这个形式我认为很好，因为什么呢？在县城以上建立，它叫尼山书院，我看了报纸新闻报道之后，我觉得这个东西很有必要，在县和县以上建立尼山学院，虽然名字叫尼山书院，实际上呢就是传承传统文化的这么一个机构，它形式很多，包括诵读课文，诵读经典，再一个就是进行一些礼仪活动，还有一些演艺活动，我觉得这个还算比较现实，能被现代人接受，我觉得这个东西下一步可以推广完善，就它的活动形式，它的传授方式，对社会的影响力等各个方面应该有所提升和加强，这是对尼山书院建设的一点建议。如果有必要呢，我觉得也可以在乡镇一级的尼山书院这一类的活动场所，就把它们当做文化站、文化馆就是了，文化站、文化馆和尼山书院合力，这样呢，不但有利于现在文化活动的开展，适当加入传统文化的一些内容，以前仅仅指县级和县级城市以上，这个能收到一定的效果，因为时间长了，人形成习惯了，就会到这里参加一个活动，这样潜移默化当中，传统文化的思想就被逐步地渗透进去了，这是第二个形式。第三个形式，就是近几年建立了很多学术讲堂，比如说济宁或者曲阜以及其他地方到处有很多讲堂，有的叫传统文化讲堂，有的叫廉洁讲堂还有其他一些什么讲堂，等等，讲堂这个形式很好，但是现在有点乱，甚至乡镇也可以建立讲堂，希望省里统一规划，形成一个较为合理的讲堂秩序。我觉得每一个城市，县城或者是县城以上（应该建讲堂），但是这个应该不是固定的，需要就讲，不需要的时候就不讲，但是一定要有主管部门，我认为省委宣传部应该是全省各种讲堂的主管部门，这样有利于清理那些不合理的讲堂形式，形成比较规范的传统文化讲授平台，如果不治理的话，可能杂七杂八的什么都有，一是可能讲得不规范，二是达不到那个效果，三是仅仅可能走了一个形式，光把政绩计入领导的工作簿了，那不是咱的目的，咱的目的是潜移默化地把中国的传统文化传承下去，吸收到民间。

　　这是一部分，再有一部分就是说，像有形的无形的可操作的部分，传承文化重要的一个组成部分，就是一个从中央到地方都有的一个文物保护和非物质文化遗产保护的问题，在这方面，可以说这几年抓得很有成效。关于文物保护，改革开放30多年以来，已经有了各种法律法规，同时呢也通过一些文化遗存遗体，向民众传达宣传传统文化以及历史知识历史常识，传统文化的传播离不开一些知识，通过历史知识的讲解，丰富了人民对传统文化的认识，这一方面继续完善宣传，尤其是非物质文化遗产，现在正在探索阶段，保护措施有些还不太适合于非物质文化遗产，总之能看的摸得着的文物保护这一部分需要国家的投入，这是早已经纳入国家投资计划的，非物质文化遗产的保护现在也逐步纳入国家的投资计划，你像文化传承人，文化传承人给他一定的资金补贴，无形当中把文化遗产中不容易传承的东西，通过少量人传承下来，这个方面也是对的，通过一部分人传承下来，我们还能看到一种艺术形式或是一种手工技术，这个呢应该继续加大支持力度，这是传承文化中可以操作的一个部分。再一个就是说，现在好多乡镇村建立"经典讲堂"，或者叫儒家思想讲堂，当然这是个好事，但是呢这个大部分流于形式，乡村应该采取另一种形式来传承传统文化，我看报纸上也已经介绍这方面的经验了，就是发挥乡贤的作用。所谓乡贤呢，就是在一个村当中，在一个乡镇当中，在人民中有他的号召力，并且有知识，德高望重，人民喜欢听这些人谈古论今，这样发挥乡贤的作用，把传统文化在基层传播出去，这个是这几年出现的新形势，比较符合中国的实际，也符合我们农村的实际。我并不提倡村村都搞这个儒学讲堂，搞也可以搞，但是搞来搞去就容易形成形式主义，人民不但不能传承，反而对传统文化的传承有反作用，所以村村家家户户搞，我觉得不行。农村的人大部分经历过"文化大革命"，越这样，人的逆反心理越重，你叫我接受我就是不接受。这是我想到的。

　　成：很好，您对文化这方面很熟。

　　LIM：尊敬的成院长，在座的各位专家教授，大家上午好。今天有幸参加这个座谈会，听了大家的精彩发言，这也是我一次学习的机会，同时呢也给我提供了一个分享的机会让我再说一说。我个人觉得，这个传统文化传承体系，一定不是在知识层面上，因为知识层面你们不出校门就知道，这个可以说资料是太全面了，我感觉就是说这个课题的中心还是传承的问题，中华优秀传统文化传承体系嘛，重点还是在传承上，传承的是文化，这个文化是优秀的文化。作为记者吧，我们都不是专家，甚至连杂家都不是，只是见得多，写得多，也有自己的所得，也有自己的思考。我觉得文化这个东西呢，刚才大家也都谈了，它形式比较多，承载的东西也比较多，真正的文化它实际上是一个人的一种言行，我们社会的一种言行，是语言和行为自觉，它体现在人身上，他的说话，他的行动，他的办事，体现在一个政府一个单位层面上，它是一个政府党委不自觉地发出的一些东西。为什么济宁运河搞得这么差？本来设计的是一个运河湾绿地，结果它现在是一个商场了，为什么会出现这个情况？当时这个地方建的时候，我给 D 秘书长打电话，我说这个地方怎么规划成这个样子了？你这不是又一个玉带商城么？原先建玉带商城，一个市长压着河建商城，最后意识到这是对文化的一种欺凌，我说你这还是第二个玉带商城啊。所以说文化是什么，文化是一种行为自觉，文化是站在现在看历史，站在未来看现在，这才叫文化眼光，你没有文化眼光多么可怕，你比贪污浪费还可怕，所以文化（传承和发展）得首先要求有文化眼光的人，要有文化眼光的政府和文化眼光的决策人，这是我提供的一点建议观点可供你们思考。如果一个人没有文化眼光，他就可能决策失误，他为什么要建商城？因为他觉得对，他认为发展经济是大问题，刚才 S 主任也说了，县委县政府都是大学生，大学生有知识有学历，但是不一定有文化，因为他不能站在长远的观点来看问题，只有站在长远的角度看问题，你比如说看济宁的发展问题，如果站在百年之后甚至说是几百年之后看济宁的发展，我们就避免很多失误（樊存常：谈到这里，我打断一下，这就是领导的臆断问题，决断问题。太白楼很明显的例子，太白楼周边有很多建筑，都不能超过太白楼，原先建的百货大楼比太白楼低，后来就建商城，我说建的这个不能高过太白楼，但是一个市长非得叫盖，就高过太白楼，那谁说的算，人家说的算）。所以说，市长和政府如果没有文化眼光多么可怕，没办法，官大的说的算，官小不听咱的。前段时间，我有一个朋友他上纽约，回来之后我看他发了一条微信感慨，他说，纽约发展得这么落后啊，都是一些古建筑，我上一次来，这里是这样，这次来还是这么一个熊样，你看咱济宁发展得多好，我就给他评论，他一个县级干部他就跟我抬起来了，我一看他有这样的眼光，他有这样的思维定式，我就给他竖了一个大拇指，我也不跟他辩论了，你看看他也是干部，他就说什么呢，他说纽约都是老城区，都是三四十年代的建筑，这就是说他没有文化眼光，这一点你们可以参考一下。

刚才就牵扯到一个文物承载的问题，关于文物这东西，我写了一篇有关济宁文物高贵品性的文章，我把济宁文物的几个品格跟现实结合起来，你比如说坏人在干坏事，实际上我就说文物在看着你，你可以干坏事，但是文物在监督你，最后你被逮了，可以说实际上是文物在逮捕你，文物可以发现你，可以规劝你，甚至可以惩罚你，所以这就是文物的一个承载的问题。韩国人到中国来，见一些老地方，就奇怪中国人成天吹自己有数千年的中国传统文化，怎么连一棵老树也见不到？怎么回事？所以人家外国游客说你别吹了，你看你泱泱大国，我有时候到你们老地方去参观，也不见一棵古树。我们唯一的红楼都被拆了，这就是我前面说的没有文化眼光。这些一定要保护好，如果没有这些东西，中国传统文化如果没有一些具体的东西来发出一些信息，发出一些信号，这对中国传统文化传承体系来说，也是不健全的，当然咱现在恢复了一些形式的东西，比如说古代那些服装，你说这些东西吧，要也行，但是一些繁文缛节，这些东西好与不好需要重新思考，一些落后形式可以摒弃，我们传承的是中国一些优秀的传统文化，而不是非优秀的。你再比如说鞭炮可以增加年味，增加中国传统文化的气息，但是，它污染，对人有伤害。所以当一些东西成糟粕的时候，你就要注意怎么扬弃的问题。他们搞的文化上墙这些外显的东西，你要让这些东西植入我们的内心，成为我们的精神营养，成为我们的行动指南，自觉地规避不文明言行，你把痰咳出来以后，用纸包起来扔到厕所去了，这就叫文明，当然呢，你吐到地上，用脚搓了，这也叫文明，卫生纸随地扔这就叫没文化，但是你如果找垃圾桶（扔），这就叫文明，这东西不需要谁指导，而是一种行为自觉。当大街上，杀人的，骗人的，越货的，当嘉祥的两个小孩在自己村里被老头杀了，当社会上的那些老人骗钱的时候，当我们的防盗窗越建越高的时候，四楼建到五楼，五楼建到六楼，五楼装完了，因为四楼装上了，你像在美国这是没有的（成：在平地上，是落地大窗子，没有人闯进私人的地方，连绿地的范围都不能跨进去），所以当世风日下，当社会的治安越来越乱，当文明逐渐地在现实生活中找不到的时候，现在基地越建越多、讲堂越来越多，领导人讲话越来越多，为什么社会问题也越来越多，就是因为我们的文化没有真正地接地气，文明是文化的核心，我们的人必须文明起来，所以说我给专家的建议是，政府以及那些有社会发言权的人怎么让文化内化为我们的行为自觉？我前几天看到公交站牌上一片狼藉啊，我问那些文明监督员，我说你怎么不监督啊？你们是干吗的？他们说我们是看自行车的，我说你看这片垃圾，这叫文明吗？你们怎么不监督啊？这种不文明的现象，没文化的现象随处可见，我就说政府那些干文化的人，你们成天地演出吗？演出当然是可以的，我不反对演出，但是真正文化的形成它不在于这个问题，一定从细节做起，接地气，否则就是空中楼阁。你看新加坡，他为什么彬彬有礼啊？人人彬彬有礼，这个文化它不光是指人与人之间的关系，它还包括人与自然的关系，当你做到蓝天上白云飘，白云下面白马跑的时候，你能说它没文化？你能说它没文明？我们国家你除了上西部去，上高原上去，你上北京上海大城市去，到我们济宁，到我们曲阜，你能见着这样的蓝天？我们前几天到九仙山去开会，本来打算呼吸新鲜空气的，结果那个雾霾都呛人，本来有个旅游路线的，结果因为这个雾霾都没法出去。我们形式太多，但是都不接地气，都不是"仁"，这些文化不能成为真正的文明。所以我们政府要内修，我们部门助理要内修，文明细节，文化执法，怎么让你在现实生活中文明起来，机关是一个，单位是一个，家庭是一个。现在真正懂文化、懂文明的领导，他都进社区，进最基层，进老社区看看，看看哪个社区是否垃圾遍地，（文化）必须要改善我们的社会生活，（提高）我们的舒适度。文化不能只存在字面上，不在于讲座，大家夸夸其谈。必须要真的把这些东西融入我们的生活，成为我们的人性，这才是文化传承体系建设（的目的）。

成：好，挺深刻的见解。

樊：今天上午，我们可以谈很多，可惜都是因为受到时间限制。中华传统文化体系建设作为一个项目，我认为我们曲师大最有资格来做，因为曲阜是一块圣土，传统文化氛围最浓厚，（如果）这块圣土都不圣了，那其他地方，就可想而知，当然也不是说我们最好。传统文化的核心是什么？应该抓什么？应该怎么抓？我们应该从哪里着手？传统文化内涵太丰富了，我们应该以什么为主，通过什么积极带动？仁是什么？孝是什么？孝是仁之本，孝文化应该是儒家文化的特性，这不是我讲的，这是孔子讲的。那么这样，用孝文化带动我们的文化思想体系（建设），理解孝文化，发扬孝文化，传承孝文化，如何传承？我提供几个途径：

一个就是我们政府，政府得发挥主体作用，依法治国，依法治理社会，依法传承文化，对传统文化保护。第二个在官员当中，树立传统文化的思想，传承孝文化，有些官员没文化，"我的官大，我说的算"，这是文化霸权，文化权威，是不对的。第三个，要在经典文化中把孝文化加入，让传统文化进校园，从娃娃抓起，从学生抓起，这是教育问题。第四个就是宣传问题。（比如）影视的问题。现在文化市场执法，我们是监督，但不能治本，所以承担很重要，我们有义务有责任做好，这是责任问题，当然大多数官员是敬业的。

访谈（六）

访谈时间： 2015 年 8 月 7 日
访谈地点： 孟府习儒馆
访谈对象： SYZ（孟府习儒馆相关负责人）
访 谈 人： 成积春、樊存常、李先明、姜修宪
记 录 人： 张金丹、韩港、苏宝凤

成：我们承担了山东"十三五"期间构建中华优秀传统文化体系的一个课题研究，我们前期进行了大量的调研，在调研的过程当中啊，发现咱们济宁，尤其是邹城这边对传统文化这一块做得挺周到，有一些经验需要总结，听说您这边做得很好，特别是对青少年这样一个群体，对传统文化的传承很有经验，下了功夫，很有想法，所以想听听您这边是如何工作的？如何传承的？传承当中有什么困难？有什么问题？经验是什么？看能不能给我们讲讲。

SYZ：这样吧，我就给各位老师介绍一下，我们习儒馆开办国学班的一个情况。我们孟子习儒馆是 2006 年 4 月 28 日正式开馆，也就是说我们有十周年的办学历程。我们主要是利用周末、节假日，招收一些中小学生，来读经习儒，这个习儒馆作为我们孟子故里修学游的一个教学基地，同时在先后的几年里成为山东大学、中国人民大学的教研基地，这两个大学的老师和学生不定期地到我们这里来授课，我们平时利用假期，利用周末时间，组织当地或者周边的孩子们来参加这个国学班。然后呢，在假期期间，也就是"五一"期间、"十一"期间，我们就面向全国招生，（办）青少年读经班，国学夏令营 76 期，其中有一个孩子从三岁开始一直跟到我们现在，早晨让孩子们参加活动，去年推出"教子有方，游学邹城"，今年又研发"重走孟母三迁路，回报父母养育恩"活动，这个属于亲子教育，让大家在重走三迁路的过程中，让父母学习孟母教子的这个理念，从中找到自己在教育孩子（方面）存在的不足和感到困惑的地方，然后重新树立自己的教育观。那么对于孩子的教育，在重走孟母三迁路的过程中，让孩子了解亚圣孟子的成长历程，从中也了解父母亲的养育之苦，学会感恩，懂得感恩，（所以）这是一个双向的教育，现在上午、下午，孩子们都有在西厢房学习……

樊：都是招哪些地方的孩子？

SYZ：全国各地都有。我们上一期有上海的、长春的、苏州的，等等。

樊：吃住都在你那里吃住啊？多长时间？

SYZ：都在那，有七天，有五天，有十天的，有一期十四天的，但是今年的暑假很怪，外地的都报七天，我们当地有个国学夏令营，大多报五天的，我们最长的是十四天，但是可怪了，没人报十四天的，今年都是报七天的，最长的一次是 21 天，2007 年到 2008 年连办 21 天，因为当时我们后边有个办公楼，能吃能住，当时食宿在办公楼，后来办公楼成为我们局的办公楼就不能食住了。

成：那你们现在是在哪里住？七天的。

SYZ：现在啊，现在我们住在商务宾馆。你比如说上一期，来自深圳的 18 个孩子，他们就要求住比较高档的。家长们要求吃和住必须要好，所以我们就住三星级、四星级的宾馆，吃住的价位不一样。

樊：那一期吃住的费用是多少？

SYZ：一般晚上都是标准价，一般是 180 块钱左右，商务宾馆是在 120—130 块左右。

樊：有家长吗？

SYZ：不，光是学生。

成：是一天连吃加住 180 块？

SYZ：不是，我说的光是住宿。你看我们现在啊，不论是七天还是五天的，在我们的课程里面都加入一些传统文化的经典课程，经典故事，经典剧，让孩子们自编自导自演，实际上我们大人容易学习传统文化，刚开始也是很感兴趣的，沉下心去学习，这样呢，听故事，听里边的故事，然后排练，这样呢，在排练过程中，演绎过程中，了解经典里边为人处事的道理。另外还有礼仪课、感恩课、体验课，我们的体验课，比如说，有射箭，有投壶，有织布，有书画印刷这些，都让孩子们参与。

樊：每一期多少人？

SYZ：每一期啊，我们这一期是 20 人左右，22 个人这一期，我们第一期是 43 个孩子。

樊：全国各地的？

SYZ：是的。

樊：那你是通过什么来宣传、招生的？

SYZ：我基本上是通过微信，因为我们局里没有钱来做广告。

成：微信的话，那不加你的人，他就不知道。

SYZ：对，有局限性。我办了一个孟母教子读书会，这个读书会呢，我们有网络平台，但还是通过微信来宣传的比较多。家长呢，认为把孩子放在一个地方他不放心。

樊：也是，孩子们吃住的地方应该好一点。

SYZ：咱们现在缺少一个基地。

李：给孩子们上课都上什么内容的？

SYZ：内容呢，就是我刚才说的体验课，都穿插在里面。另外你比如说国学课里面，《三字经》《弟子规》这些课程都有。

李：谁来授课？

SYZ：我们都是自己带的。

成：可以让大学毕业生，大学的志愿者（带）。

SYZ：对，志愿者，传统文化和别的还不一样，比如说教语文，教数学，他师资力量好。但是国学，首先你得喜欢，光喜欢你不会讲还不行，所以说要全方位推荐。

成：我那里国学班可以给你们提供一些。

SYZ：您那边？

成：我们那边，像历史学是一本招生，其中含有国学卓越人才班，40个人左右，是重点班，从历史中专门选拔出来的。

樊：他是曲师大的。

SYZ：那咱那边有定期的国学课程吗？

成：我们天天讲，有课程表，刚开始我们从训诂、音韵（学起），经学要有两年的时间，经、史、子、集全要学。

SYZ：咱是针对哪个年龄段的？

成：都是大学生，咱就招收高中毕业以后，热爱学习国学的，在一本招生，招进来，然后选拔，通过面试、笔试，成绩比较好的（选进来）。

SYZ：您那边上课，外边的人能够进去听吗？

成：一般是不能听的，可以去教务处办跟读证，在能坐开的情况下是可以读的。

SYZ：挺好，我挺羡慕咱曲阜学习国学的氛围。像孔子国学院。

李：那这边进行国学（教育）有什么途径？或者有什么障碍？

SYZ：像我做这么多年习儒文化，实际上我每年都非常着急。说实在的，习儒馆是多好的平台是吧，更应该发扬光大，不应该局限于表演的一个层面，并不是说，你领导来到区里了，来看看孩子们读读书就可以了，我想要是光局限于这一点，咱传统文化还是弘扬不出去。但是呢，我们这边受什么局限呢？比如说场地的局限，不光是我们这里，整个邹城地区，没有一个像样的国学基地，缺少大的学习基地。我是政协委员嘛，去年我曾经写过一个提案，咱要弘扬传统文化就要有个基地，假如说太零散的话，人心聚不起来，而且一些理念，不能系统地灌输。

成：这边是官办的，文物局？

SYZ：对，文物局。

成：你本身就是文物局的？

SYZ：习儒馆的，我们现在局里的顺序十分复杂，有公务员的，有全额的，有差额的，企业编，长期临时工，我属于倒数第二个，我是长期合同工，我现在的工资啊，我从六月份开始才领到1400。

成：那对你干多干少都没有什么一定的激励吗？没有提成吗？

SYZ：没有，这整个暑假，我一天班没歇过，包括星期六、星期天。

樊：那你是对这份工作非常热爱了。

SYZ：我老公不止一次和我说，不要干了，你这1000块钱能干些什么？我这个暑假，我孩子回来了，我一天都没陪过孩子。

成：你奉献很大。你这里是机制的问题。

SYZ：我也很为F局长感动，他本是不是研究传统文化的，却为传统文化自己掏钱，拍微电影，非常感动，真的。

樊：搞传统文化就需要一个平台，需要师资，需要机会。

成：谈到这里，想到曲阜的几个国学堂，尽量地多设长期班，就是一到五年，你觉得这个形式怎么样？

SYZ：曲阜有个叫L老师，他呢，就是搞这个长期班，但是说句实话，真的让咱孩子放弃高考制度而学国学的，基本上很少，但是只有那种，孩子太过顽皮我已经管不了了，放弃对他的教育，我就把它放到国学班去，这个有可能。

成：这样做只是别让孩子走上歪路，走上邪路。

樊：有钱人家的孩子就应该培养他高雅。

SYZ：对。

成：都是临时培训。我感觉到啊，利用寒暑假，或者星期六、星期天，以这种形式传授我感觉非常好。像一些长期班，可能会把别人孩子给害了，纳不到我们整个社会，纳不到我们整个教育体系，这不是害人吗？家长只是一时认为，我把孩子放在这里比较放心，你给我看孩子，然后培养成才，对孩子的行为约束好，不至于走上什么邪路，实际上不可能达到预期目标。

SYZ：实际上啊，他把问题推向社会，家长可能只是一时觉得不用很费心了，孩子不会再那么淘气了，学校也可能暂时镇压。

成：办长期培训班者有一定赢利了，但是通过孩子自身来看啊，还是会存在一些问题。

樊：要有资金，现在国家拿出一部分资金来支持他们，给他们办，办大师资。公家教育这一块需要政策的支持，你没有政策的支持，公家是干不起来的。

成：体制就是一个问题。

樊：那你对国学这块熟吗？

SYZ：我们局里没有给我们进行培训，都是我们自己学。

SYZ：我有一个想法，不知道当讲不当讲啊，我觉得文化产业要真正地把传统文化弘扬出去，假如说，这个公家都干不起来，我这是满心力量感觉发挥不了。说实在的，这几年我有着满腔的热情，没地方发挥，只要给我一个平台，我可以一分钱都不用拿，去推动文化的发展，弘扬传统文化。我在去年12月3号自己成立了一个读书会，我们习儒馆，三年前开始，我们职工，每天早晨读《孟子》，读完《孟子》读《论语》，读《四书》《五经》。当时呢，我是呼吁咱全局的人都来读，但是没有人来读。然后呢我就在群里和朋友圈里发，好多朋友他想来，但这又是景区，不能随便进来。

成：这个读书会收费吗？

SYZ：一年100块钱的会费。我的这个行动感动了安徽财经大学的一个教授，他20多年的时间都在研究传统文化，写了很多有关中西文化的书籍，他呢（就说），每个月给我一千块钱的生活费就行，我来给你读书会的人讲。另外我们邹城也有很多讲中国传统文化的，他们来讲，也热爱中国传统文化，我们邹城也有很多人爱学习传统文化，但没地方学习。我在公家实现不了我的理想，所以我自己去干，我们协会的会员有500名左右。现在我们招生招不起来，我上广场，牺牲自己的业余时间，我发广告，我去搬桌子。然后我这读书会是通过大人的学习，意识到学习传统文化的重要性，然后教给小孩子。我就说这公家搞传统文化怎么就这么难，还不如个人把它搞起来。有想法就去做。

SYZ：领导要重视这一块，我进来，领导把我放到这一块，我就努力把它撑起来。现在局里让我办前学，然后习儒馆让我们搬。

樊：前学是什么东西？

SYZ：前学它原来是孟家的，后来就没了，现在刚开始新建。

成：前学和后学不都一样吗？

SYZ：这一块好像是给剧团用的。

成：前学不用你招生？

SYZ：这里给剧团，我们习儒馆，是学习儒学的剧团，现在的习是演习。

成：剧团属于什么体制？

SYZ：剧团属于企业的体制，新开发了成人礼。现在要把西厢房的十张桌子搬过去，因为他那个教室太小了，只能装 20 个人。现在我也很着急，到底是有钱没钱？如果有钱为什么不扶持扶持传统文化，所以说非常奇怪。原来我们邹城有个 Z 书记，可惜他去年调走了，我很佩服他。

樊：是，学者型，很有思想。

SYZ：其实我们作为传统文化的传播者，习总书记来过这么多年，我们现在才反应过来要弘扬传统文化。我现在不是为谁干，做给谁看，我只做给自己看。（弘扬优秀传统文化）是我自己的理想，我是 1992 年过来的，我把青春都献上，尽自己的力，能做多大就做多大。

访谈（七）

访谈时间：2015 年 8 月 11 日
访谈地点："儒源"礼仪学校
访谈对象：JCW（"儒源"相关负责人）
访谈人：成积春、樊存常、李先明、张金丹、刘鹏、尚倩、韩港
记录人：刘鹏、尚倩、韩港

樊：省文化厅为"十三五"搞了一个课题规划，主要为了弘扬优秀传统文化。前期成院长他们在各个地市都进行了调研，最后是在济宁地区，今天我们来到你这儿，是因为你搞得比较早，而且你在济宁地区搞的这个传统文化相对来说是比较成功的，（所以）希望听你（讲一些）关于传统文化传承的好的经验、想法和建议。

JCW：其实目前整个国家的发展的典型应该就是文化产业，现在有个名词就是文化产业，从原始社会到农业，从农业到工业，再从工业到文化服务业，这是一个脉络。一个国家的强大，我个人观点就是军事、经济、文明，文明是一个什么概念，特别是到了曲阜之后，我印象非常深。为什么那些国际友人旅游非常想到曲阜来？来曲阜这个小地市，14 万人，整个曲阜 860 平方公里，就这么一个地方，为什么要来？就是为了触摸文化的一种思想，但是这种文化的思想没法体现，就是文化没有真正地落地，也不是几百年建筑的建设，看建筑没必要非要来曲阜这个小地市来看，西安北京哪个地方都比咱这个地方的建筑群精致，那为什么来这看？当今中国都在大力推崇传统文化，为什么要推传统文化？它有一个历史背景，像改革开放，那时候外国先进的科学技术开始进入，起到了一个什么作用？就是促进了经济的发展，再就是从新中国成立到现在，从一穷二白到物质富有，发展到这个阶段之后就是文化了，就是精神文明

的建设了。精神文明体现在哪？既能保持我们现在 GDP 的增长，货币的储存在全球的位置。把文明的东西形成一个产业，我个人的理解，产业就是文明的产业，现在政府都大力提倡文化产业，很多学者对文化产业不理解，文化就是文化，产业就是产业。我的理解不是这样，改革开放时期，新民主主义，在这个阶段中国是西为中用；把中国几千年保留下来的经典的东西，好好地利用，推动中国现代的发展，我认为这就是古为今用。习近平上任之后，原计划是第一站就来山东的曲阜，后来先去的青岛，转了一圈，再到的曲阜，第二天去了济宁。这就是中央领导人对传统文化的重视，中国在上一届领导人就开始重视了，它主打的部分是和谐社会，什么是和谐社会？和谐社会的概念是什么？是宗教里面的极乐世界吗？是西方世界的天堂吗？它是个什么概念？它实际就是传统文化，儒家文化中的中庸之道。它真正起到的作用，一是凝聚国民的凝聚力，二就是实现文化的落地。实现文化的真正落地，我的理解就是精神文明建设，精神文明建设就是个人规范的养成。你的言行，一举一动不就是文明的体现吗？为什么其他国家如澳大利亚、新加坡、泰国等文明程度那么高，那是个人规范高。所以文化真正落地，我的理解就是行为规范。

再就是前几年中国，有几个代表人物，他们对传统文化都起到一定作用，但是他们在推的过程中，路子可能比较极端一些，你像是净空法师，现在政府明文规定禁止他入境了，我认为他前期做的事就是做了一个小模板，主要文化研究的核心就是《弟子规》，就是规范，但是他有一个弊端，他本身就是出家人，在传承文化的过程中慢慢地就会把重要的掩盖，就自然而然地偏离，他刚开始并不是以一个出家人的身份去推，那时候在全国已经掀起了传承传统文化的浪潮，也起到了一个示范点的作用。第二个就是台湾的王教授，从孩子抓起，从小就让孩子奠定一个文字的基础，从小就开始背诵大量的经典，我认为孩子理解不理解不重要，三岁他有三岁的理解，八十岁他有八十岁的理解，各个阶段都有不同的理解，只是不会将礼节融会贯通罢了。他的弊端就是英语不好要背诵经典，数学不好也要背诵经典，经典成为万能的了。第三个推广传统文化的人就是于丹教授，对她也是褒贬不一，我的理解就是她起到了一个什么作用呢？用现在的网络媒体也好，电视媒体也好，拉进了老百姓与经典的距离，不管她是解释得对也好还是解释得不对也好，起码让老百姓对文明有了一个新的认识。这三位对传统文化的传承都起到了一定作用，但是我认为最终的目的就是实现文化落地，就是精神文明的建设。特别是我们到了曲阜，对曲阜的领导也谈过这一块，就是"彬彬有礼礼仪学校"真正地去完善精神文明建设，我们原来的精神文明建设就是打扫一条街，送上几袋面，包个几百块钱的信封往家里一坐，你走了之后原来怎么整的过后还是怎么整，这就是领导的形式。但是怎么使这种形式真正地落地呢？开始的时候他们不理解，这是政府的工作，你们企业做了干什么，拿着多余的钱干这种事。但是我们2011年到了曲阜，2012年年底开始建设实践的时候，我们一提，领导立马同意，开始办这事。实现文化落地，没有比曲阜更合适的地方了，所以曲阜在不到一年的时间里成立了675家彬彬有礼学校，起到了一定的作用，老师到这里培训，我们的老师也到社区里讲以传统文化为核心的为人处世，怎么去实现孝道等，这才是文化真正落地。既符合精神文明建设，又符合经济体制。

我们的文化产业已经十三个年头了，到曲阜来才算真正地展开，我们所有的核心就是传统文化。我们如何体现我们是中国人，改革开放初期参加一些国外活动还都穿中山装，你说现在从那个地方看出是中国人吧？这就是民族悲哀。你想阿拉伯人每次出席会议都穿着阿拉伯国家的袍子，那是他自己的民族服装。我们可以从服装开始入手，制作带有中国传统文化的服装，但是现在我们都穿汉服、唐装，多落后，不是这个概念。中国不同的时期，服装都是一个袖口，一个领子、一个袖子，在这个基础上，注入一些中国元素，就是代表了中国的服饰。包括我们的幼儿园怎么去培养孩子，通过讲传统文化中的圣贤故事，从圣贤故事里来奠定这种基础，弥补常规文化教育中的缺失，比如德育课。我认为教育体制中没有出现大问题，只是在一些时间段没有注意一些课程，或是没有重视这种课程，仅此而已。像德育课，现在哪所学校真正地开设德育课，真正地普及素质教育啊，所以说中国的教育没有问题。可能在这个时间段要有一些倾斜，国民素质下降，偏离了经济的发展，以经济发展为基础，经济发展了就先进，经济不发展就落后了。这时候主要搞经济建设，这就是我们国家发展的大方向。习书记上任之后每次重大的讲话不低于几百次提到传承传统文化，提传统文化是什么概念？就是古为今用，一些经典的东西、好东西，对现代发展起到一定的作用。这就是我们在曲阜搞这个的原因，你要看经济建设，不要看曲阜，看什么地方？那就看深圳。深圳和香港具有一步之遥，那香港以前是英国的殖民地，世界经济发展看欧洲，欧洲就看英国，所以在深圳画一个点绝对是成功的，国际化的大都市你不看那你看什么。但精神文明的建设，就看曲阜，曲阜就是文化区。20年把曲阜打造成中华文化标志城，但是运作上出现了问题。现在孔子学院，孔子学堂，全国各地有多少？700多个吧，孔子学院现在主要在国际上起什么作用？核心就是传播儒家思想，推广传统文化，一些文化理念，而不是单纯地教汉字。

李：嗯，那就走形式了。我打断一下，传统文化很重要，但是你认为在传统文化传承中有什么困难？

JCW：我认为困难就是，有一部分人不懂传统文化，不知道传统文化怎么和现代经济相结合相发展，融入到一块。这部分人认为传统文化现在很挣钱，并不真正了解传统文化，而把它盲目地变成换取经济的一种手段。就连宗教，我认为在中国都没有纯粹的宗教了，你看泰山上的一些庙，一些道观，都变成了经济场所、旅游场所了。以前我理解的，寺庙是为人解惑的地方，你有疑问了，到寺庙里去跟老和尚喝喝茶聊聊天，但是你看现在都变了。

樊：现在就是大搞经济，把文化丢失了。文化和经济应该融入到一起。

成：您觉得从政府层面上，应该对民间办学采取什么政策扶持？

JCW：我认为有这么几大块，第一呢，像我们这些个体，传承传统文化，我们已经做出了一些小规模，我们的政策是扶大不扶小，特别是针对一些经营行业的这么一个对待的方法。我的概念是，在短期内，特别是在2—3年这个时间段不会有一个大的扶持的一个问题，中央政府有没有扶持，有，像我们济宁市每年拿出一个亿来对我们文化产业进行扶持，但是真正作为真正推广文化产业这个行业，真正有多少能看到这个事情呢？看不到。看不到的原因是，现在我们的城市建设，还是惯性的推进，我们体制不改变，体现为政府领导政绩的重点不改变。什么叫顺势而为？这个势才刚刚开始，还没真正到一定程度，我们国家的经济发展也分几大块，第一块，改革开放经济发展，是资源型发展，煤炭挖上来就能卖钱，石油开采出来就能卖钱，十几年前，这些企业都是国有企业，包括我们吃的盐，这都是国有企业，是谁有钱，政府有钱。第二步发展是什么概念？是让老百姓有钱，老百姓有钱不是平白无故地让他有钱，得让他有事干。再一个有钱体现在哪里？就体现在城市建设上，这实际上就是拉动了内需，到现在我们贯彻的就是领导的政绩是体现在城市建设上，（好比）今天领导来了，你看我的街道建设，我的园区建设，我的新城区建的，你能不提拔我吗？这就是我的政绩，这是有目共睹的，实实在在看到的。我认为现在的地产商，十家地产商连两家真正有钱的都没有，是因为现在的地产商都为城市建设做出大的贡献了，是取之于民，用之政府，现在最头疼的就是地产商，他们一是改变了城市的外观风貌，二是提高了老百姓的入住环境和配套设施，三是让老百姓真正挣到钱了。一个地产项目得带动多少农民工啊，哪个农民工一天不是100多块钱甚至200多块钱，还是政府为老百姓办事，真正吃亏的是地产商啊。我也搞地产，但是我认为现在这个时间段已经过了，现在就是该大力发展文化，我认为现在传统文化以产业体现还要有一个时间段。政府应该调节经济企业逐渐地向文化行业靠拢，这是一个趋势。现在大搞新农村建设，新农村建设是什么概念呢？新农村建设不是拆村建村，是什么呢？第一，靠近城镇，改变你的消费观念，提高你的消费水平，改善周边基础设施。只有真正改变了人的消费观念，刺激货币流通，就不会存在经济危机。货币流通是怎样一个概念呢？只有刺激货币流通，才能实现货币的价值。体现货币的价值，才是真正的富有。假设我们屋里堆满了钱，十年不用，二十年不用，它不就是一张废纸？货币不流通了，就体现不出货币的价值。这就是为什么一定要向城镇靠拢，一是要改变人的消费观念，二是要减少劳动力，减少的是农民劳动力。比如村里的一个企业，你这个企业建设的应该是取之于民，用之于民的，是为了共同富裕的。结果把村里的变成私人的，就不带动后富了。这是社会问题，它不是哪一个地区领导能改变的，是靠政府调动，是靠政策调控才能改变的。

成：我这还有第二个问题要问一下，就是现在在教育体制上，你办的这个学校基本上从幼儿园到短期班到政府、企业的培训班，再到市民的培训，然后有一种是这个长期班，都有。尤其在长期班的问题上，在培养全日制的学生上，你有没有遇到现实教育体制对你的制约？你怎样去化解这个矛盾？另外，这些学生在你这里受到教育之后，在品行、道德和素质等方面提升很大，但像语、数、外、物理、化学这样的课程，你的学生参加统考的话可能要处于弱势，你怎样解决这个问题？对这些孩子未来的谋划，你有没有一个思考？

JCW：你问的这个问题，我们前几天还和集团里的 S 博士等专家讨论。我想说下我们的教育理念，一是我们的强项是强调孩子们的素质教育，从小帮孩子树立一个健全的、完整的人格；二是知识性的培养，我认为什么都不能少，我们既不能光以传统文化为核心，让学生去学习经典文化，在走出校门之后对别人都彬彬有礼，鞠躬，微笑，但你不能连遥控器都不会用，一句外语不会说，一些物理化学的常识都不懂，这是绝对不合理的。我个人判断我们的教育在总体上是没有大问题的，我认为是在课程内容和体制上稍微有些地方不尽如人意，需要进行调整，转变一些人的观念。转变的不是家长的观念，而是老师的观念，体制的观念。比如说曲阜师范附中好，大家都往曲阜师范附中跑，每一个班都在七八十人以上，最少也要六七十人以上。我曾经在曲阜一中做过一个社会调查，曲阜一中是比较好的学校，那班里有多少孩子？有六十个孩子。但老师最多关注的充其量只有 20 个孩子，这 20 个孩子在老师眼里是品学兼优的，衡量好孩子的标准是成绩。也就是说，还有中间的 20 个孩子，家长努力，老师努力，孩子业余时间上上小课，上上补习班，有可能往前排得到老师的关注。那还有 20 个孩子是个什么概念，老师根本不关注。我小的时候就是，老师说你不用再学了，多去玩玩，这就是说你比不上其他孩子。我的理解是老师非常不容易，但衡量老师业绩好坏的是孩子的成绩，老师很辛苦，每天要批改七八十份作业，还得工作到很晚。我们一定要给老师减负，减少班级人数。看看西方的教学，他们有没有七八十个孩子（的班级）？没有。你一个课程七八十个孩子，怎么教？你教一个新知识，他这堂课不会，下节课还是不会，这就脱节了。特别是我们的理科，物理、化学这样的，每一步都是连起来的，所以我认为一定要对我们的课程作调整，每个班级不要超过三十个孩子，这样老师上课轻松，孩子学习也轻松。三十个孩子，顶多有五个孩子是听不懂的，这样你课下通过单独补习，上个小课，他成绩就上来了，当然我们下一步会提高老师们的待遇，老师多付出的时间一定要在物质上给予补助。这样是很轻松的，孩子在玩的过程中轻松地就把成绩补上来了，你这节课会了，下节课仍然会，慢慢地他成绩就一定好起来的。这样就可以把大量的时间挤出来放到传统文化课程和德育课程上。

让孩子彻底融入这个环境中学习，老师怎么做，学生跟着模仿学习。我们过去把"学为人师，行为世范"挂在墙上，可哪有老师是照着这个做的？哪有老师真正理解的？真正去运用到自己教学中的？没有。最多百分之二十。为什么没有？是因为我们只把它们镶在墙上，孩子们完全把它当成装饰品，我们每一个初中或者高中，都有校训，有多少真正开学了是以校长带头，学习校训的？是把这几句经典的话去运用到教学环境和校园文化建设中的？有多少？没有多少。其实是好的东西没有利用。我认为从 20 世纪 70 年代开始搞计划生育，80 年代搞经济建设，90 年代组织民间办学，分两大块，一块是改革开放之后把教育放开了，形成产业化，私人投资来办；另外是办学开放了，学校多，学生少，在这之前是学生多，学校少。我们为什么不在那时候深入学习西方的教育教学模式呢？而现在却是学生越来越集中在某几个学校，所谓的好学校中去，这样好学校就慢慢变成一种负担了，经济提上去了，学生成绩提上去，这样的领导大部分都提干了，成为局里的领导甚至更高，其实这是一种不良的现象。

樊：能不能主要侧重民间办学和国家办学冲突这方面（谈谈）。

JCW：一是要体制内改革，学生分流，不是我们的老师不优秀，而只是个资格，你进入到这个队伍里你就是优秀的，你不优秀，家长把孩子交给你怎么放心，问题是衡量的标准是学生的成绩，孩子喜欢你这个老师，你就有学习的兴趣了，就愿意学了，这应该成为衡量标准。怎么让学生喜欢你，是老师应该思考的、做的。你只有做得好，学生才会愿意学。还是区域间师资力量的平衡。

樊：要考虑到中国现实的情况就是人多孩子多。走到哪里都是人。另一个就是孩子上学上好学校，看的是学校的升学率，这个学校升学率不高，我为啥把孩子送过去？那这个问题怎么解决？

JCW：我认为要多树模范学校，多树样板，多树立典型。我们优质的教学资源太集中，这样这些学校想取得好成绩就很容易，想拿到好荣誉就很简单，这样学生家长就愿意把孩子往里面送。一定要分流。这个学校德育好，就拿出几个最好的来。另外一个就是我们要传承与这个时代相适应的文化，不是你有钱你如何，你有钱若干年之后谁又能记得你，一百年前有钱人是谁，你也不记得。让你获得尊重的是文化，比如孔子和老子。

　　成：好，非常感谢。

二 聊城地区访谈实录

（一）莘县访谈之一

采访对象：KZ（文广新局干部）
采访时间：2015 年 6 月 11 日
采访地点：聊城市莘县文广新局会议室
采 访 人：成积春、李先明、姜修宪
记 录 人：尚倩、张茜

成：受省文化厅委托，我们承担了"十三五"时期山东省构建中华优秀传统文化传承体系的这样一个调研课题。今天来这里主要是想向你们了解一下这方面的有关情况。

KZ：下面我来介绍一下我们当地的总体情况。莘县在山东最西部，东面是阳谷县，北面是冠县，南面是河南范县。20 世纪 90 年代时，民政部把莘县叫做三边，因为它南面和西面分别与河南和河北接壤。正西是河北的大名，正南是河南的范县。范县是河南在山东的一块飞地，县城周边全是莘县的村，要进它的辖区得穿过山东的辖区莘县。有这样一种说法，山东省有个河南县，河南县有个山东乡，山东乡有个河南村，河南村有山东人。这与原来的黄河治理有关系。莘县是一个大县，辖区面积是 1400 平方公里，人口 106 万，有 1150 个村。2009 年时，在山东省的 20 个财政直管县中，聊城有两个，其中就有莘县，另一个是冠县。

莘县历史上的名人，一个是伊尹，是商代的一个宰相。伊尹在历史上的文字记载很少，但有伊尹"躬耕于有莘之野"的说法，而且县城北面有个康熙时期的石碑上也确实记载说是伊尹耕于有莘之野。至于这个莘到底是不是莘县的莘，现在争议还很大。我们认为，这个莘指的就是莘县。虽然伊尹既不在莘县出生，也不在莘县死亡，但是"躬耕于有莘之野"。现在莘县有一个伊尹文化研究会。当然，对伊尹这个人争议很大，也有其他人说是他们那里的，比如河南、山西和山东菏泽等。有的说他是山西那边的一个有莘部落或有莘国的农民，曾经在莘县这边引起了洪汤事件，然后改名为商汤。还有一个名人就是北宋的丞相王旦。王氏分好几支，其中一支就是三槐王，三槐王的起源就是王旦。王旦确确实实是在莘县出生的，这是没有争议的。莘县北边原来有个三淮堂，现在已经看不到了。王旦墓就在伊尹酒店的旁边，世界各地的王氏都来这边拜祭王旦，最近王旦墓又被批准为省级文物保护单位。另外一个是郑板桥。郑板桥曾在范县当过县令，而当时范县衙门的所在地就是现在莘县的古城镇。莘县民间至今还有很多收藏郑板桥书画的。

莘县也是抗战时期的革命老区。历史文件记载朱德、刘少奇、邓小平、陈毅都在莘县待过，田纪云也专门来过，杨云、杨得志、宋任穷、赵建民也长期在莘县待过。现在莘县有一个红色文化基地，从莘县的最北头到最南头的古云镇，总共 200 多华里，共有 14 处是已经建好的。最北边的鲁西北烈士陵园有几百位烈士，往南是冀鲁豫边区旧址，再往南就到了马本斋烈士陵园，因为回民支队的专家原来转战在这一片，马本斋就牺牲在这往西 20 里的张鲁回族镇。然后再往南的名人是一个全国劳动模范曾广福，新中国成立前和新中国成立后受到毛泽东 18 次接见。继续往南有苏村阻击战遗址，在抗日战争中牺牲了不少人，现在建有一个纪念馆。接着向南就是刘邓大军渡黄河的会议旧址和冀鲁豫边区旧址（又叫军区旧址）。最南边是鲁西第一政府。说到它的来源是山东省委当时被打散了，赵建民听说在这边有打土豪、分田地、吃大户这些事，他就骑着自行车从济南到这里找党委，就找到了李玉，然后重建山东省委，省委驻地就建在古云镇徐庄村。后来原中共中央组织部部长张全景就给纪念馆起了个名字就叫"鲁西第一党支部"，题词为山东省委重建地。2013 年，在省文化厅领导的关怀下，我们以这 14 个红色文化基地为依托，积极申报山东省文化创新奖。经过认真准备和答辩，最后评选成功。当年山东省一共评上 30 个，我们的名字叫鲁西红色文化教育长廊，在从南到北 100 公里的线上依次排列有 14 个红色文化遗迹点。

新中国成立以后的名人有张海迪和孔繁森。张海迪是新中国成立后 100 位英模人物之一，其事迹基本可信。她口才好，很会说，曾在人民大会堂作过报告。新中国成立 60 周年的时候，她也被山东省评为"百位人民英模"，许多干部请张海迪去演讲。另一位新中国成立后的名人是孔繁森，1981 年到 1984年在莘县当县委副书记。后来主动援藏，从西藏回来后被安排到了市林业局，然后从林业局干完之后又再度回到西藏。他在莘县工作得非常好，人也是好人。那时候没有家属院，他自己一间屋，他的通讯员和他一起同吃同睡，没有架子。他在西藏的事迹也都是真实的。

成：现在咱们县怎么宣传张海迪？有专门的宣传场地吗？对孔繁森的宣传是个什么情况？有没有结合现在的社会主义价值观宣传和道德建设，把他及其所代表的精神弘扬开来？

KZ：具体的没有，但是南边有一个海迪广场和繁森广场。至于具体的活动因为是由宣传部门做的，我不太清楚。但在开展学习和教育活动的时候，一直把孔繁森当作很好的鲜活的例子。

成：我感觉孔繁森特别值得树（典型）。

KZ：莘县的文化资源非常丰富。有一个省级文物保护单位，是唐朝节度使韩允中及其父亲韩国昌墓葬神道石刻群，当地称韩王墓。另外在南边有个马陵战场，但这个争议也很大。临沂还有一个马陵山，菏泽有个地方也说有一个马陵道，好像是在鄄城一带。再个就是水浒文化，什么野猪林啦，包括阳谷的景阳冈。聊城方面主要宣传的旅游就是景阳冈的武松打虎。临清那边主要宣传金瓶梅，还要建什么城。

成：这个可不行。它如果重新再造一个与宣传社会主义价值观相符的或主打孝道的都可以，就算它再重新建一个城隍庙都可以，但不能搞《金瓶梅》，因为它不能弘扬正气和正能量。

KZ：就是。听说阳谷县还想搞一个中国最早的民营企业家西门庆。我说这不行，难道你们以后还要搞一个纪念，纪念潘金莲遇害多少年吗？

莘县的经济情况主要就是"黑""白""绿"。"黑"就是南边的石油，中原油田采油三厂主要在莘县境内。"白"指的是盐矿，是水质的，也在油田那边，一年能拿个几千万。"绿"就是农业。莘县的农业很好，农村不穷。莘县现在的蔬菜大棚铺天盖地，面积有 2 万公顷，比寿光要大。在这个时候的地里根本看不到麦子，特别是北部的农民一般有两个棚，一年赚 10 万块钱，农民不仅不穷反而很富。莘县从 90 年代初就搞农村冬暖式大棚，当时就把老百姓都赶上快车道了，现在政府不用强制，农民都变主动了。现在莘县的农民自己都往寿光去看农博会，看到什么新品种回来就种，生产出的菜都运到寿光去卖。

以上介绍的是我县的基本情况。关于文化这一块，我主要想谈一下公共文化服务体系的建设。国家和山东省都出台了有关公共文化服务体系的政策和条例，市县这一级也采取了一些措施。从基础设施来说，我县现建设有文化馆、图书馆和美术馆三馆。当时上级强调每个县都要进行三馆建设，其中文化馆和图书馆是必需的，博物馆另外单列。70 年代以前，县里图书馆、文化馆都有，但后来都拆了，现在政府费了九牛二虎之力才在 2010 年前后建设完成。在过去，没有场所就没有办法开展群众文化活动，就没办法实现免费开放，而只有免费开放三馆，上级才会拨钱。

成：咱县建了公共文化服务体系，其他各县差不多也都建立了吧？

KZ：这个还做不到。我知道冠县还没有建的计划，阳谷也没有。临清建得比较好，花了两个亿建起来了三馆和剧院，然后就是茌平，有几万个平方米，因为它的经济条件也比较好。

成：文化馆主要有哪些功能？

KZ：文化馆实际负责组织、开展文化活动，培训文艺骨干，文物文化遗产的挖掘、整理与保护，还包括群众性活动如舞蹈、讲座、摄影、书法、培训，等等。咱们楼下边的那几个活动室，全是他们京剧协会、舞蹈协会和豫剧协会的。现在全国的文化馆必须免费开放，而且省里给你钱。

成：图书馆服务不是免费的吧？

KZ：是免费的。读者去了之后包括喝水、存包、办证都是一律免费的。也包括博物馆。因为上面一年能拨几百万资金。

成：文化馆在80年代之前都很火，但90年代以后都出现了问题。

KZ：对，老馆长说过这个事。其实在1980年之前，文化活动无论是图书馆也好，还是文化馆也好，都非常繁荣。原来那个文化馆人员的素质比现在的好，那都是创作型的，吹拉弹唱都有，但现在的人不行。例如，原来那个老文化馆副馆长会谱曲、会写诗，还会写书。现在我们想要的人进不来，进来的人干不了事，你只能让他接听个电话，收发个文件。最近山东省招事业编，莘县开设的两个图书馆、文化馆很缺人，但是事实上它们已经快满员甚至超编了，而真正能够承担起文化服务的人才几乎没有。现在文化馆长跟我说了好几次了，说我这边就是缺人才，摄影的有、文学的有，就是没有搞音乐的。

成：这也是个问题。上级对文化很重视，有拨款，但下面的人事安排跟不上，没有有才的人。

KZ：从最近这几年的情况可以明显地看出，无论是在农村，还是城市，群众开展文化活动的热情上来了，而文化馆本身的人员素质变得不适应了。前几年，人们一心想挣钱，有关群众的文化活动即使由政府组织还开展不了。现在不一样了。农村现在割麦子都用机器，劳动者已经从繁重的劳动中解脱出来了，你在农村随处都能看见跳舞的。城市群众热情很高，这跟进入老年社会有关系。那些五十来岁就退休的，觉得自己很年轻，他们退下了之后有闲空了，就自发组织跳舞、腰鼓之类的文化活动。

李：群众热情上来了是多长时间的事？

KZ：应该就是这几年。我2003年抓这个文化宣传活动，那时候还派人组织，后来慢慢地就自觉了。我们局搞个广场舞比赛，我都还不知道，我家属自己就参加去了。再个就是乡镇文化站，这个利用不起来，乡镇这一块还不如县里。原来的文化站都卖了，卖钱了。乡镇搞广场，把文化站设在广场的边上。

群众文化活动这一块，从国家政策看也还可以了，但基层提供的设施不能适应群众日益高涨的热情，主要原因在于文化建设在领导的政绩里面占得的比重很小。现在领导政绩还是看 GDP、税收、财政收入，财政这块所占比重在一半以上，其他的社会系列还是占得很少。所以，关键不是有钱没钱的问题，而在于地方是否重视。如果说地方没场馆，考核时就给他定不合格，你看他不马上建。上级给钱的条件是，你有馆并且免费开放，我就给你拨款，但是地方基础设施这块是地方的事情，上级不管，上级拨的专项资金后面都有注明，不允许用与地方基础设施建设。

成：现在如果想要解决这个事，一个是在政绩考核上加量，增大比例。另外还要加大资金投入。这一点对于经济发达的县区不是大问题，但对那些经济条件不好，甚至本身还负债累累的县，怎么办？是不是对这样的县区，上级也适当地给一点帮助。能不能上级给一部分，下面自己添一些？这种办法是不是有效？

KZ：这个操作起来有难度。上面来的专项资金要求地方配套，这不现实。以前说有个农村文化活动基金，一个村是 5000 块钱，像莘县 154 个村，就是557 万元。那里边分得很细，一村一场戏 1200 元，体育活动 500 元，农家书屋一个村 500 元，农村文化大院 500 元。然后每个村再让县里添一半，也就是一个村 10000 元，上面给你 5000 元，地方再掏 5000 元。我拿这个事找财政局长，我说按上级一村一场戏的要求，一个村上级给 1200 元，县里再配套 1200元。结果他觉得我是在跟他开玩笑，因为这不太可能，哪来的钱配套啊。

成：我觉得省里财政如果允许的话，给比较穷的县划拨一些资金建馆应该是可以的，或者别让地方再配套也行。

KZ：这个专项资金框得死板，是因为省里并不了解地方的基本情况。我刚才说的一个村 5000 元，农村体育活动一个村 500 元，这个 500 元，那个 500元，这个钱你花到其他地方都不行，但其他的地方还确实真需要钱。现在国家已经注意到这个问题了，专项管理资金减少，给地方的一般管理资金增加，你把这个钱给地方，让地方看看哪个方面需要。前几天还和一个部长去省里开会去，给省里提这个事，说农村文化活动基金能不能统一使用啊。财政厅回复说，已经跟财政部请示了，现在还没有回音。起码现在还不允许。所以，省里在这块给框得太死。

成：博物馆和图书馆的情况怎么样？

KZ：博物馆，已经规划完了，还没建设。我们现在有 1000 多件文物，其中有几个唐三彩。至于图书馆也很小，不到一千平方米，是个老图书馆。

成：尼山书院在图书馆是吧。图书馆不是看书，是要在那里开讲堂，把人吸引来之后，听讲座，政治功能比较大一点。其实文化馆是不是也可以做这个事情？

KZ：你像莘县这个图书馆每天基本上固定不超过 20 个，多是老年人，因为那里离小学比较近，老人们把孩子送到学校后，接着到图书馆看书，11 点多就再去接孩子。

成：周末和暑假的利用情况怎么样？

KZ：星期天人更少，因为没有接送孩子的了。暑假小孩挺多的，包括带孩子去的家长。咱们图书馆的设备也比较先进，但利用率低。比如我们也有电子阅览室，但连聊城市图书馆的电子阅览室都闲着，我们的也利用不起来。现在小孩都有手机，看什么东西都用手机看，不会来这里用电子阅览，因为觉得那样还不如去网吧。

成：新媒体这块怎么样？

KZ：新媒体与文化结合得不是很好。这就提到文化产业了，这里是落后地区，文化产业比较欠缺，只有印刷、广告装潢。这边农业比较好，特别是香瓜，现在对这一块产业进行宣传。

成：其他的文化产业有没有？

KZ：有一个动漫产业，也是山东省财政重点扶持的项目，主要给单位做宣传片，给电业部门做安全宣传片，还做动画片。其余的就没有了。

成：做宣传这个策划好了还行，但是现在县里应该非常难养活，主要是技术人员奇缺，很难成为一个产业的联合体。

KZ：还有一个问题就是非物质文化遗产产业化，其实也不太可能。非遗的很多东西只能进博物馆，为什么需要进馆？因为没有市场。好多年以后留下一点在博物馆可以看到就行了，如果它自己要能产业化，就不用保护了。像农村的织布机织布，现在都找不到，因为很少了，得 70 岁以上的老人才会织布。那个东西现在早就没有市场，只能留下一点给后人看。

再一个，最近几年国家新闻出版局的农家书屋工程，搞得轰轰烈烈，每年投入的钱还不少。省里规定投入资金共分三大块，宣传部占 1/3，新闻出版和广电占 1/3，然后文化这一块占 1/3。所以，我这里每年也能获得 100 万的投入。山东省原来要求 2013 年全面覆盖，三到五个村一个，图书数量在 1500 册。结果 2011 年的时候，山东省又说到年底就得全面覆盖，而且一个村一个。事实上，这有很大的困难。一个村连书屋和书要 20000 块钱，莘县建成这些书屋得 2000 多万，到现在为止我们的农家书屋还不到 400 个，即使按原来 3 到 5 个村一个的计划也要建成 1500 个才能达标，但现在根本用不起来。

成：现在看电视、手机，查东西都用网络，对农民来说这就够了。

KZ：这个农家书屋到现在还一直在开展，今年还得投 100 多万。另外，农家书屋来书的方式和种类有点不合适。

成：有时候来的书都没用，不实际。

KZ：我下村的时候看到书屋里的书大多都锁着，成了摆设。管理员说，农民拿了就不给送回来了。我说让他拿，拿了也没事，只要他能看就行，缺了再补，在这锁着有什么用？老百姓拿走了就拿走了，只要他看，有收获就行，拿走再给你增配。上级部门拿国家图书馆的那套制度用到村里来，要有专门的图书管理员，专门的卡，还要登记。这基本是不可能做到的。当然，农家书屋对个别村还真有用处。因为农村跟城市不一样，没有网络，星期天和暑假的时候家长就领着孩子去那里看书。

另外，去年山东省提出来的文化惠民 16 件实事，涉及我这个部门的就是送电影下乡，一村一月一场电影。现在准备成立新农村院线公司，不管投资者是谁，只要完成一村放一场的任务，国家就会给你财政补贴 120 块钱。公司给放映员大约 70 块钱，剩下的作为公司的管理费和机器更新费用。所放的这个电影是城市院线下线的，一般一个片子五六块钱。放映公司给每个放映员配一辆车，从 4 月份开始播放，一般到 11 月份就能完成，主要是趁着夏秋天的时节，外面凉快，群众坐着看一场也舒服。放映时也不需要政府部门监督，放映机上有 GPS 定位和摄像头，放映员播放的时候先绕场一周，然后播放影片。位于县城里的公司有监控平台，放映员什么时候开的机，什么时候放完的，都能看见。省里也根据监控情况拨款，你放了就给你钱。我县约 1100 多个村，要放 1100 多场。

文化惠民实事的另一个就是送戏下乡。一村一年一场戏，我这边一个村平均要支出 1200 元。政府原准备找了一些手续较全的、唱得较好的豫剧团挂在网上招标，但实际上操作起来有困难，因为不知道它们唱得怎么样。所以，最后只能给它规定，演员不能低于 16 个人，每一场不能少于 2 小时，一天演两场。一旦跟它们签了合同，政府这边就什么都不用管，像灯光、音响、服装、演出车等全是他们的，演完了之后政府部门只要给他盖个章证明此事就可以了。这个举措很好，老百姓现在通过各种关系找领导说演得太少，还想再演，说明这个很受欢迎。

李：观众可能都是老年人吧。因为他们从那个年代走过了的，喜欢听戏，有这样的需求。

KZ：喜欢的人很多，少则几百人。这个活动意义不小，一个是满足了农村留守老人的精神需求，另一个也救活了乡村的民间剧团艺术家。

成：咱们县传统文化的传承和宣传情况怎么样？

KZ：传统文化这块，我知道学校现在正搞的"讲、读、诵"活动。另外莘县民间人士也自发成立了国学文化研究会、伊尹文化研究会、三槐文化研究会、民俗文化研究会，还有一个楹联协会。除了伊尹文化研究会部分由政府主导外，其余都是自发组织的。

成：它们的资金来源如何？

KZ：除了伊尹文化研究会是政府财政支持，其余都是老板出资。楹联协会是县级模范自发地组织的，办活动和刊物都是找县长支持。民俗文化研究会是老干部和老领导组成的。

成：我看见评选过最美莘县人，是个什么章程？

KZ：是精神文明办搞的，我不太清楚具体的操作过程。

成：咱这边类似尼山书院那样的乡村儒学搞得怎么样？

KZ：聊城市的尼山书院活动目前主要是临清在搞试点。我认为，当前的核心价值观建设、精神文明包括"四德"建设，做不好很容易流于表面，必须有载体，得做实才会有成效。

（二）莘县访谈之二

采访时间：2015 年 6 月 11 日 星期五
采访地点：聊城市莘县
被采访人：KBZ（莘县县委宣传部干部）、KZ（文广新局干部）
采 访 人：成积春、李先明、姜修宪
记 录 人：张茜、尚倩

成：今天上午我们听取了 KZ 对咱们县文化传承体系建设方面情况的报告，发现在社会主义核心价值观和精神文明建设层面上，宣传部门对这个工作比较了解。所以，我们想请您谈一下您对这个问题的看法。

KBZ：农村精神文明这件事，这两年做得很好。孙书记上任之后，出台了创建农村精神文明方面的文件，开始在农村开展乡村文明行动，其抓手主要是城乡环卫一体化和移风易俗。目前正在开展的乡村文明建设行动就是城乡环卫一体化，现在每个县都在治理这个，让农村和城市一样卫生。

成：现在政府进行垃圾集中管理和无公害处理，肯定要投放大笔的资金吧？

KBZ：是的。尤其是对我们这里的贫困地区，资金问题太麻烦了。事实上，由于农村发展不平衡，这个行动在有些地方可能开展得有点早。因为有的比较偏远的乡镇或村庄、社区的公路硬化都成问题，光治理那个乡村文明了，老百姓有时候也有意见。但是从整体看来，群众是很欢迎的，因为现在群众一分钱都不用拿，全是县里财政支持，咱这里也是我国第一批通过验收的单位。这个工程算下来从设备来源到常规保持，一年得四千多万，去年光投入这一块，就花了一个多亿。这次整治得很彻底。你比方说，原来有些村尽管建得不错，但原来的垃圾从来没清理过，大坑原来都是被垃圾填满的，现在干净了。你现在去树林里，看看这几个村，很好了。但要想维持这个，一年得四千多万。

成：这确实是好事。原来大沟里、树林子里、村头村尾都是垃圾，臭气熏天，现在好多了。

李：落后的地方怎么弘扬传统文化呢？

KBZ：经济的落后与文化传承没有直接关系。你看弘扬优秀传统文化，可以在学校当中读《弟子规》《三字经》，将那些的优秀东西与“四德”建设结合起来。

成：前段时间专门在曲阜召开了“四德”建设典型会议。关于乡村儒学建设，你们这里搞了什么措施？

KBZ：那一个咱这边没弄，现在都在弄移风易俗和环卫绿化，没精力弄别的。你说的这个乡村儒学，倒是有一个实例。因为有一个人，原来他是搞企业，他在他那个乡镇开了个道德讲堂。我个人感觉，他弄得这个讲堂有的时候适合，有的时候不适合。他带着他的学生们去市里给我们讲过课，当然那些孩子都是调皮捣蛋的。他让那些孩子在台上感恩，跳舞蹈《感恩的心》，一下子就跪下了。他还介绍他的学生们每天几点起床，对着孔子像磕头，等等。我认为，培养孩子应该自信、自立、自强，不应该再弄这个东西了。

成：讲礼貌不一定就是下跪或者鞠躬，而应该是符合这个时代的、实在的一种精神。

李：对，那应该是一种精神，而不应流于形式。

KBZ：是的。例如，这个“孝”并不一定是听话遵从，孝应该是实在的。

李：移风易俗是不是会容易把传统的东西弄得失传了？

KBZ：保护民俗的时候这叫民俗，移风易俗的时候这都是糟粕。现在我们是把这种仪式简化，包括儒这一套东西也给它简化。

成：这个倒是允许的。每个时代的发展都有它自己的时代要求，包括那个时代的基本生活方式。

李：传统会因此就没了吗？

成：形式这种东西，有的可以作为遗产，也可以不作为遗产，不一定非得全部都保存下来。咱从历史上回顾一下就明白了，西周是怎么规定的，到了后来是怎么改变的，到了宋明理学又是怎样进行创新的。这种东西允许创新，允许改变。现在主要的是，传统的东西需要保留的，可以用现代的形式，或者通过转型转变成现在的老百姓能够适应的礼。

李：移风易俗主要包括哪些东西？

KBZ：主要包括婚丧嫁娶中的份子钱。现在老百姓红白事随的礼特别重，成了百姓的一项负担。我们的出发点是想让老百姓省钱。你比如，我们要求随礼最多不能超过 500 块钱。

成：老百姓为了面子严重增加财政负担，这个表面上看是礼，但实际上是违反了礼的规定，因为它超出了自己的能力，造成负担。有的人甚至还想从中渔利。

KBZ：现在这里的农村都设有公共的灵堂、公共的火化场。

李：老百姓的习俗，其实都有些道理。

KBZ：以前是的。比如，原来人守孝三年，但现在为了工作很少有人能做到。

成：在过去，大臣的亲人去世时，为了工作，皇上可以酌情处理，让你继续工作，你心里有就行了。因为工作是对社会的服务，这是对国家的忠的问题。

李：我发现，这两年老百姓的一些行为、一些表现得比过去好了，社会上的小痞子比以前少了。

成：因为社会上老百姓对这个东西自己也不认可了。

KBZ：再一个农村精神文明建设，村村都有精神文明户、"四德"榜样，发挥榜样带头作用。格式设计得虽然不太适合，但是这个事挺好。也评道德模范和好媳妇、好婆婆之类的，主要是发挥道德模范的教育作用，并把它扩展到其他村进行宣传。现在四德榜村村都在实行，前面写上名字，后面写上给老人多少粮食，然后公示，上面要求按照这种格式，但效果不如评比好媳妇、好婆婆、好儿子等管用。其实百姓给父母多少粮食，没有人去调查，真实性有待考证。移风易俗有个村搞得最好，与这个村村支部书记聊天，说是以前村小，不用搞移风易俗，老百姓都知道。为什么现在这样？一个是有资金奖励的刺激，一个是政府层面的倡导。20 年之前，有白事的人家，村民还去数机关干部派了多少车，现在都不去看。移风易俗，村里有红白理事会，制定统一的执行标准。现在"四德"活动，也在学校和机关单位开展。

成：对。机关至少要抓两样，一个是廉政，一个是孝道。有的地方把是否孝顺作为你能不能当官的评判标准，要求你每个月给父母多少钱。比如要求机关不能低于200元，农村不少于50元。这有点形式主义。

KZ：县里有一些文明单位也在建设这个四德榜。

KBZ：我们每年都评孝顺模范，并且把每个村的道德模范带到其他各村，让他转转讲讲。有个乡镇的村里有位先进模范，照顾伺候老伴好几十年，每天洗脚什么的。这老头人确实好，而且会说，我就让他到附近几个乡镇讲讲。这比请那些专家、先进人物有用。同时，也给他们钱和其他物质奖励，基本上千把块钱。

李：这是一个好创举，一个动力机制。

KBZ：这些年在莘县这个搞得还是比较成功的。当时在一中专门开会表彰，社会反响很好。

成：对，就得用身边的典型，说身边的事，教育身边的人。

KBZ：典型还得会说，那就更好了。

李：咱这里在文化传承方面，是不是有的地方做得好，有的地方做得不好？

KBZ：你们要去的那个柿子园镇做得就不错。去年它有一个提升，包括它和县城，包括那几个村，整个都是一个提升。原来柿子园镇可以说没有什么看头。

李：那它做得好是什么原因，做得不好又是什么原因呢？

成：一个是领导是否重视，一个得看上面的资金投入。

KBZ：资金这个倒是其次。就是一开始政府是引导，让它村里报典型，后来再扩大典型，影响大了，自然它自己就要提升。

李：通过载体反映精神，所谓的精神就是传统美德，来扭转这个社会风气。国家为什么提倡弘扬传统文化？就是希望人们有一个信仰，有一个更好的方式。

成：因为传统文化是过去人们已经化为一体的民族自信力。政府要对此进行引导。

KBZ：现在的文化活动对老百姓很有吸引力，适宜老百姓参加，老百姓愿意做这件事。原来让乡镇找典型这件事，他们纷纷推辞，但现在积极主动参与。这就说明百姓的需求变了。

李：为什么百姓以前不积极参与？当时的领导是不是为了塑形象，树业绩？

KBZ：文件等东西都是领导层面上的，老百姓本身不太了解。还有一个原因我认为是建设问题。领导想起了就治，想不起了就不治，换一个人又标新立异转头开展别的了。这几年从中央到地方，"感动中国"模范每年都弄，人家中央的颁奖就很实在，但下面一弄，就搞成演节目的时间比颁奖的时间都多。我认为这样不好，今年我们县的颁奖会上我们就决定少弄节目，最多两个，实在不行就弄一个。

成：对，节目多了就冲淡了主题，你可以弄一个表现先进人物事迹的道德话剧。

李：传统道德传承一方面是提倡，一方面是告诉社会怎么做，还有一方面是从信仰上督促人们不做坏事。我认为，传统道德体系的构建中要有信仰。

KBZ：习近平总书记一开始说弘扬传统文化，当时咱真是不知道该怎么开展。咱们说的那个传统文化，如孝道，以前没意识到这个东西就是传统文化，光认为弘扬传统文化就是念个什么经，或者是《论语》。一说优秀传统文化就说国学，一说国学就是那一套，就让小孩们背《三字经》《弟子规》，但是里面有一些东西不能用。

成：对，我们要创新性发展，创造性转化。这是习近平总书记早就提出了的。但是创造到什么程度，有的地方没办法，只好拿出来旧"二十四孝"、旧《弟子规》就开始宣扬。

KBZ：我就讲这些。

成：好，十分感谢！

（三）聊城市文广新局访谈

采访时间：2015 年 6 月 26 日

采访地点：聊城市文广新局会议室

采访对象：MFL（市文广新局干部）、CKL（原市文物局干部）、LFX（市文广新局干部）、WZR（东昌府区文广新局干部）

访 谈 人：成积春、王京传、姜修宪

记 录 人：王京传、姜修宪

成：各位领导，今天打搅大家了。受省文化厅委托，我们承担了"十三五"时期山东省构建中华优秀传统文化传承体系的这样一个调研课题。课题研究的目的，一方面摸清现状，尤其是"十二五"期间我们优秀传统文化的传承和文化遗产、文化活动这些方面的基本情况。另一方面，是为下一步

"十三五"制定山东省的文化传承措施和文化政策的出台提供依据。我们得到这个重点招标课题以后，马上成立了一个精干的团队，已经调研了一个多月了。其中，聊城是我们调研的一个重点。因为我们听说聊城过去在文化传承和文化服务方面搞得很好，所以，我们就想把咱们的基本情况摸清楚，把基本经验总结出来。我们今天此行的目的就是来学习，然后把咱们好的经验提炼出来，写到报告里去，为咱们文化部门和宣传部门在有关文化的宣传和传承方面制定政策提供一些咨询。

CKL：聊城这个地方的民俗传统文化这一块，应该是比较丰富，也不像鲁文化、齐文化那么单一，因为它处的地理位置比较特殊，是一个与齐鲁燕赵，甚至与楚文化相接的一种地界。它本身属于齐，当然齐文化在这里，但它也包括燕赵文化和鲁文化。你看春秋战国时期的鲁仲连等几个名人，家都在这里。

聊城民族文化传承的主体，还是以国学、以儒家传统文化为主线，当然还有道家文化。因为就咱们国家来讲，道家文化也很重要。从聊城的从几个县（区）来看，咱们这里比较重视孝文化的提倡。过去说一个人如何忠孝，忠是对国家，孝主要是对父母，扩大面就是对老年人。实际上从农村来讲，包括春节习俗、清明节习俗、祭祖上坟这些，都是孝文化的传承。这个不能简单地把它看成一个迷信，因为它是和我们祖先结合在一块的，是一种祭祀现象。我们由祖先一代代传承到现代，人虽然不在了，但他的功绩、他的表率作用，依然存在。特别是给我们留下的艰苦朴素、勤俭持家、勤劳勇敢这样一些美好的品德，我们不能忘记。人只有不忘自己的父母，对父母感恩，才能知道对社会、对他人感恩。如果连父母都不孝顺的人，品质不会好到哪里去，这个人不能交往，你也不用跟他讲情义。这一点在咱们这个地方体现得比较好，广大农村基本上都在传承它。

再一个是"义"文化。义文化在咱们这一块也比较重视，传承得比较好，特别是我们的茌平县。春秋战国时期，齐国和鲁国交战，当时鲁国军队进攻齐国（也有的说是齐国攻鲁国），攻下来以后，有一个叫鲁义姑的人抱着大的、领着小的孩子躲避战乱。追兵看到这种情况以后，问她为什么抱着大的，领着小的。她就说大的是别人孩子，小的是亲生的。人们为她的行为所感动，感觉这个妇女有大义。

我们这里战国时候还有个名人，是茌平的鲁仲连，被称为高士。有关"义不帝秦"的故事，大家都知道。强秦对其他国家进行侵略，包括赵国也面临危机，魏国救赵被恐吓，鲁仲连听说之后，直接跑魏国使臣那里，讲了不帝秦的一番道理，并最终使秦国退兵。他获得这大功劳之后，平原君要封赏他，但他不要封官，也不要黄金，什么东西都没要。与他有关的另一件事也发生在聊城。当时是燕国军队占领了聊城好几年，田单要收复齐国，打（聊城）了一年多，没收复下来。鲁仲连来了之后，射书城门，告诉燕将的行为是不忠不义。齐国必定要收回聊城是早晚的事情，如果你现在不回燕国，你将来也回不到燕国去，长期下去只有死路一条。结果燕将一考虑是这么回事，就拔剑自杀了，也有的说是撤走了。这样，齐国攻打聊城就没再费一兵一卒，聊城回到了齐国母亲的怀抱。事情发生后，齐王要封赏鲁仲连，他还是既不要官，也不要钱，而是选择到现在桓台县的一个什么湖那里隐居下来了，以后就死那儿了。他"高"就高在"义"，不爱财，一切为老百姓做的事情，该做就做了。所以说茌平在这两年主要发展义文化，还有一个企业家，在小庄修了鲁仲子庙，传承这个"义"。

再一个诚信也很提倡，传承得也比较好。季扎挂剑的故事，就发生在我们这里，在阳谷县有一个季扎挂剑台。吴国公子季扎出使齐、晋等国，经过徐国。这个徐国不是徐州那个，它就在莘县的南、东半部，阳谷的一部分，再向南，在这一片，《史记》提到的马陵战役也是在莘县、莘县南、阳谷这一带。他到徐国之后，徐国国君高规格接待接他。接待期间，徐公看上了季扎的一把佩剑，很漂亮，很好，通过徐公的眼神表达，季扎看出来了徐公想要他的剑，但是季扎还要出使晋国、卫国，当时没给他，但是心里已经把剑许给他了。后来他离开了徐国，到晋国去出访去了，回来的时候，他专门再到徐国，想把这个剑留下。但是徐公已经不在了，这个时候，季扎为了表示自己的诚信，把自己的剑挂在徐公的墓的树上。他的随从问他：人已经不在了，你把剑挂这里干什么。他说，我既然心里把它许了，我就要守诚，守诚信。这对后人教育很大。人，只要说出去的话，想要办得事，你就要完成它。实际上在传承过程中，咱这里还有个表示诚信的，就是现在的山陕会馆，它的好多对联便是体现诚信的。作为一个商人活动的场所，这个会馆是山西商人在这里集资建造的，它就体现了"诚"和"信"，讲究、提倡经商做买卖一定要诚信，不讲诚信就什么都做不成。这也是晋商成功的两条基本原则（诚信为本、义利之别）之一。可以说从那时候传承到现在，诚信一直是延续的。

还有"仁爱"和"仁者爱人"的思想也得到很好的体现。从历史到现在，我们这出现了很多名人，都是以仁爱为本的，包括我刚才讲的鲁仲连是其中一个。像我们后期的，特别是近现代的孔繁森，他是为党的事业舍弃自己的小家。还有张海迪。特别是在新文化运动之后、革命时期，涌现的这一些革命先烈，他们都以一种爱的心情投入到革命事业。因为他有爱祖国、爱人民这种心情，他们才能舍己为国为民，投身党的事业，献身党事业。我们这里是革命老区，1922 年就建立了第一个党支部。1928 年山东省第一次武装暴动，也是我们首先发起的。抗日战争时期，我们涌现出张自忠、徐宝山等人，为民族崇高事业奉献了生命，都是出于一种"大爱"的品德。

再一个方面是"忠"，这对国家、组织来讲是必须具备的品德，要忠于祖国、忠于党。《汤阴县志》上明确记载，岳飞虽然说他出生在汤阴，但祖籍是这里，他祖祖辈辈原来一直生活在这里，有一年发大水才迁到了汤阴。岳飞的"精忠报国"，是在全国提倡的一种品德，他的思想应该是受到聊城地域文化的影响。

再一个是"廉洁"。"廉"这个传统在我们这里也非常好。在阳谷县博济桥上有一个"石牛流芳"石刻。上面说的是，一个县丞带着夫人和简单的行李，让一个老牛拉着车，来阳谷县上任。临卸任走的时候，老牛生了个小牛，他就把小牛留下了，说小牛是吃阳谷县的草、喝阳谷县的水长大的，这个牛我不能带走，它应该算是阳谷县的财富。这样，就把小牛留下了。他这种品德就是非常清廉的品德，不是自己的东西不往自己口袋里装。我们这里清朝有两个状元，一个是傅以渐，一个是邓钟岳。邓钟岳这个状元在做官临回家的时候，不光连回家的路费都没有，连埋葬的钱都没有，最后还是由一个府里的官吏帮着把他埋葬了。还有明代的一个人在陕西做官，后来死在那里。当时清理他的财产，除了诗书之外，就是破烂东西，什么都没有，也是别人凑钱把他送回来的。孔繁森临死的时候，身上只有五块八毛钱，也是非常的清廉。这些官吏的清廉，传承至今。

另一个大的方面是民俗方面。我强调一点是，包括忠、孝、廉洁这些东西，可以说都是通过民俗文化体现的。非物质文化遗产这一部分，有山东大学的一位老师，写了一篇《聊城市民俗文化勘察与保护》，大约三四千字，内容比较全，大概的一些都提到了。现在应该强调的是，所谓非物质文化遗产也好，民俗文化也好，它的特点是非物质的。换言之，它虽有载体，但载体表现的是无形的东西，它强调的是一种当场演练、说唱、表演的一种技巧。这些传承，它仅靠载体是难以如实传承下来的。比如说雕刻葫芦，我们的葫芦传下来了，但雕刻的技艺我们还得继续搞。好比一个唱腔、武术当中的套路，这个东西仅靠我们文字记载或者是看到实物，就能把它的技术拿过来。这是不可能的。现在强调的是，该录音录音，该录像录像，特别是录像、影像资料，把那些东西原封不动地保护起来。可能以前也做了一部分，但做得有点粗，应该尽量往细里做。我们在报非物质文化遗产的时候，也搞了一些，但各个县里给这些东西录像时抓不住要领，不知道哪是经典，因为他不专业。本来应该是把一个个节目通过摄像把它全程录下来，这样才能很好地传承下来。

成：讲得很好啊。从咱们的历史典故娓娓道来，把忠、孝、仁义、诚信、廉洁，全都串到一块了。聊城确实是有特色，中华民族优秀文化传承在这个地方到处都能体现出来，传承得也特别好。不管是历史上的传承的故事和典型人物，还是现当代一代代涌现出来的先进人物，从忠的方面、爱的方面、义的方面，以及诚信等各个方面，都能挖到相关的资源。

MFL：现在新农村建设，也在弘扬农村里的孝文化。包括五好家庭，好媳妇、好婆婆，都是孝文化的一种体现。下面经常进行评选活动，把榜样全部公布出来。这种文化传承一直在延续着。义文化也是这样。

成：对。齐鲁大地在这个方面很突出。就全国来说，最能体现中华民族优秀文化的地方、传承得最好的地方就是山东。

MFL：李建国当书记的时候，曾经提议建文化标志城，对中国传统文化传承是个好事。

CKL：聊城市里有个人民公园，市里准备把它建成道德文化广场，把刚才讲的忠、孝、仁、义、廉这一系列文化都纳进去。公园内部用植物墙进行分区，建设四面墙，一个墙一个重点，把道德文化的内容，全都粉刷上去。

MFL：好，下面我们让 L 馆长讲一下群众文化和多年来搞的活动。

LJF：聊城在山东属于经济欠发达地区，基础比较薄弱。从目前聊城的总体情况来看，县里的文化馆建设发展不是很均衡，跟省里的要求，特别是中华文明体系建设的一些硬性的要求，差距还比较大。从硬件上说，从 2012 年开始，省里跟各个地市签了责任状，要求市级馆达到一级馆要求，县里达到二级馆要求。但聊城真正达到要求的不到 1/3，尽管领导也做了很多的工作。这跟聊城总体的经济情况有关系。现在市级馆已经建好，马上准备投入使用。

现在国家提出构建公共文化服务体系，我们认为提得非常好，非常合时宜，我们非常支持，也一直在坚持做。例如，免费开放这一块老百姓还是非常欢迎的。我进艺术馆 20 多年，先后经历了以文补文、以文养文、多业助文这几个时期，到现在中央出台博物馆、艺术馆、图书馆三馆免费开放的政策。政策一出来，算是给了我们群众文化工作做了一个最准确的定位。免费开放以后，我们每年定期举办各类培训班，根据上面的要求做普及性的东西，如音乐、舞蹈、戏剧、体育这几大艺术门类，也包括咱们的优秀传统文化、非物质文化遗产传承这些培训。每年培训人数上千人，还举办各类的讲座。虽然受办公条件的限制，办班有限，但内容已经涉及艺术馆所有的艺术门类。总体来讲，现在各种公益性的、群众性的文化活动，大家参与的积极性特别高，群众的热情很高。

现在存在的问题，一个是硬件问题，再一个是一些配套政策的出台。中共中央《公共文化服务体系条例》是二月份春节以前出来的。但中央的条例是高屋建瓴、总体设计的那种。至于怎样真正地把公共文化服务体系落到实处，特别是我们市级和县级馆的责、权应该怎么去对待，从国家出台的条例来说，对这个问题规定得不是太明确。这样就导致对于我们的工作，有时候想干，但是意见不一样。具体一点，你比如理事会制度。它是中西结合的产物，原来没有成功的经验，即使比较容易接受新东西的南方地区，也没有真正开始做。落实到我们这里，省里只在济南市市级馆建设一个试点。

公共文化服务体系的再一个问题就是标准化。既然把公共文化服务体系建设提出来，就应省里或者市里出台一个标准。这个标准不单单只是对群众工作者和工作单位的标准，而且从政府层面应该有个标准的东西，从保障到实施应该是一条龙的东西。比如，对当地官员也应有个规定，领导让我去做这个事，应该给我一个基本的保障。

成：对。硬件是怎样？经费怎样？人员怎么配？这个东西标准化了才能正常运行。你如果这也不投，那也不给拨款，那是不行的。下一步省里、市里应该出台一些文件，对从业人员，甚至对政府、对人民群众，都应有一个规范性的东西。这样，下一步工作起来就更具操作性，按照标准走就行了。

LJF：至于聊城的非物质文化遗产情况，现在我们有国家级 11 项，省级 36 项，市级 162 项，其中国家级的非遗项目在省里的排名，不是第三位就是第四位。济宁、菏泽、聊城，这都是国家级项目比较多的地方，都位于鲁西南。济宁那边主要是这个民间戏曲、民乐、金乡的戏曲。菏泽跟它情况差不多，鲁西南（主要是）鼓吹乐、平台鼓吹乐。聊城这一块应该说相对集中的就是民间民俗、东昌木版年画等。现在木版年画正准备联合其他地方，打包共同申请世界文化遗产。聊城的非物质文化遗产应该说与两个文化息息相关。一个是聊城的运河文化，像木版年画、雕刻葫芦、老舍、东昌毛笔、临清的香菜和临清的饮食文化，都是与运河文化息息相关。这也是聊城在非物质文化遗产方面的一个特点。再一个就是黄河文化。聊城的黄河文化是现有的，像阳谷、东阿等临着黄河的地方，像黄河航号、西边的黄河故道，包括民间的秧歌，也是国家级非遗项目。

非遗保护这一块，以前搞过民间文化十大集成，现在咱们非物质文化遗产与它有重叠的地方，也有不一样的地方。省里以前也在做，并牵头评选了省级第一批省级文化遗产，后来第二批和第三批没有再做，但这个非常有必要。因为非物质文化遗产大部分或绝大部分都是通过文化来传承，但现在已经没有它的生存环境或生存空间了。你只让现在的非遗工作者去做不现实。问题的关键是传承人问题，好多人都说，你白让人家学，都没人学。因为现在青年人首先考虑的是收益。有些手工技艺类的还好些，其他的像民间传统音乐和传统舞蹈，是与以前的节庆息息相关的，但是现在的节庆文化与过去保存的不一样了，没有那么原始，也没有那种外部的生存环境。所以，这种东西保护的难度就很大，其生存就很难。至于如何保护，结合我这几年的经验谈一下。一是尽量给它们提供或创造适合其生长的土壤和环境。现在市里也做了一些工作，包括非遗项目和古城建设，文化旅游什么的啊。再一个就是刚才提到的民间舞蹈或者民间音乐。咱们这个地方和鲁西南的济宁、菏泽这些地方，民间音乐太多了，把它真正地整理成册，或做成录音，或者做成录像，也不失为一种保护办法。这样对传统文化的传承也能起到一定作用。但是像现在做这些事太难了，特别是一些小的地方剧种。

成：是的，非遗保护太难了。它原来的生产过程，都是在生产生活之中自然生成的，如夯号或者船号子等，现在既不打夯了，也不拉船了，如何保存下来？它失去了以前的土壤。另外，刚才提到过古城的建设，在学术界有部分考古的人对聊城的古城建设有非议、有责难，你们怎么看这个事情？

CKL：从文物保护这个角度来讲，绝对不应该这么干。我们拆得太狠了，几乎全部拆完了，全是新的了，就剩下明代的古城楼。包括我们以前提出的30多个古迹，原来以为保护下来了，最后一看全被拆了。古楼西南那边一片，以前的领导说应该保留，但现在也拆了。电影墙、新华书店，好多是"文化大革命"期间的建筑，也被拆了。

成：其实城市应该留住一些记忆，才显得这座城市很敦厚。

MFL：现在1958年的建筑只有聊城剧院，那是苏联专家设计的。

成：跟曲师大的那个西联教室差不多年代。我们也留了一部分，拆了一部分，现在还有一些老的。

CKL：还有一个问题就是古城拆了以后就没人提了。原来老城里的人都搬迁了，原有的人气、内涵都变了，新进来的是外地商人和当地的商人和房地产商，他们买了却不去住。只有过节的时候还可以，但过了节日这两天，大街上就很冷清。因为原来的小巷都没有了。我们当时强调的是保护古建筑，把它建成一个古老的新古城，有文化根基，但它现在失去了文化的底蕴，原来的文化内涵已经不在了。

成：这可能是需要政府牵头的大工程。如果仅仅发展旅游业无法拉动当地经济，因为它失去了文化的依托。这是有问题的。

CKL：现在古城的大街是建起来了，但是还是不成形。

CKL：原来的人还是有好大差别的，一张嘴就知道你是哪里的。

MFL：外地人听咱们山东人说话都差不多，但是咱们聊城这八个县区都不一样。即使聊城市内的古楼东、古楼西都不一样，以前古楼西外来人口多，有一些是望族，有一些是平民。

CKL：我也发现一个问题，这个方言也是一种传承。阳谷话和高唐话就是两个语系，完全不一样。阳谷和济宁、曲阜、梁山、菏泽这是一个语系，高唐跟河南一样。陵县一说话，跟高唐一样。例如数数。以前的时候是"一个""一两""一仨""四额""五额""六额""七额""八个""九额""十额"，与高唐一样的，衡水、沧州也是这样。但是临清好像跟其他地方都不一样。

成：我是日照人，那里也差不多有三种以上的方言，有一块是青岛的胶州，还有诸城、潍坊，南边的就跟江苏的比较像。

成：我想问一下，这个省里号召的乡村儒学建设，在咱们县区一级搞得普及吗？

WZR：把乡村儒学专门搞成一种活动，现在还没有完全推开。我在局里负责档案、非物质文化遗产保护和乡村农家书屋这些事情。我从 2012 年接手农家书屋的管理，发现一个现象：无论是从国家、省、市出版局调配的图书，还是我们自行采购的图书，现在都渐渐地侧重于传统文化这一块了。以前是种植、养殖这块比较多，但现在农村的养殖技术这块已经比较成熟了，农业那边还有农业局、站人员现场指导。后来来的书的种类就偏向于少儿读物，如成语故事、讲诚意、讲爱心、讲民间故事，另一个是偏向儒家文化这块，如历史、国学，比较多一些了。

成：这一方面，济宁地区搞得早。现在在每个村都配了儒学讲师给老百姓讲课，一个月两回。

WZR：要想传承中国传统文化和树立社会主义核心价值观，我觉得传统文化还得进校园。

成：对，中小学是个主阵地。

WZR：一个是学校教育，再一个家庭教育，两者相结合效果才会好。从小就学好国学，然后慢慢潜意识形成这种正确的社会观念和价值观念。我发现现在的文化比较杂，有好多迷信的，居然有老党员把 80 年代颁发给他的奖状跟神像挂在一起。

成：你刚才说神像这个问题，这是个什么神？

WZR：基督教。

成：基督教的？这里信基督的多吗？

WZR：不少。西边多，莘县、阳谷、冠县，天主教、基督教都有。我认为，这个信基督教的人群，肯定是不顺的，或生活不好的，或家庭不幸福的，他想精神上寻求寄托。说到这里，又牵涉到群众文化。我认为农村是咱的根。真正从农村这块乡村文化站来说，如果他们有什么不开心的，咱们文化站给他们提供书，或者人，或交流平台这种方式，他的事情排解了，心情就好了。

90％信奉基督的人，他们心里有问题，但是他们信基督就不犯愁了，有寄托了，所以就信了。

成：是的，他们精神上有寄托，生活上有照顾，好多老太太在一块形成一个互助团体，你有病她去伺候你，她有病你去伺候她。

CKL：这是信仰的缺失。信仰的缺失使得西方的东西进来了，这几十年来人们只注重赚钱，只要有钱就是能人，就有社会地位，这种指导思想导致人没有信仰，没有道德品质。现在有的共产党员，和30年代参加革命的老党员比起来差远了。他把党员当成一个升官发财的渠道，他不真的为人民服务。所以这就是信仰的缺失，他不信共产党，不信共产主义。现在提倡的忠、孝啊，兄弟之间需要关爱，但却为一点财产就打起来，这些东西都属于信仰的缺失。人的灵魂思想不是空的。我们现在提倡国学，要学习儒家的修齐治平思想，如果再不学就可能导致亡党亡国，民族危亡的一些问题。

MFL：现在通过新农村和城乡一体化建设，农村变化很大。一个是卫生条件的变化。现在每个村有4个保洁员，一个月给400块，由大队出钱。现在每个村很干净，像咱城市一样。另一个精神文明建设这块，像刚才说的每个村都在选好媳妇、好婆婆，这块工作属于妇联。我们文化方面是每个村给它们建一个村文化大院，它是一个综合的，农业、科技、文化都在这里面。省里、市里和我们给每个村基本上都配备了拉杆音响跳广场舞、锣鼓，农家书屋给配备书，每月一场电影，一村一年一场戏。我们根据工程安排，有5400多个行政村，按照一村一场戏的话，这个覆盖率已经达到30％了。但要完全做到一年一村一场戏也达不到，就把连成片几个附近的村一下子演出几场。政府购买服务的文化惠民的演出是1480多场，现在基本上完成一半以上了。

成：都一般在什么时候演出？

MFL：在农闲的时候。一是春节前，地里没啥活了，打工的也回来了。再一个是刚过了春节，这是集中演戏的时间，人特别多。放电影就不是这个时候了，放电影得凑到天还不是很冷的时候。送戏是非常受欢迎的，有的地方虽然是个村但成集市，这样就能演上七八天，一天两场，人山人海，方圆几十里人都骑着三轮车拉着老伴过来看。

成：送戏下乡主要依靠哪些剧团？

MFL：水平比较高的市直剧团。现在在我们聊城地区活动的有5个国有院团，市级的3个，县级两个。另外每个县还有民营的，加起来能有十六七个吧，光演出场馆就有8个。

成：民营的剧团每年给多少钱补助？

MFL：没有专门的补助，但是让他们参与我们的政府购买服务活动。有的民营的剧团水平还可以，能够赶得上一个县级的院团，因为它用的人都是咱们周边的这些河南、河北的。我们南半部喜欢听豫剧，北半部喜欢听京剧，我们聊城市基本是这样的。过去有个评剧团很受欢迎，后来解散了。

成：这个我知道，在70年代时演得很好。

MFL：对。六七十年代周总理、朱德还接见过他们，非常好。原来山东省剧团的有三个享受国家终身津贴的，郎咸芬和筱佩珠，还有王玉梅，现在得八十几了。咱全省就两三个吧。他们过去是老四级演员。

MFL：还有福利彩票这一块。我昨天刚看到财政厅下的一个文，就是指定哪个村，给哪个村，平均每个村是5万块钱，光我们聊城市是170来万，捡重点的或者是比较贫困的村扶持，每年都有这样的。

成：对，这也是文化扶贫。你们的文化场馆建设情况怎么样？

MFL：我们这里有海源阁图书馆，原来是著名藏书楼之一，现在实际上就是我们聊城市的图书馆，存在快二十年了，1998年建成的。我们的新馆现在选址已经选完了，现在将要建一个近3万平方米的图书馆，并且想让它和聊城市的档案馆建在一起。现在上级要求对档案也要整理，每个地市都建一个档案馆。

博物馆建设方面，现有傅斯年陈列馆和运河博物馆，都可以对外，对民众免费开放的这一种。市级博物馆就在那个山陕会馆，没有单独的建馆。县区一级也有好几个博物馆，建得也都不错。临清有好几个，有张自忠纪念馆、张彦青美术馆、临清市博物馆，他们那个比较集中，几个馆都在一块。高唐也有博物馆，茌平也有。高唐有几个画家的博物馆，最有名的李苦禅纪念馆、孙大石美术馆，还有一个台湾的李奇茂先生的艺术馆。那里是全国的书画之乡。情况就是这些。

成：好，谈得很好，这也是个文化艺术传承。十分感谢大家的参与，我们收获很大！

三 济南地区访谈实录

（一）济阳访谈

访谈时间：2015 年 7 月 22 日上午
访谈地点：济阳
访谈对象：FZ（济阳县人社局干部）；YGL（济阳县人社局干部）；AMY（济阳县委县直机关干部）；ZMY（济阳县科协干部）；QJS（济阳文联干部）；RTM（济阳县文广新局干部）
访 谈 人：成积春　李先明　姜修宪　李春玲
记 录 人：张金丹　孟晓霞

成：今天我们来主要是我们承担了山东省文化厅一个委托项目，题目是山东省构建中华优秀传统文化传承体系的一个研究，实际上是一个调研报告，给我们三四个月时间，最后拿出针对"十三五"时期的文化发展方面的咨询报告。主要任务，第一是了解现在整个全省的文化传承方面的现状，传播、传承的途径和方式方法、基本内容、效果等；第二是找典型经验材料，看我们有哪些在"十三五"当中能够继续传承，在传承方面继续发展，继续作为经验在全省推广的一些材料；第三是意见和建议，对下一步的意见、建议，包括对省文化厅、省委宣传部等政府部门工作提出意见和建议。今天咱们把所有的文化高人、名人都汇集过来了，非常荣幸，在此表示衷心感谢。那么下面请各位领导对文化传承包括文化事业发展的状况，与文化相关的或者是与文广新局各方面相关的工作敞开地谈，其实主题也并不集中于哪一块，无论是哪一方面，对我们都会有很好的启发。请 AMY 谈谈。

AMY：今天能认识成院长，认识成院长一行，感到非常高兴。济阳这个地方为什么有比较好的、浓厚的文化氛围呢？因为它早在春秋战国时期，已经算是比较兴旺发达的一个地方了，有人类居住。咱曲堤刘台子遗址出土的文物都很珍贵，这说明在春秋战国时期，周朝吧，这个地方就有人类繁衍生存。传统文化的氛围应该是受齐鲁文化的影响，整个还是属于齐鲁文化体系。这个地方世世代代口传孔子周游列国时就曾经来过济阳，在济阳曲堤这个地方也看过，"三月不知肉滋味"。实际上当时济阳属于齐国，靠北，当时齐国疆界最兴盛时，到过禹城、长清北半部。但从历史地理概念上来说，我们这个地方还属于齐鲁文化。"曲坝观澜"这个例子能够口口相传，是因为它建造时的记载可以追溯到宋朝，有史料记载。这"曲坝观澜"历史上多次失修后，又多次复修，在"文化大革命"的时候，反封资修把它平了，它是济阳"八大景"之一。刚才说到张尔岐，张尔岐在中国经学发展史上有一定地位。现在济阳2012年8月份成立一个研究会，一开始叫山东省张尔岐研究会，后来叫张尔岐研究会。当时注册费要至少要一百万以上，当时不具备这个实力。后来省民政厅、省文化厅帮着协调，我们就变通了，在县民政局注册"张尔岐研究会"，民政厅、各地民政部门有一个民间社会主旨观念政策。组建"张尔岐研究会"，一方面是济阳出了这么一个名人，张尔岐是明清之际，在山东是顾炎武承认的大人物，经学第一，经学尤其是对《礼记》研究得比较精。张尔岐的著作实际上可能还要多，单是《礼记》非常好，改选之后，他有《周易说略》《老子说略》。书是齐鲁书社九几年整理，山东老教授对其整理，与赵吉生基本齐名。这本书的整理笔记也是张翰勋做的，山东选了九个或十个人，其中就有张尔岐先生。足以说明在史学界，在经学界对张尔岐的学术地位是很认可的。这本书是2009年济南市委宣传部搞了一个《济南历代名家文选》，选了十个人，其中就有张尔岐。

成：这说明经学中张尔岐地位很高。

AMY：咱之所以成立张尔岐研究会，是因为济阳历史上出的一个历史文化名人，也是济阳的骄傲，有必要进行研究，成立张尔岐研究会有助于整合济阳县张尔岐研究的一些爱好者。

李：打断一下，什么时候成立张尔岐研究会？

AMY：2012年8月18号。

李：开展过什么活动吗？

AMY：我们每年都开展一些活动，当时聘请的顾问有山师的王修云，当时因为对外面情况不了解，聘请的顾问、会员实际是县境内，ZMS、QJS等有关部门一些领导。

李：张尔岐后人有名吗？

AMY：应该说从张尔岐以后，他这一脉没出过什么名人。

成：他这个情况应该是官员后代，不富有，怕犯大错，朝廷怪罪下来，他主要是一个穷经师，也不发财，教授了很多徒弟，徒弟很厉害，他自己的家人反而不大行。

AMY：这是成立张尔岐研究会。咱这就是闲聊吧，明清之际，为什么济阳会出现张尔岐这样的名人？就是在宋以前，文化中心南移了，朱元璋当皇帝后，文士大多是黄河以南的，而黄河流域出的文士就很少，为什么呢？就是北方少数民族侵略，我国北方，长期处于战乱，尤其是宋朝以后。为什么中国才子出江南，北方那么多人，为什么出的文士那么少？而孔老夫子，孟子都是北方人，为什么到了我们这一代就不出文士儒生了呢？他一看就是因为北方当时处于战乱，对教育不重视，这样他（朱元璋）立朝后，在北方选世子，有意识地向北方倾斜，发展到明朝末期，相对来说文化氛围浓厚，社会安定，经济也发展到一定程度，张尔岐虽然是穷书生，但张尔岐当时的家庭条件在济阳来说应该算是中等户以上，至少是中等户。他父亲当过县丞（相当于副县长）第一副，后来他父亲由于抗清入侵被杀，三弟也被害，家道有些败落。如果他家庭条件不好的话，他没有条件读那么多书。

成：张尔岐至少在年轻的时候读过很多书，涉猎很广。

AMY：济阳的历史文化名人，在明清之际很奇特，再就是出了一个艾元徵。艾元徵是张尔岐的学生。实际上艾元徵最后成功，不光是因为张尔岐，还因为怀晋。怀晋是济南北边大曹镇怀家庄，明清之际一个抗清义士。他的经学道义也是很深，我听祖上说艾元徵跟怀家有亲戚关系，艾元徵在很小的时候，在五六岁时跟着怀晋学，到了十岁左右和他弟弟一起师从张尔岐。除了家庭环境外，他最早的启蒙老师是怀晋。这个在济南留下的一些历史典故典籍里面，个别地方也提到这事，但是我们有这个传说。

成：AMY 您和艾元徵有直接的关系？

AMY：是一个祖宗，艾元徵是 10 世，我是第 20 世。

成：这是有传承的。

AMY：我们这一支是迁流过来的。4 世从艾家村迁到了孙耿街，那时叫孙耿镇，逐渐发展起来。为什么叫艾家老爷？艾元徵去世后康熙帝赐他 360 亩陵园，当时在孙耿镇周围找那么大地方不好找了，就在能看到艾家庄村的西南角这个地方。360 亩，他这个陵园前后修了 8 年。

李：他这个墓应该还有吧？

AMY：他的墓原来是很大，1972 年修干渠时破坏了，当时"文化大革命"谁敢说这个事。他们测量正好是从墓中间测量的。所以当时为了扒开这个墓，实际上是用炸药炸开的。因为这个墓的形制都是一层麻披子（就是咱的麻袋片），一层小米汁，然后再一层白灰，再是一层桐油，一层层砌起来。这个墓多么大呢？12码的大抽水机，当时用了4个抽了7个月，才清出来。

李：墓完全破坏了。

AMY：实际上这个陵园在抗日战争以前保存比较完整，1927年已经有照相技术了，所以家谱能够拍照留底，那时候连他厢房的牌坊都保存着，1946年黄河在济阳发大水，当时就砸了颜大人的墓，砸了以后没堵住，那时候发大水，你上哪找石头，就是能砸这些陵园，砸了没堵住，就砸艾元徵的陵园。1972年修引黄工程，整个陵园就破坏了，这个遗迹就剩下几块砖了。我这是2013年四修族谱修完以后，我发动族人捐款，立了一个石头。艾元徵所有的文集，去年编著的，叫《退食槐声留余集》，原著有三大标志，实际上也是抢救性质的。因为这个1861年、1863年连续两次被攻，快打到北京了，打到长城以北了，从孙耿街上走，两次过来，把艾家好多文化遗存烧没了，攻克了，原先大部分是农村。他这些资料，艾元徵这些资料是后来他整理出来的。当时艾元徵60岁，在山西临汾县当县长。他在当县长的时候抄录的，后来艾元徵6世孙的儿子考中进士后，也在京，在青石关搞了这么一个整理，先后两次把他这个文化，这个书保留下来。

艾元徵的志义有30篇，就是解读《论语》《大学》《中庸》这个方面，当时和他同期的这个考中进士的傅以渐，第一状元，也是大学士，对其有很高的评价。他的志义就是他写的论文，后面都有他的评语。就是傅斯年他祖上，聊城人，傅家，这也算是抢救性的整理。傅以渐和艾元徵同朝进士，傅以渐是状元，艾元徵是三甲第二名，同年中，但是傅以渐当时比艾元徵的父亲还大，艾的母亲那年才虚岁21岁。

成：清初山东出了很多进士。

AMY：清朝第一批进士290多个，光山东可能就是90多个，还是110多个，我这里面也有个记载，当时南方还未攻下。

成：清朝初期山东、河北率先投靠，当时清朝出的进士多北方人。曲阜这边同期也出了很多进士，颜家就出过"一母三进士"，其中老二就是著名的颜光敏。

ZMS：惠民滨州的杜受田，道光时期，是光绪的老师，"一门七进士"。

AMY：艾元徵当过顺治和康熙的侍读，因为继位时顺治6岁，康熙8岁，当时选了一批年轻的，字写得比较好，经学底子比较厚的当老师。

成：实际上是南书房行走。

AMY：但是呢，皇帝老师不是一个人，因为他当过侍读，专门给皇帝伴读。

成：是在某一方面当老师，一个是书法好，一个是经学好。

AMY：这是做的一个年谱。

成：艾元徵他主要的学术是偏向哪一块？

AMY：经学。

成：经学是哪一块经学？

AMY：他是围绕着执政，为皇帝提供意见的参考者。

李：这个对艾元徵有研究了吗？

成：没有，因为艾元徵他这个人物官比较多，侍读，侍讲学士，东阁学士，大学士。

AMY：他应该是一品刑部尚书。

李：如果有一些资料可以作为参考。

成：一个是艾元徵一个是张尔岐，是师徒啊，整个的这个是一个学派。

AMY：艾元徵这个五本在山东省委党校图书馆，存了一套原书，清朝出版。后来我看了看，这些道志，语言都差不多。这里头比较珍贵的就是这个。一个是志义，再就是《康熙山东通志》。那时康熙立朝之后，山东通志的一个序志。当时派山东巡抚到北京去。

成：说明当时山东的最高名人是艾元徵，因而有资格主持写通志。

AMY：艾元徵当时的山东，还有傅以渐。

成：傅以渐比较老。

AMY：从济南地区来说，当时十个县，清朝这270多年，出的唯一的一个尚书就是艾元徵。当然还有王渔洋，当时也非常出名，但是按这个地域，王渔洋是桓台的，不属于现在济南范围。

李：AMY，你这个不想搞一个像张尔岐研究会这样的研究会？

AMY：我一开始想这个事来，成立研究会，我倒是有这个想法。因为艾元徵去年诞辰390周年，想成立，但是县里当时有些不同声音。因为他不光在学术这一方面，他老师是专心做学问，艾元徵是一边为官，服务朝廷。

成：他对康乾盛世是做出贡献的，这帮人积极地步入朝廷，启动了康乾盛世。汉族人积极步入朝廷，尤其是清朝，十分不容易，汉族知识分子思想观念上根深蒂固，对任何一个朝廷，只有知识分子认同了（这个朝廷才会稳固）。

李：我发现有时候成立研究会，官方很谨慎。因为民国一个山东一把手，他后代比较厉害，想跟县里联系联系成立研究会，发了文，我们都参会了，文章都写了，最后上面宣传部门给卡了。

AMY：山东省张尔岐研究会前前后后费了很多周折，启动方案也是周折了好多次。

成：他主要是他没做官，没做官反而好弄，一做官，服务朝廷，这个事就不好了。

李：可以跟这个各个大学联系，有兴趣的联系联系，在咱县里面召开一些学术会议。

AMY：实际上张尔岐研究，人民大学、山大、北大、中科院（都在做），我这个查了查，有好多其他大学不太出名的，有好多以他这个经学著作作为博士生、硕士生论文的太多了。

成：文献学的博士比较多。

李：因为他这个名人在县里，他的后人，他这个村都在，所以说可以在咱县里开这么个学术会议，人也不一定多，三四个人发个邀请函，什么时间到什么地方来，这样对扩大济阳影响很有帮助。

QJS：济阳对张稷若的传说比他的经学传播的要大，还有些神话传说。

李：这个传说，我不知道有没有研究这一块的。

QJS：这个传说，长篇的，包括小说也好，或者说作为正史也好，这个出了五六部了。

李：有关他的传说有收集吗？

QJS：有，出了五六部书了，如《张尔岐传说》。我这介绍研究会，一个是活动，再一个是处理一些事情。《蒿庵记》是我们县一个老教师描写的张尔岐的一个传奇小说，一开始想写成电视剧本，这是张志云老师，2015 年 7 月份才出的。

李：咱们县里可以搞研讨会，可以拍个电视剧。

ZMS：地方传统文化首先当地政府要重视，你比如说你吧，你来搞这个课题，肯定是省政府委托的，因为他觉得这个课题有价值。我们济阳研究张稷若，是自己拿钱，自己出书，全都是自费的。因为他这个，没有这个项目，他不管。领导顶多说，你们开吧，你怎么宣传，怎么实施怎么算。文化这个问题你重视不重视的，县里再穷，你拿个十万八万的不在话下。当然这个事我知道和张尔岐没关系。我们这个事提了也不是一两次了，包括这个张稷若研讨会我们也是。

成：这个太必要了。

ZMS：从上到下必须认识到文化的意义。

李：你这个文化传播出去，带动经济等很多方面发展。

ZMS：业内人士都很重视，但作为政府官员，当地政府他们重视不重视？你比如说出一本书，印刷费、出版费自己先出上了。但是现在你是党委机关的人，我们得出两三万，这两三万怎么着，你找找伙计们，你这边买点。不管什么文化，这个大环境如果不改变，你都干不成。没有经费支持，你想干点什么，干不成。

AMY：我现在做的一个呢，是这个张尔岐著作白话文，这个前期录入已经做完了，翻译做了一部分。因为这是很珍贵的，我们是在干好本职工作。

李：传播个文化真不容易啊！

AMY：我简单介绍介绍咱济阳出的这两个历史文化名人，了解一下。

成：我搞清代历史，对这个比较了解。他的贡献非常大，一个是艾元徵，在清代长期影响很大，尤其对康乾盛世有非常重要的作用，你把他定位到推动康乾盛世的程度上，他就是个正面人物，你要是从他服务大清朝廷上看，那就是个反面人物了。

AMY：我上大学学的是政治，那时候是1979年。关于构建传统文化体系，我的，也算是一点建议。根据我们的经验，各地地方上的一些名人，一些非物质文化传承可以成立一些专题研究会，像张尔岐研究会。实际上可能咱山东各个区县，只要一个地方名人打造出来，比如平邑于慎行研究会。但是他活动没有我们这好。我刚才没介绍，我们这个张尔岐研究会，每年至少活动一次，有时候活动两三次。我们县里还有一个蒿庵祠，之所以保留下来，（因为）"文化大革命"时是村里的小学，所以保留下来了。但是里面除了房子以外什么也没有，所以后面我们给它捐了一些张尔岐的诗文，书画，进去一看，它就有这个气氛了。今年还组织了一个张尔岐传奇小说的一个研讨会，也都是我们这些人，ZMS、QJS，我们几个商量的，所以说每一个层面上，每一个地方成立一个研究会，还是必要的。

李：这是个好办法。

成：这是传承文化的好方式，可以调动积极性。

AMY：关于取材，实际上研究会是一个渠道办刊物啊，出版一些著作、专著啊，这都是一些平台。再就是通过现在的一些传媒啊，动漫啊都可以。

成：可以拍个电影，这个公众效应，对文化传承、传播作用很大。闯关东，章丘他把这个做起来了。影视基地就把这个影响扩大了。

李：你说这个张尔岐他这个就可以拍一个电影。

AMY：实际上张尔岐在我们这一带民间故事传说很多。

李：很有意思。

成：完全可以拍成电影。

RTM：跟济公的传说有些类似，他是半仙，把他作为神仙来说了。

成：他主要是研究周易。

李：咱县里是不是还有大仙啊。

AMY：黎道人，也是张尔岐的弟子，在他这个书里头，我没详细看，好像也有些内容，在《张尔岐传说》里头也有。咱县里除了张尔岐研究会，还有民间艺术家协会，把非物质文化遗产继承下去。第三个建议的话，就是建议各级政府对传统文化要支持，从政策、财政上扶持，应加大。这个事是好事，于国有利。中国五千多年的中华文明为什么没有断裂？没有消亡？就是我们重视传统文化传承，但是现在做起来困难，需要党委、政府从财政上，从氛围上，从财力上加以重视。

李：去年还是前年垛石前刘村出了个唐墓。

AMY：今年。村里想建文化广场，正好掘到那个地方，一开始以为是宋朝的，打开后里面有墓志铭，原来唐朝的墓志铭和咱后来的墓志铭方法不一样，它是一个石板扣到里面，这说明咱济阳老县城在唐朝的时候实际上离济阳县城不远，在垛石这个地方，在他这个家的东南，还是西南方向四五里。

RTM：去年挖掘的是白杨店古墓，汉代古墓，文物不多，被盗过多次了。

AMY：这几个古墓，从唐朝过来一千多年，说明这个墓在黄河泛滥已经被压过几次了。

李：咱这个传统文化传承是不是形式大于内容？地方上是不是注重形式比较多，也不大注重效果？

ZMS：我觉得连形式也没有。除了民间好点，官方连形式也没有。你比如说吧，我们济阳，我走过的这几个地方。临邑、惠民这两个县经济发展还不如济阳，他们能够挖掘一个孙子，人能建个孙子广场，包括这个软实力。酒都能打出这个品牌来，齐河晏婴酒、禹城禹王亭都能打出来。临邑起码有个形式，济阳连点形式都没有。

李：咱们这个张尔岐真是挖掘不多。

ZMS：因为我们这个济阳历史文化比较久，我们民间包括我们都是民间的人。尽管我们上班，都愿意去弘扬这个文化，但只能自己去领会或自己拿钱，领导不重视。就说你这个地方领导，政府不重视，传统文化没法发展。

李：这个政府是真重视，你这个地方要是建什么馆什么馆，上面真拨钱，说明上面真重视，但是到底打什么文化？以打文化来做经济有没有效益？

ZMS：现在就是经济搭台，文化唱戏。

AMY：济阳张尔岐文化遗存除了他这个书以外，他这个白杨店蒿庵祠，再就是他这个墓。他这个墓，这个碑也有残留，但是不是很清楚，也是这两个地方，张尔岐硬件的文化遗存还有这么两处。

ZMS：临邑有邢侗纪念馆，公园就叫邢侗公园，宾馆就叫邢侗宾馆，酒就叫邢侗酒。

李：我发现不光咱济阳，整个济南对传统文化这一块也是特别重视。

ZMS：济南也不重视，就是章丘重视。

成：再就是有的他急于打造文化产业，最终拉动文化旅游，旅游经济上有收入，有的还真靠这个成功了。有的县还认识不到这个问题，觉得咱整个文化还达不到足以拉动旅游的程度。这样呢，他就不舍得往里投入，因为文化产业投资多，见效慢。

ZMS：这是个公益性的东西。

李：下面再请ZMS谈谈。

ZMS：像传统文化这种活动，这方面太少了，也没有什么准备，我就想到哪说到哪。谈两个感想吧。一是传统文化重视挖掘和发展，必须纳入国家发展战略，各地政府要重视，我刚才跟李老师说了，习主席上任后，要比原来前两年都重视。再就是领导干部出的一些读本，这也是原来没有。

成：国学读本、教育读本，包括廉政方面的读本，都是从传统方面找。

ZMS：因此中国传统文化在世界上也有非常广泛的影响。我认为中央这个思路是正确的。我平常除了学习文学，读的书很杂，泛泛而读。一个是文学方面的，一个是传统文化，再就是时政方面，前一段时间我读了老子的《太上感应篇》，我觉得确实是受益无穷，当然，里面有一些鬼神、因果之说，但是他劝这个人怎么修身，怎么做好事，怎么积德。这些都是很重要的。他也不是说封建社会的东西，咱们现在不这样了。因此传统文化是非常重要的。我在网上看了篇文章《习近平的政令往事》。我看了以后觉得非常受教育，这个写习近平到地方干书记，到了以后他怎么向文化人发展。我在这里举几个例子，他去了以后先去找贾大山。贾大山刚写了一篇小说，获得了全国的最高奖，习近平想和他做朋友，他就去找这个贾大山。贾大山是作协主席，他在作协是挂名的，他在文化馆干馆长。那个时候没有文联，晚上习近平带着他的秘书就到了贾大山家，他老婆说他在上着班。当时一帮文青围着他问问题，因为80年代崇拜作家，一说谁是作家，非常崇拜，了不得。习近平去了，他就认为习近平30来岁，你就是一个文青，这里面有认识习近平的，就说："贾馆长，这个人是咱新来的县委副书记。"贾大山就说："又来了一个没长毛的。"没长胡子的。习近平根本没把这当回事，两个人就聊，他上他办公室聊，他去找他聊，聊到什么程度呢？晚上两个人在习近平办公室聊到整个县委都关门了，门关了出不去。习近平说："不再把门卫叫起来开门了，你站在我肩膀上我托你出去。"贾大山就站在习近平肩膀上出去了。另外为了提拔他，习近平当着县委书记的面说："我就认为贾大山能干。"但他不是党员啊，提拔贾大山当文化局局长，贾大山当了十年，一直坐公交车。当时习近平走的那天晚上，把贾大山叫去了，谈到一点多。他老婆回去问他什么事，贾大山手里抱着两个兵马俑，也不说话，就睡觉了。到了第二天，习近平走了，他说这两个兵马俑是别人送给我的，我没法带走，送给你吧。另外当时为了维修拯救一个寺庙，花费2000多万，2000多万了不得。当时中央说只有布达拉宫能用那么些钱。维修后，这不就是"经济搭台，文化唱戏"吗？里面一棵槐树在路边上都不敢砍，习近平说为啥不敢砍，他说这个槐树不知道是哪一年的，先找专家鉴定鉴定，一鉴定是唐槐就马上保护起来。它里面有一个碑。你说领导人他得有这个意识。

AMY：这个叫尧东碑，艾元徵就到过，他去祭拜祖先的时候到过。

ZMS：因此说，现在有些刊物把它整个创作价值当钱使。一本国学、文学的书都找不出来。你说这种社会心态，我认为是倒退的，就是说领导人不重视，不学国学，不受传统文化的熏陶，他怎么能够把国家治理好。因此我认为一定要把国学拿到国家层面上，各级政府重视是最重要的。第二个是怎样构建，怎样发展社会主义核心价值观，成为我们全国人民的共同信仰，在这方面要加强。为什么呢？中国发展到现在，我经常考虑这个问题，中国发展到现在，经济发展这么迅猛，30多年的改革开放，由一个发展中国家发展到世界第二大经济体，可是现在出现了两个问题，我觉得一个是信仰缺失。中国古代重儒释道，修身齐家治国平天下，一些皇帝想治理国家，要儒家治国，佛家治心，道家治身，三教为融。咱们成立了新中国后，推行马列主义，马列主义不是宗教，但是出现了许多英雄人物，公而忘私、见义勇为。可是改革开放以后从以经济为纲一直到以经济建设为中心，这个拐弯，人们还来不及调整心态，原来一直到现在信仰的体系很重要，你说人们信权、信钱，中央意识不到这个社会意识形态，你怎么如何让社会主义意识形态深入人心。一个国家没有信仰，西方、英国还信耶稣教，这个教一定时期有一定影响。中国是信仰迷失。怎样把社会主义核心价值观成为人们的信仰，怎样凝心聚力，这是一个重要问题。第二个是生态、环境。改革开放以后，由于人们的信仰缺失，信仰的迷失，导致了道德沦丧，治不了。中国现在依法治国、以德治国，但是光提啊，怎么做到，怎么产生社会效应，这方面要做。因此弘扬传统文化要重新构建信仰的一面，有利的一面。二是提点建议。一个是传统文化是中华文化的鲜明代表，也是中华文化整个大文化的代表。因此，发展整个大文化产业，一定要把发展传统文化产业放在第一位来发掘，特别是我们山东省是孔孟之乡，包括墨子在历史上十分有名，著名的地域文化。因为我从济阳看，济阳的传统文化也行，他就是把这个钱放在群众上，比如组织唱歌比赛、广场舞等这些东西上，这些东西是确定的。但是呢，卡拉OK大奖赛，最美老板娘等就是对传统文化不入门。

RTM：那是在一个饭店里，参加中国好声音。

ZMS：群众唱歌是好事，现在群众能够唱歌，能够休闲娱乐。传统文化要深奥点。包括咱济阳才修的黄河古镇，我说这个黄河古镇，你一定要加上本地的传统因素，济阳的历史典故，名胜古迹，哪怕不是用真的来反映，你加上点传统文化。

RTM：他这边是一个旅游地产项目，打着传统的旗号卖商铺。

ZMS：他的广告词叫什么来？

RTM：黄河 1855 年决口才到这里来，一千年古城，一共才一百多年，古城才古到什么时候？所说他当时认证的时候，名字叫就不行。

ZMS："一座万巷城，千亩中国院"，中国院是什么院？你不如说是古香院，古色古香的。这个打造文化产业、文化名城，这个文化非常缺失，领导不重视。

QJS：他做的牌坊，两边的对联都不对，上联弄到下联上，下联弄到上联上。

RTM：它们就是个房地产企业，你想让它们追求高档次的这种文化的话也不现实，它就不是卖房子的了。

ZMS：你用文化搭配经济发展，你也要把文化做好，包括一些广告用语。你看以前的孔府宴酒，"喝孔府宴酒，作天下文章"。你确实得有名人，他不是你随口一说就行的，你打出这个广告词，也得有这个底蕴。第二个建议是这个领导干部的选拔任用。公务员考核或者别的方面，一定要增加国学，传统文化。我不知道咱现在这个公务员考核有这方面的内容没有，你包括原来选拔干部也要加强传统文化部分。

李：应该有，很少。

张：有，都是一些数列、逻辑思维方面的。

ZMS：数列、逻辑思维都是一些思维方式。你碰到这种事怎么解决，碰到那种事怎么解决。实际上，领导干部能力要放在第二位，素质层面要放在第一位。领导干部选拔从县级到省级，包括一进入公务员考试，在笔试或者面试中一定要加入国学。济阳这一块，张尔岐我没有研究，我是站在我个人的角度，这么一说，说得不对的，请各位专家见谅。

成：讲得很好。

李：再请 QJS 讲讲。

QJS：也没做什么准备，昨天光说来座谈传统文化传承，没想到这么大。首先参加这个座谈会、研讨会十分高兴。我在文联工作，咱县文联是个很小的单位，一共六七个人，还有两个不上班的，一共我们四五个人，但是我们下面的协会有七个：作家协会、摄影家协会、美术书法家协议、音乐舞蹈家协会、影视工作者协会。去年的时候，济阳还有一些文化产业，一些有鲜明地域特点的民间文化，那些协会包括不了，我们又成立了民间文艺家协会，AMY 作为名誉主席。应该说这几个协会开展的情况，有些很正常，有些活动也不是很多。比较好的应该是作家协会，有一个全国作协会员，就是鞠主席，他主要是以长篇小说为主，出过四五部长篇小说，两次获得泰山文学奖，一次获得泉城文艺奖。另外我们这个泉城文艺奖，我们有 5 人次获得，在全济南市县里来说可以说是最多的，包括杨光路作家一次、我两次、鞠主席一次、李作家一次。

AMY：济阳文联在济南是活动最多的。

QJS：我们也定期出版《济阳文艺》双月刊，这对于我们培养济阳当地的作者也起了作用。我们济阳还有个《新济阳报副刊》，这几个刊物对于培养人才，传播文化，营造这种文化创作的氛围起到了很大的作用。我们这个文友也经常开文艺作品研讨会、文学沙龙之类的，可以说济阳的文化创作还是走在全市的前列。我们这边都是自发的。再就是美术书法家协会，也经常开展活动。在这个画室里面，经常办一些展览，她们也有一个十三个人的精品工作室，全县十三个人，写得比较好的，经常搞展览。我们这个春节给农村送福，给企业下岗职工送春联，开展活动很多。应该说书画这一块，应该是传统文化的一种传承载体，尤其是书法。农村写这个东西的人越来越少了，纯粹就是一种艺术，向群众方面发展了。包括农村一些婆媳妇等都是从街上买的，写这个东西的也不是很多了，慢慢走向一种艺术化。第三个是摄影家协会，这个最近我们发展得比较快，应该说现在进入了一个全民摄影的时代，这一块就是也在宣传，在传承传统文化上也做了很多工作。你像用摄影、摄像的形式来拍摄碑语。再就是对古建筑这一块进行了拍摄，留下了一些珍贵的资料，在这个《新济阳报》设立了一个影像济阳专刊，就是每星期出一期整版的影像济阳，介绍济阳的一些永久的人文文化，侧重于这一方面。再一个活动比较多的就是我们的这个民间文艺家协会。民间文艺家协会自成立以后应该说也是活动得比较频繁的，因为我们这个地方民间文艺家协会当时主要的复原对象，一个是济阳的黑陶，黑陶的工艺被列为济南市非物质文化遗产。再就是一个不锈钢雕塑产业也做得很好。还有一个是剪纸，济阳的剪纸我们对它进行了挖掘，专门有一个副主席负责。你像我们印的这个小册子，这个剪纸是很漂亮的。每年呢我们都出这么一本画册，包括书法、摄影、剪纸等。今年是在这个广场上进行的展览，光是这个剪纸是做了 25 个展台，推广剪纸这一块。另外，我们还有一些树皮画，还有一些烙画，就是葫芦上的烙画，也都进行了挖掘。

我再说几个想法吧，刚才 AMY、ZMS 也说了，领导重视是关键，我觉得这个传承传统文化应该从四个方面入手：

1. 政府必须加大投入。投入要注重它的效益，它的精准性。要对一个地方进行全面考核以后，看最急需、最需要的是哪一方面，应该精准，不要是一个大项目拨了多少钱，把拨给一个项目的钱，分散到一些小的项目里面，这样它的效果对传统文化的传承会更好。各地政府要增加投入。

2. 传统文化要与市场经济相结合。只是政府投入也不行，就是说怎么探讨传统文化与市场经济相结合。你像我们有些很好的非物质文化遗产，像鼓子秧歌，现在的情况是只要政府不投入，只要不要求，他们就不去做，因为他们这个演员家里都有活，现在这个农民原来是冬天的时候，没有事了，他才召集他们来玩，自娱自乐。现在他们都种大棚，都出去打工去了，一天挣不少钱，现在说召回他们来跳这个东西，他也很困难。所以说呢，它怎么跟市场经济相结合？怎么让他们在传承和发展传统文化当中从经济上也获得一些利益？这样才能保持得长久一些。

3. 加强对群众文化的引导和培养，尤其这个领头人的引导和培养。怎么来打牢传统文化和群众文化的基础？类似于传承人的培养，怎么把传统文化引入学校？让我们的后代，让他们对传统文化有所了解，感兴趣，从小培养他们对传统文化的兴趣。传统文化是我们最大的乡愁，应该传承下去。

4. 传统文化应该与现代科技相结合。现在不是讲究"互联网＋"吗？传统文化怎么加到互联网上去？在现在多媒体、网络、微信这些现代工具上怎么来和传统文化进行嫁接？怎么对它进行宣传、传播？

成：文化的方方面面都讲到了。

李：有深度。下面再请 RTM 谈谈。

RTM：非物质文化遗产它首先的概念是非物质文化遗产它不是一个物，它是一个活态的传承，包括所有的传承的表现形式、内容、表现空间，不是说一个东西能看得见摸得着的，它是本身的、祖传的一种记忆，肢体的表演的程序，不是说作为一种物体的话可以好好保护。对于非遗的这个保护问题，主要是对传承人的保护，只要传承人能够从事这个表演，它这个项目就能有传承的这个东西。对现在的济阳的非遗的状况，我现在先介绍一下。咱县呢，非遗的项目一共 20 项，国家级 1 项、省级 3 项、市级 13 项（黑陶制作技艺，2014年申报成功的柳编等），剩下的是县级，包括迷戏、老粗布制作技艺等。鼓点会打的就只剩一个人，他也没有谱，只是凭着记忆。他跟他老师学会了，但是他不会记谱子，只能凭记忆打。现在主要是存在一个问题，对现在能够从事表演的传承人，主要是经济方面，这种传统记忆产生的经济效益很低，有的甚至不产生经济效益，所以说他本人，他周边的人对这些项目不感兴趣。现在有些传人，咱确立的一些传承人有的是在家里种地，种大棚，有的在外头打工。你像我们这个鼓子秧歌，每次对外演出的时候，得提前两天集合，然后回来再排练一天。人员集合是相当的困难，有时候到出发的那天早晨，人还有可能不全，现在他们演出也只是能多少给他个补助，一个人一天现在是100元。有的他算算，他从外面赶回来，再加上路费，再加上那边打工的，还不够，就对这个活动不大感兴趣。所以说基于这个情况呢，来参与的人就逐渐少了。再一个就是这个传承人，有一个特点就是少，比如鼓子秧歌来说有七八十个，能够教的，能够上台表演得很好的，这个很少。再一个就是年龄逐渐偏大了，就是老的问题，原先确定的传承人豆庆国，已经去世了。然后确定了一个他的下一代姚大新，作为国家级的传承人，现在也50岁了，豆庆国他们两个都是省级的传承人。再一个问题，光指着一个传承人来完成这么大的一个项目根本实力是达不到的，当地政府如何去扶持传承人来进行传承活动。再一个特点就是缺，缺年轻的来传承，来想学习的这种年轻人。现在这些年轻人原先主要是通过民间氛围，村里一块搞个大活动或者组织一次大的艺术展演，然后给你一个工分，或者是以后把那个工给你顶了。现在变了，所以说跟生存环境也有很大关联。

再就是这个传统也存在一个断代，这个受资金的影响也是比较大的。虽然这个国家级的项目，国家每年有个专项经费，但是国家的钱到了省里，省里再重新调配，然后再到了市里，市里再综合地、宏观地分配，再到了县里，到了每一个项目，也可能就不是很多了。非遗项目非常多，但是重点的项目，这几年鼓子秧歌还是可以的，但是整体实际与咱想开展的工作还是差别很大的。这几年对非遗这一块主要开展的活动，主要是先确定了咱县级以上非遗项目的传承人。通过以传承人带的方式，来扩大非遗项目的传承力度，然后通过他身边的人影响自己的孩子、亲戚、中学生等带徒弟的方式。在中小学开展非遗进校园活动，主要是针对中小学生，目的也不是想让他们完全掌握非遗的技能，是通过让他们通过了解感受知道非遗项目的内容；知道非遗是传统文化的精华，在中小学生当中能够形成一个中华传统文化的概念。

最后是国学、传统文化这块，建图书馆，去年搞了一个图书馆会员的模式。再一个，建尼山书院。受条件的限制，新馆还未投入使用，在老馆那边综合活动的场所建了一个尼山书院。有国学讲堂、文化体验室等，按要求是四室一厅，一个大的房间，这些都包括在里面了。开展活动现在来说也不是很多，让他们观看一下国学方面的一些视频讲座，相关的电影，一些视频资料，下一步等有机会请成院长来做个讲座。

成：儒家文化，倡导民众从道德方面挖掘资源，现在正准备对厅以上干部进行中央党校的一些培训。上边已经决定了，每年都要到曲阜去，讲国学，尤其是如何为官。中国优秀传统文化尤其是儒家文化资源，道德教育资源，应该说一个品牌吧。山东省组织部高部长多次到那里去，主要依托孔子研究院和曲阜师范大学，通过这些师资去讲解。叫政德教育基地，是面对全国的，尤其是中央党校的，尚未挂牌，但是今年第一批已经过来了。

李：这个事我上临沂红色教育（基地）看了以后，我就跟他们聊，曲阜为什么不打造这种教育，现在还真打了。

建体验馆进行体验，体验怎么当君子，君子怎么干。

成：体验馆也要搞。

RTM：我再谈谈我的一些建议。我认为传统文化这一块，我的观念，包括我们搞书法的这些，不是说写书法了，而是说表演，而且是也蹦也跳，加动作，已经失去了书法传统文化的那种含义了，变了味道了。往往是各个地方像提了个人，从去年这种情况还少了，以前挺多的，来了领导，拿个大本子，先题个字看看。正常的应该是说把国学里面传统文化精华的部分，让它充分地能够展现出来，把那种善于表现的、附加的东西去掉，表现它真实的东西，就是说精髓。那个信仰问题，信仰呢，现在这些打工的，他考虑的是啥？是能够买房子、工资等，真正地能够为国家为社会考虑的人反而是少。现在手机上，发这个微信内容的这些，什么内容传播得比较快？一些新的，奇的，再就是一些热点、焦点的事，传播速度确实是很快的。最好是能通过上级部门加大对传统文化的这种正确引导，加大资金的投入，对传统文化，包括非遗保护和传承人的补助。为什么说对传承人的补助得这个？现在国家是有一块，省级的有一块，市级的项目没有，而且是国家的项目和省级的项目都很少，大部分是基层的，是在市这一级。你如果说县再不去传承保护，再过五年能够再从事这个行业的传承人，可能就还有十个人，再过五年可能还有两个人，再过十年可能就没有了。所以说应该加大对基层的那些非遗项目的保护力度。虽然我也是管理这个方面的，也呼吁上边，有些时候也是心有余而力不足，也想去干，但是有好多困难，好多问题也是解决不了，如资金、人员问题。人员问题，整个县也就我一个人，再就是有活动就把文化科的几个找过来帮忙，忙不过来。上面要求得也比较严了，报的材料也比较细了，原先报材料报电子文本、纸质的，现在每一个项目必须报视频资料、照片。所有的这些视频资料就和专题片似的，带上词，拍摄了的得制作，今年刚报了三个省级的项目，忙活了四个月。要能够通过多种形式和上层领导交流，一个增加人员的投入，一个增加资金这一块的投入。

AMY：要有人办事，有钱办事。

ZMS：它这个非物质文化遗产，在地方上来说，应该加强保护，我原先去河北一个县，人家这个地方也是有一些唱、跳舞的，它起码得组成十个人或人比较少，要相对固定的，当然现在没有文艺演出团体了。政府给他们补助或者是补贴，你比如说来参观的，坐下，让他们都上来表演表演。咱县里，济阳这边是用着了才找人，甚至有的不是咱的人。这些东西关键是领导人重视不重视。

RTM：是不是可以弄经营团体啊？在省内比较好的是胶州秧歌。它把所有的非遗项目能够表演的这些归于这个剧团里面，它有资金，所有的经费都从这里面出，所以说活动比较好开展。咱济阳这边比较困难，原先是有一个剧团，河北梆子剧团，在1987年的时候解散，把所有的人员都分流了。搞活动，这种群众文化活动完全是有活动了就到处现去找人。

ZMS：另外，国家一些领导人有的时候慰问专家、科学家、经济大师、学者、名人，教育局慰问一些老教师，但是文化这一块没有一个，缺乏对文化人的重视，你说济阳的文化名人，如小丫等，你也应该去慰问，但是没有，还是说对这一块缺乏重视。

李：小丫在七八十年代非常有名。

ZMS：你看都上过电视，河北梆子，国家二级演员。原来有一段时间唱堂会，现在也是唱堂会，在惠民这边，现在70多了。现在也还唱。前段时间也是因为这个活动吧，剧团的这个生活基本上也好了，不跟以前一样了，好的是留在文化馆了两个，其他的进了企业，现在是有的破产了，有的下岗了，结果为了生存，就给人家唱堂会、红白事。

李：实际上唱戏，戏曲、戏迷传承文化的作用是最大的。

RTM：现在县城包括唱迷戏也好，唱吕剧也好，唱京剧也好，这个还挺好，作为一种乐趣。农村就不行了，农村现在跳广场舞。你像唱京剧，条件比较好的，大部分是退休老师，有文化，基础比较高的，都到县城这边居住了。

成院长：每个月聚上一两回，练练嗓子，乐和乐和。

QJS：其实我们戏剧家协会有研究京剧分会，还有吕剧分会，有文广新局给提供的房子。他们一三五唱京剧，二四六唱吕剧。他们的活动非常多。另外各公园也很多。

李：你看这么多协会，国家应该通过协会来推动文化传承。

RTM：去年给退休的剧团老艺人，给他们在文化馆的四楼房间粉刷了一遍，修了修地板，作为活动中心，原来都在自己家里。去年11月份，他们把原先剧场里的戏，《辕门斩子》整出戏搞了一个汇报演出；今年的四月份，咱这个剧团原班人马，包括小雅都上场了，在济南剧场里面演了这个河北梆子

《辕门斩子》。

李：国家现在已经非常重视戏曲，前段时间刚刚出台政策，就是给资金支持，包括戏曲进学校，包括学戏曲免费，包括创作都扶持。

RTM：昨天看文化部才发了一个扶持戏曲的一个条例，搞一个全国地方戏，从2015年到2018年。现在这些人里面最小的也50岁了。

QJS：另外还有一个，我觉得新农村建设，这一块对传统文化应该说算是一种冲击，很多都没有了。传统文化包括婚俗文化、丧葬文化，这也是一种传统文化，现在越来越简单了，当然提倡简约也是好的。你看丧葬吧，原来是好几天，也打锣也敲鼓。现在是一会儿，到那鞠个躬就完了。你娶媳妇吧，到饭店里去了，农村那种原汁原味的民俗看不到了，都忙于工作，没时间做了。

李：其实这个丧礼、婚礼文化就可以把这个民间戏曲遗留下来。

李：要不然他们早就不唱了。

RTM：实际上这是一个市场。现在平常的搞这个会演，前几年搞了几个大活动，文化下乡，历时三个月，冬天的时候搞这个文化下乡，把他们都请过来。

QJS：习近平主席说留住乡愁，怎么留住，就是从这个出发。

RTM：还有一个农村的古建筑。济阳没有很早的古建筑，就是民国往后的，但是现在就是民国的古建筑也是马上就要坍塌了。周家大院也扒得差不多了。

李：现在一个是砍古树，古树都给砍了，还有的就是卖了。

ZMS：总的来说，国家完成这个要从管人开始。作为执政者，你必须具备哪些能力和素质，现在选拔人只限于思维型的领导干部。咱说济南火车站那边，当时是整个亚洲最有代表性的欧式建筑，一个大队书记出身，不懂文化，你要听从专家、领导的建议。故居要不是做小学，也早就拆了。后楼那些拆了，建红色大院。市委书记拿出80%的精力来每一个村他都到，你一个市委书记，你干那个干啥？这个村怎么办，那个村怎么办，你就得站在省会的层面，站在市中心的概念上，怎么达到经济农村。他不行，他根本不懂大城市经营理念。你一个大书记，你管一个村，大城市发展了，这个还不好说吗？

李：大领导干了小领导的活。

ZMS：根本就不读书，不学习，一根筋，我就是那么干，他不懂大城市的经营理念，写材料行，搞文字行，这个不行。

李：迷戏是咱济阳的？

RTM：它是吕剧的前身。

李：迷戏，在早些年的时候还能上样板墙呢。

RTM：济阳还有一个村子，还有曲谱呢。

李：我们小的时候，乘凉的时候，天天在那听吕剧。

RTM：再提一个建议，最好是能从省级这个层面，构建一个传统文化的交流平台，就是把下面这个区县的优秀的传统文化包括非遗项目也好，进行一个交流。通过展示，通过这个平台就可以看一些资料。

成：建网站。

RTM：对。通过互联网的方式，再搞一些大型比赛，能够更广地往外传播，资源共享。

成：在您这一块，包括宣传部可能有一些活动您是了解的。比如说山东省几个下文的活动，乡村儒学、乡村儒学教育等，还有一个是教育学校。

RTM：儒学教育，2014 年下半年市里开会说要建儒学讲堂，还有社区儒学讲堂，但只是下了个文，开了个会，具体怎么操作，没有具体要求。但当时是和那个尼山书院一个要求下来的，先建的尼山书院。最后今年前段时间呢，填了一个报表。就是其中包括乡村儒学讲堂和社区讲堂的内容。咱准备怎么开展呢？就是以讲座的形式，再就是上面配发一些资料，通俗易懂的一些，不能使文言文，用老百姓能接受的，能懂的，图文并茂的形式进行。

成：聘请学校有学问的老师到村里去担任讲师，有的地方进行了。

RTM：这个事是好事，但是怎样去执行？怎样去操作？遇到什么困难？如果是下面学校里找了老师了，你得先问问老师有没有事干，没有事了，他还要接孩子、送孩子，怎么适当地多少给他点补助。

成：现在这些都是义务的。

李：我爸退休了干什么，农村红白喜事老请他去坐镇去。

成：他就是那种爱张罗事的，而且懂这个礼仪。

李：给人指导指导，指点指点，就坐那就是了，就属于这种。

RTM：倒是搞了一个培训班，但是我不知道怎么搞的，说是搞个乡村儒学培训班。我就说这些吧。

李：非常好，我们非常有收获。

成：请的这些专家，大专家，请得非常好，非常到位。

（二）济南文广新局调研访谈材料

访谈时间：2015 年 7 月 22 日下午

访谈地点：济南市文广新局

访谈对象：CDY（市文广新局干部）；BLJ（文广新局干部）；ZXL（文广

新局干部）；CZH（文广新局干部）；QXN（文广新局干部）
访 谈 人：成积春（曲阜师范大学）
记 录 人：张金丹　孟晓霞

成：我们这次承担山东省文化厅的课题，是关于"十三五"时期规划传统文化传承体系的调研。我们前期到聊城、临沂、日照进行了调研，之后在曲阜、济宁农村、政府各个层面做一些调查。济南作为大城市，各个方面都做得很好，所以今天专程过来请教各位。我们的主要任务是完成调研报告，包括"十二五"期间整个的文化发展基本状况，尤其是在文化传承方面的基本状况和过去已采取的有力措施，这些措施的成就及现状评价，然后从中找出今后可以继续发展的经验及典型。再就是对"十三五"传统文化传承方面的建设性意见和建议。

BLJ：你们在文化方面的调研思路比较清晰。这次曲阜师范大学负责"十三五"规划方面的调研，重点是传承优秀传统文化体系的建设。这块可以说是比较重要。习总书记到曲阜发表重要讲话，传承中华优秀的历史文化。前段时间我参加市政府的全省政协双月促进座谈会，题目也是传承优秀历史文化。会上有8位专家参加主题报告会，分别提出了很好的意见和建议。应该说济南文化宣传这一块工作，其中一块儿是由文化厅负责。传统文化这部分以图书馆加尼山书院为主，这属于政府层面制定的，面比较广，从省、市、县、区到有条件的乡镇、街办、文化站，还有一些社区都开展了国学讲堂。

从政府层面讲，山东省在传统文化上做了很多工作，也有了一些影响。去年我们去台湾参加了中华两岸经济文化推广会交流，我们参观了台湾台中市四个小学，主要是想了解一下中国的优秀传统文化情况，他们做得比较好。中华两岸经典文化推广会是两岸共同举办的，也是济南市、台中市搞的，带动了全世界华人的地方文化交流。当时参加汇演的有一万多人，上到80岁老人，下到6岁的小孩，主要是《论语》《弟子规》背诵，最好的小孩能背6课。

大陆传统文化这块有断层，而且最大的问题在于以政府的名义来推进中国传统文化的继承和发扬。比如说学校，开设一定的课程。现在只是一些协会、学会这样的组织，主要是民间的或者说自发地来推广中国传统儒家文化学习，这是一个明显的特点。咱们济南文广新局也有些做得比较好的地方。我们在济南府学文庙等可以讲学的地方，进行传统文化讲座。我们在图书馆、艺术馆都开办这些课堂，"泉城大讲堂"也请了一些知名度高的专家进行历史文化辅导。再比如，我们积极组织非物质文化遗产进校园。我们济南非物质文化遗产虽然说在全省不是最多的，但是我们对这项工作非常重视，因为非物质文化遗产对传统保护利用这块相当有利。我们从 2010 年举办了第一届，也是首届中国，"国"字号的非物质文化遗产博览会，2014 年我们办了第三届中国非物质文化遗产博览会，今年文化部确定济南市作为全国非物质文化遗产博览会永久的举办地。在做好非遗工作的同时，宣扬了历史文化，应该是带来了平台，也通过非遗博览会与全国知名大师进行交流，这样能够对传统历史文化起积极作用。

昨天晚上，我们全国京剧"小梅花"比赛在省会大剧院举行。为什么在济南举办"京剧戏曲进校园"？目前，在济南，京剧已经走进 30 多所学校。这是在弘扬传统文化和京剧艺术方面做的大量工作，这算是我们与教育部门的联合吧。也有一些退休老同志，他们都非常关心"京剧进校园"这项工作，他们都是票友，做了不少工作，也产生了一些积极影响，这能让孩子从小对传统文化、对京剧艺术有了解。

中国传统文化的传承不是仅靠哪一拨人能做的，应该是全员性，不应靠民间组织、协会、学会来推广这个事，它们是做不到的。当然也要看到这一些人的积极性、他们的责任心，这都非常好。我也接触过这些人，他们积极主动推广、传扬中国优秀历史文化，对这些我们欢迎。但是做这些工作必须有个系统，一个是从宣传上要学习，就像习总书记讲的优秀历史文化，同时还要有真正的手段来对这些进行规范。优秀传统文化传承要从孩子抓起，针对成人就是补课，各级政府单位要重视推广工作，这是必要的、有效的。

CDY：我们也看了一下你们提出的问题。从传统文化这个题目，包括现在说的传承，就是在各个层面上议论得比较多。整个社会层面上，包括学者层面上要把国学弄成一级学科，各地方也在做这些事情。今年的山东省政府工作报告，有两页半来谈论这些传承传统文化的东西。我想，在山东省这个层面，根据全国的大趋势，怎么去做这个事情，过去、现在、将来有什么方法，都没说清楚。

目前存在很多问题，有很多言论并不合理。从大的方面说传统文化内涵要有所界定。我们一说传统文化就是儒学、礼学、国学这些，我们对传统文化在新时代有一个新的、相对科学的、与时俱进的界定。什么叫传统文化？上一辈的人有上一辈人的创作。爷爷辈的创作，父亲这一辈的创作。起码分几个大的方面，先是古代的，我们通常所说的传统文化主要是这些。现在的思想教育，包括核心价值观里面，还是不止这些？你比如说近代史，比如说红色党史、比如说民间的东西，甚至我们要考虑到把传统文化外缘和内涵搞一个界定。这个事情需要明确一些，不能一说传统文化，就从春秋孔子时代到宋代，宋明理学时代，这个肯定是不对的。到了我们这个时代，现代大家提倡，也注意到，和新中国成立初的传统文化内涵不一样。这个时代，我建议搞这个的，对这些再捋一捋。看《光明日报》，也在看这些，有时候觉得还要再稳妥一些，希望你们能界定一下。

山东省政府工作报告重点讲齐鲁文化，我们在"十二五"规划里面，包括未来工作，做传统文化。听说中央很着急，山东省起步慢，这还是规划目标的问题。你要搞齐鲁文化，临淄河曲阜，搞齐搞鲁，还是有许多问题。济南在齐国、鲁国是边缘小城市、边远小镇。这个地方，随着济南在历史上一点一点成长，成为山东省会。那时候大家都知道，九州，青州、兖州，没有济南。这个东西要解决，需要魄力的。东夷、荒莽之地，现在看挺不错，成发达地区了。这些地区怎么做？我感觉，以齐鲁文化为核心。齐文化有时候好说、鲁文化也好说，齐鲁文化合并起来，怎么给大家一个明确的界定。山东省的核心内容，比如说灵活和礼治，商业和取之有道，两家不一样。但你看怎么发展。这边孔子呢，坚守礼治，早中晚思想汇报，他是这一套。这个东西在这上边应该有所考虑。齐鲁文化为核心，结合各地特色，比如说墨子、孟子、荀子，济南还有舜文化，名士文化，闵子骞，这些类似的各地都有。结合核心内容和机制，而不是用有无孔孟文化来衡量。这个需要捋一下。我们山东需要做的，以齐鲁文化为核心，结合各地文化，结合好。济南舜井文化，得有谱。整个就是一传说，而不是一个东西，非史实的东西。要研究舜文化，城里面有个龙山时期，和舜时代差不多的古代遗存。有谱才行，可以做。各地都可以做这些。实事求是，从传说角度，从民间角度。你角度不同，就有不同说法。你从学术角度怎么做，从民间角度怎么做。我们很多传说都归入到非物质文化遗产保护项目里面去了。它就是一传说，从另外一个角度，怎么从大的方面来说。政协让我来补证这个事情，我也不知道说什么，偏哪儿去了，跑哪里去了，为何规定几个题目，有两个题目，我得好好琢磨琢磨，差不多这个说法。现在这个东西比较乱，什么是传统文化呢？尤其是习主席去了曲阜之后，传统文化热了，热了，不是很对劲，没有抓住一个东西似的，落不下地，离普通人太远。不自然。

中华传统文化（要看）具体到哪里来讲。地方角度，比如在青岛，它就是红砖绿海，原来是个渔村，它没法弄别的，它有很多德国式风格的建筑，所以它就拿这些东西去做。就济南来说，一个是我们抓了非物质文化遗产，第五批公布非物质文化遗产这个事，是一个引导。这里面内容很多，包括宣传传统文化的手法。非物质文化遗产是活的东西，这个东西还是很重要的。现在庙会（赶个集）、遗产日活动，借着这个庙会，当成节庆活动搞搞，实际上没有把里面的内涵搞清楚。大家也在看，中央电视台节目，包括《舌尖上的中国》，这里面都是在寻找传统的这个东西。这里面的东西我认为从非物质文化传承这个角度，要坚持传承这个东西，我愿意去做的，自觉自愿去做这个事。手段，一个大的方面，济南搞了一个非物质文化博览园，当然博览园它的形式很好，但是我们的期望是政府把博览园作为传承非物质文化这一个场所，而不是一般的游乐园。怎么去传承？我们要做好研究。这几年好一些，改善了。日本有"人间国宝"，就是国家级的非物质文化传承，政府拿钱把它养起来，然后你该干什么就干什么。现在我们也有这些传承，这是好事。

非物质文化传承里面，我认为要说成几个字，说成几个方面，几个大的形式，包括戏曲进校园，分开层次，有些能进，有些不能进，分成几个层次，几个门类。济南呢，非物质文化遗产和物质文化遗产，就是文物保护和文物维修，这个角度去做一些。省文物局倡导的大遗址公园，济宁汶上南旺京杭运河分水枢纽考古遗址公园，包括打造中华文明标志城，现在叫特区（曲阜片区），反正就是这个意思。

济南，我个人认为，济南的传统文化，济南如何从一个边远城市走向省会城市，就围绕着这个去做，去考虑这个问题。济南现在集中去做"明府城"，围绕明代府城去做，济南还有一个商埠文化。济南呢，老城区的商埠，最早呢，是一种精神上的文化，1904 年的开埠文化，这个文化没传承好，没发扬好。

济南齐鲁文化呢，围绕齐长城这个角度来做些工作。济南还有其他地方长城文化，非物质文化，有很多重复的。曲阜有煎饼，济南也有，全省也有几十种煎饼都申请非物质文化遗产了。

济南也有几个方面的，一个是泉水，泉文化，这个济南抓得比较紧，一个是历史文化名城，做了一些工作。这是济南的两大块。

在两天时间里，游客们都去曲阜看"三孔"了，还有一个泰山。第一天看"三孔"，第二天看泰山，第三天去青岛，第四天，没事才跑来济南。我们也着急。这是从旅游角度上看。按照传统文化，围绕泉水，围绕历史文化名城，济南历史文化名城代表一个很重要的方面。济南和曲阜，这古代的两城不一样，济南这边算是边远城市。从城区的发展变化，具体来说，把点利用好，现有的传统文化有关联的，就是这些点。刚才提到的文庙，济南我们要用四五年的时间把它修好。城区的老核心，大明湖、老城门，搞开门礼，搞一系列活动，应该说效果比较好。但是这是我们自己在玩。旅游局去一下，统战部、海外港台人士去，还是以单位为核心的这种自己整，而没有形成一个合力。从政府、从更高的层面上去规定，去做这个事情。比如说国家元首，会见什么人，可以在教堂进行，我们就不能上文庙，搞个会见厅，外国元首来了，我们接待，为什么不能上那儿。传承和影响要做到各个方面，不是搞两次讲座就拉倒了。

这是一个方面，再是呢，不像曲阜，有孔子、"三孔"，济南没这些东西，舜文化一直在做。再一个，近现代的东西，民居、商埠这些东西，济南也在做。这是济南今后的一个工作重点。

传承传统文化，各地方根据地方特点，在传统文化大背景下，各省都在搞。搞什么晋商文化、徽商文化，我们山东除齐鲁文化外，其他不是一下子就搞好的。外地来的，本地老百姓能通过的，一个场所，一定层面，一定的活动，还有其他方面的手段，体会到一个大的文化，一个地方文化。需要和地方特色结合起来。

第二方面，传统文化做了哪些工作，重点宣传这些东西。各地都在结合各种节庆、节日，做一些工作。济南恢复、搞得比较好的就是什么戏曲进校园啊、进部队、去社区，这是一个方面。另外呢，济南，也在恢复和做一些事情，千佛山庙会，还有龙舟比赛，主要这些东西。如何发掘过去，和现在结合，有些是发明创造的，有些恢复的，比如庙会和商会，这些老辈的就有了，有些是能恢复的，有些是不能恢复的。这些东西结合好，发挥地方传统，老百姓愿意去参与这些事情。再一些情况呢，也可以适当地去倡导，做一下新的东西。比如说尼山书院，是山东省推广传统文化的一个形式，图书馆，都挂上尼山书院的牌子，这也是一种形式。以前讲岳麓书院，这个东西也是各自为政，没有挑头的。省里，尼山书院总会在曲阜尼山。尼山搞了一个大项目，仿造灵山，尼山书院有个主场，自己特色的。总院指令，给下面分院，哪些是必修课。还聘请许嘉璐副委员长任山长。

这种形式是很好的一种形式，通过总部，确定些必修课、选修课。必修课不管哪个尼山书院，必须讲，其他的，结合本地讲，包括围绕孔子、孟子相关节日都可以讲，孔子诞辰节，有庙的做，没庙的可以不做。孔子过诞辰，曲阜作为主会场，各地都要搞几年孔子的活动。文化遗产日可以搞，其他日可以搞，我们就不能搞孔子诞辰节吗？

山东省必须倡导每年给孔子过生日，各地，由山东开始，有文庙的地方，都应该做起来。国家层面上，博物馆学的是人家国外的，我们自己传统文化的纪念日是哪一天？哪些部门组织起来搞这些国家级的传统文化日？是靠行业内的力量还是靠文化部门的引领？

经验教训有一些。我们本应该通过一定的形式和内容，把我们所做的内容和传统文化的主题结合起来。山东总是靠自己力量做，不结合具体实际，活动做得不长久。具体的项目和活动应该同主题结合起来，通过这些东西，我们来弘扬传统文化。这是第二方面内容。

第三个方面有以下几个问题，一个是认识层面的问题，一个是重视层面的问题，一个是普及层面的问题。

认识层面，山东省政府工作报告 2 页半讲山东传统文化，没有具体措施，变成政府指令了。就认识层面角度，如何围绕中国的实际和特色把活动做起来，这点考虑得不太深入。传统文化经历了几代人，自从辛亥革命以后，到"文化大革命"这几个时期，再到改革开放后，近 100 年的时间，都是忽冷忽热的时期。得再有几十年的工夫，才能把传统文化再扭回来。

再者是领导层面，上级干部应重视提倡，不能打压，也不能简单地把传统文化变相作为宣传旅游，宣传本地特色的一种东西。搞传统文化搞成宣传旅游产品了，这是两码事。"好客山东"，把传统文化变成旅游产品了，这给人印象就是宣传旅游的、骗人的，导致游客们都不来了。这给人的影响是长期的，很难扭转回来。从人力、物力和财力层面上看，传承和弘扬是搞义务劳动，但要有一些人日常地干这些活。

是文化局管还是宣传部管，是党委管还是政府管，还是学术机构管，文化局管还是教育局管，这得有个明确的主体，得有个核心和主体，要靠一个体系。

普及性东西不能靠几个官员，公益广告我们也做了一些。各个级别的主流媒体，应该拿出一定的版面、时段，就是免费的宣传，普及传统文化，从国家层面上说，这是硬任务。

第四个就是上面每个政策不推进，下面当地做得不够。山东要求很急切，山东两页半的工作报告，不好操作，顶层设计。传统文化也是顶层设计。中国，这几年，包括"文化大革命"以后，现在，已经习惯了。上面风向不明，下面不好做，越好跟风。做多了，怕过火，做不到，怕批。应该从正面角度上，明确具体政策的内容。济南有个"公交论语"，在每个公交车上都有一段论语，包括其他的，儒家文化，传统文化的东西，这样也挺好。这样通过具体的东西，去宣传传统文化。

大家要想好办法，铺开思路，拓宽思路，想尽一切办法，把这个事情做好。很多人习惯了，没有具体任务，不会弄，一定要有平台，够条件的，纳入进来，公布，要不怎么弄？

关于下属单位这个事，机构断层，包括教育机构，最终还是人的问题。我们局里有 22 个处室，拿出来几个来搞传统文化。一个也拿不出来，说实在的。不重视这个东西，不研究这个东西，怎么会有成果？

不管哪一口，相关口，下面具体单位去落实，放在哪个单位，是靠文化厅，还是教育厅没有搞清楚？还讲"从小娃娃抓起"。还要注意培养实用性人才。应该与学校结合，传统文化班，曲阜也好，山大也好，搞一个弘扬传承传统文化培训班，把文化站站长请过来，搞一个培训，学习学习习总书记讲话，古代文献、古代传统名著什么的。

从这个角度来讲，下层单位，包括基层政府、县以下政府，它真不知道怎么弄。书记、县长，没时间听。宋代，县以下必须有文庙，祭孔，考试。现在不这么干了，也不好说，反正各地在恢复。通过这种方式，把孩子弄到里面，教育、培训、考试，包括宣扬当地的先贤。这是对下属单位的带动，传统文化大的发展需要融合在一起。这是大文化发展一个重要的方面。

第五个，传统文化怎么做得最好？还不好做。应该从激励机制入手，我国这个体制，有个好处，领导重视，类似运动式的方式，全民激一下，孔子、孟子、几个事么，集中力量，政府宣传，学校也在搞，单位领导也要学。比如"三言三实"，三个月时间，一个月学习传统文化，什么时间做这个内容，什么时间做哪些内容都应该清楚的。同时，把传统文化和其他党的宣传教育，公务员教育，其他什么教育，紧密结合在一起，也把传统文化结合进去。中国传统文化和马列主义是一根线上的，马列主义基本原理和传统文化是相似的、相妥的、重合的。把马列主义和中国的具体实践相结合，把传统文化再继续拾起来，继续和马列主义相结合，看怎么处理。再具体的我也不好说，现在搞的讲堂类、讲座类啊，艺术类戏曲啊，书画啊，普通人弄的家族、小团体，社区里面有一些文化，其他的也有啊，海峡两岸、国学班。现在很多孩子去上国学班学习，什么时候孩子家长让孩子像学钢琴一样，让家长趋之如鹜，传统文化就好办了。

这个很复杂，看我们具体提供什么材料。还有什么需要的再说。我们也在做这个规划。我建议，文化局大力支持，这个事是文化厅层面来的，文化厅的任务，只能上这儿来了，上其他地方人家不好承认，人家也不好接待。说多了也不好弄。像这方面的机构不多，社科院有几个人在搞这个事情。再去做的话，具体的可以去群体馆、艺术馆、文庙了解情况。我刚才说了，现在没办法，我们现在涉及这种全民性的东西比较少，达到一定的公众效应，不好弄。要不，谁重视啊？我体会一点领导干部一般的话，他不管你是文化重要还是什么重要。领导说这个事重要，把你的传统文化放那里吧。这个东西，说到传统文化宣传、继承，发扬传统文化要新常态。一直让山东省破题，山东省现在很着急。曲阜搞，曲阜的财政又不能用，又没这些钱，这是空话。如果文化厅做这个事，一定要考虑到文化厅的局限的权利，极限的办法。它能达到境界到什么地方。这是咱文化厅内部的。然后再让文化厅再搞往上建议一类的东西，当然这些不能往规划里写，调研么，各地走访，提出一些问题，希望引起省领导、更高层次的重视。而不是让文化厅自己拿钱来办这个事情，应该上升到全省的东西。因为我们的体制就是这样，你们修缮岱宗庙，也涉及文化厅的几个单位，谁也管不了谁。到下面的文化总店、新闻出版，那就没办法呗。到了建委，建委说，修房子多弄几个文化符号啊，他听吗，他不听你的。你说园林局弄树、弄花、园子的时候，不要弄那些乱七八糟的东西，弄点传统文化的东西。你怎么形成弘扬全社会传扬、继承、发展传统文化这么一个氛围，需要更高层面的重视。

成：我们要好好学习。确实，我们也是在调研过程中发现一些事情，光靠文化系统是解决不了的。

BLJ：规划执行不了，推广不下去，就是个摆设。传统文化的内容是正能量，优秀的历史文化，再一个是普及手段，怎么能全国全省来做这个事，还有一个是要有结果，整天就是撞车、骑摩托车、驮孩子闯红灯、逆行，见面就干仗，落实不到位，文明就不行。我们要把传统文化落实到生活当中。你到台湾看看，这个文明礼仪啊不一样。你到学校里看，虽然学校里也是学生，看咱们学生，到学校都愁眉苦脸的，学习压力太大，你看人家孩子，很轻松，一下课自由活动的时候，很轻松。咱这是去玩还要带作业。压力不一样，心态不一样。一定要让学习真正起作用。就全国来说，山东推广的是传统文化，尼山书院是全省在搞，哪个省也搞不出这些，这也算是率先了。但这也不行，一阵风，一个活动。形式没有意义。

CDY：搞这个工作，义务来做，但是车马费、讲课费得给人发吧？讲传统文化比较好的，想去学校去讲，学校校长、老师说别来，讲学行，还有相应费用，事比较麻烦。国家层面上养一些，或者雇佣或者政府出钱，买服务嘛，反正就这几个人。说句实在话，当地贤人倡导，文庙弄得挺好，济南有做出贡献的，能讲出来东西，只要不害人就行。以前靠什么？靠地方贤达，地方绅士，所以还要发挥地方贤达、贤人的作用。就是要请这些人，有时候说这些人级别不够，要请上面的，自己人不用，请上面的干吗？比如说请曲阜、邹城的讲烟台，你说这有什么用啊？倡导提倡利用当地名人，做工作，就是讲故事啊，让文化厅任命和聘请一批地方贤达、贤人，包括我们市图书馆，在尼山书院还聘了一大批呢。

BLJ：我认为全员都重视这个事，尤其是领导，领导不重视，是吧。传统文化，领导放下这头就完事了。任务很重，领导重视，从娃娃抓起。

成：几代人把这个事情扭转过来太难了。

BLJ：中国现代历史文化继承，但是文明程度有差异。

成：和台湾同属一个文化圈的，台湾大学生，意识啊，活泼、开放性，咱大学生同样年级的，你看，畏畏缩缩的，扭扭捏捏的，不敢放出手。

ZXL：前面已经介绍比较全面了，就我们局里一些活动，一些理论思路，我介绍一下我了解的局里的几个事啊，和传统文化有关系的。这个调研呢，也是文化厅的一个课题，国家提倡以德治国，与传统文化是一脉相承的。发扬传统文化是我们的一个重要方面。文广新局呢，作为文化事业的主管部门，除了贯彻从中央到省里一些工作要求，我们做的几个事，这几年，尤其是"十二五"期间吧，文广新局是"十二五"期间，2010年组建的，文化、广电、出版，三个局行政职能综合，整个"十二五"，到今年正好五年，我们搞了两届文博会，文化遗产博览会和2013年的"十艺节"。这和传统文化关系都比较密切。"十艺节"上，我们有些得了文化大奖，京剧《项羽》，再就是传统剧目，围绕着传统文化，做了很多工作。刚才介绍了图书馆和尼山书院联合做一些事，群艺馆也准备设立一个非遗馆，建个常年展，免费的。我们在文物这块呢，也抓了改造博物馆，关于国有、民间的、行业的这批，与传统文化有天然的密切关系，这一方面我们做得还不错。这些是主抓的工作。

还有"十二五"期间，文化部搞的院团（戏曲舞蹈电影艺术类）改革，当时看呢，有点冒进了，现在回头，当时有些过头的东西要修正、深化。修正一下。当时我们把京剧、吕剧，吕剧是山东的戏啊，我们把这两个院也保留了事业单位。也考虑了传统文化的弘扬要有阵地。盲目推向市场，必死无疑。我们优秀的演员就这样流失了，可能一些剧目也要流失。最起码来说，作为企事业单位，我们能有一块最基本的经费保障。

文化部还催了一个，搞地方戏曲的保护。他们也意识到了这个问题，传统文化在现代信息社会如何结合的问题。刚才提到非遗博览园，现在呢，有很多人说，那个地方就是一个游乐园，又成立了一个非遗小项目。这个形式，有褒有贬，我觉得，也是一种趋势。怎么讲呢？你如果单纯地把非遗的东西拿出来，可能去不了多少人，大家呢，可能冲你的游乐项目去，顺便地把非遗小的项目，给看了，有潜移默化的影响。现在看，一搞传统的东西，包括非遗、戏曲，都靠政府投资，确实有一定的难度。人力、物力、财力达不到。要运用社会的力量。非遗园呢，我们引进的深圳华强公司。要让政府拿出多少钱来搞这个，可能不现实。要吸收民间力量。今年6月份，文化部搞了一个继承发扬传统文化培训班，（来了）全国7个省、市、地区文化局局长，当时就说是弘扬传统文化么。曲阜一家，济南一家。当时在济南组织看了一个民营企业家，他搞了一些项目，十几个项目，什么武当拳，都是传统文化的东西，个人有了钱，他对这些东西感兴趣，全靠自己拿钱。当然，这是一种形式。那天去看，大热的天，穿着汉服。我觉得这是一种必需的形式。

我们搞传统文化东西，市民也好、孩子也好，让他们平时能感受到它。必须要有一种形式。通过这些实验，也要发挥民间团体、民营企业家、民营老板他们对传统文化的热爱，他就拿出一部分钱来，投入一部分精力，搞一些设施。先谈谈这些，是不是准确，再两说。对民间热心的人，社会的贤达，对传统文化感兴趣，我们引导、扶持。我们组织一些官方的活动，让他们去，他们很感激，使他们意识到自己搞的那些东西，政府部门很重视、认可，让他们觉得自己的工作没白做。同时，我们积极引导社会力量的投入，因为政府的力量还是很有限。

信息时代，互联网经济时代，（要）把传统文化和互联网有机结合。我们搞第四届非博会，我们给有关公司提出来，要打造网上的非遗平台，建设非遗网站，一方面宣传，一方面交易，有些产业化的东西，可以交易。作为一种形式，有时代的气息。不要点点滴滴，要长期地做。

CZH：刚才各位老师讲得挺全面的，拿出一定的措施来，从发展上、资金上，我希望各位学者呼吁一下，看看上边能拿出什么政策来，我们也好执行，这些工作好些都是自发性的，政府去主导也是很难的。

成：具体工作有哪些困惑？矛盾在哪里？

CZH：国家层面上重视这个，加强宣传，慢慢渗透。

QXN：刚才讲得很全面。我就考虑传统文化一些意识形态的一些问题，价值观方面的，我们搞非物质文化遗产呢，有些感觉是比较精神的东西。在传统文化保护方面，重点推一下非遗的保护，它是一个活的东西，就在我们身边。我们的博览会，提出走进我们的生活，其实传统文化对生活的影响，还是有好多文章可以做的。比较具体的，列几个条目，政府引导一下，尤其在政策方面，要大胆创新，设想啊，比如说，对一些文化标准，可以像生产机械品一样界定一下。有些可能也不是非遗。纯粹的传统方面，比如非遗，可以界定一下。对这方面，政府应该从政策上进行设计，深入研究。

成：我家乡呢，有一个非遗的项目，已经不做了，什么东西呢，我日照人，涛雒镇，离海6里路。打灯笼，为渔民服务的，至少几百年了。我们祖先呢，到那个村里，康熙年间，正月十五，打灯笼。沿海渔民都用，可以发财，至少在正月里，80年代卖得很火。后来断了，确定了一个市级传人，是我爷爷。但是现在做的灯笼没人要，失去了生活的意义。基本风俗习惯去掉这一块了。里面长蜡烛做的，外面纸糊的，刻鱼版，印、然后扎，糊起来，防风的。当年小孩人手一盏，如果十五这种灯笼飞得不多，收成不好，鱼也不多。"五谷丰登"。没有这个基础了，和生活不接轨了，无法传承。很多事情与之相似。政府给补助也好，满足生活，但有用吗？能够传承吗？再过 100 年，可能没了。

保留下来，记录下来，我们民族曾经有的记忆。失去了功能了，和生物进化一样。国家应该拿钱来支持这个东西，收徒弟。没有市场就没有传承。我们重视，不能要求别人重视。戏曲，年轻人，不认可。习惯没有传下来，有的是硬传，比如汉字。

CDY：成老师提得很好，我们应该怎么从定义出发来界定。齐鲁文化，有的既不是齐也不是鲁，怎么办？原来有个文件是关于本土文化调研的。但是什么叫本土文化？我们没有搞清楚。另外。学校传承很重要。学了，考试也要这个内容，我们改课本、改教科书。国学教育那些书院，那些老师，怎么都不像传统文化教育家。全日制，全部教这些，但是效果怎么样？需要我们很慎重地摸索。民办国学教育的问题调研可以搞。不要误人子弟，父母可能并不明白，可能认为孩子达到像学艺术的就行了，背着画板去考试就可以了，这对于传统文化没太大帮助。最后时间比较紧张，你们需要什么，文字资料的，给你提供。

成：非常感谢，收获很大。

四 淄博地区访谈实录

采访时间：2015 年 7 月 23 日

采访地点：淄博市文广新局会议室

采访对象：LGP（市文广新局干部）、MGQ（齐文化博物馆干部）、ZLS（市五音戏剧院干部）、XXL（市文物局干部）、HY（周村区文广新局干部）、LXM（市文广新局干部）、ZYH（市文广新局干部）

采访人：成积春、李先明、李春玲、姜修宪

记录人：张金丹、孟晓霞

ZYH：行，那成院长，感谢你们对淄博的支持。我先介绍一下我们这边的人员，都干了十来年了，对情况比较熟悉。这位是齐文化博物院干部 MGQ，这位是我们淄博市五音戏剧院的 ZLS，这位是市文物局考古工作室的 XXL，这位是周村区文化出版局的 HY。

成：我们一行我也说一下。我叫成积春，是曲阜师范大学历史文化学院院长，我们承担了山东省一个课题，受文化厅的委托，做一个山东省的重点课题。主要对"十二五"的情况进行调研，对"十三五"下一步怎么去打算，怎么去规划，提出意见，总体搞一个调研报告。就是这么一个情况，我们一行有李先明教授，还有李老师、姜修宪老师以及张金丹、孟晓霞两个研究生。

今天来到齐国故都旧址，感到非常荣幸。这里是齐鲁文化具有特别典型代表的一个地方，人文荟萃，文物古迹众多，在全省是有名的。今天到这里也是诚惶诚恐，向各位学习。

MGQ：因为我还有其他事情需要提前离开，所以我先来谈一下。看了你们的访谈提纲，了解了你们的研究可能是这样一个思路：就是有哪些优秀传统文化？怎样传承它们？对此，我首先谈谈我的认识。

2013 年时习总书记曾专程去曲阜，他当时说："我来呢，就是表明一种态度"，这是对传统文化的一种态度。我个人的感觉是这样，就是在世界的四大文明当中，只有中国的文化——华夏文明——从来没有间断。原因就在于，我

认为就是长期形成了自己的文化传统的文化体系。那么，其实这中间我们并不是没有断裂的可能。你像这个春秋战国时期，如果没有管仲九合诸侯一匡天下的话，那么蛮夷入侵，华夏文明就意味着一场洗劫，就意味着发动一场文化侵略。北魏孝文帝的时候，实际上是孝文帝在文化上投降了我们汉文化，是我们在文化上征服了他。再后来一直到元、清，都是一种异域文化，虽然我们华夏已经从军事上、从经济上被灭掉了，但是我们从文化上战胜了它，它也吸收了我们的文化，所以我们的文化一直没有断绝。至于为什么没有断绝？我感觉就是文化的强大，文化上有一套独特的体系。孔子创立了儒家文化，孔子之后是我们的诸子百家。孔子的文化也不是空穴来风，它是借助传统的道、周礼来建立思想体系，所以说我们的文化没有断绝。那现在的埃及人已经不认识老祖先的文字，它已经不是原来那个民族了。我的意思就是说，华夏文明之所以生生不息，之所以延续，是因为我们文化上无比强大。

那么吸收哪些优秀的文化？我认为，就是那些传统文化当中能够与现代精神结合起来的那种文化。我们接触的文化，光儒家思想的文化就已经有两千多年。这两千年来，有些适应现代社会的发展，有些不适应或与现代的文明不能结合的东西，这肯定是要抛弃的，比如妇女的裹足。然而，传统文化当中那些对国家的忠诚，讲究修身、齐家、治国、平天下的思想，这是非常优秀的一种精神。我们现在每一个人还能把自己家里的事搞好了，还讲究修身吗？治国、平天下，我们还有没有这个理想？儒家文化最大的优点就是，它给人们从每一层面都树立了一个理想。文化塑造精神，精神决定人的品格。咱们社会上非常关注的社会腐败问题，中国封建时代有很多腐败，但是像咱们现在这样吗？当时的清流，那些清流们他们为什么宁死也不腐败？天天过着那种清白的苦日子，为国家作贡献，视死如归？就是因为他们有着内心强大的精神，这种文化塑造了他们内心强大的精神，从而决定了他有这种品格，有这种理想。换言之，文化他塑造人的精神，影响人的品格，照亮人的心灵，明确人的方向。因此，就这点来讲，我们传统文化有很多优秀的东西都是值得吸收的，当然有一定的作用。那时候还讲恻隐之心，讲究仁爱之心，讲究秩序。现代为什么好多犯罪？原因之一就是不愿意遵守这种秩序。当然，诸如"君为臣纲""父为子纲""君君臣臣、父父子子"那种原来的封建时代的秩序，不应该那么严格，它应该与我们现代的文明结合起来。我觉得，这种思想、这种方向至少是非常优秀的一种东西。

传统文化就是解决"我们是谁""我们从哪里来""我们往哪里去"的问题。"我们是谁？"我们是中国人，我们有2000多年文化积淀。"我们从哪里来的？"在我们身后，我们的祖先有一串长长的脚印、长长的痕迹是走过来的。但是这种思想，却遭到了批判、颠覆和洗劫，直到现在我们才开始有一套完整的社会思想体系。现在属于一种迷失、探索，也是我们当今时代一些不尽如人意的现象发生的原因。习总书记他非常英明，他开始重视传统文化，认为传统文化是最强大的一种力量。文化的建设决定了一个社会的文明与进步的步伐，决定它的程度，决定它未来的天地。

我很有感触的一点就是，欧洲在中世纪探索了 1000 多年，在封建神学思想的制度当中被禁锢，人们的思想僵化。但是文艺复兴把人解放出来，人们的思想开始尊重人，开始相信人，才迎来产业文明时代。那么文艺复兴时期它是复兴传统古希腊、古罗马文明吗？不是的，它是现代新兴资产阶级文明，这是他们新的文明思想。那么这会给我们一个很好的启示，很好的启迪。

成：就当地来讲，您认为有哪些优秀文化、传统文化值得传承？

MGQ：那么就淄博来讲，必须谈齐文化。山东称齐鲁大地就是这个齐文化和鲁文化。齐文化和鲁文化是两种品格不完全相同的文化，在不同的时代，从创始之初就有不同的实际情况。齐靠海，具有海洋的特质，所以它是一种开放的。当时齐地土地盐碱化很厉害，不太适合农耕，所以它的商业就非常发达。我们看到齐建国之初就非常注重工商。所以，齐文化中最优秀的一条就是工商文明。工商文明、农业文明、畜牧文明之间有不同的文化特质。海洋文明它博大、开放，它不开放这种文明生存不了，人们生产的方式决定了他们的思想。另外工商文明，我们用我的东西跟你的东西去交换，这是工商文明追求的一种人格平等。你在人格上不平等，你抢了人家的，这其实不是交换。你有一张羊皮，我有八斤牛肉，人格上不平等那就不是交换，你是掠夺。所以说，工商文明它孕育出来的这种文化特征就是民主、平等，否则商业活动进行不了。这种生产方式决定了文明的特征，所以后来的"稷下学宫"能也只能诞生在齐国。我的人格是平等的，我的学术是自由的，这种百家争鸣的思想，学术上的民主与平等，没有这种文化特征是没有这种现象的。那么这就是我们优秀的传统文化，这只有在开放的，讲究民主、平等的齐文化的背景当中才会诞生"稷下学宫"来，才会诞生百家争鸣的文化现象，并影响中国几千年。到现在我们的文化方针不是还是"百花齐放，百家争鸣"的"双百方针"吗？蔡元培在北大的时候进行的这种"兼容并包"思想也是百家争鸣思想，也是继承这种思想的。如果你在文化上不平等，你的观点、你的作品、你的生活提高没有这种平等意识，你的文化就永远不能发达。因此，人格上独立，地位上平等，平等思想才会促进文化。齐文化当中这种优良的传统和优秀的文化元素，直到现在我们依然在提倡那些还能继承下去的优秀文化。

另外，齐文化当中重视工商和交流，注重物品的交流，从而影响思想的交流。另外引进、发展工商的思想、管仲一系列的治国思想、以国家的意志重商，这在中国是亘古未有的，没有哪一朝哪一代以国家的意志来重商。我们现在就是在这样一个时代。以国家的意志重商，在中国只有在春秋战国时的齐国，只有在管仲做宰相时才能做到。他一系列的治国思想，有的是国家专卖，像莞山海、盐铁这种国家紧俏的东西，那是国家在控制。他的很多东西是放开的，像招商引资政策，这对我们现在都有借鉴意义。他还注重富国强兵。另外，我们研究一下齐国的称霸过程，只有管桓称霸"不以兵车"。晋文公称霸的时候，其他的诸侯称霸的时候都是以兵车、以战争，而管仲"不以兵车"，他靠啥？是靠德、靠经济手段。我们这个时代，直接再诉诸武力，仅靠军事独步天下很难了，在当代社会要背负很重的包袱。管仲的很多思想都能给我们很好的启发。像燕国，我救你，还不要你报答我，你国君送到我这了，国君土地都归你燕国。跟鲁国，当时齐鲁之间就是搞的经济战争，齐桓公就是应用经济的手段。现在美国与俄罗斯的斗争不也是用经济的手段吗？现代独步世界不是靠经济的手段吗？现在美国最迫切的就是经济手段，这些对我们现在不是还有借鉴的意义吗？所以说，管仲的治国思想是商业文明最重要的一脉，可惜到后来不太被重视，因为历代的封建王朝都是把商作为一种毒瘤、一种毒素，因为它不创造财富。但是现在的时代不这样了，无商不活。这导致中国这两千多年来商业文明不发达，于是商业人格不健全。最典型的例子，山西的票号"汇通天下"，是现代银行制度的雏形，他商业发展到那种程度，他的文明性还是不行，商业人格不健全，还是让他的儿子做官，庞大的商业帝国最后分不清功劳谁大，于是就进入中国式的怪圈。因为文明不发达，他们找不到一种独立的商业人格和自己独立精神的依托点，所以他们就没有将这个时代撑起来。这一点在我们齐国的管仲时代，国家来塑造这个事情，我可以去做，没有必要羞羞答答的，我堂堂正正地做商人，做得有滋有味，有理想有追求，精神很好。我财富救国，不也是一种理想吗？我非得去战场拼杀，才是救国吗？所以说，中国的商人他们在创业之初是表现出非凡的勇气，非常有智慧，但是在功成名就之后就都举步维艰，后来人生的命运都比较悲惨。包括胡雪岩，找不到精神的归宿，那就是在文化上没有完善健全。因此，齐国的这种商业文明是非常优秀的，它和我们这个改革开放的时代在文化品性上的追求是一致的。

再一个"蹴鞠文化"。国际足联都确认，足球起源于春秋战国时代的临淄。现在文化的这种挖掘、打造也逐渐成形。它最有价值的是一头连着传统，一头连着现代。因为它与现代足球结合，而现代足球是当今世界上最大的第一运动。它是一个无比宽广的桥梁和纽带，与开放的思想包括我们下一步如何走向开放（联系在一起），这是一个桥梁、纽带。现在我们淄博临淄很多对外交流都是依托足球跟国外发生关系。像现在"亚洲展望计划"放在淄博，每年有投入帮助我们发展足球。十八大以后，足球运动成为国家战略，能与国家战略、大的时代背景契合到一块。我们很多的对外交流都依托到国际足联包括德国、英国和各个国家。这种优秀传统文化与现代文明的结合，这是非常好的典范。齐文化博物院当中有个 10000 多平方米的馆是足球馆，8 月份就会开馆，到时候请成老师率领着大家详细去看。到时候看您时间。8 月 26 号就能参观。

成：好的，谢谢！

MGQ：再就是对传统文化做了哪些工作。工作这块呢多了，单说齐文化，我们理工大学有一个齐文化研究中心，我们叫齐文化博物院，我们区政府有一个齐文化研究中心，这内容很多了。编纂、收集、整理了大量的文献，理工大有个专门的刊物《管子学刊》，是国家级的一个杂志。我们有齐文化研究中心，编纂、整理了大量的古文献。我参加过很多次。

另外，一种文化要想走近人们的心灵，才能产生作用。三千年的儒家文化就是有很多文化、文学作品、文艺作品、戏曲等，走向了大众，才产生了作用。那么文化要想影响人，想走向社会，传播是必要的。研究是它的前提，传播是它的途径，开发包括商品开发是它的目的。但是，现在的传播工作做得不是太到位。这方面，我做了一定的工作，我写了部小说，66 万字来表现这个文化。

我们具体的工作，包括机构的建立，杂志、文献的整理，包括文学作品和创作，包括博物馆的建设。我们这个齐文化博物院里面有 1 个古玩交流城，16 家民间博物馆，4 个政府办的博物馆，20 多个博物馆。占地大概在 500 亩，总建筑面积大概是 15 万平方米，投资是 15 个亿。20 多个博物馆与博物院都集合在一体，整合过来，原来的这 20 多个馆都有自己的管理队伍，现在都整合在一体。我今天没带这个规划图，在这里盛情邀请各位去齐文化博物馆参观调研。这个博物馆它是参观、游览、研究、传播的支点，是一个立体的、具有多功能的机构，这是集文化开发、文化传承、文化传播多功能为一体的"文化聚落"。另外，里面的门类非常多，一种资源的集中优势，是文化的航母和聚落。这是我们的做法。目前正在建设过程之中，现在完成了 80%，我们的足球博物馆和齐文化博物馆正在装修和展示阶段。你像齐国文化博物馆，它是包括研究、展览、典藏、开发多功能于一体的机构。

成：目前有哪些工作难以展开？具体的原因有哪些？

MGQ：我认为，文化的社会地位应该进一步提高，文化的投入应该进一步加大。第一个，我们经济的发展已经到了一个阶段了，对文化的要求、需求也进到了一个新阶段，在解决温饱走向富裕的时候，文化应当是社会的非常重要的一种体现。文化投入应加大。我接触过很多人和群体，他们对文化钟情、热爱，一辈子做一个文化的守望者，但到头来什么成果都没有。他们实际上是处于一种有心无力的状态。那么政府应该对整个文化的发展先做顶层设计，先做规划，然后再具体地制定一个方案，这样不至于方向上出现较大的偏差，搞好顶层设计，搞好地区的实际规划。这个非常重要，否则容易出现一种无序状态，走弯路，应当充分做顶层设计。我的感受就是地位有待提升，投入需要加大，还要有一个顶层规划，有序进行。这是我个人体会，不一定对。

成：下一步开展工作还有哪些不尽如人意的地方？

MGQ：还是人力、物力方面的问题。

成：在将来传承中国文化上，您认为如何才能做得更好？

MGQ：文化要想走向大众，走向民众，产生它的社会效益、经济效益、产业效益，那么就要加大传播力度。传播的途径就是艺术化，文化与艺术结合，才能跟产业结合。一搞文化就是挣钱，但是这个钱怎么挣？能不能挣得来？就是看这种文化是不是被大众接受，是不是能够走向民众的心灵。民众不接受，就成不了一种公众的意识文化，产业的开发就成为一纸空谈。如何实现文化产业化，那就是艺术化。因为艺术化是把一种抽象的文化让它具象化，具象化后人们就容易接受。举个简单的例子，原来达坂城谁也不知道，就因为那首《达坂城的姑娘》就都知道了，都去看看那片戈壁滩，啥也没有，但是人就是愿意去，这就是艺术的力量。我们知道日本广岛，不是因为一个原子弹，而是一首《广岛之恋》嘛。孙中山辛亥革命的那么多教训谁都不知道，但是鲁迅一个《阿Q正传》就都知道了，都明白了。这非常清楚，那就是艺术化。艺术化这种形式将抽象的文化具象化，成为走向民众的一种桥梁、纽带、传播途径。再如，陕西的晋商文明多年来在历史上并不被重视。原来祁县文化旅游方面的年收入是200万，后来余秋雨写了《抱愧山西》散文，后来张艺谋又拍了一个《大红灯笼高高挂》，胡玫拍了个《乔家大院》，结果年收入从200万到4000万，现在每天4000万，这就是艺术、文化的开发。文化的传播，它的重要的途径就是艺术化，走艺术化传播之路。这是我的体会、建议，实践呢就是我也写了一些作品，很荣幸，莫言给我题了名和著名的画家嘎达梅林做的插图。别人都说这要花很多钱，没有100万弄不来，但我一分钱没花，为啥呢？就是文化的力量，两个大师都很看重我，很尊重我的劳动。

我就讲这么多，请多指教。

成：好，十分感谢。

ZLS：我是淄博市五音戏剧院的业务院长，因为我们马院长参加国家基金扶持项目答辩，那么我代表他来开会。我们淄博有五音戏剧院，这个五音戏是全国独有的。

我大概说一下五音戏。地方戏独有的就是咱们淄博市五音戏剧院，有300年历史，是流传比较广、群众基础比较深的戏种。后来是在"文化大革命"期间被解散，被山东地区的吕剧替代了。五音戏是在姑娘腔基础上的田间地头民歌这么一种形式，慢慢地发展。其集大成者是樱桃，过去比较有名的，与京剧的四大名旦都有交流。以前这个戏叫"肘鼓子戏"，现在地方戏也叫肘子戏，最有名是1935年这位先生去上海的海岱公司录唱片，带着五音班去的，他们送的锦旗就是"五音泰斗"。据他自己猜测，可能是当时去了五个人，五人和五音，上海人不明白，送的锦旗叫"五音泰斗"。后来他演出就到处挂着一个荣誉，就说"五音泰斗"，看的五人戏，后来慢慢就成了五音戏了。五音戏实际上在政府登记建团是在1956年，"文化大革命"期间解散，后来之后又重新恢复，把这些人集中起来，在临淄的吕剧团的基础上，发展起来，现在应该是有70个人左右的编制。我们在某些方面做得应该说是比较单一，再一个范围比较小，没有流动的余地。故在传承方面做得也比较认真。传承这一方面比较优秀的传承人，像山东省第一个薪传奖的获得者霍俊萍，等等。

李春玲：这个五音戏我知道，昨天说的我们家乡的迷戏，80年代刚改革开放，我们村里唱小戏就是迷戏、五音戏，还有那个秧歌呛。所以我知道这个五音戏，但现在听不到了。

ZLS：现在这个戏是国家级的第一批非物质文化遗产中地方戏的第一个项目。

成：这个传承之中有没有遇到什么困难？资金啊、人员，特别是市场。在没有市场情况下怎么去运作？怎么去传承好、发扬好？

ZLS：作为一个地方剧种，五音戏这样一个独剧种，在好多方面，像这个资金的保证，支持的力度，包括人员招聘、录用，都有一定的困难。

文化发掘这一块，我们在20世纪80年代就已经形成这样一个概念、理念，我们主要是结合我们当地的优秀的传统文化来编排、传承五音戏。例如蒲松龄文化、聊斋文化，这也是齐鲁文化的一个重要的部分。到今天为止，我们成功编排了7个系列的剧目，并且这些剧目都取得了很大成绩，这些剧目省里的一些奖项基本都拿到了。2013年的《云翠仙》拿到了文化奖、作曲奖、优秀演员奖、导演奖，收入颇丰。这方面我们结合本地的最正统的，我们有个理念就是在发展中应把最好的东西留住，把根留住，努力两条腿走路。对待新人我们就传承传统的这些，传授包括音乐、唱腔、表演方式，另一方面呢我们也追求创新和发展。

成：观众一般什么层次？

ZLS：观众这几年应该说好多了。以前呢市场基本是在农村，后来在2006年左右，经十几年的努力打造了最新版的《云翠仙》，出来以后，定位就是都市观众。打造这样一台剧，在城市中通过演出以后发现还是非常有根基的。我们吸引了很多的人，从那以后观众成批量地增长。有的观众演多少场戏，就跟着看多少场；有的虽然非常年轻，打扮时髦、烫发，但是人家就是喜欢这个剧。是好东西，肯定就有人喜欢。实际上我自己感觉，对于这个戏曲市场，观众年龄是偏高的，只有有一定的社会阅历，他才能欣赏，在情感上被吸引。

现在的观众只要进去了剧场，基本上就能被吸引住，关键是他们不往里进。所以，困难之一是，我们没有自己的演出场所，我们要演出的话，我们就要租场地，这块资金我们不够。我们要租场地，就没有很多的机会去吸引人们，包括宣传、创作剧目这样一个生产性传承。只要在这块没有一个极大的投入和保证的话，是很困难的。再像用人的地方。我们是事业编制，要参加事业单位考试，职位又比较特殊。现在进人非常难，因为戏曲演员出台非常难，没有十几年积淀是站不到舞台上的，他要从小学习，进行训练。我们招进来的有学历的，他进来不能工作。我们曾跟山艺联系过他们那边有没有好的演员。他们说恐怕你们也不能用，为什么呢？因为他们连街舞都跳不好，一点节奏都没有，他们之中有的专业人士都不行，只是为了文凭。有一些中专之类的能用，但是学历被卡住了。去年进来一位，是中专的，那是特批的。今年本来想招一位，比较不错，但又没引进成功，因为之前的那个户口在当地，现在这个的户口不在当地。我们现在40岁以下男演员只有3个，女的有十几个，所以现在后备人才问题特别严重。这是最严重的问题。

成：前阶段我们去临沂调研过柳琴戏，它也是很小的一个地区的戏种，它也是人才奇缺。它的后备人才有好多是从声乐方面转过来的，这些人经过培养之后转得很快。这是个经验。

ZLS：这个我比较了解。一个戏曲演员要求比较高，他的唱、念、做、打呢要有根基，但作为舞台演员他还得好看，所以出台非常难。说到有心无力这个方面，我们作为省的优秀传统文化传承基地，也和我们这儿的教育部门联合搞了五音戏进校园活动，大大小小校园都进，采用PPT讲课、示范演出、互动、模仿等来与学生交流，但是这些活动的资金保证不了，这些都是公益的、免费的。但是只要动，肯定要产生费用，那就只有发扬风格，为了事业、为了剧种来做些事，但又只能做到一定范围，只有有了条件才能再继续做下去，没有了条件我们就放下，因为这不是一天两天的事情。我们演员自身也重视有责任的传承，像退了休的老艺术家给新演员授课、讲课、解惑、指导，都一直在做这些工作。还与一些大学交流得比较多。现在五音戏的认知范围扩大了。最早的时候是青岛大学的一个教授带领他的学生专门做五音戏。他现在在宁波做一个地方戏种，他带着学生来做五音戏调研，做得非常不错，也是宣传，包括咱们国外的也是加强宣传，现在在做一个宁波独剧种。以前都是好多省内大学来做暑期作业、社会实践等，现在外地的学生，南方的、云南的、广西的好多人也来做这个。我觉得这个挺好，他们通过网络（了解），这说明宣传重要，国家对于网络这方面的重视。

成：你这个是在网上建的网站吗？

ZLS：是，建得比较早，但是缺乏管理。因为这几年没有配备专门的人去搞，所以发展更新得比较慢。这几年也在弄微信平台，希望借助新媒体能够达到事半功倍的效果。

比较难的，最重要的就是人才，缺乏发展后劲，前景渺茫。我经历了三代领导，每一届都在愁这个事。这个非常可怕，因为它不像别的剧种，你像京剧，好学生往好地方去，不来咱这，稍微差一点的进地市，好的服务于国家。人才的培养也是想了一个办法，就是想与地方院校合办，最好的就是一批齐刷刷的，各个行当齐全的，班底起来最好。

成：这种人才单单由院校培养不出来，你这种一般是以老师带徒弟的方式带出来的。可以探索联合培养。地方拿钱，给某一院校，挂到他那里去，形成专业班。从地方招生，你们来培养，最后他们发文凭，然后地方招聘回来，这样一种方式。这个还是得拿钱，没有钱办不了。

李春玲：咱们现在淄博这块农村里红白事的时候会唱戏吗？

ZLS：会唱。

李春玲：那么有五音戏吗？

ZLS：有。

李春玲：还多吗？

ZLS：一般专业的不去，民间的有。一般吕剧、五音戏、京剧这是比较常见的。

李春玲：它只要有就可以继承。

ZLS：五音戏它是地域戏，主要还有迷戏。我们和民间的五音戏剧团结对子，因为我们要吸收营养，像他们就是老辈，别的戏他们什么都不唱，直到今天他们也是挺大的。所以我们结对子，从他们那边我们可以挖掘传统的东西，我们来吸收，补充我们的营养。另外我们可以指导、帮助他们拍戏，给他们技术上的支持。效果挺好的，通过我们剧团排的小戏，他们还在市里拿奖了，他们挺高兴的，说从来没想过这个事情，今年又催着我们办。这边的民间剧团发展还是比较好的，应该是不少。

ZYH：全市登记过的应该是将近200个还有田间地头，农村不忙的时候组建起来的，民间的特别活跃。

李春玲：他们的活动主要是在农村的红白事上吗？

ZYH：现在不是了。休闲的时候娱乐，就像跳广场舞似的。

李春玲：哦，这种娱乐。

ZYH：我们每年是市里出钱，招聘民间剧团演出1000场戏。

成：光这一块也要获得一部分资金。

ZYH：这个是市里出500，区县出500。

成：这样是1000块钱一场。一场得一天？

ZYH：对。

ZLS：那个肯定是油钱都不够。这样也得干啊。

成：小剧团呢1000块钱还不少，十几个人就办了。但像这种只给一千，还不够车费。

ZYH：对。

李春玲：那些很小的剧团找个阴凉的地方搭上架子，就开始唱起来是吧？

ZYH：对。

ZLS：我能想到的基本就这些，你们看看还有其他什么想了解的吗？

成：好，谢谢，谢谢。地方戏发展起来地方重视了，但是资金、人员各方面不够，要等待时机，现在就在等待机会。大发展呢可能性不是很大，但把它传下来、传承这个环境是比以前强了，毕竟是有机构，有一部分人，热心维持，兢兢业业地干着。

ZLS：我们这边情况应该比临沂好。

成：哦，比临沂要好？

ZLS：嗯，对。

成：支持比那边多？

ZYH：现在每年有个国家级的非遗保护经费，已经连续两三年了，一年50—60万。

ZLS：我们就是利用这批资金收徒传艺，包括出书，我们已经出了两本书了。现在正在进行资料的整理，尽量把它赶出来。

李春玲：我想问个问题，《王二小赶脚》是咱们五音戏的剧目吗？

ZLS：是《王小赶脚》。

李春玲：我们村里的人都喜欢听这个，我们济阳和这里离得很近，

ZLS：老人基本上都知道这个戏。

成：谢谢ZLS的配合。

XXL：我们的局长也是参加会议，所以派我来说一下内容，我按照提纲的要求介绍一下情况，各位老师有什么问题也可直接提问。

第一部分我谈一下传统文化。我们传统文化最核心的内容应当是儒学，先秦儒家、宋明理学都是传统文化的核心。而儒学的核心是礼治，以礼规范社会秩序，公道人心。

至于我们当地的优秀传统文化就是刚才说过的齐文化，还有周村的商埠文化。齐文化包括先秦的文化。新石器时期山东最早的遗址文化叫"北桃花坪文化"，这是我们在山东地区古文化之中探索到的最早的文明，距今9000年左右。这是山东文化源头。至于陶瓷文化方面，这里是瓷器的发源地。北方地区陶瓷的起源是淄川的寨里窑，以前陶瓷学会和学界也曾论证过北朝的青瓷是北方瓷器的起源。整个山东省西周时期的城址比较少，可以证明与齐文化有直接关系的西周时期的重要城址，是齐文化陈庄的西周城址，现在跟营丘啊的什么关系还在讨论之中。

关于我们在传承文化方面做了哪些工作这个问题，我们文物部门主要工作是保护传统文化遗产的物质载体部分。物质文化主要包括古遗址、古墓葬、古建筑、石刻、近现代代表性建筑，主要做好这些文物古迹的保护、维修、科研、发掘内涵，并由我们负责具体组织实施。这几年有第三次全国文物普查，这是不可移动文物，全市按照上面说的五大类进行摸底，有利于下一步进行保护和研究。这个工作已经完成。这次进行的是全国可移动文物普查，现在正在进行当中，9月份完成。另一个是大遗址的保护，我们当地主要指的是临淄的齐故城和高青陈庄遗址公园，后者也是山大的齐文化考古研究基地。至于古建筑和民俗建筑保护这方面，主要是全省有一个战略叫"乡村记忆工程"，我们这里也有淄博周村李家屯等地，实际效果不错，在社会当中也产生了较大影响。然后有马院长说的博物馆建设。对于现在的一些重要考古发掘，群众也开始感兴趣了。

谈一下教训就是，宣传形式和手段单一，相关的文物部门协作少。再者就是只就文物的本体部分（保护），对于文物所蕴含的深厚的文化内涵的阐释比较弱，文化成果的普及程度、转化程度不够，在历史文化当中的地位和影响认识还处于感兴趣的程度，没有和传统文化结合到一块。

至于哪些工作比较难以开展？主要是保护力度欠缺。刚才说齐文化投入比以前增多，面也比较广，但是保护得还是不够，对文物的破坏啊还是有的，文物部门对于文物破坏的打击力度不太够。另外，现在是人、财、物不够，政策扶持力度不太够。我们是挂靠在文广新局的二级局。现在是十几个人，编制应该是15个，但现在还不到这么多，感觉对全市的文物保护与管理来说，力量还是不够。就目前来讲，我们局实际上在编从事考古工作的就是我自己。有时候有工作还要找临时工，在田野一线有时需要临时调集。咱们这级没有文物勘探和发掘资质，主要还是配合省里。至于区县的文物保护部门仅 2—3 人，文物类型又多，有些田野的巡逻力量达不到要求。所以，我们淄博市如果要发展自己的考古事业，机构建设应该马上列入工作日程。

至于现在对于宣传、继承的建议就是，应该有政策倾斜、投入、人才引进。你看目前各个院校文博系也建立不少了，也培养了研究生。

成：我们学校今年新上了文博专业，这里是山东省的文物大市，希望有机会能够在你这里建立实习基地。

XXL：是的。要说遗址，这里比曲阜要丰富，比鲁故城大不少，规模实力应该是比鲁国要强。

今后的落实与传承工作如何做得更好？对于我们淄博来说，应该凝聚齐文化内核，并加以宣传。一提到鲁文化，大家都知道，具体内容也可以用几句话概括。但齐文化到底有什么？用几句话就很难概括，因为没有形成共识。怎样像鲁文化那样，明确齐文化中的开放性、重工商、实用性，这样的工作做得还是少。曲阜的孔子研究院，有杨老师在那里当院长。我们淄博市齐文化研究院酝酿建馆筹备，应该有个这样一级的机构，把文化和文物部门整合在一块。现在理工大有一个齐文化研究院，临淄有个齐文化研究中心，我们市没有，说是这一级在建设中，希望像孔子研究院的级别。传统文化的宣传，教育手段的创新，新媒体比较新的传播手段，微信、微博、微电影，有些地方做得不错，我们这边需建设，我准备的汇报内容就这些。

成：好的，谢谢。考古工作这几年受到重视，尤其是单局长推动，全国的工程有些就是他推动的。

HY：尊敬的成院长，我是淄博市周村区文化局管业务的，主要从事非遗保护工作。下面我将周村的基本情况向各位简要介绍一下。

周村在淄博市的西边，接近济南，面积 313 平方千米，人口是 29 万，最近因为划出去几个镇，人口减了 3.8 万，现不到 25 万，是淄博市人口最少、面积最小的，有汉、蒙古、回等十几个民族。

我们这个地方虽然小，但有独特的历史。早在清光绪年间的 1904 年，周村和济南以及潍县共同经山东上报清政府，批准为商埠，类似于自由贸易区，这给周村外来文化、商业文化的保护带来了便利。德国建设胶济铁路又在周村设立一站，所以说无论陆路交通，还是其他交通都很发达，因此古代有旱码头之称。这种交通便利发达的条件，使得周村在很小的地域情况下在商业上能够占有一席之地。这种基本情况使商业发达，带来了文化交融，带来了经商、居住，建立了好多山陕会馆，都是有钱人建立的。周村的庙宇多，最著名的千佛寺、明觉寺。我们周村有活着的古商业街，距今有三四百年历史，占地面积30公顷，地面附着物大概5万平方米，第3期正在规划论证过程中，前期工作已经完成，现在逐渐拆迁、建设，这是周村的基本情况。

根据这个谈话提纲，我认为传统文化分两种，一种是有形的，另一种无形的。有形的建筑、庙宇、文物性质的历史优秀建筑，无形的就是非物质文化遗产。有形的载体具体到周村就是商埠文化。周村的商业网络四通八达，包括陕西、天津，还有我们山东的一些客商。著名瑞蚨祥，其发源地在周村。

再一个文化就是民间艺术表演形式。我们这里庙宇多，信教、信佛的多，带来了丰富的庙宇文化。周村的传统是每年的三月十五到泰山迎泰山奶奶，因为据传说泰山奶奶的娘家就是周村的祠堂街。当然我这只是粗浅的了解，要是感兴趣的话我们可以再深入谈一下这个专题，我们周村有个专门的研究会。这里仅就我工作中接触的东西来肤浅地介绍一下。以前去泰山迎请泰山奶奶，然后到周村举行盛大的欢迎仪式。周村的信子、高跷、龙灯狮子、杂耍，就因为这种宗教信仰而为周村带来民艺展演。这种民间艺术展演形式看得见、摸得着。另外一个就是挂灯。周村挂灯三不挂，朝廷大婚大丧（皇上、皇后驾崩）不挂，年成不好歉收不挂，战乱不挂。周村挂灯是从大街一直到东门，用丝绸全部扎起来，遮天蔽日用红绸子挂的。当然，现在从消防安全的角度考虑，已经不允许了。

围绕着保护和传承周村优秀文化，我们当地做了哪些工作？主要是每年春节元宵节文化活动。由政府引导，全区1/2的乡镇和街道去参与元宵节活动。这一活动占有几个之最，一个是参演的演员最多，每年参与元宵节活动的演员不包括群众就近5000人，观众达到10万人次。这个数据是我们请统计局工作人员根据科学的标准现场测量出来的，数字应该比较准确。每年的元宵节展演活动，从文件下发到发动、组织、演出、表彰，一般周期要3个月。每年组织的这种活动代表了周村传统文化的传承和延续，凭借这种形式，把国家级的非遗——信子，市级的一些龙灯、狮子，还有区级的一些高跷、杂耍，都很好地保护下来了。这是一个主要的做法。

另外一个主要做法是围绕优秀传统文化的传播，我们建了几个博物馆。我们建了周村烧饼博物馆，将制作全部的工艺流程用不同的方式表现，一个是观看DVD介绍，一个是现场展示，还有就是观众互动——交8—10块钱，亲自去体验、感受打周村烧饼。还有一个是醋文化博物馆。王村醋的传统工艺是省级的非遗项目，制作醋工具、流程、老物件全部收集起来了。第三个是市级的红木博物馆，第四个是依托古长城建了民俗博物馆，还建了传习所。

第三个做法是结合山东省文化厅图书馆＋尼山书院活动进行国学、儒学的展示、授课。我们今年周村区图书馆搬迁，面积有 3200 平方米，在其中专批一块地进行国学讲演，现在已经讲了 2 次。工作主要进行了两个，一个是周村传统文化发展情况展示，在非遗项目建设中请了一个老师现场教授，使得少年儿童了解、认识包罗万象的传统文化。再一个是挖掘整理，召开有关儒商发源地的高层论坛，邀请了天津大学的专家。我们主张儒商的发源地是周村，目前正在整理和出版《话说儒商周村》，也出版了一些关于周村历史名人、风物的优秀传统文化的书籍和摄影作品、信子影集。周村有一批致力于传统文化发掘的专家和学者，恳请各位再次来到淄博，以召开座谈会的形式深入地了解周村的儒商文化、庙会文化、建筑文化。

在活动开展中牵涉最大的是资金、土地问题。咱们国家的土地非常紧张，周村用地很紧张。以铜响乐器的发展为例。铜响乐器、丝绸、烧饼是周村三绝，搞音乐的知道周村铜响乐器。铜响乐器是省级文化遗产项目，CCTV – 4《走进中国》曾 2 次报道过周村的铜响乐器。新中国成立初，铜响乐器厂属国营单位，生产产品包括军乐号、军号等，产量大，也为部队和北京京剧团、上海京剧院等定制乐器。现在全国搞铜响乐器的只有三家，就是周村、湖北武汉和陕西。周村现在的经营者是山东省非物质文化遗产的传承人，他一直想把铜响乐器做大、做强，也曾多次被纳入淄博市中小企事业扶持规划，但都因牵涉土地问题而流产。

提一点建议，就是制定、出台有关传统文化挖掘整理相关的法律、法规。目前有文物遗产法、文物保护法、非遗保护法，但是传统文化性质的法律法规却缺乏。另一个建议是在考核时要明确一下文化传承的地位。省市、县区、乡镇各级政府，都应把优秀传统文化的挖掘工作作为考核的内容之一，占 1 分也好，占 5 分也好，但总得有考核机制。传统文化的挖掘工作最早由文化站进行，因为没有去考核，以致好多工作无法开展。如果你考核它，党委政府去工作时就会考虑到文化传承的这项工作。其实现在下面很多工作都是有考核的。第三个就是文化站应该恢复编制。为什么以前文化站的工作好干，因为六七十年代文化站站长可以享受乡镇街道的中层待遇，可以提拔。2006 年之后没有编制了，文化站站长改由社会事务口的工作人员兼职。这导致人员流动性特别大，分管领导一变更，文化站站长接着换。本来干了 3 年，工作很熟悉了，一旦说不干了，档案资料就丢失了。第四个是必须加大对非遗传承人的保护。民间故事、历史故事、口传记忆，都是通过口传身授，因此，文化遗产的保护实际上就是传承人的保护。关于这方面，一是要奖励。传承人有的是有工作单位的，但还有的是民间艺人，他们生活没有保障，需要物质奖励。第二要科学认定一批比较突出的。第三是要有退出机制。上承而下传，承上启下，是一种义务、责任，不能承担传承、保护的就应该退出。

李先明：文化考核占多少？

HY：10 分。

成：百分之十？

HY：不，我们是 1000 分制

李先明：以前不占分？

HY：以前没有。上层设计的人对基层可能不了解。

ZYH：国家有文件，文化站站长必须是两个，但是到市这级就做不到了，到乡镇一级就完全没有了。

成：文化站站长不能总换，应该像以前一样，有的人干十几年，哪个地方有什么，哪个村有什么，如数家珍。

HY：文化站站长的调整不通过文化部门。

成：其实应该由单独的文化部门考核认定。

李先明：镇没有是吧？县里有吧？

HY：县里是文化办。另外我还想对上级部门提个要求。我们基层部门缺少培训。现在的培训一般是到地市级，但即使地市级传达了 99% 的内容，也会有 1% 的缺失。我们市共有 108 个县，每一批可去 30 个，轮流着来就能把那 1% 学到了。

李先明：对，如果培训变成了只走过场没意思，这样轮训挺好。

李春玲：我感觉从宣传上来说 70 年代的文化站站长能起到很大作用。

HY：对，以前的文化站站长好多都被提拔了。

成：政府导向非常重要。

李先明：还应有抓手。

成：对，光文件，没有具体动作是不行的。

成：民间国学的教育机构或者培训这块有吗？

HY：省里有个国学堂，临淄有尼山书院。本地市齐文化的研究没成气候，张店有个国学班。

李先明：下一步文化站应该做一做文化变迁什么。

ZYH：现在正做着一个村史、镇史的工作。

HY：不是说飞机的两只翅膀嘛，一支是经济，一支是文化。

成：我们还想请 LXM 介绍一下这边文化传承的经验，这里面有哪些教训和难题？还有对上级文化厅有哪些要求和建议？

LXM：我谈三个想法。第一个想法是前段时间习总书记到曲阜以后，山东优秀传统文化的传承有了很大的促进，这是文化传承的重要契机。

　　第二个想法是，从目前齐鲁文化的位置来看，我们从小就知道孔孟儒家文化和鲁文化，弘扬传统文化的载体是孔孟之道。从现在看来，齐鲁文化中齐文化的地域、前景、氛围和成果，我们的工作没有做好，在传承上挖掘得还不够。但实际上，淄博对齐文化的研究也做了很多工作。我们有齐文化研究的机构和研究载体，山东理工大学的齐文化研究成果也很丰富，中华文化促进会也为齐文化设立了一个专门委员会。但是无论如何，齐文化的位置和影响是远远不够的。所以，中华优秀传统文化的齐文化方面或者领域，应该受到重视，起码也不可忽视。

　　第三个想法是，大家都说要弘扬齐文化，挖掘齐文化，但应该怎么做？市委市政府提出的目标，一个是工业强市，再一个是文化名城，第三个是生态淄博。我们目前正在建设文化名城，在文化名城这面大旗下，现在淄博突出两个事情，一个是齐文化的弘扬、阐发、研究。作为淄博来讲，一定要弘扬齐文化，否则就搞偏了。另一个，现在正在抓文化与旅游的深度整合发展。旅游如果没有文化就没有灵魂了。淄博看山看水这个没有优势，农家乐也是小打小闹，真正能让淄博有影响，能让人记住的还是齐文化。没有齐文化人们什么也记不住。所以，现在的旅游景点，如齐文化历史博物馆、姜太公祠、晏婴祠、齐桓公墓、古车馆、东周殉马坑、蒲松龄、王渔洋，包括周村文化，都有齐文化的影子。再一个最近省文化厅在省政府的一个调研参阅上发了一篇文章，这篇文章就是讲优秀传统文化的弘扬。但这里面没有提到齐文化，所以我们市领导批示说是没有提到齐文化说明我们的争取不够。所以，我们现在提出要参照曲阜示范园区的模式，建设淄博齐文化示范区。现在省政府和文化部联合给国家发改委上了一个公函和报告，提出要把曲阜文化示范园区建议列入国家"十三五"经济社会发展规划。受此启发，我们正在启动淄博齐文化示范区建设。首先请省厅把齐文化示范园区建设列入"十三五"文化建设规划。第二个层面，今后淄博市政府联合省厅给省政府打报告，建议将齐文化示范区列入省里的"十三五"经济社会发展规划。

　　这是我们的几个想法。我们生长于淄博，从小受到的影响是齐鲁文化的融合，但我们没有把齐文化搞好。最近，我和我们分管市长也准备把我们的以上想法向省厅汇报，现在反馈的信息是宣传部领导很重视。你们这次到淄博来，说明很重视我们，希望领导们也替我们呼吁。接下来你们调研需要我们提供哪些资料，还需要做哪些工作，我们积极配合。

　　成：好。李局提出加强齐文化的整理和挖掘，争取把齐文化建设列到省里的规划去。这很有战略眼光。我们一定在给省厅的报告中把这个事情写进去，因为齐文化怎么抓，这更是一个战略问题。

五 青岛地区访谈实录

访谈时间：2015 年 7 月 28 日

访谈地点：青岛文广新局

访谈对象：DWH（文广新局干部）；LHY（博物馆处干部）；ZP（市非遗保护中心干部）；L（文物局博物馆处干部）；J（青岛市图书馆社工部干部）；F（文物局文物处干部）

访 谈 人：成积春、李先明、姜修宪

记 录 人：曲吉瑞、谭越

成：该课题是在三四月份，山东省人民政府通过下文件在文化方面进行一个调研，准备为"十三五"的山东省构建中华优秀传统文化传承体系形成一个调研报告，也就是为"十三五"的文化政策的制定做一个咨询报告。

青岛是文化大市，我们想留在最后座谈，正好又是假期，相对有空，我们想拿出一两天时间，先从市里局里这一层面，然后我们还想就重点的一些点看一看。总体上就是现在我们具体想了解"十二五"期间，我市的我们的文化政策、文化发展的大政方针和对群众、各个社区影响的情况，尤其是中华文化传承的基本的情况，面上的情况，然后总结典型经验，最后也请各位对今后文化的发展尤其是"十三五"期间的文化传承发展，提出自己的意见和建议。

今天我们几个主要是来学习的，咱们这样大的一个地市，在这方面做了很多工作，传承方面特别有经验，对今后工作肯定也有很多想法，请大家不吝赐教，可以广泛地进行交流对接，我们今后也想多同地方加强联系，为咱们地市文化发展、服务作些贡献。

DWH：成院长谦虚，曲阜是很神圣的地方，是咱们儒学根基的地方。我们青岛这个地方可能在活动、产业、保护方面下功夫不少。可能作为沿海开放的地方，经济总量在山东省来说还算可以，就全国来说可能跟深圳、宁波比起来还有一定差距，但作为计划单列市在山东还是可以的，所以在这几个方面的投入、经费量还是可以的。其实主要是围绕国家总体战略、文化传承这一方

面，特别是习近平在山东讲话之后我们市委、市政府特别重视，几乎是一个月督导一次。我们的任务分工包括把传统文化任务分工分得很细，然后每月每季度都要督导一次，然后组织主要领导汇报落实情况。因为不是一个点上的落实，它是一种面上的落实。这个计划也是很严密的。

今天我们法规处他们在准备星期五就要到省里汇报创新奖的材料，这是昨天发布会上临时提出来的，所以他们确实没办法来参加这个会。但是我让他们给你们提供些我们做的规划方面的材料。你们回去在这里面找找有没有合适的内容，有所帮助的话就从里面找一找这些点。

我们现任领导是从省副秘书长来的，对文化的创新、创造、创意方面非常关注。他提出"允许创新失败，不允许不创新"，不断地在创新中寻求文化的发展，遵循相应的法规政策。

院长刚才你讲的这些东西，我们这些同志，他们都是在专业的领域，文化发展、文化传承等这些专业方面。就是说围绕他们的专业比如说非遗方面、非物质文化遗产的传承，他们讲一讲他们的认识见解，（看）能不能给你们提供一些帮助。综合的方面可以从法规处（拿些材料），到时候你们看材料，应该说（能）有所了解帮助。

LHY：成教授先给您汇报下，我们这两年来的非遗方面的一些工作情况。不一定有针对性，您可以再问我，我多补充。

我们青岛市的非遗工作这两年做得还不错，从资金投入看，这两年青岛市财政的资金投入最高时达到 100 万，今年特殊情况给了 80 万，10 年以前是 20 万，2005 年是 20 万，现在已经 100 万了，非遗的专项资金。另外咱国家呢中央财政每年还给一部分资金，我们算了一下，争取的中央财政的资金累计已有 300 多万了。再就是在非遗名录体系建设方面，因为青岛是沿海开放城市，所以它有些非遗资源可能不能单纯地跟潍坊、淄博、济南那样比，但是这两年还行，我们非遗的代表性名录，现在国家级的有 12 项，省级的有 29 项，青岛市级的最近已经公布了第四批，非遗代表性项目一共有 97 项。咱国家级的传承人有 3 人，省级的传承人有 14 人，青岛市级的有 35 人。那么对这些非遗代表性项目和传承人，我们青岛市财政从过去的两三年开始，每年扶持五六个项目，每个项目给它 5 万块钱。对传承人青岛市财政每年给他 5000 元，省文化厅给传承人 6000 元，中央的非遗专项资金给国家级的传承人每年 10000 元，这是我们的非遗名录体系建设。

再就是我们的非遗示范性基地建设这方面，现在我们青岛市陆续也建了一批非遗示范性基地，像我们青岛市有一个非遗民俗博物馆，这个刘处长比较熟悉。在各个区市像即墨有即墨非遗博览园，还有黄岛区的韩家民俗村，还有一批行业的博物馆像即墨的即发纪念馆、即墨老酒博物馆建设都不错。这些博物馆、纪念馆，在非遗传承人的近著、成果展示方面还是提供了一个不错的平台的。

通过这两年非遗工作看，感觉存在的问题也是有的。因为与有些城市相比，特别是同副省级城市、沿海开放城市相比，我们非遗专项资金的投入力度与非遗保护工作的所需还是不相匹配的，如果能再增加一点，再多投入一点是最好的。因为有些项目可能不是一次性给它 5 万块就能解决的，它可能是需要一个持续的投入，分几次投入这种投入保护方式是比较合理的。有些城市可能每年的市级财政资金就有 200 万甚至将近 300 万，青岛其实这个城市你说 100 万跟过去 10 年前相比是有进步，但是与青岛的经济社会发展、这个城市的地位相比还是不相匹配的，每年报得很多，资金不够用。

我们在工作中也是有感觉，非遗的资金投入还是依靠财政，有些单一。如果能争取到社会力量、民间资本来加入的话，其实可以把这个工作做得更好。我们在工作中以前也尝试过，也有些较为成功的案例。

成：问题在于怎么可持续，政府不只是在需要的时候给一点，更要表示重视态度。

LHY：当然我们下一步工作还是非遗，不仅仅重在保护，后期的绩效考核也非常重要，不只是仅仅投入而不管后期效果如何，所以我们下一步的工作，还想在资金的绩效考核方面下功夫。我们张主任从事非遗保护工作多年，也是这方面的专家。

ZP：我是觉得在实际工作中我们十一个市区的保护单位、保护项目典型、落后都存在，中间不上不下的是主体。那么我们今年扶持资金的评选标准，包括我们工作上的动力，可能也就是提出典型来带动后进，拉动中间力量，这是我们实践工作中潜在的一个标准。

这两年我们觉得政府是一个平台，搭好了平台让项目去唱戏，怎么唱戏把观众引来，把社会资源引来，把社会力量都聚集来，这是我们这个平台牢不牢固的一个看点。这两年，我们就跟地方上特别是经济发展好的几个区市，像我们下面城阳、崂山、即墨，这种相对来说在各个区里经济投入方面还算拿得出手的，在非遗投入上还拿得出手的这种区市，让它们做一些非遗的典型投入，让它们用非遗的方式保护非遗。非遗很多项目之间是共通的，如民间文学除了出书，感觉上没有传承方式，因为我是曲师大中文系毕业的，我对民间文学比较感兴趣，感觉比较亲，因为正好在这个口，感觉出书、出集就没有其他方式了，实际上这两年我们探索可以用非遗来表现非遗，比如我们用地方戏把民间故事唱出来、演出来。老百姓既看了表演形式又了解了表演内容，这样一举多得，观众还喜欢。因为你老是这样弄些故事大赛感觉挺单调的，这样通过戏曲的形式，既活跃了地方戏又活跃了民俗文化，特别是民俗节庆的时候很容易把观众吸引过来，成为一种民俗活动，是文化传承的亮点。这是我们今年探索的传承传播方式。

成：这属于口头传说类的非遗。

ZP：对于一些相对较难进行物质化传承的门类，我们用过一些创新的方式，不创新就得死，就得创新，我们就在用创新的方式。可能也试探着。

DWH：用非遗表现非遗，传承非遗。

ZP：这样利用了民俗，因为非遗的一个大项目是民俗，在民俗的节庆里用民俗的形式给大家传播民俗的内容，这样一个活动三个内容，这是我们在传承方面这两年探索得比较成功的一个典型。

再就是，这个这两年可能在全省都存在，在 2009 年、2008 年我们就开始走进校园。我们进行传承人的导师聘任制。我们把传承人带进校园，根据学校特色进行菜单式服务。因为教育系统每个学校的特色不同，也可能跟校长的办学理念以及学校的文化传承有关系。有的学校特别喜欢剪纸，有的学校喜欢戏剧，这个都有不同，我们就给它一张菜单，就像我们吃饭上饭店看菜单一样，菜单上就是我们的传承项目，就是我们让对方点菜，那么你看好哪个菜，你点哪个菜，比如你看好剪纸这个菜，我们就配备老师进学校。前期我们由市文广新局出资进行试课，试课双方双向选择，传承人选学校选学生，学校也选传承人，看他能不能教了这个课，有没有教学经验。当然双方一旦定下来，就进入常常化运作。一学期、两学期，以后的教学课时费可能就由学校承担，也很少的一点，这个传承人的费用。这样，一个项目试点成功后，我们会再分批再去进行同样的扩展内容、扩展项目。这样，对学校包括对社区，现在我们都进行菜单式配送，需要什么我们就提供什么，而不是我们有什么你就得要什么，这就是我们进社区，走出去，从我们文化馆、从我们非遗保护单位走出去的这样一个服务方式，这样的一个服务理念。

走出去了我们就应该请进来，请进来就是每年我们有定常的公益演出、公益培训班。但现在公益性的培训班不仅是非遗，其他的包括唱说跳舞，都存在这样的问题：一是公益疏于管理，就是这个结果不好控制，不像那种社会上的培训学校，我交了钱刮风下雨都得来。一是培训效果，我们现在也在摸索，我们馆里的其他的一些艺术门类也在摸索，不能说是约束机制吧，应该是管理机制，怎么让老百姓真正地受益，而且让文化馆在此基础上能够更良性地运作，不仅仅是今年我办了多少公益场，我们想看到的是，通过办公益场，达到了什么社会效果。这可能这方面是这两年我们要探索的理论性的建设方面。

成：实际上，各地看来吧，各地这种公益性的培训办了不少，重视程度都差不多，关键是效果不一定是那么好。

ZP：而且这两年我们也想，市里资金、省资金、国家资金，保护项目和保护人怎么分配，目前来说传承人看到的资金分配就是传承的辅助经费，青岛市5000元也好，省6000元也好，国家10000元也好，一个传承人一共一年是21000元就是这么算出来的，对于一个保护项目来说它的保护经费不管是不是拿到国家经费，最多是10万，最少是8万，这两年累计的。包括保护单位本身对自己的投入，我们很多保护单位是企业，它通过其他方式盈利，然后投入到非遗的保护上，我们现在就想这个资金的平衡，在项目和传承人上的平衡。按说非遗是活态项目，传承人是它唯一的载体，他没了，这个项目就没了，只能进档案馆作为档案资料。现在反而在传承人的保护上仅仅就经费投入而言和项目就是不对等的。因为你即使投入项目，项目要保护还要传承，这是一个最直观的载体。所以说这一方面是这两年我们思考的理论项目问题，可能实际操作起来，包括我们省厅2012年下了传承人和项目保护单位的落实机制、退出机制，确实不好操作，这个退出机制于情于理不好操作。

除非是有一些重大恶劣情节的，这个没办法。特别是传承人，不仅仅是保护经费问题，荣誉各方面好像都不太好操作，省里2012年下来这个文件之后，我们地方上也陆续出台这种，但实际操作上都没有落实。

成：比如说老先生他老了，但是只要他健在，一般来说荣誉都是他的，但是后边很难有传承者、继承者。

ZP：但对于我们实际操作来说，实际上作贡献一线上的骨干力量他又没有荣誉，有一腔热血，但是这个热血能维持几天谁也不知道。而且说实话他们也五六十岁了，等他们老一辈的百年之后，他们又七八十岁，他们又不行了。这个事就这样。

成：有的时候有的项目传承人，可能不仅仅只靠一个，选择一个不妥。

ZP：有点垄断性。

成：对，有点垄断性，可能是要在广面上铺开。尤其是利用项目经费，过几年就得说他叫骨干。把那个传承骨干配置好，不仅仅是一个传承人就好。

ZP：是是是，我们现在就是因为国家级项目承担国家经费方面对保护单位要求得很严格，有的国家项目里边带着国家传承人。我们说就这个钱、就这个项目而言，对这个传承人他可以使用，但不是唯一的使用者，其他的传承人，也可以使用。我们这个项目落实得挺好，一般都是专项专用的。

成：这个属于生产性的，能够见到效益的这种项目就好办了。有一些不是这个类别。

ZP：十大门类保护方式。

DWH：有一些是，纯药性，外力投入来保护。

成：自己产生不了，后继乏人，找不到徒弟，没有人愿意去跟他干这个事。

DWH：很多这个样子的，我们很多项目就不少。

ZP：特别有一些民间文宝，手工技艺比较好，工艺美术，还有医药都比较好。民俗也好，民间文学也好，再有一些很传统的舞蹈，大都是依靠政府。

DWH：市场上一些比较难形成商品性，商业化。

成：市场化的东西很难操作。

DWH：我们即墨老酒就传承得很好。

成：对，这个很好。

DWH：近年来又添了一个，沙土的那个金钩海米。

ZP：就是海产品腌制技术。海边嘛，海产品腌制技术发达。

DWH：干了之后就可以，可以干吃也行，拌凉菜也行。

张：这都是我们传承人做的。

DWH：这些还都要有市场，而且比一般的海米都要贵很多，是吧，比那个非遗牌子贵很多。还有那个什么植秀堂的养生茶产品，他做的一百多个城市，60多个国家，这个养生茶真中药性质的，养生之道，春天，夏天，秋天，冬天，立夏之后什么时候该喝什么茶，适合养生的需要，做小礼品，有我们青岛特色，那个产品开发得挺好的。

ZP：它本身的技术也很好。我们现在落实保护单位吧，现在原来一二批包括国家一二批。落实保护单位的时候放在了文化馆，另有一次还放在局里了。后来就不行了，然后文化馆、文化局啊街道啊，现在我们申报省三批、国三批的时候，正好是我们十三批之后的时候，我们赶上这个潮流，把所有的保护单位，我们尽可能地按一个潜在的原则，落实在生产一线上。就是比如说你是技艺类的落实在企业，你别放在村里去了。民间文学你可以放在街道，现在街道上都有文化，文体中心，文化中心，它都有独立的版面，文学类的放在那，民俗类的放在那。技艺类的，工艺美术类的，或者医药类的，我们就尽可能把保护单位放在一线上。

DWH：他这个区文化馆里面有专门负责的？

ZP：嗯，有。但是区里的只有即墨那个是专职的，其他的都是文化馆的那个兼职的。

成：落实这个保护单位是很有必要的。

ZP：也是调动保护单位性的积极一种方式。你把放在街道上的调到企业上，街道心理上会有些扭转不过来。我们认为保护单位放在一线上比较好。

成：你们的工作做得很细，针对这样的困难，都谈到点上了，比较到位。

DWH：其实有非常多的困难，院长，我从面上给你汇报一下，我觉得这个文化传承保护，我们感觉到困惑和要解决的问题主要有两个大的方面：一个就是文化传承和保护，这个不光是文化部的责任，也不是光宣传部的责任，它是一个全社会的责任，它要形成全社会的氛围。而且从小到大，植根在他的发小。而且不断地跟进这个思想根基、价值体系、思想道德和文化体系。学校、企业、政府都有这个责任，那这个怎么办呐？现在党委和政府，要齐心协力，把这个事情作为社会责任也好，作为政府的直系责任也好，全力来推进。不能光文化口来管理，任何一个口，离开了文化口，所有的商品没文化，它就是废品，没有文化的内涵就根本提升不了层次。所以它是靠党委和政府全社会的推进，每一个地市的党委书记、市长，就应该是文化建设的第一负责人，都应该是文化传承的第一责任人，他干什么事情的时候都要有文化传承的意识。他部署任何工作，都要把文化传承部署进来，我觉得这个应该写一个内参之类的。就是你这个文化传承，光靠文化口做，只能组织一些活动，太简单，第一个问题就是全社会的共同建设。

第二个问题，就是怎么发挥政府的责任，怎么强调政府的担当问题。政府担当就是担负最主要责任的文化部门，我们应该怎么想方设法地把这个文化工作做到老百姓心里去，做到群众喜闻乐见，最后潜移默化地凝固在思想当中、灵魂之中。这个我想的话就牵扯到很多的问题了。我们思想方面的关键问题，要不断地开阔创新。怎么样去思考？换位思考。再就是怎么科学地安排这些活动也好，项目也好，怎么样把这个价值体系啊，这个中华文化融入进去。我们去年搞了一个文化大赛，评选什么舞王、绣王等，都是群众海选的，这个事情有不同的看法，但总体来说，形成了一定的声势和影响，受到了高层的关注，所以你只要科学地设计和规划就能取得一定的效果。

还有就是你刚才说的人员资源，图书管理员也好，或者是文化站管理员也好，都是兼职的，没有那么多的人去做。再一个就是组织编制的体系方面也不尽科学。可能一个文化馆里就一个人两个人，就做不了太多的东西，不像联防、派出所什么的，有些做不到那么全面。

你要是想在这个时代，你想做些东西吸引人，你不擅长宣传，就没有人去看，就没有人去听。所以这个宣传很重要。文化就应该去大张旗鼓地宣传，有时候想宣传是需要钱的，我们也想了很多办法，通过多媒体、自媒体这些手段，但是不一定是那个效果，也就是玩一玩可以，但是时效上就不行。大的方面就这些，还有很多细节方面可以再聊。

L：刚才认真拜读了一下你们的访谈提纲。我想我自己的理解有可能是，需要谈哪些中华文化传统文化，对于我们从事文化文物的来说，一个是非遗的，一个是物质文化遗产，一个是有形的一个是无形的。

刚才无形的已经说过了，我就说一下有形的博物馆的管理。目前青岛市的博物馆已经有 48 家了，在山东省位列首位吧，是发展最快的城市。

成：我听说了，你们这里最多。

L：我们现在全市博物馆公有的 10 处，是国有的财政拨款的，民办博物 22 处，行业类的 16 处，一共 48 处，其他在建的有十几处，加上今年再申报的，突破 50 处，是 55 处左右。我们的想法是，在"十三五"期间，总量达到 100 处，实现五十万人一处博物馆的目标。

成：这个民办的动力在哪里？

L：从政策法规讲，国家出台博物馆条例，就是赋予民办的博物馆一定的法律地位，可以和国有博物馆一样享受一定的土地优惠政策、技术支持、国有博物馆对民办博物馆的对口帮扶，再就是它的藏品纳入我们的管理，还有展览交流、引进。申办流程的审批，整个在管理上是跟国家博物馆一样的。

成：私人收藏的很多，很多人企业做大了，有闲钱，自己喜欢收藏，博物馆就做大了。

L：为了引导这些力量，所以就转型成博物馆，统一管理，也利于对国家的藏品进行统一规范，同时也利于它们搞一些展览规划，跟我们实行互动、交流、引进、借展、调剂等，这样就把民办、国有放到一个平等的法律地位上，同时也要承担相应的法律责任、社会责任。我们博物馆整体的数量是以国有博物馆为主体，以民办和行业博物馆为补充。整个的发展流程是这样的。

在"十三五"期间，我们有一个思路、规划，我们提到博物馆发展是"一城三带十群"。

"一城"就是青岛建设成一个博物馆城。青岛这个城市的风貌是很有特色的。整个青岛就是一个没有围墙的博物馆，像八大关，和正在建设的德式建筑，其实每一个建筑就是一个万国博览会的形象。所以就说青岛是一个没有围墙的博物馆，这是我们的一个目标。这是"一城"。

"三带"就是以可移动文物普查带动馆藏文物数字化建设和保护利用工作。现在全国正在开展首次可移动文物普查，这个不但是对现在国有博物馆的收藏展品正在摸底调查，同时对一些国有收藏单位的藏品进行突查，是为了掌握现在我们国家总共有多少藏品，不光是在博物馆系统内的，对国有单位、国有企业内的也要开始摸底、调查，这是一个浩大的工程，持续五年，我们已经推进了一大半了。全市登录信息有藏品 20 多万件。

成：不止吧，你这里很多，应该是第一吧。

L：24 万件左右。我们博物馆数量是第一的。第二个带动就是以博物馆免费开放、品牌活动带动公共文化服务体系建设。博物馆作为优秀文化传承的重要的载体和阵地，它起到的是传播展示宣传教育功能。所以我们现在青岛市博物馆开展了很多年的品牌活动，比如说我们青岛市博物馆有博雅讲堂、奇妙博物馆，我们迎宾馆有"爱上这座城"，这种品牌既包括展览，也包括社会服务。第三个带动就是博物馆的定期评估和考核带动博物馆办馆质量的提升和人才队伍建设。现在博物馆定级，我们青岛市一共有 7 处，一级博物馆 1 处，二级博物馆 3 处，三级博物馆 3 处，一共是 7 处博物馆纳入国家考核评估。

"十群"是我们自己按照整个博物馆布局和特色资源来对博物馆的组成进行一个群落划分。有这么几个群落，第一是乡村记忆博物馆，乡村记忆博物馆是国家正在开展的村落保护以及习主席提到的要看得见乡愁、记得住乡愁，所以我们在乡村划一个群落；第二是海洋文化博物馆群，有海峡博物馆，有海军博物馆，以海洋为主题的博物馆；第三是工业遗产，青啤博物馆，葡萄酒博物馆，纺织博物馆，这是工业遗产类博物馆群落；第四是城市建筑博物馆群，总督府旧址博物馆、迎宾馆、德式监狱旧址博物馆，以德式建筑旧址为本的博物馆；第五是名人故居博物馆群，有老舍故居、闻一多故居，现在有一批在建中的名人故居博物馆；还有一类就是院校博物馆群，院校类包括青岛技术博物馆，在技术学院里面，黄海学院博物馆，农业大学昆虫博物馆，海洋大学海洋标本生物博物馆；还有以地域划分的西海岸博物馆群，西海岸就是现在黄岛区和胶南区合并以后；还有区辖类博物馆，崂山区博物馆群，它的民办博物馆数量最多，还有大沽河博物馆群，这是以地域划分的；还有非遗博物馆群，就是所说的胶东民俗，以及即墨非遗博物馆等。这样就是到"十三五"期间，通过"一城三带十群"的建设，我们总量会达到 100 家，这是整个领域的总体思路和规划。

目前博物馆从整体发展来看，一个是通过场馆建设，既有数量上的建设又有质量上的建设。目前场馆建设方面，刚才说的我们有国有、民办、行业等几个门类。在这几年的发展当中我们存在的问题就是博物馆行业近几年发展太快太滥，过多过滥。因为发展快了，展览的主题特色不是很鲜明，同时藏品的数量和质量有待提高。最大的问题就是博物馆专业人才的匮乏，这是制约博物馆发展的一个重要因素。所以在博物馆建设方面，我们建立了一个机制，这个机制就是建馆前论证，建馆中指导，建馆后监管，我们建立这么一个流程。我们邀请了社科院的、档案局的、文史研究的以及民政部门及其他行业专家，在建馆前做这么一个论证，就是博物馆的建设有没有必要，怎么来建设，怎么规范，按照博物馆审批的要求来怎么申报，这是建馆前论证；建馆中要指导，文案大纲的指导、展览布局指导、单元划分以及后来对社会开发服务，以及研究工作的指导；建馆后的监管就是数量的评估，展览个数研究成果进行数量上的考核。这是一个机制和流程。在政策方面，按照博物馆条例以及山东省出台的促进民办博物馆发展的意见，我们青岛市也出台了青岛市促进民办博物馆发展的政策。现在政策正在细化，下半年出台实施细则，这实施细则对民办博物馆的发展给予土地的优惠政策，对举办展览活动的场次、参观展览人员数量、研究成果的申报和评审等级进行评估，给予一定的资金支持，还有管理场所的安保设施，对这些进行评估，给予一定的扶持资金。大概博物馆的情况就是这些。

成：你们这博物馆突出特色，博物馆多，想做博物馆的人也多，有些地市你发动也发动不起来，这边经济发达，文化人才也多，有实力，积极性也高，管理到位跟得上，比较突出。

L：因为前几年博物馆数量比较少，我们就提了一个边发展边规范；在这几年突然间快速发展，我们就提到需要规范发展的层面。

成：你这里博物馆多，所以文物界看你这里都很眼红，太多了，将来一普查上报给国家的就太多了。

L：将来博物馆的监管是个大问题，因为将来博物馆牵扯到如果不做了，有个退出机制的问题。现在博物馆藏品的管理、登记入册、造册、规范化，跟我们国家博物馆差距是非常大的。展览的策划方面缺乏人才，缺乏社会服务讲解，这些环节很薄弱。

成：多了以后，监管就是问题。

L：青岛市民办博物馆相当一部分是不盈利的，通过企业反哺博物馆，相当一部分是这样。但有个别做得非常好，像青啤博物馆、嘉木艺术博物馆，青啤博物馆基本依靠纪念产品、门票收入养活博物馆，海军海洋博物馆也是，门票收入基本就能养活。民办类嘉木艺术博物馆依靠文创产品也能养活，其他的小众化的就很难了，必须通过文化传播公司盈利。还有就是国有企业像华仁药业，博物馆是企业的一个组成部分，是宣传企业文化的阵地，一个宣传窗口。刚才说的即墨老酒也有博物馆。即墨现在即墨老酒、妙府老酒还有非遗，现在至少是三个了，这都是属于非国有的，非遗是民办的。其实非遗和博物馆有时候不一定分得很开，非遗可以通过经济转化的方式产生利润，来担负博物馆的公益事业，而博物馆是提供这样一个平台和场地来展示非遗的公益传承，所以不见得能分家。其实有时候我们说国家文物局应该叫文化遗产保护局，应该把非遗和博物馆或者是文化遗产结合起来，就是可移动文物和不可移动文物，就是无形的和有形的，把它整个一体化管理，这样才能更加顺畅，管理上也顺畅，也能更加促进它的发展。以前也提出非遗要给国家文物局来管，文物局当时可能考虑，这一类的口传身受这一类的较多，戏曲类的多，这不就跳舞唱歌么，国家文物局管不了这个，还是不要，所以非遗就放在社文了，属于社会文化管，后来发现不对。

成：譬如说，一些民居建筑等是民国以前的，本身就是文物，建筑的格式又是一个记忆，所以就拧成块了，跟文物产生联系，不好区分了。

L：所以刚才 DWH 主任也说，如果你们有建设性建议适当地也可以提，随着形势的发展，有些东西已经分不开了，这在管理上很难，再细化再区别也很难。即墨一个非遗博物馆就得分两块申报，非遗一块，场馆建设又是一块，在资金扶持上，我们是不是还得再给它一块？那么这种交叉和重叠不太好处理。它如果再是文物建筑，文物处又管着，所有一体化考虑可能更利于事业的发展。

成：还好，现在基本都放在文广新局，还好一点。咱这个文物局是单列的？

J：文物局是文广新局的二级局，有自己的财产但没有人事权，业务和资金是独立的，人事管理是另一块。

F：成院长，那我汇报下我们这块的工作。城市文化遗产这方面，主要包括物质文化遗产和非物质文化遗产，物质文化遗产方面，这个我在教授面前属于班门弄斧了，又包括可移动文物和不可移动文物。刘处长负责可移动文物，我这边负责不可移动文物，不可移动文物按国家文物局分为几大类，今天的建筑、遗址、墓葬、石刻等等。我觉得不可移动文物是传承城市文化、优秀文化遗产最直接最明显的载体，就好像咱一听到北京，最直接就是长城，一提到西安就是秦始皇陵兵马俑，包括曲阜，就是"三孔"、曲阜鲁故城。成院长来青岛之前肯定也会知道，青岛最有名的德式建筑群，万国建筑。来青岛时到里面转一圈，确实非常有特色。这是最直接的城市文化传承形式，这些优秀的文物建筑也是我们可移动文物和不可移动文物保护里面最重要的职责和使命。

青岛，不可移动文物，不仅仅限于市区里这些近现代建筑，这两年，通过不断地挖掘、申报，青岛现在文物保护建筑和文物保护单位已经达到了515处，包括国家级重点文物保护单位18处，省级文物保护单位73处，市级55处，区县级357处。作为我们文物保护行政部门，我们工作的一些主要职责，首先，最重要的是对文物保护遗迹点进行发掘。

在2008年的时候，全国搞了一个第三次不可移动文物普查，包括青岛在内，全国各大城市文物保护的水平、能力都有一个显著的提升。2008年"三普"的时候，青岛新发现的不可移动文物遗迹达到了 1253 多处，通过这两年"三普"的遗迹点，不断提高文物保护等级，很多遗迹点已经升级为文物保护单位，甚至升级为省级文物保护单位，这样的很多。这是我们作为文物行政部门重要的一个职责，就是对文物遗迹点的发掘和文物保护层次的提升。

我们觉得还有一个重要的工作是一些法律法规条例的制定和完善。青岛现在还没有出台单独的城市文物保护条例，现在很多比较先进的城市出台了自己城市的文物保护条例，青岛正在酝酿，正在报市人大常委会争取立法。但是青岛市这两年已经出台了类似于传统文化保护条例，比如说，《青岛市历史文化名胜保护条例》《青岛市传统城市风貌保护条例》，都是以市政府、市人大正式条例的形式公布的，它们都把青岛市传统文化建筑、老的一些街区、一些优秀的建筑纳入到城市建筑保护条例中作为一些重要的组成部分。所以说，这在以前，在文物保护立法方面，应该算是一个突破。青岛市在文物保护方面，作为我们文物行政部门来说，在立法是一方面，主要还是形成保护意识。这两年，我们也加大了（力度），因为没钱，要保护就要先修缮，没钱很难办事。我们这两年不断加强对文物保护资金的争取，市一级加大文物保护资金的投入。

今年，争取了国家文物保护资金 4949 万元，"十二五"期间，总共争取到的文物保护资金已经达到了 1.8 亿。主要是对一些国家级的重点文物保护单位进行修缮、进行抢修，或者进行一些发掘，立项保护。然后，青岛市财政每年也投入 200 万元左右对于省市一级文物保护单位进行抢救，进行修缮。青岛在文物保护方面，比较有特色的是，跟别的城市不大一样，还有单独的一些工作，就是水下文物保护工作的开展。因为国家现在也成立了一个水下文化遗产保护中心，山东省里也成立了一个水下文化遗产保护中心。其实，青岛市这个班子成立比省里要早得多，而且工作也开展了多年了。从 2008 年开始，青岛市已经开始承接国家水下文化遗产保护的一些重要工作，主要是对胶州湾地区的一些古代的沉船，包括近现代的一些战船进行一些勘探发掘，对水下的一些文物进行发掘，取得了很大的成果。2012 年的时候发现了 7 处沉船遗迹，其中有一处，尚未完全确定，它的形式特征很像奥匈帝国当年的主力舰船叫伊丽莎白皇后号，一战的时候在胶州湾附近沉没，各方面特征都很像，下一步肯定要对周边海域，沉船中心进行详细的开发。包括今年我们胶州湾海域水下考古工作已经得到了国家文物局的立项，也申请了专项资金，各项工作，今年 8 月份，马上就开展了。而且，国家文物局对青岛市水下文化遗产这一块投入力度也是非常大。它现在首先是跟青岛市政府签订了《国家水下文化遗产保护中心北海基地建设协议》，下一步就是说，现在南海基地建成了，在宁波，北海就放在青岛了，主要是长江以北的海域，从辽东半岛到长江以北这块，主要是从事这一块海域的勘探、发掘，包括一些沉船的研究，水下文物的研究，等等。同时，去年，中国第一艘水下货物船叫"中国考古01号"，已经把这艘考古船正式移交给青岛市政府，把青岛港作为考古船停靠的港，如果哪个海域有任务的话，就到哪个海域，如果平常没任务的话就回到青岛，也可能依托这艘船对胶州湾海域进行一些研究，一些勘探发掘。

　　这是简单汇报一下我们文物保护的主要工作。我也想借这个机会，说一些困难和问题，我们做不可移动文物保护，在实际过程中也确实遇到一些（问题）。首先，是共性的问题，文物保护资金的问题。现在，文物保护资金，每年虽然我们争取的资金量很大，但是首先它是专款专用，而且国家重点文物，那一些省一级市一级的文物保护单位虽然每年有200万的市级文物保护资金投入，但是文物保护修缮专业化程度非常高，专业化程度高所带来的修缮成本，一个建筑投入个几十万修缮，我觉得根本看不出什么东西来，专业资质的修缮公司，要价非常高。我们每年200万文物保护资金的投入，主要是用于一些抢修的文物，那些文物破损确实比较严重，要塌了或者要怎么着了，要倒了，我们要进行修缮，其他的连保养都做不到。因为资金量非常有限，要全部覆盖到，根本不可能，所以只是以抢修为主。所以，这是我们一些省市级文物保护单位面临一个很大的问题，资金投入。

　　再一个，也是一个很重要的问题，就是现在文物保护面临城市化改造的压力是非常大的。现在，包括一些城市一些地区，为了完成城市化改造任务，盲目追求政绩，在城市化改造过程中，尤其是一些农村向城市化改造过程中，对传统的一些优秀文物建筑，包括一些文物保护建筑，没有真正做到很好的重视和保护。像青岛这样的，在城市化改造中，建了新的高楼大厦也好，新的特色也好，开发区也好，但是搞城市建设的后果可能就是以牺牲一些优秀文物保护建筑为代价了。现在因为有《文物保护法》制约，很多文物保护单位在城市化改造中，起到了保护作用，但是那些没有列入文物保护单位的，包括今天，刚开始刘处长说的"乡村记忆工程"对一些传统村落、传统优秀建筑，这一块，它可能没有尽到保护的职责。还有，这些传统的建筑、村落，蕴含的文化底蕴非常大，只是我们没有发掘，还没有好好研究它。不光是青岛，在全国都是这样。现在传统村落，在中国平均每天消失80个。新农村改造，好像很多地方，盖出很多新的楼房，那就是他的政绩。其实也是对政策的误解。

　　成：很多典型的村都没了，曲阜那边有个颜家河口，整个都迁了。那里在清朝出过"一母三进士"的故事，在哪里他们老房子基地现在都被推平了，这些都是待开发的文化遗址，有很多记忆在那里，结果这些带文化记忆的建筑全拆了，很可惜。

F：其实这是文物的悲哀，看了都非常心痛可惜的。以前没从事这个工作也没意识到，从事这个工作后感觉真是可惜。下一步，我们主要的工作，除了可移动和不可移动文物保护工作，主要还是以保护为主，通过保护让优秀的建筑、优秀的不可移动文物来传承、彰显优秀的文化，然后根据中央的精神，习近平总书记提出来的，让文物活起来，下一步非常重要的工作就是让文物活起来。针对这一重要的号召，我们也开展一些类似创新类的工作，考虑怎么样让文物活起来，让文物讲故事这方面，我们下一步会做工作。比如说，现在也开始尝试做一些工作，搞一些活动。现在您那边曲阜搞得已经很好了，就是鲁故城考古遗址公园，至少是 30 年的规划，我去年年底去看了，地方政府的力度、决心真是非常大，将好几十公顷这么大一块地圈起来，对任何一个地方政府来说要做这么大工程真是需要很大的魄力，我觉得青岛市要做到这很难。

但是我们也开始尝试做一些，类似于我们构思的考古遗址公园，让文物和旅游相结合。

包括我们现在做的一战炮台，做成一战遗址炮台公园。首先要通过文化与旅游结合的形式让更多的游客来参观。再加上，在公园里面有很多配套设施，比如说有一些景点展示，以一战炮台博物馆的形式来讲故事，来展示传统文化。下一步，包括我们国家级文物保护单位，即墨故城和柳絮山汉墓，这个遗址我们已经勘察多年了。老的时候，青岛市叫即墨县，青岛这一块属于即墨，老的县衙就在平度那一块，它是我们青岛文化的一个行政上的起源，在平度市古县镇。现在已经报文物局了，山东省的文物局已经立项，批下来了后，我们也会尝试做一些展示工作，包括我们在齐长城，做一个文化长廊建设，通过文化与旅游的结合让文物活起来，让文物讲故事，在青岛市区范围内像中山路、八大关、小鱼山附近，建历史文化展示，也是通过打造旅游景点的方式让市民更多地了解、更多地参与，这主要是下一步准备在文化遗产这方面的一些创新，我们主要的工作还是我刚才说的保护，保护好文物，这就是我们作为文物工作者现在最大的工作，最大的责任，也是最大的压力。

成：文化产业和文物保护还是有矛盾的，遗址公园做旅游要做好文物保护可持续性工作。

F：成院长多指导，因为曲阜这一块在文物保护方面走在全国前列，绝对具有典型性，资金量比较大。

成：一个县级文物局有 200 多人，文物局长是副县级。

F：曲阜为鲁古城遗址单独设一个开发建设指挥部，能看出这一点，各方面意识、动作、资金投入都走在山东乃至全国前列。

成：曲阜要打造一个文化城市，尤其是发挥它文物遗址众多的优势，加上现在理念上对传统文化、道德文化的引领，加上遗址，两块一块做。

F：那真是让文物活起来，让文物讲故事。

J：刚才，各位老师都谈了，我们图书馆是具体单位，一个点。我们领导是上午打的电话，这个尼山书院的材料我都带来了，前两天省里来的媒体采访团，我们也提供了。材料上有的吧，成院长都看到了，我们图书馆社工部作为尼山书院一个具体的活动的组织部门，谈一下具体的体会。

成：尼山书院是一个重点，它承载着传统文化的传承。

J：尼山书院发源地是在曲阜，青岛成为典型，省图书馆力推，文化厅全省推广。这应该是将山东文化往全国推的示范点，这个点很重要，我就谈谈尼山书院建设。尼山书院一开始标杆是比较高的，而且从标准上，从规章制度的制定上，是很完善的，有利于它一下子铺开，对活动场地、各种设施都有详细的规定，市一级达到什么规定，县一级达到什么规定，这有利于一开始在最短的时间内全建成。这个我觉得做得非常到位，但是在实际运行中，这个规定应该不断地调整。因为，现在我们通过活动来看，有些规定特别是有些场地限制了我们的活动。比如说，我们馆一开始建设，是严格按照省里规定市里办法，在我们十个区市建设十二个尼山书院的分院，我们是走在全省前列，在2014年年底全部建成，全省推广是在2015年上半年，我们提前半年就走在全省市的前面，确实我们也建成了。建成以后，我感觉我们领导一开始是比较到位的，市文化局申请的是160万的专项财政支持。这160万呢，每个区市馆有5万块钱的补贴，我们市馆在十二个分院里统一置办孔子像、孔子挂像，包括每个活动阅览室的标牌，这都是我们市馆负责，一开始都是统一按照规定置办。场地我们也建成了，建成了各种阅览室，各种活动室相继建成，但是相比我们以前的活动室来说，这是在我们之前的活动室之外再建的，而且是为了便于省领导检查，我们集中在一起建的，很方便，在七楼这一层很方便，领导来看一溜烟看完了。但是就真正搞活动来说，房间太小了，好的活动特别是未成年人的活动，孩子的活动是特别吸引人的，我们微博、微信宣传出去后一般都是家长带着孩子来，场地受限。作为我们的领导他可能也存在局限性，他可能觉得尼山（书院）的活动就应该在你的场地里搞。但是我觉得吧，开始这个事情是好的，在后面的运行中，有些程式化了。因为传统文化在我们图书馆、市馆，我们之前就有六大服务品牌，这包括青岛文化大讲堂、移动书香、外语沙龙、小小莫扎特音乐馆、小贝壳快乐营和文化展览，这六大服务品牌中其实很多的内容都是与传统文化有关的，你看青岛文化大讲堂，虽然我们也有科普的讲座，也有文化知识，但是我们也有传统的讲座，一些写作方面的，一些文学方面的也是跟这个相关的。你像我们小贝壳快乐营，就纯粹是少儿活动，那么少儿活动很大的一个有利就是家长想让孩子知道传统的一些东西，也就说在实际运行中，我们跟领导提出来，要整合这些东西。

再就是，我们在运行当中，规定市一级尼山书院必须要有两个以上的专职工作人员，这个规定是我们市馆规定的，但是我要说我们市馆就没达到这个标准，就没有到位，社工说你们这个部门就是搞活动的，原来六大品牌是我们的，现在尼山（书院的）活动也是你们的，不给我们加人，工作任务扔给我们。这里头考核标准很详细，一个月要有多少场活动，一个人要有多少场什么样的活动，达到什么样的课时，很详细，但是我们运行当中碰到很大困难，我们原本已有传统文化活动，但是标准来了以后，要求我们凭空加那么多活动，我们人力、物力跟不上，作为部门主任，我们六大品牌的活动只要是跟传统文化有关，我就说你准备按传统文化，就是说这六大品牌，这不是作假，我们活动实实在在有，可能不是在尼山（书院）的场地，是在别的场地，但是跟传统文化有关的，留两份资料，有一份我要加在尼山（书院）里，这不是作假。再有就是我们原有活动有，规定里有，我们觉得可行的，我们也要做。

LHY：其实我觉那样可以，因为你活动的性质就在那里。

成：只要是与传统文化有关的，都可以。

J：就是说，不能太死。再就是，规定活动的经费问题。省里或者市里的规定是依评带奖，年底要是考核合格会有 30 万的经费啊还是多少的经费，但青岛市可能是单列市，市外的经费到不了这儿。但是我们馆里没有投入，一开始的投入是有的，场地有了，设施有了。但是后期运行中，没有经费使用。比如我们联系一些老师，很热情的老师，包括前面提到的一些非遗的活动，他的目的就是说我要把这个手艺传下去，他确实没有营利的，是公益性质。但是讲课老师跟我说，你们能不能准备一点纸，你像剪纸活动，有些家长确实不了解，我们宣传是让他们自备剪刀、纸，但是有些家长带的纸可能确实不适合剪纸，老师可能比较热情，把自己的纸拿来。但是后来有些老师提出来，做这个事，我们是无偿地做这个事，你不能总让人家还搭上材料。在投入上，我们也能理解，我们活动的投入没有专项经费，都是从我们自己经费中挤出来的，这个问题再下一步，公益活动怎么坚持的问题，我觉得说的是很到位的。我的孩子吧，我自己的活动我不让他来，我可能花钱报个班，给他交钱去学这些东西，作为家长，花上钱的东西尽量还是让孩子坚持。公益活动搞下来，我们搞这个是连续性的、普及性的。这个我们馆领导也提出来了，要有连续性，我们尼山书院规定一些传统文化后，包括文化体验什么的，要搞连续性，已经准备了 12 期，每个月一次每个月几次的活动，准备了 12 期的课程安排。但是我说，很难连续，因为很多孩子和家长可能有时间就去，下次没时间了可能就不去了，或者有别的班，这都是很正常的事，很难有连续性。尼山书院活动其实也是这个道理，有时候家长可能觉得孩子需要去，但是孩子跟别的课程冲突或者说跟家长的行程安排冲突时，他可能就放弃了。

　　再就是尼山书院如果提建议的话，下一步在考核上，怎么避免流于形式。比如说，我作为部门主任，我要求员工怎么去掌握活动，各种活动宣传材料，前期活动安排，微信、微博、网站，包括活动现场照片，这些东西我们都是一应俱全，这里面不存在作假，而且我们的活动都是符合标准的。但是要是考核，真正实际意义上的考核，比如说规定的专岗到没到位，到底有没有专岗的，再就是如果有经费投入的话，这个经费是不是花到活动上面，是不是真正花到活动上面，这些实质性的东西考核是要注意的，因为它能保证这些活动是不流于形式的，是仅仅为了完成这些工作呢，还是让更多的孩子更多的群众真正体验到公益活动，真正体验到传统文化？我觉得这个内容很重要。言论其实已经很健全了，下面的考核机制怎么落到实处，怎么真正意义上保证尼山书院能够继续走下去。因为我感觉我们领导的重视还有欠缺，可能是我们馆领导工作要（顾及）方方面面，他也是要看省里的态度，就是省里对尼山的重视程度，我们也需要上面的动力、压力，促使我们把工作做得更深入。

　　成：你这做得相当好了，已经非常好了，到聊城，没有县级图书馆。你们这里基础硬件好，说达标很快，如果说一阵风过来后应付上级领导的检查，你这没问题，因为你这人力、物力、财力足够雄厚。而且，馆是有的，有的地方没有馆，那就完了，连馆都没有，你怎么搞，你继续，说得很实在。

　　J：我在局里临时干了两届，开会我一般不说话，实际上青岛要解决的问题很复杂。2008 年大家讨论的时候说是文化沙漠，青岛就是文化沙漠，但是应该说这几年这种说法少了，青岛的文化不断地在完善。

　　成：人们的意识上来了，青岛人的文化保护意识强。老的街区、民居、德式建筑的保护，包括我早就知道你们地下管网的保护、图纸等这些东西的保存都很注意，这不得了，意识很强。

　　李：青岛农村也搞好媳妇、好婆婆这些活动评选么？

　　LHY：各个区市搞，道德性的评选都在搞。

　　成：J 主任，乡村儒学属于哪个部门分管，是宣传部？

　　J：这个，乡村儒学我是看材料，我们馆吧，没有细化，以前是按大纲，后来（属于）尼山书院。乡村儒学我看报材料是城阳。就是他们每个馆给讲座起名字不一样，我们是叫青岛文化大讲堂，我们坚持了 20 多年了，是品牌性的活动。文化大讲堂就是搞讲座，实际上就是当时国家部署要求的，所以我们坚持了20多年。移动书箱我们的服务品牌实际上就是流动图书，主要是流动图书，文化咨询，80年代就开始了，现在30多年了。小贝壳和莫扎特主要是这两年立足于孩子、未成年人教育，我们馆也是未成年教育基地。英语沙龙立足于过去有段时间学外语热。这些活动主要是以前国家部署，所以评估有它的标准。这是非常重要的，所以能坚持下来。但是我觉得尼山下一步还是需要提示。

成：要根据"三严三实"的要求活动跟原来结合起来。

J：如果说省里换了，比方说换了领导，把尼山书院稍微松一松，那就没了。但是我觉得山东省往全国推这一个是最站得住脚的。现在孔子学院在全世界都是，山东作为发源地，这个是应该坚持的做法。因为现在来说全国图书馆的评估可能以后就不搞了，说流于形式这些东西不搞了。但是我是觉得吧，虽然流于形式但是它这个本地的工作具有促进作用、推动作用，真正不搞了，不见得就是完全理智，你搞有人说流于形式，不搞剩下的都是实实在在的。所以我建议，如果省馆将来如果确实强调品牌，山东的优势就是图书馆加尼山（书院）的发展模式，我建议咱的图书活动、阅读推广活动其实都可以纳入尼山（书院）推广。然后确实要成立单独的部门，要有单独的，不是你挂个牌然后什么临时兼着，长远有单独的编制、专职人员，那时候考核也有专职要求。现在比如我们部门，你不加人还完成任务那么多，我觉着我干这个在人面前我就很硬气了，但要是专岗的话可能就不是这个要求了，要求会更大更高。

刘：现在咱部门几个人？

J：我们部门5个人，这里面包括专职的音响师，他就是专职摄像、摄影，他参与不到活动，他只是做活动的摄影工作，而且我们每个人都是负责几个品牌的。尼山（书院），只能说尽量地往这块靠拢，

成：放到哪个部门？

J：社工工作部，我觉得应该是有个部门在尼山书院，相当于部门级，有专职的岗位。然后我觉得有专门的经费，不需要太多，因为我的活动基本上还是以公益为主，但是怎么让大家觉得这个公益活动确实有参与性、延续性，确实能学到东西，这个很重要。

成：J主任谈公益的话，有时候是请人来讲座，如果是从别的地方聘来的有名气的人士怎么办？

J：这个很实际，也很麻烦。我们当时聘的专家，比方说在传统文化方面有名、有建树的，邀请别的地方的专家，首先路费得管人家，吃住得管人家，这个必须要有投入。这个投入就根据一把手的重视程度，从活动经费拿出一部分他觉得值当的，制度上还是可以的。

成：上面可能说了很多要求，意思是有两个专职，人事单位不给招聘，那就白扯，编制得下来，不然就流于形式。你这已经做得很好了，几乎是我这听到的唯一一个说得做得很实在的。

J：其实，我们的材料，您要是需要活动材料、照片，我们都可以提供，我们的活动是绝对没问题的，很真实的。

李：如果有组织什么活动的材料、文字资料，那很好。

J：可以啊。登录青岛市图书馆网站，各种品牌活动，尼山书院活动都很详细，也可以跟我联系，我把活动宣传发给你，这样也是对咱青岛市图书馆的远程推广，给领导们作决策经验很好。

成：这是典型经验，你们做得很好，能提出问题，这说明在做；在思考过程中遇到困难了，其实我们调研好多地方都不提出来，说明就是个形式而已。

J：我们以前六大品牌的活动已经很多了，其实就是活动主题的变化，我们组织活动，报纸有时候免费给我们发，我们也有比较成熟的QQ群、微信、微博、网站，我们不缺人，只要把消息发出去，就会有人来，但是成年人参加讲座他可能跟着看你是什么大腕专家，作为孩子家长可能觉得我让孩子参加剪纸、书法体验，他就觉得很有新意，只要有时间就带孩子去。所以说我们现在看，将来尼山（书院）主要也是以未成年人为主，作为成年人他们接受东西，可能是有一种抵触，有自己的观点，不太接受。我觉得未成年人教育应该是尼山（书院）的重点，毕竟他们是未来。而且作为家长，有时候我们觉得，家长的观点可能比较世故，但对于孩子我们一般是要求他们应该怎么样，对孩子一般都是中规中矩的教育，还是尽量让孩子接受传统文化，接受一些正统的东西。

DWH：成教授，您看还需要什么后续材料，我们也都留了联系方式，下一步再继续保持联系，今天时间仓促，大家可能谈得也不是透，不知道有没有达到您的标准？

成：已经很好了，谈得都很深入。

六　临沂地区访谈实录

采访时间：2015 年 8 月 4 日

采访地点：市府会议室办公室

采访对象：FH（市政府干部）、WLF（市文广新局干部）、ZSC（大学老师）、LK（市委干部）、LFJ（市委干部）、YGX（市文物局干部）、WZX（市文化馆干部）

采 访 人：成积春、李先明、姜修宪

记 录 人：张金丹、胡安娜、兰菲

FH：今天，曲阜师范大学的历史文化学院的师生来临沂做一个文化传承的课题，这是对我们沂蒙文化、中国优秀传统文化，特别是齐鲁文化位置的认可，成院长对此也比较重视。成院长的这次调研，对我们临沂市的文化工作也是一个推进，将发挥很好的作用，咱们临沂的每一位同志以热烈的掌声，对成院长和各位专家表示感谢和欢迎！成院长过来，我们有关同志非常重视，请对这方面有一些思考和研究造诣的同志开展座谈，下面请成院长为我们说几句。

成：非常感谢各位在百忙之中能够抽出时间配合这次调研，是这样，受山东省文化厅的委托，我们承担了"十三五"时期山东构建中华传统文化传承体系这个研究，这个研究时间比较短，只给几个月的时间，9 月份拿出咨询报告，实际上为山东省文化发展，尤其是文化传承方面拿出"十三五"时期的一个咨询报告。

这个课题呢，山东省非常重视，徐厅长专门给我们谈话，给我们提了较高的要求。我们打算在省里和六个典型地市，包括广大的民众和受众等，做出一个广泛的调查，包括调查问卷和大量访谈，最终形成调研报告。其中呢，临沂在文化传承，尤其是红色文化传承和文化教育，还有咱们的文化遗产保护、群众文化活动等方面做得都比较突出，很有典型性。

上一次是在七月份来了一次，麻烦咱们局里的同志，当时是岳伟书记，他负责接待，并进行了座谈，回去之后我们整理发现，临沂还有一些点当时我们调研并不完善，材料还有些缺乏，需要深入发掘，尤其是在与红色文化结合这些点上，还有群众活动更宽的面上，我们想做一下深入的了解，因此我们来做第二次调查，也许下一步（还有）对民众的调查，根据写作的需要，我们再说，很可能再麻烦大家。这一次我们想在上一次的基础之上，请临沂的文化方面的能人、各级官员特别是在临沂的红色文化的传承上做出了重大贡献的这些同志，先进行一下面上的介绍，针对一些问题展开深入交流。下面请大家给我们作介绍。

FH：行，我们现在有请 LK 为我们作介绍。

LK：向各位领导简要汇报一下临沂宣传弘扬红色文化的做法，我看在座的有文广新局、文联的领导，关于传统文化我有一份调研报告，一会儿提交各位领导，现在我就简要汇报宣传红色文化特别是沂蒙精神的一些做法。沂蒙精神呢，是在战争年代形成的，山东党政军和沂蒙人民共同缔造的沂蒙精神。它的表述是"爱党爱军、开拓奋进、艰苦创业、无私奉献"，近几年我们临沂市采取有力措施，加强了对沂蒙精神的宣传、研究和弘扬。主要是三块，一个是研究这一块，研究呢，我们主要从去年开始，不断提升挖掘沂蒙精神的内涵，提升沂蒙精神研究的层次，我们和中国社会科学院马列主义研究所一块搞了一个战略合作，去年年底，市委宣传部李部长和中国社会科学院的专家研究沂蒙精神，帮助我们提出，从全国层面上提升沂蒙精神。现在已经初步拿出报告，准备提交给中央。我们打算在习总书记视察临沂两周年的时候，在北京可能要开一个座谈会或者是一个理论研究会。

然后呢我们社联这一块，每年拿出很多的课题，出了很多的书，我还带了几本书，一会提供给各位专家。在去年的时候，2014 年的 4 月份，山东省委宣传部、组织部、临沂市委开展了沂蒙精神与群众路线研讨会，出了第一本书——《水乳交融，生死与共》，这也是习总书记视察的时候提出来的，山东人民"水乳交融，生死与共"铸就了沂蒙精神，这是习总书记的一段话；第二本书呢是《图说沂蒙红色文化》，临沂革命遗址比较多，有战斗遗址。文化遗址、建筑遗址、革命先辈等四个章节，第一章为千秋英模，第二章为重大战例；第三章为红色遗存；第四章为圣地文化，包括文艺团体、文艺精品、报社刊物、学校教育等方面。临沂是《新华社》《山东新华书店》《大众日报》的创刊地，并出了几本书。

第二个部分呢是沂蒙精神的宣传方面，主要有三个方面，一个是新闻宣传，每年围绕沂蒙精神每年在中央电视台，大报大台，头版头条，发了不少关于临沂的报道。你像临沂在山东省新闻联播和中央电视台的新闻联播的发报率，在全国地市级是最高的。社会方面我们建造了沂蒙精神的教育基地，现在我们在全省有 56 处爱国主义教育基地，其中国家级的教育基地有 5 处，省级的是 10 处，市级的是 40 多处，编了不少中小学的读本，推进沂蒙精神进课堂。文艺宣传这一块，我们一是歌曲，一是影视剧，我们在前几年推出了一部电视剧《沂蒙六姐妹》，还有电影《沂蒙》，在沂河上还有一个大型的水上实景演出。

　　第三块就是典型宣传这一块，典型宣传，临沂建国初期就是出典型的状况，当时面临着一穷二白的面貌，要求人民群众自力更生、艰苦奋斗，毛主席在较短的时期光辉批示，全国的治山治水改造的典型。到了改革开放的时候，临沂人民照样是艰苦奋斗、开拓创新，1996 年时候 18 片连片贫困地区率先实现了整体脱贫，建设了大市场，建设了南有义乌北有临沂的大市场，每年推出一大批弘扬沂蒙文化的先进典型。比如说费县国土局的局长寻明胜，还有沂南基地老师于爱梅。于爱梅是一个老典型了，她的奶奶是沂蒙六姐妹中的一位，他现在就在沂南基地当我们的义务讲解员。我就简单汇报这些吧，这里有些材料，有些书，一会提交给各位专家。

　　成：非常感谢您的讲解和所提供的材料。

　　FH：下面请市 LFJ 为我们做一下介绍。

　　LFJ：我也不是专门研究这些东西的，根据我自己的理解来解释。我感觉这个课题概念非常大，很宽广，外延也很大。大概 2010 年的时候，中宣部有一个文明委弄了一个博客，团里来了七八个人，他们当时叫我参与写了两篇文章。后来他们还想叫我参加，我就没去，论中国文化的自觉、自信和自强，大概是这个课题。要是贸然写这个文章，咱写不出来。中国文化要想自觉，得检索出中国文化的优劣，自信和自强、自觉，自信好说，是优点，那自觉主要寻找一下不足，再一个是自强。但是那一个时期我想了一个问题，中国经济腾飞以后，中国传统文化在衰落，各种传统文化都在衰落，尤其是它的魂——以孔孟为主的儒家传统文化，伦理、哲学这些传统文化价值观逐渐缺失，这是一个值得思考的问题，也是一个可怕的问题。后来我就想，过去咱一直批判科举制度，全都是缺点和不足，说它的坏处和害人的一面，其实不是这样的。它首先培养的是价值观问题，忠孝节义这一套它要讲，现在出的教育问题，大的问题不是业务方面而是灵魂问题——世界观、价值观这些方面的问题。现在的大学生在技术层面上也有问题，说人才不旺，原来一个班，好的有七八个，十几个，现在一锅端。你说是优秀已经没了，技术和经验又不足。

　　从这个社会进步来说，大学发展需要良好的声誉。前几天说，现在有 1000 多所野鸡大学，这是制度体制出了问题。我说了这么半天，这个话题非常重要。现在就说说，我所知道的，临沂方面有哪些方面的长处。我觉得传统文化的内容比较宽泛，所有的，包括诗词歌赋、中国画、书法、传统的技艺、农耕文明的一些东西，尤其是儒家的四书五经，宗教方面的道教、佛教，甚至是西方的基督教，还有伊斯兰教方面的，科学技术、民族方面这些东西，甚至方言，都可能纳入到传统文化方面。这些东西也确实值得我们研究，有些东西，我觉得，从民族文化方面来看，民众还有自觉地继承、传习这个特点。比如说传统节日，这个不用怎么发动老百姓，就能非常自觉地延续下来，而且各个地方都有自己的特色，有些还保留着。今年初五的时候，我到沂水参加了诸葛镇大峪村一个叫"送火神"活动。全国各地包括东北的，来了一些拍客，专门拍送火神。送火神我查了一下，原来火神庙，各地都有，南北方、东西方，我说的是中国东西南北中，山区、城市都有火神庙，一般的城市都有火神庙，像北京、南京这样的火神庙比较大，临沂也有，临沂山区很多，尤其北部山区，一到初五的时候，就祷告祷告，拿张纸烧烧，拿点贡品，欢送火神走了。这一年不失火、不发生火灾，但是有些地方，像鲁西、河南，初期是送火神，临沂送火神也是迎财神的日子。但它这个送火神呢有一个活动，跟别的村庄不一样，比如说，一伙人自发地组织起来，穿上老的戏服，扮演《西游记》人物和其他人物，类似于表演式的社会活动，这就比较好看。中间捣蛋、调侃、幽默，然后，那边还有唱戏，这边有这伙传承：表演。其实，第三波人呢，有几个老太太，组织烧纸、烧香、上供，它这个庄大概有400多户，家家都拿点纸，因为加上了这个社会的表演，因此它比较好看。也因此吸引了更多观众的注目尤其是拍客。像这样的活动，就是老百姓自觉地、自发地传承下来，对提高防火意识，薪火相传也有用。也有的有创新，前几天，中央电视台四套《走进中国》来开拍，让我给陪着，到了李家世故弄了一个"伏羊节"，这个"伏羊节"，他来的时候来晚了，因为这要到了入伏的时候，整个沂蒙山区都喜欢吃伏羊，夏天吃伏羊喝羊肉汤，主要是从临沂到徐州，这一代有羊的地方，北京它不吃，羊肉火大，夏天本来就是去火的时候，你再吃羊肉能行吗？那是文化不一样，是民俗，越是夏天，越要吃。夏至，热至，热必寒至，市人民医院、市中医院，每年三伏天，三伏的日子，都要对老年、气管炎、支气管炎有毛病的人，贴一伏贴、贴一膏药。有效果吗？也有。吃伏羊，我看大概后来是徐州、南京，甚至上海，有些加进了商业那一块，把这种传承的价值商业化一些。你像重要的节日，上次山大的张石山，请民族专家，有人就问冬至节。张教授也不大了解，说了我也半天听不懂。网络上介绍的冬至节，吃个饺子就算完了，其实在临沂地区，冬至节非常重要，它是祭祖的一个重要节气、节日。民间电视台，快要过年了，结果我们一出门看见到处都是烧纸的，才知道真是到处都在祭祖。像有些民俗的东西，有特色的，它也继承。像鲁南地区"拜石干娘"，小孩调皮捣蛋的或者身体常生毛病，有些妇女身体不好，就拜石婆婆，石干娘。沂南县有个青驼镇，青驼镇有两个青驼，驼也不是骆驼的，字是这么写，两个像佛的，又像羊的东西。考古专家在这，到底是什么我也没弄清楚。但这两个虽然是辟邪，但也神化，有一年被偷走一个，前年又找回来了。到了清明节的时候，当地老百姓，叫小孩去一起吃草，染的五色的鸡蛋，吃的那个鸡蛋黄抹到青驼嘴上。也有的妇女，卧病的妇女带小孩，寒食节就是清明前，就拜石驼为干娘。看起来是迷信，这种精神转移法，也有好处。我问过一些人，对小孩确实管用。与此相关的一些民俗，一个民俗叫"还人"。"还"就是"还来就菊花"的"还"。小孩调皮捣蛋，又多病。请类似巫师，扎一个小纸，把这个人祷告、念经，再还给谁？还给泰山老奶奶，这个意思。通过这一番动作，孩子有的确实变好了。这些民俗，有些时候有封建迷信的东西存在，但细究起来恐怕也有心理暗示的作用，不能一言以蔽之，用迷信解决掉民间一切神秘的东西。我说是这个意思是说，民俗文化，有民众自觉传承的特色。

第二个是重要的优秀文化，因为这些年，党委政府，积极地引导提倡。比如说书法，临沂是书法名城。2008 年市委、市政府全力以赴争创"中国书法名城"，并且建设了书法广场。给大家看，这个在全国各地，刻工怎么样，有的也很粗糙。但是规模气势也还有一点，如果换换位置也会更好。这是一个，同时书法教育，书法进课堂，有些非物质文化遗产进课堂、进校园，民间技艺、民间手工进校园，这个得到了政府的提倡、支持、引导、督促。戏剧、地方戏、柳琴戏，这几年排了几个大戏，《王祥卧鱼》，后来影响比较大好像是《沂蒙情》，最近好像又弄了一个《沂蒙魂》，这个柳琴戏、地方戏，各地都存在，保护地方剧种。像豫剧、吕剧这些大的地方剧种也有难题，但是影响更大，柳琴戏在鲁、苏、豫、还有安徽这四省都有一定影响，但是再保护起来，传承起来，也有难以逾越的难题。我觉得主要的，现在看来，恐怕还是观众的问题。年轻人不爱听戏了，包括京戏、京剧，现在也面临着没有观众的问题。再有，我听说有些地方说，请一些教授讲将孔子《论语》，到乡下进社区。青年人不爱听，走了，壮年人没时间，人家得工作。请老太太、退休的老人去，老人也不愿意去。就准备了一些洗衣粉、奶粉，听完就给。是不是就是曲阜干的，（成院长：泗水、曲阜）这样弘扬优秀历史文化这一块，我们确实面临这样尴尬的问题，我们的观众有一定层次，但是也偏老，年轻人，现在光有个手机、微信，电视我看也在飞速地下滑，看电视，上次山大的一个教授说，看电视成了什么人？农村人，当然他说退休的人、机关干部堕落得也很快，这种人才看电视。

再一个就是红色文化，临沂1989年应该是开始，临沂应该是下了大力气，基本上是年年讲、月月讲、天天讲。最大的效果是得到了总书记的首肯。将沂蒙精神同延安精神、井冈山精神、西柏坡精神并列，以前有人说应该下个文件，将临沂列进去了，这是胡扯，主要看临沂怎么弄，你要去找中宣部、中国社会科学院，把它列为社科基金资助项目。现在看我们怎么做，人家再出一个什么文件，把你当成什么，那是另一回事。

第三个方面，我觉着，临沂的民间文化产业开拓创新有两点。前几年，山东工艺美院做过调研，后来出了一本书叫《农村手艺》。后来大概在2010年前后，在中央美术馆搞了一个活动，叫我去参加。主要调查了这个中国结的产业化具体项目。（谭如生）院长直接组了团队，在这待了很长时间。像中国结，应该是早期，后来有创新，其中郯城红花的王廷省带动周围村生产的中国结，据他们的调查占全国总经销量的70%，什么人都会编，教授说再给设计设计，直言不讳地说不用不用。民间的一些产品经过设计未必能行，他们随手就改了，与市场接得很快，他们经过设计种种的环节，不接地气。也有过原来花钱叫人设计，不行。你像柳编，这个应该是传统产业，最早编筐、编垸子、编簸箕，这些年，改革开放的这些年，临沂这个产业是非常大的产业，大概占全国柳编行业70%以上，比郯城、济南、彭祖、河东这四个县区作为主要产地，种柳、编柳的人很多，这个产业主要是为外国人服务的，赚美金、赚外币。再一个就是石雕，原来都是雕狮子放着，现在也雕点东西，也是赚外币，主要跟欧美联系，现在不仅是这种石雕为欧美人服务，他们还从各地收了石墨、石槽、牛槽、猪槽，他们好像都弄到英国了，英国人有花园，土地是私有制，在后花园里，把中国石墨弄过去。中国的牛槽、石槽种上花，这个东西确实好看。有些石槽、牛槽也非常好看，绳子经过千万次打滑，套绳的绳索很细，非常漂亮，绳段本身就有强大力量。还有一种砚，产量比较大，有一定影响力，开创民间文化产业。

第四个，临沂民间优秀文化的自我创新，有力量、有亮点。你比如说，更高层面上，临沂对于忠孝节义的理解，和沂蒙精神当然有关系，个别略有不同。比如说遇到国家有大事的时候，临沂人都是一马当先。忠、孝、勇的方面，表现得比较突出。像非典的时候捐款，临沂市全省第一，哪有大水灾临沂人很快就去了。现在临沂当兵的很多，当然和人口有关系。民政部来人，问补助怎么这么少，你像深圳，一年就给十几万，接着就恼了。深圳一年不到100个兵，临沂是1000个兵，临沂又穷、付出的又多、出事又多。出事的多，就死的多。像这一年，大使馆说了，又死一个兵。你这个补助的多，付出的多。临沂付出越来越多，他们就跟民政部说，应该提修改这个政策，按当兵的人口来，应该是国家拿钱不是地方拿钱，这样才能让更多的人当兵，招兵才不那么难。养老的，养老院比较多。有很多典型，这十年来，感动中国、身边的好人，在山东省出的大概临沂比较多。这些最优秀的传统文化都深入到沂蒙人民心中。也自觉不自觉地制约着自己养老行动。我觉得这是很优秀的，可以向民政局要个资料调查了解，全市有多少个养老院、敬老院，这个我们有很多的文件。2014 年，民政部长来，他也很满意。让我给搞民政先进事迹报告会，大爱民政，挺管用。大爱民政是习近平总书记提出来的。民政部长，我们张书记听了非常满意。很多人对民政了解得很少，其实这里头也有很多可歌可泣的事迹人物。还有养生，养生这也是中国传统文化瑰宝中的一支。我现在发现很多人晚上不吃饭，这才体现了晚上要吃少，再一个，做健美操、健身操的，早晚人很多。这体现了一个新风尚，我觉得这也是中国传统文化之一（成院长：是）。大家都耻笑这个佳木斯舞为僵尸舞，其实不对。老年人胳膊疼、关节疼，锻炼，是养生科学。如果再拔高一步，也可以理解为自在化。不吃药，少占用费用。不也是在搞嘛。这都是优秀民间文化创新，有亮点。

　　还有，去年以来在临沂市图书馆这个地方，搞了"市民大讲堂"。大讲堂现在社联承担着，每周讲一次。有大教授也有小教授，有一次我去听北京来的教授讲，他说我没想到来了这么多人。在北京搞个讲座，搞个讲堂，人也很少，十个八个也有。咱这自发地不组织的话，一般能到七八十人。他觉得很兴奋，不简单，临沂这地方还行。他们在北京，一般十几个人（成："市民大讲堂"是咱们属于文联还是市图书馆？LFJ：它有好几拨，但具体实施的是社科联，图书馆提供地方。WLF：他们是这个大讲堂，我们叫尼山书院，成：他们是一回事吗？WLF：都在一个场所，实际内容都是相同的，都是孝义。成：都是定规？WLF：都是定规的。组织部叫"沂蒙大讲堂"。成：和市民大讲堂不是一回事？WLF：沂蒙大讲堂主要是对干部层面的，尼山书院重点对社会。）我发现了，凡是政府部门组织的这些，都是公益的讲堂，不收费、不收钱，正能量，但也有些民间的、各类的讲堂，有的打着国学的名义，有的打着健身的名号，还有的打着养生的名义。但我发现这个味道稍有变化。他们有些东西，比如说练瑜伽的。有个朋友在深圳工作，结果他老婆跑到临沂来了，带着孩子，又不是节假日，长时间在这待着。不具体哪一方面，社会上，除了政府搞的这些，是正能量的、无私的，其他一些加进的，类似于宗教的，所以说这些负面影响很大。有些，国学的收费也很高，一个月大概收三四千，之乎者也，咱拿奶粉给人家，拿洗衣粉人家不听，你加进东西，加进东西了以后就要收大钱。

　　临沂的方言，我觉得也有特点。我举个例子。临沂人在大街上见人，怎么称呼？就叫"三哥"，"三哥让让路"或者"三哥帮帮忙"。这就是临沂地方话。但鲁西不这样，鲁西叫"二哥"。临沂的大哥秃子，二哥贼，只有三哥是好人。莒南县见面说老兄台。这有点古义。临沂就是叫三哥，鲁西你像聊城、菏泽叫二哥，大概济宁市也叫二哥？这种方言那就太多了，不展开说。

民间的语言，临沂有些自己的特色。我举一个例子，你像郯城县马头，它有这个民间的侃子，好像比较捣蛋，叫赵本山知道了那就能变成一个小品，可惜他不知道。你像"借你的火，点上我的烟"，马头人说成"借你杀人放"，他这个火都不说，实际上要说的时候："借你的杀人放，三更三上醮土杠"，醮土杠烟。这样的据说很多，熟悉的人说，集合起来能编。这样的语言比较独特，临沂方言中也保留着很多古语。比如说，平邑县说"很累人""很疲劳"，他不说"很"，说"瞧"。比如临沂河东说"摇着摇着"，就是多吃菜。"摇着摇着"，这不名词动用。《沂蒙山小调》原来第三段大概有段歌词，"牛觭一吹嘟嘟地响，领着俺青年上山冈。都说子弹不打人，打上他就命要亡"。"牛觭一吹嘟嘟地响"，"牛觭"的"觭"，上边一个"咸菜"的"咸"，下边一个"牛角"的"角"，就这个歌。《诗经》里《七月流火》中就有"一支觭薄"，这个觭就是牛角号。在莒县临阳河遗址当中，发掘了这个牛角号，不好吹。有一年刘合军还找我要一个。牛角号现在都有卖，他加了一个嘴。加了一个嘴也不好吹。可见这个牛角号，这个牛觭子在远古时期就用这个东西。《诗经》说"一枝觭薄"，是说十一月的北风吹，把树枝吹得吱吱地响，像哨子一样响，说才"一枝觭薄"。有一年，我给一个老北京大学中文系的吹牛、侃大山。咱一般解释，觭觭薄薄。觭觭薄薄是什么？是不是烧草的觭觭薄薄、喳喳吱吱地响，不是。"一枝觭薄"，是说北风吹的，树枝吱吱地响。电线也吱吱地响，这个声音。所以你要解释到这样，读者才会明白。那我一看吹牛皮，不说吹牛觭，他不知道吹牛觭。西北，你像甘肃地区，行船，乘坐羊皮筏子。整张羊四脚一栓，一嘴做鼓风机，像吹气球一样。这是四只羊用小木框钉起来，坐人才乘，在黄河里。那运大物用牛皮筏子，牛皮筏子用什么充气？必须用这个小羊皮做鼓风机。以羊皮鼓之，才能把牛皮吹起来。你要说人能吹，那就是真正吹牛皮，吹不起来。所以这样解释，以上连起来呢，既是一个方言，一个词，真要追究起来也是有学问，有道理。我看吹了这么半天就不再吹了。

WLF：向成院长汇报一下，这个调研组来临沂，调研这个传统文化的"十三五"规划问题，我感觉这个题目太有意义。特别是习主席在曲阜讲话之后，视察之后啊，在中国形成了一个传统文化的热潮。那么在目前这种情况下，我们如何去传承文化？传承哪些？怎么去传承？或者传承到什么程度？这个我感觉需要出台一个规划。这种意义非常大。将来这个规划出台以后，对我们山东乃至我们全国，特别对我们临沂，传统文化传承具有针对性和指导性，意义非常大。成院长7月份来过一次，我这边也提供了一些资料、材料，这样呢，我就简要地给各位领导汇报一下。文广新局在习主席视察曲阜以后，我们这项工作，我们是怎么做的？我们怎么想的？在实际当中，我们又怎么做？在做的当中，有什么问题或者感觉下一步需要把握的，或者感觉下一步应该怎么做？简单谈一些看法，不一定成熟，因为这个课题是非常大的课题，从政府部门去做哪些，我们也没有一个很成形的东西，根据领导的讲话或者群众的需求，把我们做的一些工作简要汇报一下。

我们文化厅、文化部门在弘扬传统文化中重点做了几个方面。一个就是积极地搞好优秀传统文化的载体建设。一个是我们搞了一个组织弘扬传统文化的"十大行动"。在调研的基础上，今年，我们出台了《关于临沂市传承弘扬优秀传统文化"十大行动"》这么一个通知。这个"十大行动"，我简单地提，一个是我们开展临沂历史优秀文化系列丛书整理编纂工作。这项工作呢，包括整理历史的一些文化名人、名门望族，以及历史的一些书院，等等这些。我们一共编了十套书，初稿已经完成了，现在我们在进行招标。文字性的东西已经完成了，十月份之前这个书就可以出来了，这是一项工程。第二个就是挖掘、传承临沂红色文化。这里边我们搞了四大工程。一个就是红色文化研究的工程，这个尽管我们叫作文化工程，我们面临一种极限，文化系统能干的一些事，我们从这方面来搞这个几大工程。整理临沂抗战期间的，这个我们已经做了一些东西。将来要编纂一个《沂蒙红色研究与发展》丛书，从而宣传和弘扬沂蒙精神。第二个就是红色文化展馆提升工程。这个可能各位领导上次来的时候，到过我们市博物馆，市博物馆搞了一个红色文化展馆，比较小型的，和我们沂蒙精神之间是一脉相承的。我们重点把沂蒙精神、红色文化这一块给摘出来，突出红色文化作用，在历史上、在作用上怎么去开展的？怎么去运用的？怎么去发展的？从这个方面搞一个博物馆，下一步我们再把这个展馆由这个红色文化系列丛书，再加上优秀讲述这个方向延伸。第三个就是抗战纪念基地保护工程。这项工作已经完成了，去年就已经开始了。建立100座抗战纪念基地保护标志工程。然后新增了10处抗战纪念爱国主义教育基地，用临沂的一些故事，特别是抗战70周年这个节点，大力宣传这方面一些事迹。第四个工程就是红色文物的普查工程。实施传承红色文化的十大工程。第四个，组织开展沂蒙革命题材的一些创作。这几年我们对红色沂蒙、红色文化的挖掘，应该是注入了一些我们特有的一些形式，来展现和宣传。像《沂蒙魂》《红战渊子崖》，《沂蒙儿女》这些创作。紧接着我们又创作了一个音乐套曲，也是抗战题材的，抗战题材的大型音乐剧。第二个就是书法美术的展览。我们画沂蒙、展沂蒙、写沂蒙，搞了一系列的画展美术展。第三个就是动漫艺术的创作。这个，特别是去年，咱们国家广电总局来沂蒙，来收集一些素材。围绕抗战七十周年来重点打造这个金宝琴搞个动画片的，来到临沂采访，发现宣传渊子崖的这个故事非常的好。最好也把这个作为一个动画，作为纪念也要推出来。

第三个工程就是实施乡村记忆工程。这个可能各位都比较清楚了。第四个就是推进博物馆的体系建设。博物馆建设感觉是留住乡愁、留住记忆的建设。而且我感觉到我们临沂先走了一步。为什么这么说呢？因为我们从去年开始，就酝酿这个事。就是我们如何把目前即将要消失的东西，或已经消逝的东西，如果再展现出来，再捡回来。有些有形的东西是能看到的。我们出台了一个文件，就是在我们市要建100座乡村记忆馆、乡村纪念馆，或者是叫文化博物馆，或者是叫民情民俗展示室。我们今天到了思源的这个，这个就是比较综合类的。把我们附近的民俗文化建设起来了。另外，上午我们又看了一个村镇基地。社区中心，特别是结合社区改造以后，源于农村的一些设施，一些村庄、村居，包括用的一些东西，现在不见了。这一部分我们如何保护起来？我们在当地乡村建设了博物馆、乡村博物馆。由于时间关系，我们有好几个地方领导都没有看。这是第五个，第六个就是要组织开展"接续文化星火，讲述文化故事"活动，这项工作将来会出一本书。简单地说一下。第七个就是实施"沂蒙优秀特色文化百场公益讲座"，这个刚才李主席介绍了一下。实际上我们利用图书馆的平台，这个太好了。我们有个尼山书院也包括在内的。我们要求，图书馆每年要搞80场公益性的、传统文化的讲述、讲解或者是示范，一些体验也都在这个地方。其中包括我们和社联的"市民大讲堂"，他们叫"大讲堂"，我们叫作尼山书院。尼山书院不是大讲堂，尼山书院是由一个平台来传播一些东西，传播一些优秀的、先进的传统文化。比如说，春节期间，我们就把学生集合起来，我们要讲春节的来历，它有那些习俗，把这些讲讲。而且，我们的这个讲解事前要公示，在图书馆公示栏上，什么时间什么地点，由谁去讲，讲什么课，然后大家就知道了，效果比较好。第八个就是我们结合十届文化艺术节承办任务，弘扬一些传统文化，我们组织了"文化的力量""沂蒙红色研讨会""难忘岁月""红色编剧展览""永远歌声的演唱会""我们的节日广场艺术节"等活动。借助这个平台，把传统文化传承下去。第九个是实施传统文化人才培养计划。弘扬传统文化，说到底就是靠人才去宣传，去弘扬。市政府搞了一个人才引进工程。第二个，人才培养基地。和山东大学，签订一个协议，曲阜师大历史文化学院也是很好的平台，去培养提升这方面的人才。搭建人才成长的平台，包括加强乡土人才的培养，我们市里面也出台了关于培养全市乡土人才实施的意见。就是把民间优秀传统人才，包括他的一些绝活、他的一些绝技，进行挖掘，把人才挖掘出来，对这些人才予以表彰。第十个方面就是实施"沂蒙文化走出去"工程。这个，我们今天围绕传承优秀传统文化，搞的十大行动。这个也是一个载体建设。这是第一个。

第二方面呢，我们是搞了弘扬传统文化阵地建设。一个是推进尼山书院和乡村儒学讲堂建设。按照文化厅、按照图书馆家属院为模式，五个板块、六个一，进行设计。目前我们已经在一级图书馆当中建成了很多，而且已经开始应用，初步显现出一些效果来，感觉比较好。同时呢，我们在图书馆搞了仁义礼智信等这些传统文化的一些东西。我们编译了一万五千字的书。去前，投入了五万块钱作为试点，编成一个小册子，有图、有文还有解释，实际上就像布袋书一样，看大家喜欢不喜欢。我们在搞国学讲座的时候，发了一部分，发了以后，回去抽时间可以学一学。这是这一个方面，包括我们社区文化中心、乡镇文化站。第二个是推进县区传统文化社区建设，包括我们要求各个县区要建成一个文化博物馆，这个文化博物馆和其他的博物馆是不一样的，就是你把这一个地区的文脉或者历史的渊源记载下来。到你这个博物馆，就对你整个县的方方面面的情况有一些了解。要求我们各个县要建这么一个博物馆。要求我们现在有文化馆的，都要有非物质文化遗产的展厅，这是第二个。第三就是我们推进村镇传统文化展示室建设。刚才我汇报了，我们利用三年的时间，把我们157个乡镇，所有乡镇，都要建上一个文化博物馆，或者叫乡村美术馆，根据情况不一样。因为这个博物馆我们不搞千篇一律，把有特色的东西挖掘出来，你这个乡镇历史文化比较浓厚，那就搞历史的；你这个乡镇有红色文化的，你把红色的（挖掘出来）。就是要把我们乡镇的传统文化阵地建设起来，使人们能够看到，到你县里能够看到，到你乡镇能看到，到你村里能看到，耳濡目染。这是第二个方面。

第三个就是我们广泛开展传统的文化活动。你比方说，我们习主席从十八大之后，就对传统文化有一列的论述，我们把习主席对传统文化的论述，编辑成一个册子。文化系统一些同志，要学习、要了解、要知道，从而增强我们对文化的自信心和自豪感。这是一个。第二个，我们编排优秀的剧目，进行巡演，包括我们市编的传统的柳琴戏，《王惟梅》《墙头记》《沂蒙情》《又是一面桃花湾》等等这些。同时，这一年，我感觉我们有一个创新，利用戏曲传播，传统文化，而且老百姓比较喜欢。这项工作刚完成，就是每一个县区，每一个文艺团队，要排练一个传播传统文化的节目。利用京剧、利用吕剧、利用柳琴，利用其他的一些东西，我们感觉得非常有效，非常接地气。把现在目前社会上一些现象通过戏曲的形式来表达出来。我们想着每年搞上一次展演，利用三年的时间，一年20户，三年60户，把这些素材收集起来。然后把这种题材比较好的，再组成一个演出到全市进行巡回演出，就把戏剧这种传统的节目保留下来了，还教育了群众孝道、意志和自信这方面的一些东西。第三个我们要组织各类展览展示活动，你比方说，春节之前，我们搞了一个"留得住乡愁——临沂乡村记忆工程"的纪实图片展，我们文化馆每年组织非物质文化遗产和民间展演系列活动。这是第十届了，每年从腊月开始到正月十五，在我们的小剧场，在我们的展示厅，进行民俗文化展演展示。同时在我们秧歌会，也是搞了十五届，每年春节秧歌会上达到高潮。把全市所有民间民俗的一些东西在临沂广场展演展示，这项工作也被省文化厅视作十大亮点工程。这是第三个方面的工作，就是通过展演展示来弘扬传统文化。

第四个方面是深入挖掘沂蒙传统文化资源。编了一系列丛书、申报了一批文物保护单位和一批珍贵的文物，近两年制定了文物发展、保护规划，规划对于文物的保护、利用、开发起到了非常好的作用，是全省、也是全市唯一出台的规定。省里没有具体描述，对每一项工作如何去保护，怎么去保护。

第五个方面是整理挖掘红色文化资源。图书馆有专门的红色文化馆，有专门反映沂蒙特色文化的书籍，专门在图书馆建立了一个展演展示馆，一看就能了解到历史文化。获得了戏曲奖，我们政府这几年也下了很大功夫，取得了一些成效，但是仅仅是做了一部分，主要是在现有条件下能做的。

存在的问题，有这么几个：

1. 传统文化研究过于分散。特别是临沂地区研究临沂文化的协会多，有琅琊文化、兰陵文化、孝文化，很多，在这种情况下，我们需要整合力量，有个行政部门牵头，把这项工作形成一种合力，不要各自为政，这样形成不了一个机制保护。

2. 弘扬传统文化形式比较单一。传统文化应与旅游、产业、高新技术产业的结合，在结合与开发上形成1+1＞2的效果。

3. 部分传统文化还没有得到充分挖掘。特别是一部分传承非物质文化遗产的人员老化，有些70、80、90岁了，几年下去这个人找不到了，他的绝技断线了，没有线索了，我们还需要从这方面加大力量，非遗这块再根据要求进一步整理。

4. 传统文化人才缺乏，文化人才是奇缺，优秀传统文化更是。受多方面因素制约，很多人认为从事传统文化工作没有前途，路子很窄，即使有这方面人才他也不是专业人才，这方面人少，人才更少，这四方面是困扰和制约传统文化传承发展的障碍。

几点建议：

1. 完善和弘扬优秀传统文化的工作机制。协调、投入、考核机制，这些都需完善。特别是到 2020 年，我们需要什么机制？什么保障机制？投入上怎么投入？考核上怎么考核？感觉到成院长这次来我们就不客气地说了，以前文化考核上是软指标，这样也行那样也行，貌似片状的东西，只要达到条件就可以了。我说要有精确的标准，比如说弘扬传统文化必须要达到一个怎样的标准，这样就有可操作性或者可考核性，这样就是精准的，就像一把尺子它不是可长可短，是个什么样就是什么样。

2. 丰富传统文化传承形式。根据不同内容，采取不同形式，有些需要文字或者音像记载，有些不需要。对于这个不搞一刀切，文化东西，任何东西都不要搞一刀切。一个遗址，你建成什么样我建成什么样，都是雷同的东西，全国一个调。比如"农村书屋"建设有些地方就是摆设，但有的地方作用就很好，它能够顺应当地的传统习惯。

3. 加大优秀传统文化挖掘力度。从一些项目收集到一些好的项目的论证，都需要全社会都参与，有些需要政府服务，有些需要地方热心人支持，单纯只靠政府抓不好，因为面太广了，不能面面俱到。这么多人，政府要购买服务，给他一定的条件、一定的政策叫他做这事，经过一定时间做得更有韵味，效果更好。

4. 加强文化人才培养。

5. 加大传统文化宣传力度。宣传力度太大了，咱们看中央电视台"写汉字"实际上很单调、枯燥，但是经过电视一宣传，大家都愿意看，出效果，形式好，效果好，越看越有意思，有味道。形式好，要利用现代媒体来宣传传统文化，通过宣传使得市民认知、认可文化，通过这个潜移默化作用。现在老的、小的都有手机，除了玩手机其他少做，很可怕，不同人员、群体应通过不同的形式达到效果。

YGX：我汇报一下文物的情况。关于临沂市优秀传统文化调研这个事是曹局牵头，让我写，说了两次了，我没敢答应，因为文化的概念太大了，只要有喘气的地方就有文化。对于优秀传统文化条目的东西的确确是太大了，如何做下去，虽然没表态，但是做起来非常有意义，现在建设文化大省、文化强省，是因为面积大还是人口？这个原因是多方面的，我们说文化大省，文化怎样体现它大？建设文化强省，哪些方面建设好了就成了文化强省？厘清思路，对下一步的文化强省建设是非常有意义的。另外定下宏观目标，各地市也定下文化大市、强市目标，文物工作方面和文物项目有一个叫作"从文物大市到文化强市的转变"，受省里启发，落实到文化这块，界定标准，达到一定目标就成为文化强省了，这个工作很有意思。另一个我们地市基层做文化工作要有一个标准，执行一些标准后达标，现在建设得挺好的，那么现在是不是文化大、强市呢？这样没有一个标准卡着？一直在思考这个问题，成院长这个调研课题非常有意义，有步骤地调研，全省的课题，我们市是有个性的，应该做临沂这地的共性和个性。书画传统，我们临沂这个在全省来讲甚至全国来讲是非常有特色的，行家说"中国画看山东、山东看临沂"，前段时间去仓山，仓山有个仓颉造字的地方，有些老妈妈对于仓颉的塑像讲得活灵活现，古代的造字祖先和古代大汶口刻画符号，商周时期的铭文，还有造毛笔的蒙恬都是我们临沂的，"书圣"王羲之的传承一直到现在，通过书法发现写字画画的是藏龙卧虎，不知哪个人，写的字很能传承特色。画，我们有画像石，我们是四大画像石产地之一，画像石成就全国数一数二。沂南的代表中国画像石进入了教科书，汉画像石与其他地不冲突。崇尚孝道，我们的孝道文化，中国"二十四孝"中有七项是我们临沂的。传统孝道传承，乘坐公交车，老年人基本不站着，年轻人主动让座，很多年轻人不坐等老人，这也是有特色的。下一步崇尚道义，文化的包容性都是很可取的，这与其历史上文化的融合有很大关系。临沂人这么多在此做生意，这里浙江商人十几万，有说法是商城"南义乌，北临沂"。我们临沂的兵学文化，从古代蚩尤到姜子牙、鬼谷子、庞涓、孙膑都在此生活过，后来的诸葛亮以及出土的竹简，这都传承了文化的方方面面。闭门造车谈文化传承往往有失偏颇，文化传承要做好是利于千代的。

文物是最直观的、立体地体现生产、生活、思想道德情况，直接参与传统文化的保护与传承。我这里呢讲八个方面：

1. 科学规划，推进文物保护管理工作上台阶、上水平。2013 年，我们公布实施了《文物保护利用发展规划》，这个是我们局提出来指导我们 2013—2020 年的工作的，从地方的精神文明项目的遴选上报，全省率先、唯一一家完整传承，到典型发展、宏观目标，还提到了一个特别点，点面结合，是"一红一片一环两带七区"的片区规划。

2. 抓好机构队伍建设，壮大文物保护力量。2013 年成立临沂市文物局，这是文化事业发展的里程碑，对于全面搞好文物工作有更深远的意义。全市文博力量在队伍建设上，现在有考古勘探领队资格的考古队 4 个，有考古挖掘领队资格的考古队 3 个。我们还成立了文博专家委员会，实行"一带一"传帮带工程，并且有序组织了人员培训；我们还建立了县、乡（镇）、村、户四级文物保护网络，文物保护人员的队伍不断壮大，较好地保障了不可移动文物的安全。

3. 实施项目带动战略，改善文物工作基础环境。认真落实国家和我省关于加强文物保护工作的要求，以文物保护项目的申报、实施为带动，加强文物资源的研究、深挖，锻炼提高文博队伍的研究能力、管理能力、工作能力。这几年做项目培养了不少这方面的人才，头头是道，非常专业，这样很好。去年我们争取国家级的省级文物保护专项扶持资金3000余万元，实现历史性突破，这样树立了文物工作的新形象和信心。

4. 扎实搞好第一次全国可移动文物普查、"乡村记忆"工程普查和出土青铜器普查。"乡村记忆"工程普查和出土青铜器普查均已经完成，第一次全国可移动文物普查年底完成一系列上报工作，明年春天总结。再一个，进行"乡村记忆"工程支持试点的单位，全省共24处，临沂3处。

5. 馆藏文物作用不断发挥，博物馆体系逐步完善。围绕让文物"活起来""讲故事"，积极做好历史文化资源的研究、利用和展览。临沂市博物馆举办的免费鉴宝、姓氏文化展、扇面展，银雀山汉墓竹简博物馆举办的孙子兵法漫画展，内容生动活泼，很能吸引观众，利于文化的传承。临沂博物馆建设得非常好，天泽木文化博物馆、思源乡村记忆博物馆等一批民办博物馆获批开放，丰富了我市博物馆事业的内容和社会影响。

6. 配合基本建设和项目工程，搞好田野考古工作，纪王崮春秋墓入选2013年度全国"十大考古新发现"。早在2003年我市洗砚池晋墓入选2003年度"十大考古新发现"，过了十年之后我们又出现了一个，这说明临沂历史文化底蕴深厚。

7. 加强业务研究交流，推动文物工作向深处、高处发展。刚才WLF讲的我们的人物在基层，人才是很欠缺的资源，很多县区文博力量薄弱，有极个别的，我们还要替县里做工作，他们实在做不来怎么办？只能自己下去，面临很大困难，我们实施项目带动，通过专家培养，与山东大学、省考古所、北京大学、山师大、中山大学、临沂大学等科研院所联系；搞学术交流，请老师们来进行交流。《临沂文博》杂志获批创办，为临沂文博教育的研究和宣传打造了新的平台，一定程度上解决了没有"话语地"的问题，相对来说是成功的。

8. 依法规范管理，打击文物犯罪。利用每年的"5·18国际博物馆日"和"文化遗产日"等活动契机，加强文物保护法律法规的宣传，市政府出台了《关于进一步加强文物保护工作的通知》。民众提升了素质，前段时间发现文物上报，在打管道时候发现了画像石，打电话叫过去看看，在过去这种意识很差，有的藏起来，也有的给破坏掉，有的装作没有，这样既省钱又省事。遇到这种情况要停工，考古勘探发掘的你还要出费用，花钱还耽误工作，不让再搞就麻烦了。不过这个保护意识确实增强了。主动说看看用什么方案，既能保护文物又能继续施工。统一出了个方案，管道工程再往下伸伸，这样既不破坏墓的主体，还可以科学保护。平邑南武城故城等遗址保护，涉及乡镇一系列的修改方案，达成了保护协议，这是全省文物保护的典型。

下一步一是要加强队伍建设，提高队伍的业务素质和管理水平，营造良好的研究业务和爱岗敬业的工作氛围，搞好知识的传帮带，为临沂文物事业发展提供智力支持。办好杂志，按计划编辑出版图书，宣传推介文物研究成果。二是搞好文博事业"十三五"规划编制，2003—2020年文物保护规划在全省是典型，省里从2015年起的这五年规划，要调整一下，临沂市文物保护管理环境更加优越。三是加强博物馆体系建设，大力推动民办和行业博物馆建设，让文物"活"起来，让文物"讲故事"，让广大群众共享文物事业发展的成果；鼓励社会力量参与临沂文博事业的发展和繁荣。四是加强文物事业管理规范化、法制化建设，修订《临沂市文物保护管理办法》，使之更具有指导性和可操作性，加强文物法律法规的宣传，打击文物犯罪。五是加强"乡村记忆"工程普查成果的利用，做好普查成果的宣传，革命老区协助重点村落搞好村史整理、保护规划与利用研究工作，传承优秀民俗特色。通过普查就有很多新发现，城乡建设中好多原汁原味的都没有了，去年在平邑普查出了基本完整的60—70年代村落，规模和选址也非常好，下一步的发展，这都是很好的资源。

FH：文化的事情传承介绍了一些想法，文化这个很难一言以蔽之。所见所想的角度不一样，就各有不同，如果说将文化拆开来谈，山东齐鲁文化有胶东海洋文化，还有沂蒙文化，那么沂蒙文化再拆，临沂内涵丰富，结构复杂，北部不一样，鲁中跟南部不一样，是有区别的，东西明显差异，文化研究有很多不同特点，即便是同一地方，也有其独立的语言系统，从外层拆，可以从文化表现形式、习俗、语言、表现及文化特点，然后再往里，区域文化特征，文化的特色有哪些？再往里可以再拆，拆到最后，文化的魂、最核心的东西是什么？这是说地方。

传统文化的核心，你比如说"善"，孔子常说的礼义廉耻、仁义礼智信啊这是文化的价值观的东西，侧重点不一样，有的侧重义而有的更看重信，有区别。我们一个地方，各方面的文化表现形式背后不一。山东、河南在全国声誉不同，就是文化核心、价值观有区别，将文化拆分后再找一个切入点，我们要传承优秀传统文化的抓手是什么？传承优秀文化依托什么动力？商家在清明节和父亲节是各有文章，整个社会传承时有道。我们文化传承的动力是什么？没有动力怎么行，找不着它的动力，文化传承是不可能的。优秀文化传承，找切入点，方式、方法，文化建设的角度。

成：这是一个长期的大问题，只要民族在，这个问题都会在路上，新的时代需要新的传承体系。文化必须附着于生活、生产之中，离开生产和生活是根本不行的。你刚才说到这个动力，动力非常重要。动力在哪里？有些东西政府在推动，但是你推上 20 年也不一定有效果，你再去喊、再去号召，有些走向死亡的非遗也很难抓住、保住。

LFJ：从概念上来说，中国传统文化、优秀传统文化、民俗内容都差不多。

成：有些内涵和外延的交叉。

LFJ：最起码得有人知道才行，你看现在农村啊是空壳化、荒漠化，很多信耶稣的，改变一个人的行为习惯，有两个，一个是经济作用，另一个是信仰的作用。很多老百姓不信中国这套，他一信耶稣，其他的，马上变了一个人，心灵改变了一个人。也不磕头了，也不问好了。

成：有的他家人死了，连哭都不哭了，还跟着哈哈笑。

LFJ：翻脸不认人，他是在中国特色下长大的，他信仰改变了。

FH：世界观。

成：人生观，对天地和神灵的理解。

FH：传统文化转基因，基因变了。

成：在曲阜建教堂没建成，在全国吵地不得了。

李：传统文化阵地失守，社会主义核心价值观很难坚持得住。

FH：临沂大学成立时有一个原始的学科——中西文化比较。要想搞好文化管理，中西文化的比较是必不可少的。怎么叫文化优秀？是比出来的，不是我自己说的。你说你自己优秀，你必须和别人相比。优秀和不优秀是相对而言的。

成：对，好多东西都是相对而言的。20 世纪 80 年代，大约 1988 年，好多人争论，最终的结果是很多人为还是西方文化好啊。那次争论中，有一批人辩证吸收了西方文化，有一批人是全盘西化走偏了。

FH：这事情一看就走偏了，在有些领导看来，有些课题不符合他的想法，在他们看来进行中西文化对比，整个学科都不行。

李：其实当下对西方文化的认知和探讨仍有很多局限性。

FH：包括你这个行为习惯，不能从大的方向上一说就完了，你得从思想上形成一个行为习惯，一个行为习惯能够体现一个人的价值观。每年在临沂从事城市环境管理，搞得比较热的时候，我上台北去考察，坐游览车，我发现台北大街小巷全是干净的，而且看不见打扫卫生的，打扫卫生的比较少。老百姓对此有没有意识，这也是一种文化。

李：文化好不好，他的行为、习惯、外在表征就可以体现。

FH：近年来，临沂的文明城市建设在地县级市获得第一。在这里，文化的改变是潜移默化的，忒慢了，这是一个长期的过程。想要短期改变城市的行为状态，是不可能的。

李：需要一个整体的系统性的环境匹配，文化背后的深层次的东西还没有发掘，文化是一个表象。

成：一上午王局长带领我们参观了几个地方，大开眼界。此次调研确实比较重要，因为我们是为省里做规划，为"十三五"规划做一个咨询论证报告，过去是文化厅调研，后来通过委托的方式交给我们的课题组了，最终落实到曲阜师范大学。上一次已经来调研了一次，但是我们感觉材料存在缺失，归纳得还不够齐全。

临沂文化是一个典型，这个地方有一些特殊的地方，革命文化、革命精神和传统精神很好地融合起来了。近些年来，临沂对中华传统文化体现得非常好，在经济腾飞的过程中，把这些精神注入进去了，它是一个典型！所以需要典型材料和认真考察，另外，上一次就只有半天的时间，时间比较仓促，所以我们第二次来访，和临沂专门从事文化研究的人再深谈一次。

FH：文化建设非常复杂，比任何学科还要宽泛的得。一般要求的研究层次较高。

李：对，并不是做了就马上见效了，我们的信仰自改革开放以来失落了，这是一个需要重视的事。信仰缺失问题是一个大问题，弘扬传统文化，开发出优秀传统文化的德行资源来，让坏人不做坏事做好事。

FH：我有时候发现中国人的信仰也在普及，有时候发现农村小庙一到关键时候就烧香。

成：你看的庙的类型是怎样的，是家庙还是土地庙？还是供佛教的？

WLF：一般是土地庙，真正是东教的庙地。

FH：一般来说，这涉及宗教和鬼神迷信，我们需要把它融合在一块。你说信吧，有的时候群众又是迷信，于是你建个小庙吧，你得分清你敬谁，有可能敬玉皇大帝，有可能敬土地奶奶，就看你敬的想法是什么。兴建这些庙，抛开不好因素，实际上将那些逝去的记忆找回来。你说民众敬仰的是什么神？他们自己也说不清楚。仅仅是放一个牌位，存在糊弄的现象。

成：这个信仰问题，你说有他就有，究竟说的是谁，民众也说不出来。

WLF：其实这说明中国人存在一种实用主义。

FH：实际上最怕的就是实用主义，实用主义已经存在了几千年，从孔老夫子的好多理论，到了以后实用主义发展到最高峰，不管理论和原则，把某件事办好、办成就行。

WLF：讲究短期，不讲过程，只看重结果。

ZSC：所以邓小平同志教育出来一个李云龙来。

FH：对于历史的问题，我不学历史，但我知道历史传承的意义。我非常吃惊，每一个历史学家，对于每一个年代，每一个地方和片段、每一个年份都十分精确，我们很多历史学家可能这方面做得不够。

ZSC：你看看尤其是美国人研究历史，都精准到每一个社区，年年都去采访和调研，而且成为了一个系统。

成：我们做传统文化的调研有时到政府，有时候到民间到老头老太太那里去访谈，把这个工作做扎实，有一部分人搞大理论，有一部分人接地气，直接到社区等搞社会生活史。

FH：历史有宏观也有微观，看完中国历史你需要思考，对看到的历史究竟有什么感受，找到调整方案，有的时候还是需要学习。

成：找到一个角度和研究方法还是比较关键的。

李：西方的历史讲究实证、客观、求证和微观，国内恰恰相反。稍微研究细了，就被指责为研究的是碎片，不具有研究历史的价值。

成：实际上20世纪20年代以来，研究细的人很多，包括地方史，地方经济和社会生活等方面，所以很多人就呼吁别把精力放在这些上面，反对碎片化，想把这些拉回来，其实这两种研究方式都需要，宏观和微观各有好处。

李：微观也不是全部是微观，而是在国家的大政方针领导下、指导下研究的东西，以小可以见大，以小见着大历史，并不是就小论小、就细节论细节。

成：这些东西看起来是微观的，实际上是多元的。

成：曲师大和临沂过去保持着一个优良的传承，今后我们希望把关系进一步拉近，在培养人才方面，把这里作为一个基地。红色的、非遗的民族传承，这个工作意义重大，对我们曲阜师范大学历史文化学院是一个非常好的实践基地。

习总书记从临沂到曲阜，针对信仰缺失、文化滑坡问题，想找寻一下传统文化的根，我们民族最该找寻的就是以儒家为主的传统文化，一定不能复古，但是一定要传承些什么。现在有老"三孔"，新"三孔"正在建造，孔子研究院将会被打造成世界孔子学院实验基地，面积特别大，既包含文物，同时把儒家的东西装进去，进行一个系统的展现。未来这里将是政德教育基地，用传统熏陶我们的干部，很快就要挂牌了。第三个就是尼山——孔子诞生地，建设尼山圣境，那里建有一个巨型的孔子青铜像，像本身有72米，再加上底座共有90米，据说是世界第一。这样未来传承方面载体越来越多，而且把道德和文化精神都加进去，完成整体拉动。

李：不能全盘的复制，要传承好的、有正能量的文化。

成：一定要和我们新的生活、经济生活接轨，文化脱离了现代生活，根本没有生命力。

FH：文化传承教育，把文化与其他方面结合在一起是比较困难的。历史上谁好谁坏，这不是真正的文化传承，真正的文化传承体制现在并没有，该怎么去做，只是学了一些知识，而没有具体的实践。

李：以前的儒家文化，教授的不仅是知识，还有做人，如何做一个有道德的人，后来西方文化进来之后，进行分科，儒学文化成为一门知识的学问，其实，儒家文化的核心就是教你怎样做人，做一个有道德的人。

FH：有时存在一些教条，有些东西和现在的社会不相容了，你得淘汰它，然后加上一些新的东西，要不然你让小孩如何接受它？怎么去读、去理解？

李：你必须正确区分精华和糟粕，你想旧二十四孝，用原版进行复制的话让人笑话。如二十四孝的"恣蚊饱血"是一种愚孝，弱小的儿子脱光了衣服吸引蚊子，让父亲睡觉，现在的小孩一看就傻了，若真有孩子照此效仿，那岂不是对幼者的摧残？

FH：这不符合人伦，二十四孝有七孝在临沂。

成：这说明临沂传统文化传承的历史很厚重。一种文化在当时是符合那个时代的，现在看显然有不近人情的地方，也有被扭曲和加工的。

WLF：也有可能是后人加工的，并不完全是这样。

FH：就像是宣传某个历史人物的话，故意打造，编成一个故事。以前为了革命和伤员，只能卖家里的孩子救伤员。让大家去看的话，容易让人对你形成看法，被人认为这是一种宣传，有人会很反感。根据人之常情，哪怕中国人不注重亲情，也不能这样。

成：为了说明这一个方面，对生命价值的重视和蔑视引导得不好。在那个革命的年代也还是可信的，为了家里的伤员，家里能够糊口，必须卖孩子，否则活不下去。

FH：过去卖孩子现象还是比较普遍的。

成：在革命时代卖孩子的第一个原因是法律不受限制，另外就是孩子比较容易获得，卖儿卖女的事例太多了，尤其是60年代。现在就不同了，时代不同了，无论做什么事情，有利于建设新文化的活动才符合当今的潮流。

李：现在的社会强调以人为本，人的生命高于一切，西方的文化价值传入，不像以前，家族的利益高于一切，什么都不重要，面子、荣誉和声望最重要，以前是这样的一种文化理念，现在变了。

成：生命最珍贵，亲情最重要。那时卖孩子是一种大义，体现对伤员的大爱，代表一个民族在危机时的精神指向和选择，但是这个方式在当时确实是出于无奈。